Death on the Nile
Agatha Christie

Смерть на Ниле
Агата Кристи

Москва
2021

To
SYBIL BURNETT
who also loves wandering about the world

Part one
ENGLAND

Chapter 1

'Linnet Ridgeway!'

'That's *Her!*' said Mr Burnaby, the landlord of the Three Crowns. He nudged his companion. The two men stared with round bucolic eyes and slightly open mouths. A big scarlet Rolls-Royce had just stopped in front of the local post office. A girl jumped out, a girl without a hat and wearing a frock that looked (but only *looked*) simple. A girl with golden hair and straight autocratic features — a girl with a lovely shape — a girl such as was seldom seen in Malton-under-Wode.

With a quick imperative step she passed into the post office.

'That's her!' said Mr Burnaby again. And he went on in a low awed voice: 'Millions she's got... Going to spend thousands on the place. Swimming-pools there's going to be, and Italian gardens and a ballroom and half of the house pulled down and rebuilt...'

*Сибил Барнетт,
которая не меньше меня любит
путешествовать по всему свету*

Часть I
АНГЛИЯ

Глава 1

— Линит Риджуэй!
— Это она! — сказал мистер Барнэби, хозяин «Трех корон». И толкнул локтем соседа. Приоткрыв рты, оба выкатили буколические глаза. Перед почтовым отделением стал большой ярко-красный «Роллс-Ройс». Из него выпрыгнула девица — без шляпки и в простеньком (*обманчиво* простеньком) платьице; златовласая девица с властным лицом, с прелестной фигурой — словом, редкая птица тут, в Молтон-андер-Вуде.

Она быстрым, уверенным шагом прошла в здание почты.
— Она, — повторил мистер Барнэби и, понизив голос, трепетно продолжал: — У нее миллионы... Собирается потратить тысячи на усадьбу. Бассейны устроить, итальянские сады с бальным залом, полдома порушить и перестроить...

'She'll bring money into the town,' said his friend. He was a lean, seedy-looking man. His tone was envious and grudging.

Mr Burnaby agreed.

'Yes, it's a great thing for Malton-under-Wode. A great thing it is.' Mr Burnaby was complacent about it. 'Wake us all up proper,' he added.

'Bit of difference from Sir George,' said the other.

'Ah, it was the 'orses did for him,' said Mr Burnaby indulgently. 'Never 'ad no luck.'

'What did he get for the place?'

'A cool sixty thousand, so I've heard.'

The lean man whistled.

Mr Burnaby went on triumphantly:

'And they say she'll have spent another sixty thousand before she's finished!'

'Wicked!' said the lean man. 'Where'd she *get* all that money from?'

'America, so I've heard. Her mother was the only daughter of one of those millionaire blokes. Quite like the pictures, isn't it?'

The girl came out of the post office and climbed into the car. As she drove off, the lean man followed her with his eyes.

He muttered:

'It seems all wrong to me — her looking like that. Money *and* looks — it's too much! If a girl's as rich as that she's no right to be a good-looker as well. And she *is* a good-looker ... Got everything, that girl has. Doesn't seem fair ...'

— Потекут в город денежки, — сказал его худой, болезненного вида приятель. Сказал завистливым, вредным тоном.

Мистер Барнэби согласился:

— Подфартило Молтон-андер-Вуду. Подфартило. — Мистер Барнэби ликовал. — От спячки наконец пробудимся, — добавил он.

— Не то что при сэре Джордже, — сказал второй.

— Да, тому, кроме лошадей, ничего не надо было, — снисходительно сказал мистер Барнэби. — Вот и дошел до ручки.

— Сколько он получил за усадьбу?

— Шестьдесят тысяч, я слышал, так-то.

Худой присвистнул.

— И говорят, еще шестьдесят, — продолжал радоваться мистер Барнэби, — она потратит на обустройство.

— Черт-те что, — сказал худой. — Откуда у нее эти деньжищи?

— Из Америки, я слышал. Мать была единственной дочкой у тамошнего миллионера. Прямо кино, правда?

Девица вышла из почты и села в автомобиль. Худой проводил взглядом отъехавшую машину.

— Неправильно это, — пробормотал он себе под нос, — чтобы она еще так выглядела. Это слишком — иметь деньги и такую внешность. Если девушке привалило богатство, то какое же она имеет право быть еще и красоткой? А она — красотка... Все при ней. Нечестно...

Chapter 2

Extract from the social column of the *Daily Blague*.

Among those supping at Chez Ma Tante I noticed beautiful Linnet Ridgeway. She was with the Hon. Joanna Southwood, Lord Windlesham and Mr Toby Bryce. Miss Ridgeway, as everyone knows, is the daughter of Melhuish Ridgeway who married Anna Hartz. She inherits from her grandfather, Leopold Hartz, an immense fortune. The lovely Linnet is the sensation of the moment and it is rumoured that an engagement may be announced shortly. Certainly Lord Windlesham seemed very épris!

Chapter 3

The Hon. Joanna Southwood said:

'Darling, I think it's going to be all perfectly *marvellous!*'

She was sitting in Linnet Ridgeway's bedroom at Wode Hall. From the window the eye passed over the gardens to open country with blue shadows of woodlands.

'It's rather perfect, isn't it?' said Linnet.

She leaned her arms on the window sill. Her face was eager, alive, dynamic. Beside her, Joanna Southwood seemed, somehow, a little dim — a tall thin young woman of twenty-seven, with a long clever face and freakishly plucked eyebrows.

Глава 2

Отрывок из светской хроники во «Всякой всячине»:

«Среди ужинавших в ресторане «У тетушки» мое внимание привлекла красавица Линит Риджуэй. С ней были достопочтенная Джоанна Саутвуд, лорд Уиндлизем и мистер Тоби Брайс. Общеизвестно, что мисс Риджуэй является единственной дочерью Мелиша Риджуэя, мужа Анны Хатс. От своего деда, Леопольда Хатса, она наследует огромное состояние. Сейчас прелестная Линит в центре внимания, и поговаривают, что в скором времени может быть объявлено о помолвке. Разумеется, лорд Уиндлизем казался весьма épris![1]»

Глава 3

Достопочтенная Джоанна Саутвуд сказала:
— Дорогая, по-моему, все получится совершенно изумительно.

Она сидела в спальне Линит Риджуэй в Вуд-Холле. За окнами взгляд, миновав парк, уходил в поля с сизой каймой леса.

— Прелестно тут, правда? — сказала Линит.
Она стояла, опершись руками в подоконник. Лицо горело энергией, нетерпением. Рядом с ней высокая и тонкая двадцатисемилетняя Джоанна Саутвуд с продолговатым умным лицом и капризно выщипанными бровями смотрелась тускловато.

---
[1] Влюбленным (фр.).

'And you've done so much in the time! Did you have lots of architects and things?'

'Three.'

'What are architects like? I don't think I've ever seen any.'

'They were all right. I found them rather unpractical sometimes.'

'Darling, you soon put *that* right! You are the *most* practical creature!' Joanna picked up a string of pearls from the dressing table. 'I suppose these are real, aren't they, Linnet?'

'Of course.'

'I know it's "of course" to you, my sweet, but it wouldn't be to most people. Heavily cultured or even Woolworth! Darling, they really are *incredible*, so exquisitely matched. They must be worth the *most* fabulous sums!'

'Rather vulgar, you think?'

'No, not at all — just pure beauty. What *are* they worth?'

'About fifty thousand.'

'What a lovely lot of money! Aren't you afraid of having them stolen?'

'No, I always wear them — and anyway they're insured.'

'Let me wear them till dinnertime, will you, darling? It would give me such a thrill.'

Linnet laughed.

'Of course, if you like.'

— Сколько же ты успела сделать! У тебя было много архитекторов или кого там еще?

— Трое.

— А какие они — архитекторы? Никогда с ними не сталкивалась.

— Славные люди. Иногда, правда, довольно непрактичные.

— Ну, это ты быстро поправишь. Ты очень практичный человек, дорогая. — Джоанна взяла с туалетного столика нитку жемчуга. — Это ведь настоящий жемчуг, да?

— Конечно.

— Для тебя — «конечно», моя радость, но большинство людей сочтут его либо старательной подделкой, либо даже дешевкой из «Вулвортс»[1]. Совершенно *неправдоподобный* жемчуг, дорогая, изумительно подобран. Эта нитка должна стоить сказочно дорого.

— Ты находишь, она вульгарна?

— Отнюдь нет! В чистом виде красота. Сколько же это стоит?

— Около пятидесяти тысяч.

— Кругленькая сумма! Ты не боишься, что твой жемчуг украдут?

— Нет, я его всегда ношу, а кроме того, он застрахован.

— Слушай, дай поносить до обеда. Дай порадоваться жизни.

Линит рассмеялась:

— Носи, если хочешь.

---

[1] «Вулвортс» — универмаги американской компании «Ф.У. Вулворт», имеющей филиалы в Англии.

'You know, Linnet, I really do envy you. You've simply got *everything*. Here you are at twenty, your own mistress, with any amount of money, looks, superb health. You've even got *brains!* When are you twenty-one?'

'Next June. I shall have a grand coming-of-age party in London.'

'And then are you going to marry Charles Windlesham? All the dreadful little gossip writers are getting so excited about it. And he really is frightfully devoted.'

Linnet shrugged her shoulders.

'I don't know. I don't really want to marry anyone yet.'

'Darling, how right you are! It's never quite the same afterwards, is it?'

The telephone shrilled and Linnet went to it.

'Yes? Yes?'

The butler's voice answered her.

'Miss de Bellefort is on the line. Shall I put her through?'

'Bellefort? Oh, of course, yes, put her through.'

A click and a voice, an eager, soft, slightly breathless voice.

'Hullo, is that Miss Ridgeway? *Linnet!*'

'*Jackie darling!* I haven't heard anything of you for ages and *ages!*'

'I know. It's awful. Linnet, I want to see you terribly.'

'Darling, can't you come down here? My new toy. I'd love to show it to you.'

— Как я тебе завидую, Линит! Тебе только птичьего молока не хватает. В двадцать лет ты сама себе хозяйка, денег не считаешь, красавица, на здоровье не жалуешься. И вдобавок *умница*! Когда тебе будет двадцать один?

— В июне. Я устрою в Лондоне грандиозный прием в честь совершеннолетия.

— Кстати, ты выходишь за Чарлза Уиндлизема? Пресловутая светская хроника спит и видит поженить вас. А как жутко он тебе предан!

Линит пожала плечами:
— Не знаю. Мне пока совсем не хочется замуж.

— И правильно, дорогая! От добра добра не ищут.

Пронзительно зазвонил телефон, Линит подошла.

— Да? Да?

Ответил голос дворецкого:

— Звонит мисс де Бельфор. Вас соединить с ней?

— Бельфор? Да, конечно, соединяйте.

В трубке щелкнуло, и напористо, сбиваясь с дыхания, заговорил мягкий голос:

— Алло, это мисс Риджуэй? Линит!

— Джеки, дорогая! Я не слышала тебя целую вечность!

— Я знаю. Ужас! Мне страшно нужно увидеть тебя, Линит.

— А что бы тебе не приехать сюда? У меня новая игрушка. Очень хочется показать тебе.

'That's just what I want to do.'

'Well, jump into a train or a car.'

'Right, I will. A frightfully dilapidated two-seater. I bought it for fifteen pounds, and some days it goes beautifully. But it has moods. If I haven't arrived by tea-time you'll know it's had a mood. So long, my sweet.'

Linnet replaced the receiver. She crossed back to Joanna.

'That's my oldest friend, Jacqueline de Bellefort. We were together at a convent in Paris. She's had the most terribly bad luck. Her father was a French Count, her mother was American — a Southerner. The father went off with some woman, and her mother lost all her money in the Wall Street crash. Jackie was left absolutely broke. I don't know how she's managed to get along the last two years.'

Joanna was polishing her deep blood-coloured nails with her friend's nail pad. She leant back with her head on one side scrutinizing the effect.

'Darling,' she drawled, 'won't that be rather *tiresome*? If any misfortunes happen to my friends I always drop them *at once!* It sounds heartless, but it saves such a lot of trouble later! They always want to borrow money off you, or else they start a dressmaking business and you have to get the most terrible clothes from them. Or they paint lampshades, or do batik scarves.'

Смерть на Ниле

— Я как раз хочу приехать.
— Так садись скорее на поезд или в машину.
— Я так и сделаю. У меня двухместная развалина. Я купила ее за пятнадцать фунтов, и время от времени она прилично бегает. А иногда дурит. Если я не приеду к чаю, значит, она задурила. Пока, моя радость.

Линит положила трубку и вернулась к Джоанне.

— Это моя старинная подружка — Жаклин де Бельфор. Мы обе были воспитанницами в одном парижском монастыре. Ей жутко не повезло. Ее отец был французским графом, а мать — американкой из южных штатов. Отец ушел к другой женщине, мать потеряла все деньги в уолл-стритском[1] крахе. Джеки осталась буквально ни с чем. Не представляю, как она прожила эти два года.

Джоанна полировала кроваво-красные ногти подушечкой из набора своей подруги. Клоня набок откинутую голову, она придирчиво разглядывала достигнутый результат.

— Дорогая, — протянула она, — а это не будет тебе в тягость? Если у моих друзей случаются неприятности, я *сразу* порываю с ними. Пусть это звучит жестоко, зато потом никаких забот. Они все время норовят занять денег либо определяются в белошвейки, а ты носи их жуткие платья. Или еще: расписывают абажуры, тачают батиковые кашне.

---
[1] Уолл-стрит — улица в Нью-Йорке, на которой расположены здания фондовой биржи и многих банков; символ финансовой олигархии США.

'So, if I lost all my money, you'd drop me tomorrow?'

'Yes, darling, I would. You can't say I'm not honest about it! I only like successful people. And you'll find that's true of nearly everybody — only most people won't admit it. They just say that really they "can't put up with Mary or Emily or Pamela any more! Her troubles have made her so *bitter* and peculiar, poor dear!" '

'How beastly you are, Joanna!'

'I'm only on the make, like everyone else.'

'*I'm* not on the make!'

'For obvious reasons! You don't have to be sordid when good-looking, middle-aged American trustees pay you over a vast allowance every quarter.'

'And you're wrong about Jacqueline,' said Linnet. 'She's not a sponge. I've wanted to help her, but she won't let me. She's as proud as the devil.'

'What's she in such a hurry to see you for? I'll bet she wants something! You just wait and see.'

'She sounded excited about something,' admitted Linnet. 'Jackie always did get frightfully worked up over things. She once stuck a penknife into someone!'

'Darling, how thrilling!'

'A boy who was teasing a dog. Jackie tried to get him to stop. He wouldn't. She pulled him and shook him but he was much stronger than she was, and at last she whipped out a penknife and plunged it right into him. There was the *most* awful row!'

'I should think so. It sounds most uncomfortable!'

— Потеряй я все свои деньги, ты завтра же порвешь со мной?

— Всенепременно, дорогая. И ты не назовешь меня лицемеркой. Я люблю только везучих людей. Ты еще убедишься, что я совсем не исключение, — просто-напросто большинство боится в этом признаться. Они скажут, что стало невозможно переносить Мэри, Эмили или Памелу: невзгоды совсем ожесточили бедняжку, она теперь такая странная!

— Какая же ты противная, Джоанна!

— Просто я устраиваюсь в жизни — как все.

— Я, например, не устраиваюсь.

— Понятное дело! Тебе ли жаться, если каждый квартал симпатичные, средних лет американские опекуны выплачивают тебе роскошное содержание.

— А насчет Жаклин ты ошибаешься, — сказала Линит. — Она не попрошайка. Я хотела ей помочь — так она не дала. В ней гордости до черта.

— А что это она так спешит повидаться? Держу пари, ей что-нибудь нужно от тебя. Сама увидишь.

— Она в самом деле чем-то возбуждена, — признала Линит. — Джеки всегда страшно горячо все воспринимала. Однажды она пырнула одного перочинным ножом.

— Боже, какой страх!

— Мальчишка мучил собаку. Джеки пыталась остановить его. Тот не слушался. Она цеплялась за него, тормошила, но он был сильнее, и тогда она выхватила ножик и вонзила в него. Был *кошмарный* скандал.

— Я думаю! Дико представить себе такое.

Linnet's maid entered the room. With a murmured word of apology, she took down a dress from the wardrobe and went out of the room with it.

'What's the matter with Marie?' asked Joanna. 'She's been crying.'

'Poor thing! You know I told you she wanted to marry a man who has a job in Egypt. She didn't know much about him, so I thought I'd better make sure he was all right. It turned out that he had a wife already — and three children.'

'What a lot of enemies you must make, Linnet.'

'Enemies?' Linnet looked surprised.

Joanna nodded and helped herself to a cigarette.

'Enemies, my sweet. You're so devastatingly efficient. And you're so frightfully good at doing the right thing.'

Linnet laughed.

'Why, I haven't got an enemy in the world.'

Chapter 4

Lord Windlesham sat under the cedar tree. His eyes rested on the graceful proportions of Wode Hall. There was nothing to mar its old-world beauty; the new buildings and additions were out of sight round the corner. It was a fair and peaceful sight bathed in the autumn sunshine. Nevertheless, as he gazed, it was no longer Wode Hall that Charles Windlesham saw. Instead, he seemed to see a more imposing Elizabethan mansion, a long sweep of park, a bleaker background ... It was his own family seat, Charltonbury, and in the foreground stood a figure — a girl's

В комнату вошла горничная Линит. Пробормотав извинения, она взяла из шкафа платье и вышла.

— Что случилось с Мари? — спросила Джоанна. — У нее глаза на мокром месте.

— Жалко ее. Ты помнишь, я говорила, она собирается замуж за человека, который работает в Египте? Она мало знала о нем, и я подумала: надо проверить, какой он человек. Выяснилось, что у него уже есть жена и трое детей в придачу.

— Сколько же врагов ты наживаешь себе, Линит!

— Врагов? — Линит удивилась.

Джоанна кивнула и взяла сигарету.

— Именно врагов, моя радость. Тебя на все хватает, и, что нужно, ты делаешь до ужаса правильно.

Линит рассмеялась:

— У меня нет ни единого врага в целом мире!

Глава 4

Лорд Уиндлизем сидел под кедром. Приятные пропорции Вуд-Холла радовали глаз. Ничто не портило его старозаветную красоту — новейшие постройки и пристройки укрылись за домом. А перед глазами был красивый и мирный пейзаж, залитый осенним солнцем. Но не Вуд-Холл видел Чарлз Уиндлизем: перед его мысленным взором стояли куда более внушительный елизаветинский дворец, раскинувшийся парк, сумрачноватое окружение... То было его родовое гнездо, Чарлтонбери, с фигурой на переднем плане — зла-

figure, with bright golden hair and an eager confident face ... Linnet as mistress of Charltonbury!

He felt very hopeful. That refusal of hers had not been at all a definite refusal. It had been little more than a plea for time. Well, he could afford to wait a little...

How amazingly suitable the whole thing was. It was certainly advisable that he should marry money, but not such a matter of necessity that he could regard himself as forced to put his own feelings on one side. And he loved Linnet. He would have wanted to marry her even if she had been practically penniless, instead of one of the richest girls in England. Only, fortunately, she *was* one of the richest girls in England...

His mind played with attractive plans for the future. The Mastership of the Roxdale perhaps, the restoration of the west wing, no need to let the Scotch shooting...

Charles Windlesham dreamed in the sun.

Chapter 5

It was four o'clock when the dilapidated little two-seater stopped with a sound of crunching gravel. A girl got out of it — a small slender creature with a mop of dark hair. She ran up the steps and tugged at the bell.

A few minutes later she was being ushered into the long stately drawing room, and an ecclesiastical butler was saying with the proper mournful intonation:

товласой, смотревшей смело и уверенно... Линит, хозяйка Чарлтонбери!

Он был преисполнен надежды. Тот ее отказ, строго говоря, не был отказом — скорее это была просьба об отсрочке. Ладно, он еще может подождать...

На редкость удачно все складывалось. Конечно, весьма желательно жениться на деньгах, хотя не до такой степени необходимо, чтобы поступаться при этом чувствами. А он вдобавок любит Линит. Он бы искал ее руки, будь она даже нищенкой, а не одной из богатейших невест в Англии. К счастью, она как раз из богатейших невест...

Он потешил себя планами на будущее. Может, подиректорствовать в Роксдейле, реставрировать западное крыло, не пускать больше шотландскую охоту[1] — нет надобности...

Чарлз Уиндлизем задремал на солнышке.

Глава 5

В четыре часа, хрустя гравием, подъехал видавший виды двухместный автомобиль-малютка. Из него выпрыгнуло хрупкое создание с копной темных волос. Девушка взбежала по ступенькам и позвонила в дверь.

Через несколько минут ее провели в просторную строгую гостиную, и пасторского вида дворецкий печально возгласил:

---
[1] Пешая охота с шотландскими борзыми (дирхаундами).

'Miss de Bellefort.'
'Linnet!'
'Jackie!'

Windlesham stood a little aside, watching sympathetically as this fiery little creature flung herself open-armed upon Linnet.

'Lord Windlesham — Miss de Bellefort — my best friend.'

A pretty child, he thought — not really pretty but decidedly attractive with her dark curly hair and her enormous eyes. He murmured a few tactful nothings and then managed unobtrusively to leave the two friends together.

Jacqueline pounced — in a fashion that Linnet remembered as being characteristic of her.

'Windlesham? Windlesham? *That's* the man the papers always say you're going to marry! Are you, Linnet? *Are* you?'

Linnet murmured:

'Perhaps.'

'Darling — I'm so glad! He looks nice.'

'Oh, don't make up your mind about it — I haven't made up my own mind yet.'

'Of course not! Queens always proceed with due deliberation to the choosing of a consort!'

'Don't be ridiculous, Jackie.'

'But you *are* a queen, Linnet! You always were. *Sa Majesté, la reine Linette. Linette la blonde!* And I— I'm the Queen's confidante! The trusted Maid of Honour.'

— Мисс де Бельфор!
— Линит!
— Джеки!

Стоявший поодаль Уиндлизем благосклонно взирал на темпераментную крошку, заключившую Линит в свои объятия.

— Лорд Уиндлизем — мисс де Бельфор, моя ближайшая подруга.

«Милашка, — думал тот, — не красавица, но определенно привлекательная — эти темные кудри, огромные глаза». Промычав что-то из приличия, он предупредительно вышел, оставив подруг вдвоем.

Жаклин, как это водилось за ней, не преминула посудачить:

— Уиндлизем? Да ведь это его все газеты прочат тебе в мужья! А ты правда выходишь за него, Линит?

— Может быть, — обронила Линит.

— Дорогая, как я рада! Он такой милый.
— Не настраивайся, я еще ничего не решила.

— Разумеется! Королевам полагается быть осмотрительными в выборе супруга.
— Не смеши меня, Джеки.
— Но ты в самом деле королева, Линит, и всегда была королевой! Sa Majesté, la reine Linitte. Linitte la blonde![1] А я твоя наперсница. Особо приближенная фрейлина.

---
[1] Ее величество королева, Линит златокудрая! *(фр.)*

'What nonsense you talk, Jackie darling! Where have you been all this time? You just disappear. And you never write.'

'I hate writing letters. Where have I been? Oh, about three parts submerged, darling. In JOBS, you know. Grim jobs with grim women!'

'Darling, I wish you'd—'

'Take the Queen's bounty? Well, frankly, darling, that's what I'm here for. No, not to borrow money. It's not got to that yet! But I've come to ask a great big important favour!'

'Go on.'

'If you're going to marry the Windlesham man, you'll understand, perhaps.'

Linnet looked puzzled for a minute, then her face cleared.

'Jackie, do you mean—?'

'Yes, darling, *I'm engaged!*'

'So that's it! I thought you were looking particularly alive somehow. You always do, of course, but even more than usual.'

'That's just what I feel like.'

'Tell me all about him.'

'His name's Simon Doyle. He's big and square and incredibly simple and boyish and utterly adorable! He's poor — got no money. He's what you call "county" all right — but very impoverished county — a younger son and all that. His people come from Devonshire. He loves the country and country things. And for the last five years he's been in the City in a stuffy office. And now they're cutting down

— Какую чушь ты несешь, Джеки! А где ты вообще пропадала? Как в воду канула, ни строчки не написала.

— Я терпеть не могу писать письма. Где пропадала? Пускала пузыри. Работа! Скучная работа, скучные товарки.

— Дорогая, я хочу, чтобы ты...

— Приняла королевское пособие?[1] Честно говоря, я за этим и приехала. Нет-нет, не за деньгами! До этого пока не дошло. Я приехала просить о важной-преважной услуге.

— Выкладывай.

— Если ты собираешься выходить за своего Уиндлзема, ты, может быть, поймешь меня.

Линит приняла озадаченный вид; потом лицо ее прояснилось.

— Ты хочешь сказать, что...

— Правильно, дорогая! *Я помолвлена.*

— Вот оно что! То-то, я смотрю, тебя как подменили. Ты всегда живчик, но сегодня — особенно.

— Такое у меня настроение.

— Расскажи про него.

— Его зовут Саймон Дойл. Он такой большой, плечистый и невероятно простой, совсем дитя малое, невозможная прелесть! Он бедный, совсем без денег. Но, по-вашему, он еще тот дворянин — из обедневших, правда, да еще младший сын, и все такое. Их корни в Девоншире. Он любит провинцию и все деревенское. А сам последние пять лет

---

[1] Ирония этого вопроса в том, что «королевское пособие» полагается матери, родившей троих и более близнецов.

and he's out of a job. Linnet, I shall *die* if I can't marry him! I shall die! I shall die! I shall *die*..!'

'Don't be ridiculous, Jackie.'
'I shall die, I tell you! I'm crazy about him. He's crazy about me. We can't live without each other.'
'Darling, you *have* got it badly!'
'I know. It's awful, isn't it? This love business gets hold of you and you can't do anything about it.'

She paused for a minute. Her dark eyes dilated, looked suddenly tragic. She gave a little shiver.

'It's — even frightening sometimes! Simon and I were made for each other. I shall never care for anyone else. And *you've* got to help us, Linnet. I heard you'd bought this place and it put an idea into my head. Listen, you'll have to have a land agent — perhaps two. I want you to give the job to Simon.'
'Oh!' Linnet was startled.
Jacqueline rushed on.
'He's got all that sort of thing at his fingertips. He knows all about estates — was brought up on one. And he's got his business training too. Oh, Linnet, you will give him a job, won't you, for love of me? If he doesn't make good, sack him. But he will. And we can live in a little house and I shall see lots of you and everything in the garden will be too, too divine.' She got up. 'Say you will, Linnet. Say you will. Beautiful Linnet! Tall golden Linnet! My own very special Linnet! Say you will!'
'Jackie—'
'You will?'

сидит в городе, в душной конторе. Сейчас там сокращение, он без работы. Линит, я *умру,* если не выйду за него замуж! Умру! Умру...

— Не говори глупостей, Джеки.

— Говорю тебе: умру! Я без ума от него. А он — от меня. Мы не можем друг без друга.

— Дорогая, ты просто не в себе.

— Я знаю. Страшно, правда? Когда тебя одолевает любовь, с ней уже не справиться.

Она смолкла. Ее широко раскрывшиеся темные глаза обрели трагическое выражение. Она передернула плечами.

— Иногда просто страшно делается! Мы с Саймоном созданы друг для друга. Мне никто больше не нужен. Ты *должна* помочь нам, Линит. Я узнала, что ты купила это поместье, и вот что подумала: ведь тебе понадобится управляющий — и, может, даже не один. Возьми на это место Саймона.

— Как? — поразилась Линит.

— Он собаку съел на этом деле, — зачастила Жаклин. — Все знает про поместья — сам вырос в таких условиях. Да еще специально учился. Ну, Линит, ну, из любви ко мне — дай ему работу, а? Если он не справится — уволишь. А он справится! Мы себе будем жить в какой-нибудь сторожке, я буду постоянно видеть тебя, а в твоем парке станет просто божественно красиво. — Она встала. — Скажи, что ты его берешь, Линит. Красивая, золотая Линит! Бесценное мое сокровище! Скажи, что ты его берешь!

— Джеки...

— Берешь?..

Linnet burst out laughing.

'Ridiculous Jackie! Bring along your young man and let me have a look at him and we'll talk it over.'

Jackie darted at her, kissing her exuberantly.

'*Darling Linnet* — you're a real friend! I knew you were. You wouldn't let me down — ever. You're just the loveliest thing in the world. Goodbye.'

'But, Jackie, you're *staying*.'

'Me? No, I'm not. I'm going back to London and tomorrow I'll come back and bring Simon and we'll settle it all up. You'll adore him. He really is a *pet*.'

'But can't you wait and just have tea?'

'No, I can't wait, Linnet. I'm too excited. I must get back and tell Simon. I know I'm mad, darling, but I can't help it. Marriage will cure me, I expect. It always seems to have a very sobering effect on people.' She turned at the door, stood a moment, then rushed back for a last quick birdlike embrace. 'Dear Linnet — there's no one like you.'

Chapter 6

M. Gaston Blondin, the proprietor of that modish little restaurant Chez Ma Tante, was not a man who delighted to honour many of his clientele. The rich, the beautiful, the notorious and the well-born might wait in vain to be singled out and paid special attention. Only in the rarest cases did M. Blondin, with gracious condescension, greet a guest, accompany him to a privileged table, and exchange with him suitable and apposite remarks.

Линит рассмеялась:

— Смешная ты, Джеки! Вези сюда своего кавалера, дай на него посмотреть — тогда все и обсудим.

Джеки набросилась на нее с поцелуями.

— Дорогая ты моя, ты настоящий друг! Я знала! Ты меня никогда не подведешь! Ты самая ненаглядная на свете. До свидания!

— Нет, ты останешься, Джеки.

— Нет, не останусь. Я возвращаюсь в Лондон, а завтра привезу Саймона, и мы все решим. Ты полюбишь его. Он душка.

— Неужели ты не можешь задержаться и выпить чаю?

— Не могу, Линит. У меня от всего голова идет кругом. Я должна вернуться и рассказать Саймону. Я сумасшедшая, знаю, но с этим ничего не поделаешь. Даст бог, замужество меня излечит. Оно вроде бы отрезвляюще действует на людей. — Она направилась к двери, но тут же кинулась напоследок обнять подругу. — Ты одна такая на всем свете, Линит.

Глава 6

Месье Гастон Блонден, владелец ресторанчика «У тетушки», отнюдь не баловал вниманием свою clientèle[1]. Напрасно могли ждать, что их заметят и выделят из остальных, богач и красавица, знаменитость и аристократ. И уж совсем в исключительных случаях, являя особую милость, месье Блонден встречал гостя, провожал к придержанному столику и заводил уместный разговор.

---
[1] Клиентуру *(фр.)*.

On this particular night, M. Blondin had exercised his royal prerogative three times — once for a Duchess, once for a famous racing peer, and once for a little man of comical appearance with immense black moustaches and who, a casual onlooker would have thought, could bestow no favour on Chez Ma Tante by his presence there.

M. Blondin, however, was positively fulsome in his attentions. Though clients had been told for the last half hour that a table was not to be had, one now mysteriously appeared, placed in a most favourable position. M. Blondin conducted the client to it with every appearance of *empressement*.

'But naturally, for *you* there is *always* a table, Monsieur Poirot! How I wish that you would honour us oftener!'

Hercule Poirot smiled, remembering that past incident wherein a dead body, a waiter, M. Blondin, and a very lovely lady had played a part.

'You are too amiable, Monsieur Blondin,' he said.

'And you are alone, Monsieur Poirot?'

'Yes, I am alone.'

'Oh, well, Jules here will compose for you a little meal that will be a poem — positively a poem! Women, however charming, have this disadvantage: they distract the mind from food! You will enjoy your dinner, Monsieur Poirot, I promise you that. Now as to wine—'

A technical conversation ensued, Jules, the *maître d'hotel*, assisting.

Нынешним вечером месье Блонден почтил своим монаршим вниманием лишь троих — герцогиню, пэра-лошадника и комической внешности коротышку с длиннющими черными усами, который своим появлением «У тетушки», отметил бы поверхностный наблюдатель, едва ли делает одолжение ресторану.

А месье Блонден был сама любезность. Хотя последние полчаса посетителей заверили, что ни единого свободного столика не имеется, тут и столик таинственным образом объявился, причем в удобнейшем месте. И месье Блонден самолично, с подчеркнутой empressement[1] провел к нему гостя.

— Само собой разумеется, месье Пуаро, для вас всегда найдется столик. Как бы мне хотелось, чтобы вы почаще оказывали нам эту честь.

Эркюль Пуаро улыбнулся, вспомнив давний инцидент с участием мертвого тела, официанта, самого месье Блондена и очень привлекательной дамы.

— Вы очень любезны, месье Блонден, — сказал он.

— Вы один, месье Пуаро?
— Да, один.
— Не беда, Жюль попотчует вас не обедом, а настоящей поэмой. Как ни очаровательны дамы, за ними есть один грешок: они отвлекают от еды! Вы получите удовольствие от обеда, месье Пуаро, я вам это обещаю. Итак, какое вино...

С подоспевшим Жюлем разговор принял специальный характер.

---

[1] Услужливостью *(фр.)*.

Before departing, M. Blondin lingered a moment, lowering his voice confidentially.

'You have grave affairs on hand?'

Poirot shook his head.

'I am, alas, a man of leisure,' he said softly. 'I have made the economies in my time and I have now the means to enjoy the life of idleness.'

'I envy you.'

'No, no, you would be unwise to do so. I can assure you, it is not so gay as it sounds.' He sighed. 'How true is the saying that man was forced to invent work in order to escape the strain of having to think.'

M. Blondin threw up his hands.

'But there is so much! There is travel!'

'Yes, there is travel. Already I have done not so badly. This winter I shall visit Egypt, I think. The climate, they say, is superb! One will escape from the fogs, the greyness, the monotony of the constantly falling rain.'

'Ah! Egypt,' breathed M. Blondin.

'One can even voyage there now, I believe, by train, escaping all sea travel except the Channel.'

'Ah, the sea, it does not agree with you?'

Hercule Poirot shook his head and shuddered slightly.

'I, too,' said M. Blondin with sympathy. 'Curious the effect it has upon the stomach.'

'But only upon certain stomachs! There are people on whom the motion makes no impression whatever. They actually *enjoy* it!'

'An unfairness of the good God,' said M. Blon-

Еще задержавшись, месье Блонден спросил, понизив голос:

— Есть какие-нибудь серьезные дела?

Пуаро покачал головой.

— Увы, я теперь лентяй, — сказал он с грустью. — В свое время я сделал кое-какие сбережения, и мне по средствам вести праздную жизнь.

— Завидую вам.

— Что вы, завидовать мне неразумно. Уверяю вас, это только звучит хорошо: праздность. — Он вздохнул. — Правду говорят, что человек вынужден занимать себя работой, чтобы не думать.

Месье Блонден воздел руки:

— Но есть же масса другого! Есть путешествия!

— Да, есть путешествия. Я уже отдал им немалую дань. Этой зимой, вероятно, посещу Египет. Климат, говорят, восхитительный. Сбежать от туманов, пасмурного неба и однообразного бесконечного дождя.

— Египет... — вздохнул месье Блонден.

— Туда, по-моему, теперь можно добраться поездом, а не морем, если не считать паром через Ла-Манш.

— Море — вы плохо переносите его?

Эркюль Пуаро кивнул и чуть передернулся.

— Так же я, — сочувственно сказал месье Блонден. — Занятно, что это так действует на желудок.

— Но не на всякий желудок. Есть люди, на которых движение совершенно не оказывает действия. Оно им даже в удовольствие.

— Не поровну милость божья, — сказал месье

din. He shook his head sadly, and, brooding on the impious thought, withdrew.

Smooth-footed, deft-handed waiters ministered to the table. Toast Melba, butter, an ice pail, all the adjuncts to a meal of quality.

The orchestra broke into an ecstasy of strange discordant noises. London danced.

Hercule Poirot looked on, registered impressions in his neat orderly mind.

How bored and weary most of the faces were! Some of those stout men, however, were enjoying themselves... whereas a patient endurance seemed to be the sentiment exhibited on their partners' faces. The fat woman in purple was looking radiant... Undoubtedly the fat had certain compensations in life... a zest — a gusto — denied to those of more fashionable contours.

A good sprinkling of young people — some vacant-looking — some bored — some definitely unhappy. How absurd to call youth the time of happiness — youth, the time of greatest vulnerability!

His glance softened as it rested on one particular couple. A well-matched pair — tall broad-shouldered man, slender delicate girl. Two bodies that moved in a perfect rhythm of happiness. Happiness in the place, the hour, and in each other.

The dance stopped abruptly. Hands clapped and it started again. After a second encore the couple returned to their table close by Poirot. The girl was flushed, laughing. As she sat, he could study her face as it was lifted laughing to her companion.

Блонден. Он печально помотал головой и с этой греховной мыслью удалился.

Неслышные расторопные официанты накрывали столик. Сухарики «мелба», масло, ведерко со льдом — все, что полагается для первоклассного обеда.

Оглушительно и вразнобой грянул негритянский оркестр. Лондон танцевал.

Эркюль Пуаро поднял глаза, размещая впечатления в своей ясной, упорядоченной голове.

Сколько скучных усталых лиц! Хотя вон те крепыши веселятся напропалую... притом что на лицах их спутниц застыло одно стоическое терпение. Чему-то радуется толстая женщина в красном... Вообще у толстяков есть свои радости в жизни... смаковать, гурманствовать — кто позволит себе, следя за фигурой?

И молодежи порядочно пришло — безразличной, скучающей, тоскующей. Считать юность счастливой порой — какая чушь! — ведь юность более всего ранима.

Его взгляд размягченно остановился на одной паре. Прекрасно они смотрелись рядом — широкоплечий мужчина и стройная хрупкая девушка. В идеальном ритме счастья двигались их тела. Счастьем было то, что они здесь в этот час — и вместе.

Танец оборвался. После аплодисментов он возобновился, и еще раз оркестр играл на «бис», и только потом та пара вернулась к своему столику недалеко от Пуаро. Раскрасневшаяся девушка смеялась. Она так села против своего спутника, что Пуаро мог хорошо разглядеть ее лицо.

There was something else beside laughter in her eyes. Hercule Poirot shook his head doubtfully.

'She cares too much, that little one,' he said to himself. 'It is not safe. No, it is not safe.'

And then a word caught his ear. Egypt.

Their voices came to him clearly — the girl's young, fresh, arrogant, with just a trace of soft-sounding for-eign Rs, and the man's pleasant, low-toned, well-bred English.

'I'm *not* counting my chickens before they're hatched, Simon. I tell you Linnet won't let us down!'

'*I* might let *her* down.'

'Nonsense — it's just the right job for you.'

'As a matter of fact I think it is ... I haven't really any doubts as to my capability. And I mean to make good — for *your* sake!'

The girl laughed softly, a laugh of pure happiness.

'We'll wait three months — to make sure you don't get the sack — and then—'

'And then I'll endow thee with my worldly goods — that's the hang of it, isn't it?'

'And, as I say, we'll go to Egypt for our honeymoon. Damn the expense! I've always wanted to go to Egypt all my life. The Nile and the Pyramids and the sand ...'

He said, his voice slightly indistinct:

'We'll see it together, Jackie ... together. Won't it be marvellous?'

'I wonder. Will it be as marvellous to you as it is to me? Do you really care — as much as I do?'

Если бы только ее глаза смеялись! Пуаро с сомнением покачал головой.

«Что-то заботит малышку, — сказал он про себя. — Что-то не так. Да-да, не так».

Тут его слуха коснулось слово: Египет.

Он ясно слышал их голоса — девушки, молодой и свежий, напористый, с чуть смягченным иностранным «р», и приятный, негромкий голос хорошо воспитанного англичанина.

— Я знаю, что цыплят по осени считают, Саймон. Но говорю тебе: Линит не подведет.

— Зато я могу ее подвести.

— Чепуха, это прямо для тебя работа.

— Честно говоря, мне тоже так кажется... Насчет своей пригодности у меня нет сомнений. Тем более что я очень постараюсь — ради тебя.

Девушка тихо рассмеялась безоглядно счастливым смехом.

— Переждем три месяца, убедимся, что тебя не уволят, и...

— И я выделю тебе долю от нажитого добра[1] — я правильно уловил мысль?

— И мы поедем в Египет в наш медовый месяц — вот что я хотела сказать. Плевать, что дорого! Я всю жизнь хочу поехать в Египет. Нил... пирамиды... пески...

Мужской голос прозвучал не очень отчетливо:

— Мы вдвоем увидим все это, Джеки... вдвоем. Будет дивно, да?

— Мне — да, а тебе? Интересно... ты правда этого хочешь так же сильно, как я?

---

[1] Слегка измененная фраза из Книги общей молитвы — молитвенника и требника англиканской церкви.

Her voice was suddenly sharp — her eyes dilated — almost with fear.

The man's answer came with an equal sharpness: 'Don't be absurd, Jackie.'

But the girl repeated: 'I wonder ...' Then she shrugged her shoulders: 'Let's dance.'

Hercule Poirot murmured to himself:

'*Une qui aime et un qui se laisse aimer*. Yes, I wonder too.'

Chapter 7

Joanna Southwood said: 'And suppose he's a terrible tough?'

Linnet shook her head.

'Oh, he won't be. I can trust Jacqueline's taste.'

Joanna murmured:

'Ah, but people don't run true to form in love affairs.'

Linnet shook her head impatiently. Then she changed the subject.

'I must go and see Mr Pierce about those plans.'

'Plans?'

'Yes, some dreadful insanitary old cottages. I'm having them pulled down and the people moved.'

'How sanitary and public-spirited of you, darling!'

'They'd have had to go anyway. Those cottages would have overlooked my new swimming pool.'

'Do the people who live in them like going?'

'Most of them are delighted. One or two are being rather stupid about it — really tiresome in fact.

Ее голос напрягся, глаза округлились — и чуть ли не страх был в них.

Ответ последовал быстрый и резковатый:

— Не глупи, Джеки.

— Интересно... — повторила девушка. И передернула плечами. — Пойдем потанцуем.

Эркюль Пуаро пробормотал под нос:

— «Un qui aime et un qui se laisse aimer»[1]. М-да, мне тоже интересно.

Глава 7

— А вдруг с ним чертовски трудно ладить? — сказала Джоанна Саутвуд.

Линит покачала головой:

— Не думаю. Я доверяю вкусу Жаклин.

На это Джоанна заметила:

— В любви люди всегда другие.

Линит нетерпеливо мотнула головой и переменила тему:

— Мне надо к мистеру Пирсу — насчет проекта.

— Насчет проекта?

— Насчет развалюх. Я хочу их снести, а людей переселить.

— Какая ты у нас тонкая и сознательная, душка.

— Эти дома все равно надо убирать. Они испортят вид на мой бассейн.

— А их обитатели согласятся выехать?

— Да многие за милую душу! А некоторые —

---

[1] «Один любит, другой позволяет себя любить» (*фр.*).

They don't seem to realize how vastly improved their living conditions will be!'

'But you're being quite high-handed about it, I presume.'

'My dear Joanna, it's to their advantage really.'

'Yes, dear. I'm sure it is. Compulsory benefit.'

Linnet frowned. Joanna laughed.

'Come now, you *are* a tyrant, admit it. A beneficent tyrant if you like!'

'I'm not the least bit of a tyrant.'

'But you like your own way!'

'Not especially.'

'Linnet Ridgeway, can you look me in the face and tell me of *any one occasion* on which you've failed to do exactly as you wanted?'

'Heaps of times.'

'Oh, yes, "heaps of times"—just like that — but no concrete example. And you simply can't think up one, darling, however hard you try! The triumphal progress of Linnet Ridgeway in her golden car.'

Linnet said sharply: 'You think I'm selfish?'

'No — just irresistible. The combined effect of money and charm. Everything goes down before you. What you can't buy with cash you buy with a smile. Result: Linnet Ridgeway, the Girl Who Has Everything.'

'Don't be ridiculous, Joanna!'

'Well, haven't you got everything?'

'I suppose I have ... It sounds rather disgusting, somehow!'

такие зануды. Не могут уразуметь, как сказочно изменятся их условия жизни.

— Я знаю, ты не упустишь поучить их уму-разуму.

— Ради их же пользы, дорогая Джоанна.

— Конечно, дорогая, я все понимаю. Принудительное благо.

Линит нахмурилась. Джоанна рассмеялась:

— Не отпирайся, ведь ты — тиран. Если угодно, тиран-благодетель.

— Я ни капельки не тиран!

— Но ты любишь настоять на своем.

— Не очень.

— Погляди мне в глаза, Линит Риджуэй, и назови хоть один раз, когда тебе не удалось поступить по-своему.

— Я тебе назову тысячу раз.

— Вот-вот: «тысяча раз» — и ни одного конкретного примера. Ты не придумаешь его, сколько ни старайся. Триумфальный проезд Линит Риджуэй в золотом авто.

— Ты считаешь, я эгоистка? — резко бросила Линит.

— Нет, ты победительница — только и всего. Благодаря союзу денег и обаяния. Все повергается перед тобой. Чего не купят деньги — доставит улыбка. Вот это и означает: Линит Риджуэй — Девушка, у Которой Все Есть.

— Не смеши меня, Джоанна.

— Разве не правда, что у тебя все есть?

— Пожалуй, правда... Дикость какая-то!

'Of course it's disgusting, darling! You'll probably get terribly bored and blasé by and by. In the meantime, enjoy the triumphal progress in the golden car. Only I wonder, I really do wonder, what will happen when you want to go down a street which has a board saying No Thoroughfare.'

'Don't be idiotic, Joanna.' As Lord Windlesham joined them, Linnet said, turning to him: 'Joanna is saying the nastiest things to me.'

'All spite, darling, all spite,' said Joanna vaguely as she got up from her seat.

She made no apology for leaving them. She had caught the glint in Windlesham's eye.

He was silent for a minute or two. Then he went straight to the point.

'Have you come to a decision, Linnet?'

Linnet said slowly:

'Am I being a brute? I suppose, if I'm not sure, I ought to say No—'

He interrupted her:

'Don't say it. You shall have time — as much time as you want. But I think, you know, we should be happy together.'

'You see,' Linnet's tone was apologetic, almost childish, 'I'm enjoying myself so much — especially with all this.' She waved a hand. 'I wanted to make Wode Hall into my real ideal of a country house, and I do think I've got it nice, don't you?'

— Еще бы не дикость! Ты, наверное, иногда сатанеешь от скуки и blasé[1]. А пока верши свой триумфальный проезд в золотом авто. Но хотелось бы мне знать — даже очень! — что будет, когда ты выедешь на улицу, а там знак: «Проезда нет».

— Не городи чушь, Джоанна. — Обернувшись к вошедшему лорду Уиндлизему, Линит сказала: — Джоанна говорит обо мне страшные гадости.

— Из вредности, дорогая, исключительно из вредности, — рассеянно отозвалась та, поднимаясь с кресла.

Она ушла, не придумав повода. В глазах Уиндлизема она отметила огонек.

Минуту-другую тот молчал. Потом прямо перешел к делу:

— Вы пришли к какому-нибудь решению, Линит?

Она медленно выговорила:

— Неужели придется быть жестокой? Ведь если я не уверена, мне нужно сказать: нет...

Он остановил ее:

— Не говорите! Время терпит — у вас сколько угодно времени. Только, мне кажется, мы будем счастливы вместе.

— Понимаете, — виновато, с детской интонацией сказала Линит, — мне сейчас так хорошо — да еще все это в придачу. — Она повела рукой. — Мне хотелось сделать из Вуд-Холла идеальный загородный дом, и, по-моему, получилось славно, вам не кажется?

---

[1] Пресыщенности *(фр.)*.

'It's beautiful. Beautifully planned. Everything perfect. You're very clever, Linnet.' He paused a minute and went on: 'And you like Charltonbury, don't you? Of course it wants modernizing and all that — but you're so clever at that sort of thing. You enjoy it.'

'Why, of course, Charltonbury's divine.'

She spoke with ready enthusiasm, but inwardly she was conscious of a sudden chill. An alien note had sounded, disturbing her complete satisfaction with life. She did not analyse the feeling at the moment, but later, when Windlesham had left her, she tried to probe the recesses of her mind.

Charltonbury — yes, that was it — she had resented the mention of Charltonbury. But why? Charltonbury was modestly famous. Windlesham's ancestors had held it since the time of Elizabeth. To be mistress of Charltonbury was a position unsurpassed in society. Windlesham was one of the most desirable *partis* in England.

Naturally he couldn't take Wode seriously... It was not in any way to be compared with Charltonbury.

Ah, but Wode was *hers*! She had seen it, acquired it, rebuilt and re-dressed it, lavished money on it. It was her own possession, her kingdom.

But in a sense it wouldn't count if she married Windlesham. What would they want with two country places? And of the two, naturally Wode Hall would be the one to be given up.

— Здесь прекрасно. Прекрасная планировка. Все безукоризненно. Вы умница, Линит. — Он помолчал минуту и продолжал: — А Чарлтонбери — ведь он вам нравится? Конечно, требуется кое-что подновить, но у вас все так замечательно выходит. Вам это доставит удовольствие.

— Ну конечно, Чарлтонбери — это чудо.

Она охотно поддакнула ему, но на сердце лег холодок. Какая-то посторонняя нота внесла диссонанс в ее полное приятие жизни. Тогда она не стала углубляться в это чувство, но позже, когда Уиндлизем ушел в дом, решила покопаться в себе.

Вот оно: Чарлтонбери — ей было неприятно, что о нем зашла речь. Но почему? Весьма знаменитое место. Предки Уиндлизема владели поместьем со времен Елизаветы[1]. Быть хозяйкой Чарлтонбери — высокая честь. Уиндлизем был из самых желанных партий в Англии.

Понятно, он не может всерьез воспринимать Вуд... Даже сравнивать смешно с Чарлтонбери.

Зато Вуд — это только ее! Она увидела поместье, купила его, перестроила и все переделала, вложила пропасть денег. Это ее собственность, ее королевство.

И оно утратит всякий смысл, выйди она замуж за Уиндлизема. Что им делать с двумя загородными домами? И естественно, отказаться придется от Вуд-Холла.

---

[1] Елизавета (1533—1603) — английская королева с 1558 г., из династии Тюдоров.

She, Linnet Ridgeway, wouldn't exist any longer. She would be Countess of Windlesham, bringing a fine dowry to Charltonbury and its master. She would be queen consort, not queen any longer.

'I'm being ridiculous,' said Linnet to herself.

But it was curious how she did hate the idea of abandoning Wode...

And wasn't there something else nagging at her? Jackie's voice with that queer blurred note in it saying: 'I shall *die* if I can't marry him! I shall die. I shall die...'

So positive, so earnest. Did she, Linnet, feel like that about Windlesham? Assuredly she didn't. Perhaps she could never feel like that about anyone. It must be — rather wonderful — to feel like that...

The sound of a car came through the open window.

Linnet shook herself impatiently. That must be Jackie and her young man. She'd go out and meet them.

She was standing in the open doorway as Jacqueline and Simon Doyle got out of the car.

'Linnet!' Jackie ran to her. 'This is Simon. Simon, here's Linnet. She's just the most wonderful person in the world.'

Linnet saw a tall, broad-shouldered young man, with very dark blue eyes, crisply curling brown hair, a square chin, and a boyish, appealing, simple smile...

И от себя самой придется отказаться. Линит Риджуэй станет графиней Уиндлизем, осчастливив своим приданым Чарлтонбери и его хозяина. Она будет королевской супругой, но уже никак не королевой.

«Я делаюсь смешной», — подумала она.

Но странно, что ей так ненавистна мысль лишиться Вуда...

И еще не давали покоя слова, что Джеки выговорила странным, зыбким голосом: «Я *умру*, если не выйду за него замуж. Просто умру...»

Какая решимость, сколько убежденности. А сама она, Линит, чувствовала что-нибудь похожее к Уиндлизему? Ни в малой степени. Возможно, она вообще ни к кому не могла испытывать таких чувств. А должно быть, это замечательно по-своему — переживать такие чувства...

В открытое окно донесся звук автомобиля.

Линит нетерпеливо передернула плечами. Скорее всего, это Джеки со своим молодым человеком. Надо выйти и встретить их.

Она стояла на пороге, когда Жаклин и Саймон Дойл выходили из машины.

— Линит! — Джеки подбежала к ней. — Это Саймон. Саймон, это Линит. Самый замечательный человек на свете.

Линит увидела высокого, широкоплечего молодого человека с темно-синими глазами, кудрявой каштановой головой, с прямоугольным подбородком и обезоруживающе мальчишеской улыбкой.

She stretched out a hand. The hand that clasped hers was firm and warm... She liked the way he looked at her, the naïve genuine admiration.

Jackie had told him she was wonderful, and he clearly thought that she was wonderful...

A warm sweet feeling of intoxication ran through her veins.

'Isn't this all lovely?' she said. 'Come in, Simon, and let me welcome my new land agent properly.'

And as she turned to lead the way she thought: 'I'm frightfully — frightfully happy. I like Jackie's young man... I like him enormously...'

And then a sudden pang: 'Lucky Jackie...'

Chapter 8

Tim Allerton leant back in his wicker chair and yawned as he looked out over the sea. He shot a quick sidelong glance at his mother.

Mrs Allerton was a good-looking, white-haired woman of fifty. By imparting an expression of pinched severity to her mouth every time she looked at her son, she sought to disguise the fact of her intense affection for him. Even total strangers were seldom deceived by this device and Tim himself saw through it perfectly.

He said:

'Do you really like Majorca, Mother?'

'Well—,' Mrs Allerton considered, 'it's cheap.'

Она протянула ему руку. Его пожатие было крепким и теплым. Ей понравился его взгляд, в нем светилось наивное, искреннее восхищение.

Джеки сказала, что она замечательная, и он истово поверил в это.

Все ее тело охватила сладкая истома.

— Правда, здесь прелестно? — сказала она. — Входите, Саймон, я хочу достойно принять своего нового управляющего.

Ведя их за собой в дом, она думала: «Мне ужасно, ужасно хорошо. Мне нравится молодой человек Джеки... Страшно нравится».

И еще уколола мысль: «Повезло Джеки...»

Глава 8

Тим Аллертон откинулся в плетеном кресле и, взглянув в сторону моря, зевнул. Потом бросил вороватый взгляд на мать.

Седовласая пятидесятилетняя миссис Аллертон была красивой женщиной. Всякий раз, когда она смотрела на сына, она сурово сжимала губы, чтобы скрыть горячую привязанность к нему. Даже совершенно посторонние люди редко попадались на эту уловку, а уж сам Тим отлично знал ей цену.

Сейчас он сказал:

— Мам, тебе правда нравится Майорка[1]?

— М-м, — задумалась миссис Аллертон. — Тут дешево.

---

[1] М а й о р к а — остров в Средиземном море, славится климатическими курортами. Территория Испании.

'And cold,' said Tim with a slight shiver.

He was a tall, thin young man, with dark hair and a rather narrow chest. His mouth had a very sweet expression, his eyes were sad and his chin was indecisive. He had long delicate hands.
Threatened by consumption some years ago, he had never displayed a really robust physique. He was popularly supposed 'to write', but it was understood among his friends that enquiries as to literary output were not encouraged.
'What are you thinking of, Tim?'
Mrs Allerton was alert. Her bright dark-brown eyes looked suspicious.
Tim Allerton grinned at her:
'I was thinking of Egypt.'
'Egypt?' Mrs Allerton sounded doubtful.

'Real warmth, darling. Lazy golden sands. The Nile. I'd like to go up the Nile, wouldn't you?'

'Oh, I'd *like* it.' Her tone was dry. 'But Egypt's expensive, my dear. Not for those who have to count the pennies.'
Tim laughed. He rose, stretched himself. Suddenly he looked alive and eager. There was an excited note in his voice.
'The expense will be my affair. Yes, darling. A little flutter on the Stock Exchange. With thoroughly satisfactory results. I heard this morning.'
'This morning?' said Mrs Allerton sharply. 'You only had one letter and that—'

— И холодно, — сказал Тим, зябко передернув плечами.

Это был высокий, худощавый молодой человек, темноволосый, с узкой грудью. У него очень приятная линия рта, грустные глаза и безвольный подбородок. Тонкие изящные руки.

Он никогда-то не был крепкого сложения, а несколько лет назад вдруг подкралась чахотка. Молва утверждала, что «он пишет», однако друзья знали, что интерес к его литературным делам не поощряется.

— Ты о чем думаешь, Тим?

Миссис Аллертон была начеку. Ее карие глаза смотрели на него подозрительно.

Тим Аллертон ухмыльнулся:

— Я думаю о Египте.

— О Египте? — В ее голосе прозвучало недоверие.

— Там по-настоящему тепло, дорогая. Сонные золотые пески. Нил. Мне всегда хотелось подняться по Нилу. А тебе?

— Еще как хотелось. — Голос ее стал сухим. — Но Египет — это дорого, мой милый. Он не для тех, кто считает каждый пенни.

Тим рассмеялся. Он встал с кресла, потянулся. Он как-то сразу пожевал, ободрился. И голос у него окреп.

— Расходы я беру на себя. Да-да, дорогая! На бирже маленький переполох. Результат в высшей степени благоприятен. Я узнал сегодня утром.

— Сегодня утром? — резко переспросила миссис Аллертон. — Ты получил только одно письмо, причем от...

She stopped and bit her lip.

Tim looked momentarily undecided whether to be amused or annoyed. Amusement gained the day.

'And that was from Joanna,' he finished coolly. 'Quite right, Mother. What a queen of detectives you'd make! The famous Hercule Poirot would have to look to his laurels if you were about.'

Mrs Allerton looked rather cross.

'I just happened to see the handwriting—'

'And knew it wasn't that of a stockbroker? Quite right. As a matter of fact it was yesterday I heard from them. Poor Joanna's handwriting *is* rather noticeable — sprawls about all over the envelope like an inebriated spider.'

'What does Joanna say? Any news?'

Mrs Allerton strove to make her voice sound casual and ordinary. The friendship between her son and his second cousin, Joanna Southwood, always irritated her. Not, as she put it to herself, that there was 'anything in it'. She was quite sure there wasn't. Tim had never manifested a sentimental interest in Joanna, nor she in him. Their mutual attraction seemed to be founded on gossip and the possession of a large number of friends and acquaintances in common. They both liked people and discussing people. Joanna had an amusing if caustic tongue.

It was not because Mrs Allerton feared that Tim might fall in love with Joanna that she found herself always becoming a little stiff in manner if Joanna were present or when letters from her arrived.

It was some other feeling hard to define — perhaps an unacknowledged jealousy in the unfeigned pleas-

Закусив губу, она смолкла.

Тим с минуту гадал, сердиться ему или обернуть все в шутку. Победило хорошее настроение.

— Причем от Джоанны, — холодно договорил он. — Твоя правда, матушка. Тебе бы королевой сыщиков быть! Пресловутому Эркюлю Пуаро пришлось бы побороться с тобой за пальму первенства.

Миссис Аллертон казалась раздосадованной.

— Просто-напросто я увидела конверт...

— И поняла по почерку, что письмо не от маклера. О чем я и толкую. Вообще-то биржевые новости я узнал вчера. А почерк у Джоанны действительно приметный — пишет как курица лапой.

— Что пишет Джоанна? Что новенького?

Миссис Аллертон постаралась, чтобы голос ее прозвучал безразлично и обыденно. Ее раздражала дружба сына с троюродной сестрой Джоанной Саутвуд. Не то чтобы, как она это формулировала, «там что-то есть»: там, она была уверена, ничего не было. Никаких теплых чувств к Джоанне Тим не выказывал — как и она к нему. Их взаимная приязнь основывалась на любви к сплетням и множестве общих друзей и знакомых. Им обоим были интересны люди — и было интересно посудачить о них. У Джоанны был язвительный, если не сказать злой язык.

И не то чтобы миссис Аллертон боялась, что Тим может влюбиться в Джоанну, когда невольно напрягалась в ее присутствии или, как сейчас, получая от нее вести.

Тут было другое, и не сразу скажешь что — может, неосознанная ревность при виде удоволь-

ure Tim always seemed to take in Joanna's society. He and his mother were such perfect companions that the sight of him absorbed and interested in another woman always startled Mrs Allerton slightly. She fancied, too, that her own presence on these occasions set some barrier between the two members of the younger generation. Often she had come upon them eagerly absorbed in some conversation and, at sight of her, their talk had wavered, had seemed to include her rather too purposefully and as in duty bound. Quite definitely, Mrs Allerton did not like Joanna Southwood. She thought her insincere, affected, and essentially superficial. She found it very hard to prevent herself saying so in unmeasured tones.

In answer to her question, Tim pulled the letter out of his pocket and glanced through it. It was quite a long letter, his mother noted.

'Nothing much,' he said. 'The Devenishes are getting a divorce. Old Monty's been had up for being drunk in charge of a car. Windlesham's gone to Canada. Seems he was pretty badly hit when Linnet Ridgeway turned him down. She's definitely going to marry this land agent person.'

'How extraordinary! Is he very dreadful?'

'No, no, not at all. He's one of the Devonshire Doyles. No money, of course — and he was actually engaged to one of Linnet's best friends. Pretty thick, that.'

'I don't think it's at all nice,' said Mrs Allerton, flushing.

Tim flashed her a quick affectionate glance.

'I know, darling. You don't approve of snaffling other people's husbands and all that sort of thing.'

ствия, которое Тим испытывал в обществе Джоанны. Увлечение сына другой женщиной всегда отчасти поражало миссис Аллертон: ведь они с сыном идеальные собеседники. И еще: когда такое случалось, она чувствовала как бы стену, вставшую между ней и молодыми людьми. Она не раз заставала их бойко беседующими, и когда они со всем старанием, но и как бы по обязанности втягивали ее в разговор, тот сразу увядал. Спору нет, миссис Аллертон не любила Джоанну Саутвуд. Она считала ее лицемерной и пустой, и бывало очень трудно сдержаться и не выразить свое отношение к ней.

В ответ на ее вопрос Тим вытянул из кармана письмо и пробежал его глазами. «Вон сколько понаписала», — отметила его мать.

— Новостей немного, — сказал он. — Девениши разводятся. Старину Монти сцапали за вождение в пьяном виде. Уиндлизем уехал в Канаду. Похоже, он не может опомниться, после того как Линит Риджуэй отказала ему. Она выходит за своего управляющего.

— Каков сюрприз! Он совершенный монстр?

— Отнюдь нет. Он из девонширских Дойлов. Бедняк, разумеется, притом он был обручен с лучшей подругой Линит. Крепко, крепко.

— Полное неприличие, — вспыхнув, сказала миссис Аллертон.

Тим послал в ее сторону любящий взгляд.

— Понимаю тебя, дорогая. Ты не одобряешь похищения чужих мужей и вообще мошенничества.

'In my day we had our standards,' said Mrs Allerton. 'And a very good thing too! Nowadays young people seem to think they can just go about doing anything they choose.'

Tim smiled.

'They don't only think it. They do it. *Vide* Linnet Ridgeway!'

'Well, I think it's horrid!'

Tim twinkled at her.

'Cheer up, you old die-hard! Perhaps I agree with you. Anyway, *I* haven't helped myself to anyone's wife or fiancée yet.'

'I'm sure you'd never do such a thing,' said Mrs Allerton. She added with spirit, 'I've brought you up properly.'

'So the credit is yours, not mine.'

He smiled teasingly at her as he folded the letter and put it away again. Mrs Allerton let the thought just flash across her mind: 'Most letters he shows to me. He only reads me snippets from Joanna's.'

But she put the unworthy thought away from her, and decided, as ever, to behave like a gentlewoman.

'Is Joanna enjoying life?' she asked.

'So so. Says she thinks of opening a delicatessen shop in Mayfair.'

'She always talks about being hard up,' said Mrs Allerton with a tinge of spite, 'but she goes about everywhere and her clothes must cost her a lot. She's always beautifully dressed.'

— Мы в молодости имели принципы, — сказала миссис Аллертон. — И слава богу! А нынешняя молодежь полагает, что может творить все что заблагорассудится.

Тим улыбнулся:

— Она не только полагает — она творит все это. Vide[1] Линит Риджуэй.

— Так это ужас какой-то!

Тим подмигнул ей:

— Выше голову, пережиток прошлого! Может, я твой союзник. Во всяком случае, я пока что не умыкал чужих жен или невест.

— И впредь, уверена, не сделаешь этого, — сказала миссис Аллертон. — Я воспитывала тебя приличным человеком, — добавила она с чувством.

— Так что заслуга в этом твоя, и я тут ни при чем.

Ехидно улыбнувшись, он сложил письмо и вернул его в карман. Миссис Аллертон не удержалась от мысли: «Почти все письма он мне показывает. А когда от Джоанны — только зачитывает куски».

Однако она прогнала эту недостойную мысль и привычно решила явить широту души.

— Не скучает Джоанна? — спросила она.

— Когда как. Пишет, что хочет открыть магазин в Мэйфере[2].

— Она всегда жалуется на жизнь, — с легкой неприязнью сказала миссис Аллертон, — а между тем ходит по гостям, и гардероб должен ей стоить целое состояние. Она прекрасно одевается.

---

[1] Смотри *(лат.)*.

[2] М э й ф е р — фешенебельный район Лондона с дорогими магазинами и гостиницами.

'Ah, well,' said Tim, 'she probably doesn't pay for them. No, mother, I don't mean what your Edwardian mind suggests to you. I just mean quite literally that she leaves her bills unpaid.'

Mrs Allerton sighed.
'I never know how people manage to do that.'
'It's a kind of special gift,' said Tim. 'If only you have sufficiently extravagant tastes, and absolutely no sense of money values, people will give you any amount of credit.'
'Yes, but you come to the Bankruptcy Court in the end like poor Sir George Wode.'

'You have a soft spot for that old horse coper — probably because he called you a rosebud in 1879 at a dance.'

'I wasn't born in 1879,' Mrs Allerton retorted with spirit. 'Sir George has charming manners, and I won't have you calling him a horse coper.'

'I've heard funny stories about him from people that know.'
'You and Joanna don't mind what you say about people; anything will do so long as it's sufficiently illnatured.'
Tim raised his eyebrows.
'My dear, you're quite heated. I didn't know old Wode was such a favourite of yours.'

— Так она, скорее всего, не платит за это, — сказал Тим. — Нет-нет, мам, я имею в виду совсем не то, что тебе подсказывает твое эдвардианское мировоззрение[1]. Просто она не оплачивает счета, только и всего.

Миссис Аллертон вздохнула:

— Не представляю, как людям удается это делать.

— Это в некотором роде особый талант, — сказал Тим. — Если иметь достаточно экстравагантные вкусы при полном непонимании, чего стоят деньги, — тебе откроют какой угодно кредит.

— Пусть, но в конечном счете тебя отправят в суд — за неплатежеспособность, как сэра Джорджа Вуда, беднягу.

— У тебя какая-то слабость к этому конскому барышнику — уж не оттого ли, что в тысяча восемьсот семьдесят девятом году, увидев тебя на балу, он назвал тебя розанчиком?

— В тысяча восемьсот семьдесят девятом я еще не родилась! — с чувством возразила миссис Аллертон. — У сэра Джорджа обворожительные манеры, и не смей звать его барышником.

— Я слышал занятные истории про него от знающих людей.

— Тебе и Джоанне все равно, что пересказывать о людях, — чем гаже, тем лучше.

Тим поднял брови:

— Дорогая, возьми себя в руки. Вот уж не представлял, что старина Вуд у тебя в таком фаворе.

---

[1] Отличительной чертой его была чопорность. Относится ко времени правления Эдуарда VII (1901—1910), когда нравы оставались еще «викторианскими».

'You don't realize how hard it was for him, having to sell Wode Hall. He cared terribly about that place.'

Tim suppressed the easy retort. After all, who was he to judge? Instead he said thoughtfully:

'You know, I think you're not far wrong there. Linnet asked him to come down and see what she'd done to the place, and he refused quite rudely.'

'Of course. She ought to have known better than to ask him.'

'And I believe he's quite venomous about her — mutters things under his breath whenever he sees her. Can't forgive her for having given him an absolutely top price for the worm-eaten family estate.'

'And you can't understand that?' Mrs Allerton spoke sharply.

'Frankly,' said Tim calmly, 'I can't. Why live in the past? Why cling on to things that have been?'

'What are you going to put in their place?'

He shrugged his shoulders.

'Excitement, perhaps. Novelty. The joy of never knowing what may turn up from day to day. Instead of inheriting a useless tract of land, the pleasure of making money for yourself — by your own brains and skill.'

'A successful deal on the Stock Exchange, in fact!'

He laughed:

'Why not?'

'And what about an equal *loss* on the Stock Exchange?'

— Ты даже не можешь вообразить, чего ему стоило продать Вуд-Холл. Он страшно дорожил поместьем.

Можно было возразить, но Тим сдержался. Кто он такой, в конце концов, чтобы судить других? И он раздумчиво ответил:

— Насчет этого ты, пожалуй, права. Линит звала его приехать и посмотреть, как она устроилась, — так он наотрез отказался.

— Еще бы! Надо было все-таки подумать, прежде чем звать его.

— Он, по-моему, затаил злобу на нее — всегда что-то бурчит под нос, когда завидит ее. Не может простить, что за источенное червями родовое гнездо она выложила немыслимые деньги.

— Ты и этого не можешь понять? — бросила ему миссис Аллертон.

— Честно говоря, — невозмутимо ответил Тим, — не могу. Зачем жить прошлым? Липнуть к тому, что было, да сплыло?

— А что ты предложишь взамен?

Он пожал плечами:

— Что-нибудь живое. Новое. Ведь какая редкость — не знать, что принесет завтрашний день. Что хорошего наследовать бросовый клочок земли? Гораздо приятнее зарабатывать на свой страх и риск.

— Например, успешно провернуть дельце на бирже.

Он рассмеялся:

— Почему бы и нет?

— А если так же успешно прогореть на бирже?

'That, dear, is rather tactless. And quite inappropriate today ... What about this Egypt plan?'

'Well—'

He cut in smiling at her:

'That's settled. We've both always wanted to see Egypt.'

'When do you suggest?'

'Oh, next month. January's about the best time there. We'll enjoy the delightful society in this hotel a few weeks longer.'

'Tim,' said Mrs Allerton reproachfully. Then she added guiltily: 'I'm afraid I promised Mrs Leech that you'd go with her to the police station. She doesn't understand any Spanish.'

Tim made a grimace.

'About her ring? The blood-red ruby of the horseleech's daughter? Does she still persist in thinking it's been stolen? I'll go if you like, but it's a waste of time. She'll only get some wretched chambermaid into trouble. I distinctly saw it on her finger when she went into the sea that day. It came off in the water and she never noticed.'

'She says she is quite sure she took it off and left it on her dressing table.'

'Well, she didn't. I saw it with my own eyes. The woman's a fool. Any woman's a fool who goes prancing into the sea in December, pretending the water's quite warm just because the sun happens to be shining rather brightly at the moment. Stout women oughtn't to be allowed to bathe anyway; they look so revolting in bathing dresses.'

— Довольно бестактное замечание, дорогая, и уж совсем некстати сегодня... Как же насчет Египта?

— Ну, если...

Он с улыбкой прервал ее:

— Решено. Мы же всегда хотели побывать в Египте.

— Когда ты предлагаешь ехать?

— Да прямо в будущем месяце. Январь там — чуть ли не лучшее время. А пока несколько недель еще потерпим замечательных обитателей нашего отеля.

— Тим, — с упреком сказала миссис Аллертон и виновато добавила: — Я почти обещала миссис Лич, что ты сходишь с ней в полицейский участок. Она совсем не понимает по-испански.

Тим скорчил гримасу:

— Я обзавелся личной пиявкой. Это по поводу кольца? С кроваво-красным рубином? Она продолжает думать, что его украли? Если хочешь, я схожу, только это пустая трата времени. Она еще навлечет неприятности на какую-нибудь горничную. Я отлично помню, как она заходила в море и кольцо было у нее на руке. Она просто обронила его в воде — и не заметила.

— А она уверена, что сняла и оставила на туалетном столике.

— Она ошибается. Я видел его собственными глазами. Надо быть полной дурой, чтобы в декабре лезть в воду только потому, что ярко светит солнышко. Толстухам вообще надо запретить купание, в купальниках они отвратно выглядят.

Mrs Allerton murmured:

'I really feel I ought to give up bathing.'

Tim gave a shout of laughter.

'You? You can give most of the young things points and to spare.'

Mrs Allerton sighed and said,

'I wish there were a few more young people for you here.'

Tim Allerton shook his head decidedly.

'I don't. You and I get along rather comfortably without outside distractions.'

'You'd like it if Joanna were here.'

'I wouldn't.' His tone was unexpectedly resolute. 'You're all wrong there. Joanna amuses me, but I don't really like her, and to have her around much gets on my nerves. I'm thankful she isn't here. I should be quite resigned if I were never to see Joanna again.' He added, almost below his breath: 'There's only one woman in the world I've got a real respect and admiration for, and I think, Mrs Allerton, you know very well who that woman is.'

His mother blushed and looked quite confused.

Tim said gravely:

'There aren't very many really nice women in the world. You happen to be one of them.'

Chapter 9

In an apartment overlooking Central Park in New York Mrs Robson exclaimed:

'If that isn't just too lovely! You really are the luckiest girl, Cornelia.'

— Придется, видимо, и мне отказаться от купаний, — пробормотала миссис Аллертон.

Тим расхохотался:

— Это тебе-то? Да ты любую девицу обставишь.

Вздохнув, миссис Аллертон сказала:

— Тебе бы хорошо тут иметь молодую компанию.

Тим Аллертон решительно замотал головой:

— Ни в коем случае. Мы вполне хорошая компания вдвоем.

— Тебе не хватает Джоанны.

— Ничуть. — Странно, насколько категорично прозвучал его голос. — Ты глубоко заблуждаешься. Джоанна забавляет меня, но теплых чувств я к ней не питаю. Слава богу, что ее тут нет. Исчезни она из моей жизни, я и не замечу. — И совсем тихо добавил: — На всем свете есть только одна женщина, перед которой я преклоняюсь, и, по-моему, миссис Аллертон, ты отлично знаешь, о ком идет речь.

Его мать совсем смешалась и покраснела.

— Не так уж много прекрасных женщин, — глубокомысленно заключил Тим, — и ты одна из них.

Глава 9

В квартире, смотревшей окнами в нью-йоркский Центральный парк, миссис Робсон воскликнула:

— Ну не чудесно ли, скажите! Ты просто счастливица, Корнелия.

Cornelia Robson flushed responsively. She was a big clumsy-looking girl with brown doglike eyes.

'Oh, it will be wonderful!' she gasped.

Old Miss Van Schuyler inclined her head in a satisfied fashion at this correct attitude on the part of poor relations.

'I've always dreamed of a trip to Europe,' sighed Cornelia, 'but I just didn't feel I'd ever get there.'

'Miss Bowers will come with me as usual, of course,' said Miss Van Schuyler, 'but as a social companion I find her limited — very limited. There are many little things that Cornelia can do for me.'

'I'd just love to, Cousin Marie,' said Cornelia eagerly.

'Well, well, then that's settled,' said Miss Van Schuyler. 'Just run and find Miss Bowers, my dear. It's time for my eggnog.'

Cornelia departed. Her mother said:

'My dear Marie, I'm really *most* grateful to you! You know I think Cornelia suffers a lot from not being a social success. It makes her feel kind of mortified. If I could afford to take her to places — but you know how it's been since Ned died.'

'I'm very glad to take her,' said Miss Van Schuyler. 'Cornelia has always been a nice handy girl, willing to run errands, and not so selfish as some of these young people nowadays.'

Mrs Robson rose and kissed her rich relative's wrinkled and slightly yellow face.

В ответ Корнелия Робсон залилась краской. Крупная, угловатая девушка с карими, преданно глядящими глазами.

— Сказочно, — выдохнула она.

Одобряя правильное поведение бедных родственников, престарелая мисс Ван Шуйлер удовлетворенно кивнула.

— Я мечтала побывать в Европе, — вздохнула Корнелия, — но мне казалось, что это никогда не сбудется.

— Разумеется, я, как обычно, беру с собой мисс Бауэрз, — сказала мисс Ван Шуйлер, — но в качестве компаньонки она не годится, совсем не годится. Корнелия поможет мне разбираться со всякими мелочами.

— С огромной радостью, кузина Мари, — с готовностью отозвалась Корнелия.

— Отлично, значит, договорились, — сказала мисс Ван Шуйлер. — А теперь поищи мисс Бауэрз, дорогая. Мне пора пить эггног.

Корнелия вышла. Ее мать сказала:

— Моя дорогая Мари, я бесконечно тебе благодарна! Мне кажется, Корнелия ужасно страдает, что она такая несветская. Чувствует себя как бы ущербной. Мне бы ее повозить, показать мир, но ты знаешь наши дела после смерти Неда.

— Я очень рада, что беру ее, — сказала мисс Ван Шуйлер. — Корнелия — девушка расторопная, поручения исполняет охотно и не эгоистка, как нынешняя молодежь.

Миссис Робсон поднялась и поцеловала богатую родственницу в морщинистую восковую щеку.

'I'm just ever so grateful,' she declared.

On the stairs she met a tall capable-looking woman who was carrying a glass containing a yellow foamy liquid.
'Well, Miss Bowers, so you're off to Europe?'
'Why, yes, Mrs Robson.'
'What a lovely trip!'
'Why, yes, I should think it would be very enjoyable.'
'But you've been abroad before?'
'Oh, yes, Mrs Robson. I went over to Paris with Miss Van Schuyler last fall. But I've never been to Egypt before.'
Mrs Robson hesitated.
'I do hope — there won't be any — trouble.'
She had lowered her voice. Miss Bowers, however, replied in her usual tone:
'Oh, *no*, Mrs Robson; I shall take good care of *that*. I keep a very sharp look-out always.'
But there was still a faint shadow on Mrs Robson's face as she slowly continued down the stairs.

Chapter 10

In his office downtown Mr Andrew Pennington was opening his personal mail. Suddenly his fist clenched itself and came down on his desk with a bang; his face crimsoned and two big veins stood out on his forehead. He pressed a buzzer on his desk and a smart-looking stenographer appeared with commendable promptitude.

— Вечно буду тебе благодарна, — с чувством сказала она.

На лестнице ей встретилась высокая, ответственного вида женщина со стаканом желтого пенистого напитка.

— Итак, мисс Бауэрз, едете в Европу?
— Выходит, что да, миссис Робсон.
— Прекрасное путешествие!
— Да, похоже, приятная будет поездка.

— Вы ведь были прежде за границей?
— О да, миссис Робсон. Прошлой осенью я ездила с мисс Ван Шуйлер в Париж.

— Надеюсь, — с запинкой выговорила миссис Робсон, — никаких неприятностей не случится.

Она договорила, понизив голос; мисс Бауэрз, напротив, ответила обычным голосом:

— Нет-нет, миссис Робсон, за этим прослежу. Я всегда начеку.

Однако облачко, набежавшее на лицо миссис Робсон, так и оставалось на нем, пока она спускалась по лестнице.

Глава 10

У себя в конторе в центре города мистер Эндрю Пеннингтон разбирал личную корреспонденцию. Вдруг его сжавшийся кулак с грохотом обрушился на стол; лицо налилось кровью, на лбу набухли жилы. Он надавил кнопку звонка, и с похвальной быстротой явилась элегантная секретарша.

'Tell Mr Rockford to step in here.'

'Yes, Mr Pennington.'

A few minutes later, Sterndale Rockford, Pennington's partner, entered the office. The two men were not unlike — both tall, spare, with greying hair and cleanshaven clever faces.

'What's up, Pennington?'

Pennington looked up from the letter he was re-reading. He said:

'Linnet's married ...'

'*What?*'

'You heard what I said! Linnet Ridgeway's *married*!'

'How? When? Why didn't we hear about it?'

Pennington glanced at the calendar on his desk.

'She wasn't married when she wrote this letter, but she's married now. Morning of the fourth. That's today.'

Rockford dropped into a chair.

'Whew! No warning! Nothing? Who's the man?'

Pennington referred again to the letter.

'Doyle. Simon Doyle.'

'What sort of a fellow is he? Ever heard of him?'

'No. She doesn't say much ...' He scanned the lines of clear, upright hand writing. 'Got an idea there's something hole-and-corner about this business ... That doesn't matter. The whole point is, she's married.'

The eyes of the two men met. Rockford nodded.

'This needs a bit of thinking out,' he said quietly.

— Скажите мистеру Рокфорду, чтобы пришел.
— Слушаюсь, мистер Пеннингтон.

Через несколько минут в комнату вошел его компаньон, Стерндейл Рокфорд. Компаньоны были одной породы: оба высокие, плотные, седоголовые и чисто выбритые.

— В чем дело, Пеннингтон?

Пеннингтон поднял глаза от письма.

— Линит вышла замуж, — сказал он.
— Что?!
— То, что слышишь: Линит Риджуэй вышла замуж.
— Каким образом? Когда? Почему мы не знали?

Пеннингтон взглянул на настольный календарь.

— Когда она писала письмо, она не была замужем. Но теперь она замужем. С четвертого числа. А это — сегодня.

Рокфорд присвистнул и упал в кресло.

— Не предупредив? Так сразу? Кто он хоть такой?

Пеннингтон заглянул в письмо:

— Дойл. Саймон Дойл.
— Что он собой представляет? Ты когда-нибудь слышал о нем?
— Никогда. И она не особо пишет. — Он пробежал страницу, исписанную четким, прямым почерком. — Сдается мне, тут нечисто... Только это уже неважно. Главное, она замужем.

Они обменялись взглядами. Рокфорд кивнул.

— Надо кое-что обдумать, — ровным голосом сказал он.

'What are we going to do about it?'

'I'm asking you.'

The two men sat silent. Then Rockford said:

'Got any plan?'

Pennington said slowly:

'The *Normandie* sails today. One of us could just make it.'

'You're crazy! What's the big idea?'

Pennington began: 'Those Britisher lawyers—' and stopped.

'What about 'em. Surely you're not going over to tackle 'em? You're mad!'

'I'm not suggesting that you — or I — should go to England.'

'What's the big idea, then?'

Pennington smoothed out the letter on the table.

'Linnet's going to Egypt for her honeymoon. Expects to be there a month or more ...'

'Egypt — eh?' Rockford considered. Then he looked up and met the other's glance. 'Egypt,' he said; *'that's* your idea!'

'Yes — a chance meeting. Over on a trip. Linnet and her husband — honeymoon atmosphere. It might be done.'

Rockford said doubtfully:

'She's sharp, Linnet is ... but—'

Pennington said softly: 'I think there might be ways of — managing it.'

Again their eyes met. Rockford nodded.

'All right, big boy.'

Pennington looked at the clock.

— Что мы собираемся предпринять?
— Об этом я тебя и спрашиваю.
Помолчали. Потом Рокфорд спросил:
— Не придумал?
Пеннингтон врастяжку сказал:
— Сегодня отплывает «Нормандия». Ты или я можем успеть.
— С ума сошел? Что ты задумал?
— Эти британские стряпчие... — начал Пеннингтон и осекся.
— Бог с ними! Неужели ты поедешь разбираться? Безумец.
— Я вовсе не думаю, чтобы кому-то из нас ехать в Англию.
— А что ты задумал?
Пеннингтон разгладил письмо рукой.
— На медовый месяц Линит едет в Египет. Думает пробыть там месяц, если не больше.
— Хм... Египет?.. — Рокфорд задумался. Потом поднял глаза на собеседника. — Так у тебя Египет на уме? — сказал он.
— Вот-вот: случайная встреча. Где-нибудь в пути. Молодожены... витают в эмпиреях. Дело может выгореть.
Рокфорд усомнился:
— Она смекалистая, Линит, хотя...
— Я думаю, — мягко продолжал Пеннингтон, — можно будет справиться — так или иначе.
Они снова обменялись взглядами. Рокфорд кивнул:
— Быть по сему, старина.
Пеннингтон взглянул на часы:

'We'll have to hustle — whichever of us is going.'

'You go,' said Rockford promptly. 'You always made a hit with Linnet. "Uncle Andrew." That's the ticket!'

Pennington's face had hardened.

He said: 'I hope I can pull it off.'

His partner said:

'You've got to pull it off. 'The situation's critical...'

Chapter 11

William Carmichael said to the thin, weedy youth who opened the door inquiringly:

'Send Mr Jim to me, please.'

Jim Fanthorp entered the room and looked inquiringly at his uncle. The older man looked up with a nod and a grunt.

'Humph, there you are.'

'You asked for me?'

'Just cast an eye over this.'

The young man sat down and drew the sheaf of papers towards him. The elder man watched him.

'Well?'

The answer came promptly.

'Looks fishy to me, sir.'

Again the senior partner of Carmichael, Grant & Carmichael uttered his characteristic grunt.

Jim Fanthorp reread the letter which had just arrived by air mail from Egypt:

— Тогда кому-то из нас надо пошевеливаться.
— Тебе, — откликнулся Рокфорд. — Ты ее любимчик. «Дядя Эндрю». Чего лучше?

Пеннингтон посуровел лицом.
— Надеюсь, — сказал он, — что-нибудь получится.
— Должно получиться, — сказал компаньон. — Положение критическое...

Глава 11

Вопросительно смотревшему долговязому юноше, открывшему дверь, Уильям Кармайкл сказал:
— Будьте любезны, пришлите ко мне мистера Джима.

Так же вопросительно взглянул на дядю и вошедший потом в комнату Джим Фанторп. Старший, кивнув, крякнул и поднял на него глаза:
— Явился.
— Звали?
— Взгляни-ка.

Молодой человек сел и взял протянутые ему бумаги. Старший не отрываясь смотрел на него.
— Что скажешь?

Ответ последовал незамедлительно:
— Подозрительная история, сэр.

И опять старший компаньон фирмы «Кармайкл, Грант и Кармайкл» характерным образом крякнул.

А Джим Фанторп перечел письмо, пришедшее авиапочтой из Египта.

...It seems wicked to be writing business letters on such a day. We have spent a week at Mena House and made an expedition to the Fayum. The day after tomorrow we are going up the Nile to Luxor and Aswan by steamer, and perhaps on to Khartoum. When we went into Cook's this morning to see about our tickets who do you think was the first person I saw?—my American trustee, Andrew Pennington. I think you met him two years ago when he was over. I had no idea he was in Egypt and he had no idea that I was! Nor that I was married! My letter, telling him of my marriage, must just have missed him. He is actually going up the Nile on the same trip that we are. Isn't it a coincidence? Thank you so much for all you have done in this busy time. I—

As the young man was about to turn the page, Mr Carmichael took the letter from him.

'That's all,' he said. 'The rest doesn't matter. Well, what do you think?'

«...Большой грех — писать в такой день деловые письма. Мы жили неделю в «Мена-Хаус», ездили в Эль-Файюм[1]. Послезавтра мы собираемся пароходом подняться по Нилу до Луксора[2] и Асуана[3], а может, и до Хартума[4]. Когда мы сегодня утром зашли в Бюро Кука[5] насчет билетов, кого, Вы думаете, мы там увидели? Моего американского опекуна, Эндрю Пеннингтона! Мне кажется, Вы его видели два года назад, когда он приезжал в Англию. Я не знала, что он в Египте, и он не знал, что я тут! Еще он не знал, что я замужем! Должно быть, он разминулся с моим письмом, где я писала ему о своем замужестве. Оказывается, он отправляется в то же самое плавание по Нилу, что и мы. Бывают же такие совпадения! Большое спасибо за то, что при Вашей загруженности Вы находите время и для меня. Я...»

Молодой человек перевернул страницу, но тут мистер Кармайкл забрал письмо.

— Достаточно, — сказал он. — Остальное не суть важно. Что ты думаешь обо всем этом?

---

[1] Эль-Файюм — крупный город на севере Египта, неподалеку от которого находится древний город Кракадилополис, активно посещаемый иностранными туристами.

[2] Луксор — город в Египте, на территории древних Фив, в среднем течении реки Нил; основная достопримечательность — храм богов Амона Ра, Мут, Хонсу (XVI—IV вв. до н.э.), соединенный аллеей сфинксов с комплексом древнеегипетских храмов Карнак, названных по одноименному арабскому селению.

[3] Асуан — крупный город на юге Египта, порт на реке Нил, климатический курорт.

[4] Хартум — столица Судана, расположен у слияния в Нил рек Белый Нил и Голубой Нил.

[5] Бюро Кука — туристическое агентство, имеющее отделения во многих странах.

His nephew considered for a moment — then he said:

'Well — I think — not a coincidence ...'

The other nodded approval.

'Like a trip to Egypt?' he barked out.

'You think that's advisable?'

'I think there's no time to lose.'

'But, why me?'

'Use your brains, boy; use your brains. Linnet Ridgeway has never met you; no more has Pennington. If you go by air you may get there in time.'

'I — I don't like it, sir. What am I to do?'

'Use your eyes. Use your ears. Use your brains — if you've got any. And if necessary — act.'

'I — I don't like it.'

'Perhaps not — but you've got to do it.'

'It's — necessary?'

'In my opinion,' said Mr Carmichael, 'it's absolutely vital.'

Chapter 12

Mrs Otterbourne, readjusting the turban of local material that she wore draped round her head, said fretfully:

'I really don't see why we shouldn't go on to Egypt. I'm sick and tired of Jerusalem.'

As her daughter made no reply, she said:

'You might at least answer when you're spoken to.'

Племянник минуту подумал и сказал:

— Не совпадение это, я думаю...
Собеседник согласно кивнул.
— Хочешь в Египет? — вдруг гаркнул он.
— Вы полагаете, есть смысл?
— Я полагаю, что нам нельзя зевать.
— Но почему — я?
— Пошевели мозгами, сынок. Линит Риджуэй тебя никогда не видела, как и Пеннингтон. Самолетом ты еще можешь застать их.
— М-м... мне это не нравится, сэр. Что я должен делать?
— Смотреть глазами. Слушать ушами. Шевелить мозгами, если они у тебя есть. И если нужно — действовать.
— М-м... мне это не нравится.
— Допускаю, но делать нечего.
— Это действительно необходимо?
— Это крайне необходимо, — сказал мистер Кармайкл, — так мне представляется.

Глава 12

Поправляя туземную тряпку, в виде тюрбана обернутую вокруг головы, миссис Оттерборн капризно сказала:

— Я все-таки не понимаю, почему нам не поехать в Египет. Мне осточертел Иерусалим.
Не получив от дочери ответа, она добавила:
— Отвечай все-таки, когда к тебе обращаются.

Rosalie Otterbourne was looking at a newspaper reproduction of a face. Below it was printed:

Mrs Simon Doyle, who before her marriage was the well-known society beauty, Miss Linnet Ridgeway. Mr and Mrs Doyle are spending their honeymoon in Egypt.

Rosalie said, 'You'd like to move on to Egypt, Mother?'

'Yes, I would,' Mrs Otterbourne snapped. 'I consider they've treated us in a most cavalier fashion here. My being here is an advertisement — I ought to get a special reduction in terms. When I hinted as much, I consider they were most impertinent — *most* impertinent. I told them exactly what I thought of them.'

The girl sighed. She said:

'One place is very like another. I wish we could get right away.'

'And this morning,' went on Mrs Otterbourne, 'the manager actually had the impertinence to tell me that all the rooms had been booked in advance and that he would require ours in two days' time.'

'So we've got to go somewhere.'

'Not at all. I'm quite prepared to fight for my rights.'

Rosalie murmured: 'I suppose we might as well go on to Egypt. It doesn't make any difference.'

'It's certainly not a matter of life or death,' said Mrs Otterbourne.

But there she was quite wrong — for a matter of life and death was exactly what it was.

Розали Оттерборн смотрела на фотографию в газете, под которой было напечатано:

«Миссис Саймон Дойл, до замужества известная светская красавица Линит Риджуэй. Мистер и миссис Дойл сейчас отдыхают в Египте».

— Тебе хочется в Египет, мама? — сказала Розали.

— Да, хочется, — отрезала миссис Оттерборн. — Я считаю, с нами обращаются по-хамски. Для них реклама, что я тут остановилась, и мне полагаются определенные уступки. Но стоило мне об этом заикнуться, как они повели себя *совершенно* наглым образом. Я им напрямую высказала все, что думаю о них.

Девушка вздохнула.

— Да все равно на что смотреть, — сказала она. — Давай не откладывая уедем.

— А сегодня утром, — продолжала миссис Оттерборн, — управляющий имел наглость сказать мне, что комнаты заказываются заранее и, например, наши потребуются ему через два дня.

— Значит, все равно надо куда-то уезжать.

— Отнюдь нет. Я еще поборюсь за свои права.

— Вполне можно поехать и в Египет. Какая разница.

— Безусловно, это не вопрос жизни и смерти, — согласилась с ней миссис Оттерборн.

Тут она сильно ошибалась: это был именно вопрос жизни и смерти.

Part two
EGYPT

Chapter 1

'That's Hercule Poirot, the detective,' said Mrs Allerton.

She and her son were sitting in brightly painted scarlet basket chairs outside the Cataract Hotel in Aswan. They were watching the retreating figures of two people — a short man dressed in a white silk suit and a tall slim girl.

Tim Allerton sat up in an unusually alert fashion.

'That funny little man?' he asked incredulously.

'That funny little man!'
'What on earth's he doing out here?' Tim asked.

His mother laughed.
'Darling, you sound quite excited. Why do men enjoy crime so much? I hate detective stories and never read them. But I don't think Monsieur Poirot is here with any ulterior motive. He's made a good deal of money and he's seeing life, I fancy.'

Часть II
ЕГИПЕТ

Глава 1

— Это Эркюль Пуаро, детектив, — сказала миссис Аллертон.

Они сидели с сыном в ярко-красных плетеных креслах перед отелем «У водоската» в Асуане. Две удаляющиеся фигуры привлекли их внимание: невысокий мужчина в белом чесучовом[1] костюме и долговязая девица.

С несвойственной для него живостью Тим Аллертон выпрямился в кресле.

— Этот смешной коротышка? — недоверчиво спросил он.

— Да, этот смешной коротышка.

— А что он тут делает, интересно знать? — спросил Тим.

Мать рассмеялась:

— Смотри, как ты возбудился! Почему мужчин так влечет к себе преступление? Я ненавижу детективные романы и никогда не беру их в руки. Я не думаю, что месье Пуаро находится тут с какой-то тайной целью. Он составил себе немалое состояние и теперь просто живет в свое удовольствие, я полагаю.

---

[1] Чесуча — плотная шелковая ткань.

'Seems to have an eye for the best-looking girl in the place.'

Mrs Allerton tilted her head a little on one side as she considered the retreating backs of M. Poirot and his companion.

The girl by his side overtopped him by some three inches. She walked well, neither stiffly nor slouchingly.

'I suppose she *is* quite good-looking,' said Mrs Allerton.

She shot a little glance sideways at Tim. Somewhat to her amusement the fish rose at once.

'She's more than quite. Pity she looks so bad-tempered and sulky.'

'Perhaps that's just expression, dear.'

'Unpleasant young devil, I think. But she's pretty enough.'

The subject of these remarks was walking slowly by Poirot's side. Rosalie Otterbourne was twirling an unopened parasol, and her expression certainly bore out what Tim had just said. She looked both sulky and bad-tempered. Her eyebrows were drawn together in a frown, and the scarlet line of her mouth was drawn downwards.

They turned to the left out of the hotel gate and entered the cool shade of the public gardens.

Hercule Poirot was prattling gently, his expression that of beatific good humour. He wore a white silk suit, carefully pressed, and a panama hat, and carried a highly ornamental fly whisk with a sham amber handle.

'—it enchants me,' he was saying. 'The black

— Во всяком случае, он высмотрел тут самую привлекательную девушку.

Чуть склонив голову набок, миссис Аллертон задумчиво провожала взглядом удалявшихся Пуаро и его спутницу.

Та была дюйма на три повыше его. Она хорошо держится — не скованно и не горбясь.

— Она таки *весьма* привлекательна, — сказала миссис Аллертон.

Она искоса глянула на Тима. Даже смешно, как он сразу клюнул.

— Не то слово. Жаль только, вид у нее злой и надутый.

— Может, это напускное.

— Да нет, она стервоза. Хотя и привлекательная.

Между тем героиня их беседы плелась рядом с Пуаро, крутя нераскрытый зонтик, и имела на лице то самое выражение, что отметил Тим: надутое и злое. Брови нахмурены, опущены углы ярко-алых губ.

Выйдя из ворот, они повернули налево и углубились под сень прохладного парка.

Лицо Эркюля Пуаро излучало добродушие, неспешно журчала его речь. Белый, отлично выглаженный чесучовый костюм, панама, в руке богато изукрашенная мухобойка с набалдашником из искусственного янтаря.

— Я очарован, — говорил он. — Черные скалы

rocks of Elephantine, and the sun, the little boats on the river. Yes, it is good to be alive.' He paused and then added: 'You do not find it so, Mademoiselle?'

Rosalie Otterbourne said shortly:

'It's all right, I suppose. I think Aswan's a gloomy sort of place. The hotel's half empty, and everyone's about a hundred—'

She stopped — biting her lip.

Hercule Poirot's eyes twinkled.

'It is true, yes, I have one leg in the grave.'

'I—I wasn't thinking of you,' said the girl. 'I'm sorry. That sounded rude.'

'Not at all. It is natural you should wish for young companions of your own age. Ah, well, there is *one* young man, at least.'

'The one who sits with his mother all the time? I like *her* — but I think he looks dreadful — so conceited!'

Poirot smiled.

'And I — am I conceited?'

'Oh, I don't think so.'

She was obviously uninterested — but the fact did not seem to annoy Poirot. He merely remarked with placid satisfaction:

'My best friend says that I am very conceited.'

'Oh, well,' said Rosalie vaguely, 'I suppose you have something to be conceited about. Unfortunately crime doesn't interest me in the least.'

Слонового острова[1], солнце, челны на реке. Нет, жить — это хорошо. — Помолчав, он добавил: — Вы не находите, мадемуазель?

— Почему же нет? — кратко ответила Розали Оттерборн. — Только уныло здесь, в Асуане. Отель наполовину пуст, а те, кто есть, столетние...

Она оборвала себя, прикусив губу.

В его глазах зажглись огоньки.

— Совершенная правда, я сам одной ногой в могиле.

— Я... не вас имела в виду, — сказала девушка. — Извините. Некрасиво получилось.

— Ничего страшного. Это нормально, что вам нужны ровесники для компании. Постойте, по крайней мере один молодой человек имеется.

— Это тот, что ни на шаг не отходит от своей матери? Она мне нравится, а он, по-моему, ужасный — такой самодовольный!

Пуаро улыбнулся:

— А я — самодовольный?

— Нет, я бы не сказала.

Ясно, ей это безразлично, но Пуаро не стал обижаться, а со спокойным удовлетворением заметил:

— Мой лучший друг говорит, что я очень самодоволен.

— Может быть, — рассеянно сказала Розали, — чем-то, наверное, вы можете быть довольны. Меня, к сожалению, совсем не интересуют преступления.

---

[1] Слоновый остров — на Ниле напротив Асуана.

Poirot said solemnly:

'I am delighted to learn that you have no guilty secret to hide.'

Just for a moment the sulky mask of her face was transformed as she shot him a swift questioning glance. Poirot did not seem to notice it as he went on.

'Madame, your mother, was not at lunch today. She is not indisposed, I trust?'

'This place doesn't suit her,' said Rosalie briefly. 'I shall be glad when we leave.'

'We are fellow passengers, are we not? We both make the excursion up to Wadi Halfa and the Second Cataract?'

'Yes.'

They came out from the shade of the gardens on to a dusty stretch of road bordered by the river. Five watchful bead sellers, two vendors of postcards, three sellers of plaster scarabs, a couple of donkey boys and some detached but hopeful infantile riff-raff closed in upon them.

'You want beads, sir? Very good, sir. Very cheap...'

'Lady, you want scarab? Look — great queen — very lucky ...'

'You look, sir — real lapis. Very good, very cheap...'

'You want ride donkey, sir? This very good donkey. This donkey Whiskey and Soda, sir ...'

На это Пуаро с серьезным видом ответил:

— Рад узнать, что вам нет нужды скрывать что бы то ни было.

На секунду ее лицо оживилось, когда она вопросительно стрельнула в его сторону глазами. Словно не заметив этого, Пуаро продолжал:

— А что, ваша матушка не выходила к ленчу? Не потому, что нездоровится, надеюсь?

— Не нравится ей тут, — коротко ответила Розали. — Я не дождусь, когда мы уедем.

— Мы ведь вместе плывем, не так ли? Вместе поднимемся до Вади-Хальфа и Второго порога?[1]

— Да.

Из тенистого парка они вышли на пыльное полотно прибрежной дороги. Их тут же облепили глазастые продавцы бус, почтовых открыток, гипсовых скарабеев, пара мальчишек с осликами и ватага просто назойливых юных бездельников.

— Хотите бусы, сэр? Очень хорошие, сэр. Очень дешево...

— Хотите скарабея, леди? Смотрите: великая царица приносит счастье...

— Смотрите, сэр: настоящий лазурит[2]. Очень хороший, очень дешево...

— Хотите ослика для поездки, сэр? Это очень хороший ослик. Этого ослика зовут Виски-сода, сэр...

---

[1] Вади-Хальф — город на севере современного Судана в низовьях Второго порога — одного из шести порогов на Ниле.

[2] Лазурит — ценный поделочный минерал синего (кобальт) цвета.

'You want to go granite quarries, sir? This very good donkey. Other donkey very bad, sir, that donkey fall down .. .'

'You want postcard — very cheap — very nice ...'

'Look, lady ... Only ten piastres — very cheap lapis — this ivory ...'

'This very good fly whisk — this all amber ...'

'You go out in boat, sir? I got very good boat, sir ...'

'You ride back to hotel, lady? This first-class donkey .. .'

Hercule Poirot made vague gestures to rid himself of this human cluster of flies. Rosalie stalked through them like a sleep walker.

'It's best to pretend to be deaf and blind,' she remarked.

The infantile riff-raff ran alongside murmuring plaintively:

'Bakshish? Bakshish? Hip hip hurrah — very good, very nice ...'

Their gaily coloured rags trailed picturesquely, and the flies lay in clusters on their eyelids. They were the most persistent. The others fell back and launched a fresh attack on the next corner. Now Poirot and Rosalie only ran the gauntlet of the shops — suave, persuasive accents here...

'You visit my shop today, sir?'

'You want that ivory crocodile, sir?'

— Хотите поехать в гранитный карьер, сэр? Вот очень хороший ослик. Тот ослик очень плохой, сэр, он падает...

— Хотите открытки, очень дешево, очень красиво...

— Смотрите, леди... Всего десять пиастров...[1] очень дешево... лазурит... вот слоновая кость...

— Вот очень хорошая мухобойка — это все из янтаря...

— Вам требуется лодка, сэр? У меня очень хорошая лодка, сэр...

— Хотите вернуться верхом в отель, леди? Вот первоклассный ослик...

Помахивая рукой, Эркюль Пуаро отбивался от липнущего человеческого роя. Розали шла сквозь толпу людей как сомнамбула.

— Лучше всего притвориться слепой и глухой, — заметила она.

Юные бездельники трусили сбоку, канюча:

— Бакшиш![2] Бакшиш! Гип-гип-ура! Очень хорошие, очень красивые...

Они живописно трясли своими пестрыми лохмотьями, на ресницах гроздьями сидели мухи. Эти были самые назойливые. Другие отстали и уже взяли в оборот очередного путника. Теперь, под вкрадчивые уговоры, Пуаро и Розали выдерживали магазинный искус.

— Не зайдете в мою лавку, сэр?

— Не хотите крокодила из слоновой кости, сэр?

---

[1] Пиастр — разменная монета в Египте.
[2] Подарок! *(перс.)*

'You not been in my shop yet, sir? I show you very beautiful things.'

They turned into the fifth shop and Rosalie handed over several rolls of film — the object of the walk.

Then they came out again and walked towards the river's edge.

One of the Nile steamers was just mooring. Poirot and Rosalie looked interestedly at the passengers.

'Quite a lot, aren't there?' commented Rosalie.

She turned her head as Tim Allerton came up and joined them. He was a little out of breath as though he had been walking fast. They stood there for a moment or two, and then Tim spoke.

'An awful crowd as usual, I suppose,' he remarked disparagingly, indicating the disembarking passengers.

'They're usually quite terrible,' agreed Rosalie. All three wore the air of superiority assumed by people who are already in a place when studying new arrivals.

'Hallo!' exclaimed Tim, his voice suddenly excited. 'I'm damned if that isn't Linnet Ridgeway.'

If the information left Poirot unmoved, it stirred Rosalie's interest. She leaned forward and her sulkiness quite dropped from her as she asked:

'Where? That one in white?'

'Yes, there with the tall man. They're coming ashore now. He's the new husband, I suppose. Can't remember her name now.'

'Doyle,' said Rosalie. 'Simon Doyle. It was in all the newspapers. She's simply rolling, isn't she?'

— Вы не были у меня в лавке, сэр? Я покажу вам очень красивые вещи.

Зашли они только в пятую лавку, где Розали взяла несколько фотопленок, ради чего и была затеяна эта прогулка.

Выйдя, они направились к берегу реки.

Как раз швартовался нильский пароход. Пуаро и Розали с интересом глазели на пассажиров.

— Порядочно их, правда? — заметила Розали.

Она обернулась к подошедшему Тиму Аллертону. Тот запыхался от спешки. Постояв минуту-другую, Тим заговорил.

— Видимо, такая же жуткая публика, как всегда, — пренебрежительно обронил он, кивнув в сторону высаживавшихся пассажиров.

— Они обычно все кошмарные, — согласилась Розали. Все трое взирали на вновь прибывших с превосходством уже обжившихся на месте людей.

— Ба! — возбужденно воскликнул Тим. — Разрази меня гром, если это не Линит Риджуэй!

Оставив равнодушным Пуаро, эта новость сильно заинтересовала Розали. Брюзгливость разом сошла с ее лица, когда она спросила:

— Где? Вон та в белом?

— Ага, рядом с высоким мужчиной. Это они сейчас сходят. Новоиспеченный муж, я полагаю. Забыл, как ее теперь величают.

— Дойл, — сказала Розали, — миссис Саймон Дойл. О них писали во всех газетах. Она в самом деле богачка?

'Only about the richest girl in England,' said Tim cheerfully.

The three lookers-on were silent watching the passengers come ashore. Poirot gazed with interest at the subject of the remarks of his companions. He murmured:

'She is beautiful.'

'Some people have got everything,' said Rosalie bitterly.

There was a queer grudging expression on her face as she watched the other girl come up the gangplank.

Linnet Doyle was looking as perfectly turned out as if she were stepping on to the centre of the stage in a revue. She had something too of the assurance of a famous actress. She was used to being looked at, to being admired, to being the centre of the stage wherever she went.

She was aware of the keen glances bent upon her — and at the same time almost unaware of them; such tributes were part of her life.

She came ashore playing a role, even though she played it unconsciously. The rich, beautiful society bride on her honeymoon. She turned, with a little smile and a light remark, to the tall man by her side. He answered, and the sound of his voice seemed to interest Hercule Poirot. His eyes lit up and he drew his brows together.

The couple passed close to him. He heard Simon Doyle say:

'We'll try and make time for it, darling. We can easily stay a week or two if you like it here.'

— Да, пожалуй, из богатейших девиц в Англии, — весело отозвался Тим.

Все трое молча смотрели на сходивших пассажиров. Особа, о которой шла речь, обратила на себя внимание Пуаро.

— Красивая, — пробормотал он.
— Некоторым все достается, — с горечью сказала Розали.

Ее лицо перекосила зависть, когда она смотрела, как та, другая, шла по сходням.

Линит Дойл выглядела так, что хоть сейчас в премьерши какого-нибудь ревю. Она и держалась с уверенностью обласканной славой артистки. Она привыкла, что на нее смотрят, восхищаются ею, привыкла быть в центре внимания.

Она знала, что на нее устремлены жадные взоры, и как бы не замечала их: она принимала это как должное.

И сейчас, даже не отдавая себе в этом отчета, она играла роль: богатая светская красавица-новобрачная проводит свой медовый месяц. С легкой улыбкой она что-то вскользь сказала высокому спутнику. Тот ответил, и при звуке его голоса Эркюль Пуаро насторожился. Под сведенными бровями сверкнули его глаза.

Пара прошла совсем близко. Он услышал, как Саймон Дойл говорил:

— Если постараться, мы успеем, дорогая. Ничто не мешает задержаться на неделю-другую, раз тебе тут нравится.

His face was turned towards her, eager, adoring, a little humble.

Poirot's eyes ran over him thoughtfully — the square shoulders, the bronzed face, the dark blue eyes, the rather childlike simplicity of the smile.

'Lucky devil,' said Tim after they had passed. 'Fancy finding an heiress who hasn't got adenoids and flat feet!'

'They look frightfully happy,' said Rosalie with a note of envy in her voice. She said suddenly, but so low that Tim did not catch the words: 'It isn't fair.'

Poirot heard, however. He had been frowning somewhat perplexedly, but now he flashed a quick glance towards her.

Tim said:

'I must collect some stuff for my mother now.'

He raised his hat and moved off. Poirot and Rosalie retraced their steps slowly in the direction of the hotel, waving aside fresh proffers of donkeys.

'So it is not fair, Mademoiselle?' asked Poirot gently.

The girl flushed angrily.

'I don't know what you mean.'

'I am repeating what you said just now under your breath. Oh, yes, you did.'

Rosalie Otterbourne shrugged her shoulders.

'It really seems a little too much for one person. Money, good looks, marvellous figure and—'

She paused and Poirot said:

'And love? Eh? And love? But you do not know — she may have been married for her money!'

Он глядел на нее жарко, любяще, преданно.

Пуаро задумчиво смерил его глазами: широкие плечи, бронзовое от загара лицо, темно-голубые глаза, детская открытость улыбки.

— Счастливчик, — сказал им вслед Тим. — Подцепить наследницу без аденоидов и плоскостопия!

— Смотрятся они страшно счастливыми, — с ноткой зависти сказала Розали и неслышно для Тима добавила: — Несправедливо.

А Пуаро услышал. Согнав с лица нахмуренную озабоченность, он мельком взглянул на нее.

— Пойду представлю маме сводку, — сказал Тим.

Он приподнял шляпу и ушел. Пуаро и Розали неспешно тронулись в обратный путь к отелю, отмахиваясь от новых предложений проехаться на осликах.

— Несправедливо, значит, мадемуазель? — мягко спросил Пуаро.

Девушка зло покраснела:

— Не понимаю, что вы имеете в виду.

— Я просто повторяю ваши слова. Не отпирайтесь.

Розали Оттерборн пожала плечами:

— Действительно многовато для одного человека: деньги, внешность, фигура и...

Она умолкла, и Пуаро договорил за нее:

— И еще любовь, да? Но откуда вы знаете — вдруг он женился на ее деньгах?

'Didn't you see the way he looked at her?'

'Oh, yes, Mademoiselle. I saw all there was to see — indeed I saw something that you did not.'

'What was that?'

Poirot said slowly:

'I saw, Mademoiselle, dark lines below a woman's eyes. I saw a hand that clutched a sunshade so tight that the knuckles were white...'

Rosalie was staring at him.

'What do you mean?'

'I mean that all is not the gold that glitters — I mean that though this lady is rich and beautiful and beloved, there is all the same *something* that is not right. And I know something else.'

'Yes?'

'I know,' said Poirot, frowning, 'that somewhere, at some time, *I have heard that voice before* — the voice of Monsieur Doyle — and I wish I could remember where.'

But Rosalie was not listening. She had stopped dead. With the point of her sunshade she was tracing patterns in the loose sand. Suddenly she broke out fiercely:

'I'm odious. I'm quite odious. I'm just a beast through and through. I'd like to tear the clothes off her back and stamp on her lovely, arrogant, self-confident face. I'm just a jealous cat — but that's what I feel like. She's so horribly successful and poised and assured.'

Hercule Poirot looked a little astonished by the outburst. He took her by the arm and gave her a friendly little shake.

— Разве вы не видели, как он смотрел на нее?

— Я видел, мадемуазель. Я видел все, что полагалось увидеть, и чуточку больше.

— Что же именно?

Пуаро медленно выговорил:

— Я видел темные круги под ее глазами. Я видел, как побелели костяшки пальцев на ручке зонтика...

Розали заглянула ему в глаза:

— Что вы хотите сказать?

— Я хочу сказать, что не все то золото, что блестит. Я хочу сказать, что, хотя эта дама богата, красива и любима, не все там благополучно. И еще я кое-что знаю.

— Неужели?

— Я знаю, — сказал Пуаро хмурясь, — что где-то я уже слышал этот голос — голос месье Дойла, и мне очень хочется вспомнить — где.

Но Розали уже не слушала. Она замерла на месте. Концом зонтика она чертила узоры на рыхлом песке. Потом ее прорвало:

— Я — гадина. Гнусная, отвратительная гадина. Я готова содрать с нее платье и топтать ее прекрасное, надменное, самоуверенное лицо. Я просто ревнивая кошка и ничего не могу поделать с собой. Она дьявольски везучая, такая выдержанная и уверенная в себе.

Эркюль Пуаро был отчасти озадачен этой истерической вспышкой. Он взял ее под руку, дружески тряхнул:

'*Tenez* — you will feel better for having said that!'

'I just hate her! I've never hated anyone so much at first sight.'

'Magnificent!'

Rosalie looked at him doubtfully. Then her mouth twitched and she laughed.

'*Bien*,' said Poirot, and laughed too.

They proceeded amicably back to the hotel.

'I must find Mother,' said Rosalie, as they came into the cool dim hall.

Poirot passed out on the other side on to the terrace overlooking the Nile. Here were little tables set for tea, but it was early still. He stood for a few moments looking down on to the river, then strolled down through the gardens.

Some people were playing tennis in the hot sun. He paused to watch them for a while, then went on down the steep path. It was there, sitting on a bench overlooking the Nile, that he came upon the girl of Chez Ma Tante. He recognized her at once. Her face, as he had seen it that night, was securely etched upon his memory. The expression on it now was very different. She was paler, thinner, and there were lines that told of a great weariness and misery of spirit.

He drew back a little. She had not seen him, and he watched her for a while without her suspecting his presence. Her small foot tapped impatiently on the ground. Her eyes, dark with a kind of smouldering fire, had a queer kind of suffering dark triumph in them. She was looking out across the Nile where the white-sailed boats glided up and down the river.

— Tenez[1] — выговоритесь, и вам станет легче.

— Ненавижу ее! Впервые так ненавижу человека с первого взгляда.
— Превосходно!
Она подозрительно взглянула на него. У нее дрогнули губы, и она рассмеялась.
— Bien[2], — сказал Пуаро, также рассмеявшись.
И они мирно направились дальше к отелю.
— Мне надо найти маму, — сказала Розали, когда они вошли в прохладный, сумрачный холл.
Пройдя холл, Пуаро вышел на террасу с видом на Нил. Несмотря на раннее время, столики были накрыты к чаю. Поглядев на реку, он спустился побродить по парку.

Там играли в теннис под палящим солнцем. Он задержался посмотреть, потом сошел крутой тропкой вниз. На скамейке лицом к Нилу сидела та самая девушка, что он видел в ресторане «У тетушки». Он сразу узнал ее. В его памяти отчетливо запечатлелось ее лицо, и как же оно переменилось! Бледное, исхудавшее, с печатью неизбывной скуки и подавленности.

Он чуть отступил назад. Не замеченный ею, он мог смотреть без помех. Она нетерпеливо постукивала по земле ножкой. Глаза, как бы подернутые дымкой, вдруг странно оживляла горькая радость. Она смотрела прямо перед собой, на Нил, где скользили барки под белыми парусами.

---
[1] Ну вот *(фр.)*.
[2] Хорошо *(фр.)*.

A face — and a voice. He remembered them both. This girl's face and the voice he had heard just now, the voice of a newly made bridegroom...

And even as he stood there considering the unconscious girl, the next scene in the drama was played.

Voices sounded above. The girl on the seat started to her feet. Linnet Doyle and her husband came down the path. Linnet's voice was happy and confident. The look of strain and tenseness of muscle had quite disappeared, Linnet was happy.

The girl who was standing there took a step or two forward. The other two stopped dead.

'Hallo, Linnet,' said Jacqueline de Bellefort. 'So here you are! We never seem to stop running into each other. Hallo, Simon, how are you?'

Linnet Doyle had shrunk back against the rock with a little cry. Simon Doyle's good-looking face was suddenly convulsed with rage. He moved forward as though he would have liked to strike the slim girlish figure.

With a quick birdlike turn of her head she signalled her realization of a stranger's presence. Simon turned his head and noticed Poirot.

He said awkwardly:

'Hullo, Jacqueline; we didn't expect to see you here.'

The words were unconvincing in the extreme. The girl flashed white teeth at them.

'Quite a surprise?' she asked. Then, with a little nod, she walked up the path.

Тот голос, это лицо — да, он вспомнил их. Вспомнил лицо этой девушки и только что услышанный голос новоиспеченного мужа.

Он следил за ничего не подозревавшей девушкой, а между тем в драме игралась очередная сцена.

Сверху послышались голоса. Девушку точно ветром сдуло с места. По тропке сходили Линит Дойл с мужем. Счастье и уверенность звенели в ее голосе. Ни следа недавнего напряжения и скованности в фигуре. Она была счастлива.

Та девушка сделала пару шагов им навстречу, и они пораженно застыли.

— Привет, Линит, — сказала Жаклин де Бельфор. — И ты тут, оказывается. Похоже, мы так и будем всю жизнь сталкиваться лицом к лицу. Привет, Саймон! Как поживаешь?

Вскрикнув, Линит отпрянула и вжалась в скалу. Красивое лицо Саймона Дойла гневно передернулось. Он двинулся вперед, словно намереваясь смести с дороги это худенькое тельце.

По-птичьи дернув головой в сторону, она показала, что не одинока здесь. Саймон тоже повернулся и увидел Пуаро.

— Привет, Жаклин, — неловко сказал он. — Не думали тебя тут встретить.

Слова прозвучали совершенно неубедительно. Девушка сверкнула белозубой улыбкой.

— Полная неожиданность? — спросила она. Потом, едва заметно кивнув, ушла вверх по тропинке.

Poirot moved delicately in the opposite direction. As he went, he heard Linnet Doyle say:

'Simon — for God's sake — Simon — what can we do?'

Chapter 2

Dinner was over. The terrace outside the Cataract Hotel was softly lit. Most of the guests staying at the hotel were there sitting at little tables.

Simon and Linnet Doyle came out, a tall distinguished looking grey-haired man with a keen clean-shaven American face beside them. As the little group hesitated for a moment in the doorway, Tim Allerton rose from his chair nearby and came forward.

'You don't remember me, I'm sure,' he said pleasantly to Linnet, 'but I'm Joanna Southwood's cousin.'

'Of course — how stupid of me. You're Tim Allerton. This is my husband'—a faint tremor in the voice, pride, shyness?—'and this is my American trustee, Mr Pennington.'

Tim said:

'You must meet my mother.'

A few minutes later they were sitting together in a party — Linnet in the corner, Tim and Pennington each side of her, both talking to her, vying for her attention. Mrs Allerton talked to Simon Doyle.

The swing doors revolved. A sudden tension came into the beautiful upright figure sitting in the corner between the two men. Then it relaxed as a small man came out and walked across the terrace.

Из деликатности Пуаро двинулся в противоположную сторону. Уходя, он слышал, как Линит Дойл сказала:

— Боже мой, Саймон! Что же нам делать, Саймон?

Глава 2

Ужин кончился. Открытая веранда отеля «У водоската» была мягко освещена. За столиками собрались почти все постояльцы.

Появились Саймон и Линит Дойл и с ними высокий, представительный седоголовый господин со свежевыбритым, американской выделки острым лицом. Пока они мешкали в дверях, Тим Аллертон встал из-за столика и направился к ним.

— Вы, разумеется, не помните меня, — учтиво сказал он. — Я кузен Джоанны Саутвуд.

— Ну конечно, какая я глупая! Вы — Тим Аллертон. А это мой муж. — Голос ее чуть дрогнул (от гордости? от застенчивости?). — И мой американский опекун, мистер Пеннингтон.

— Разрешите познакомить вас с моей мамой, — сказал Тим.

Несколько минут спустя они все сидели одной компанией: в углу Линит, по обе стороны от нее соловьями разливались Тим и Пеннингтон. Миссис Аллертон разговаривала с Саймоном Дойлом.

Открылась дверь. Прелестная фигурка в углу напряглась. И тут же расслабилась, когда вошел и пересек веранду невысокого роста мужчина.

Mrs Allerton said:

'You're not the only celebrity here, my dear. That funny little man is Hercule Poirot.'

She had spoken lightly, just out of instinctive social tact to bridge an awkward pause, but Linnet seemed struck by the information.

'Hercule Poirot? Of course — I've heard of him...'

She seemed to sink into a fit of abstraction. The two men on either side of her were momentarily at a loss.

Poirot had strolled across to the edge of the terrace, but his attention was immediately solicited.

'Sit down, Monsieur Poirot. What a lovely night!'

He obeyed.

'*Mais oui, Madame*, it is indeed beautiful.'

He smiled politely at Mrs Otterbourne. What draperies of black ninon and that ridiculous turban effect! Mrs Otterbourne went on in her high complaining voice:

'Quite a lot of notabilities here now, aren't there? I expect we shall see a paragraph about it in the papers soon. Society beauties, famous novelists—'

She paused with a slight mock-modest laugh.

Poirot felt, rather than saw, the sulky frowning girl opposite him flinch and set her mouth in a sulkier line than before.

'You have a novel on the way at present, Madame?' he inquired.

Mrs Otterbourne gave her little self-conscious laugh again.

Миссис Аллертон сказала:

— Вы тут не единственная знаменитость, дорогая. Этот смешной человечек — Эркюль Пуаро.

Она сказала это между прочим, как светская дама, желая заполнить неловкую паузу, однако сообщение живо заинтересовало Линит.

— Эркюль Пуаро? Ну как же, я слышала о нем.

Она погрузилась в задумчивость, и сидевшие по обе стороны мужчины сразу увяли.

Пуаро был уже у края веранды, когда вдруг затребовали его внимания.

— Присядьте, месье Пуаро. Какой прекрасный вечер.

Он послушно сел.

— Mais oui, Madame[1], действительно красиво.

Он любезно улыбнулся миссис Оттерборн. Зрелище было впечатляющее: черная шелковая хламида и дурацкий тюрбан на голове. Миссис Оттерборн брюзгливо продолжала:

— Сколько знаменитостей подобралось! По нас скучает газетная хроника. Светские красавицы, известные романистки...

Она хохотнула с деланой скромностью.

Пуаро даже не увидел, а почувствовал, как передернулась сидевшая напротив сумрачная девица, еще больше покрасневшая.

— У вас сейчас есть в работе роман, мадам? — поинтересовался он.

Тот же стеснительный хохоток:

---

[1] Да, конечно, мадам *(фр.)*.

'I'm being dreadfully lazy. I really must set to. My public is getting terribly impatient — and my publisher, poor man! Appeals by every post! Even cables!'

Again he felt the girl shift in the darkness.

'I don't mind telling you, Monsieur Poirot, I am partly here for local colour. *Snow on the Desert's Face* — that is the title of my new book. Powerful — suggestive. Snow — on the desert — melted in the first flaming breath of passion.'

Rosalie got up, muttering something, and moved away down into the dark garden.

'One must be strong,' went on Mrs Otterbourne, wagging the turban emphatically. 'Strong meat — that is what my books are. Libraries may ban them — no matter! I speak the truth. Sex — ah! Monsieur Poirot — why is everyone so afraid of sex? The pivot of the universe! You have read my books?'

'Alas, Madame! You comprehend, I do not read many novels. My work—'

Mrs Otterbourne said firmly:

'I must give you a copy of *Under the Fig Tree*. I think you will find it significant. It is outspoken — but it is *real*!'

'That is most kind of you, Madame. I will read it with pleasure.'

Mrs Otterbourne was silent a minute or two. She fidgeted with a long chain of beads that was wound twice round her neck. She looked swiftly from side to side.

— Я дьявольски ленива. А пора, пора приниматься. Мои читатели проявляют страшное нетерпение, не говоря уже о бедняге издателе. Этот плачется в каждом письме. И даже по телефону.

Снова Пуаро почувствовал, как в тени шевельнулась девушка.

— Не стану скрывать от вас, месье Пуаро, что здесь я отчасти ради местного колорита. «Снежный лик пустыни» — так называется моя новая книга. Это сразу захватывает, будоражит мысль. Выпавший в пустыне снег тает под жарким дыханием страсти.

Что-то пробормотав, Розали поднялась и ушла в темный парк.

— Нужно быть сильным, — продолжала миссис Оттерборн, мотая тюрбаном. — На силе держатся все мои книги, важнее ее ничего нет. Библиотеки отказываются брать? Пусть! Я выкладываю правду. Секс — почему, месье Пуаро, все так страшатся секса? Это же основа основ. Вы читали мои книги?

— Увы, нет, мадам. Изволите знать, я не много читаю романов. Моя работа...

Миссис Оттерборн твердо объявила:

— Я должна дать вам экземпляр «Под фиговым деревом». Полагаю, вы воздадите ей должное. Это откровенная, правдивая книга.

— Вы чрезвычайно любезны, мадам. Я прочту ее с удовольствием.

Минуту-другую миссис Оттерборн молчала. Теребя на шее ожерелье в два ряда, она живо огляделась:

'Perhaps — I'll just slip up and get it for you now.'

'Oh, Madame, pray do not trouble yourself. Later—'

'No, no. It's no trouble.' She rose. 'I'd like to show you—'

'What is it, Mother?'

Rosalie was suddenly at her side.

'Nothing, dear. I was just going up to get a book for Monsieur Poirot.'

'The *Fig Tree*? I'll get it.'

'You don't know where it is, dear. I'll go.'

'Yes, I do.'

The girl went swiftly across the terrace and into the hotel.

'Let me congratulate you, Madame, on a very lovely daughter,' said Poirot, with a bow.

'Rosalie? Yes, yes — she is good looking. But she's very *hard*, Monsieur Poirot. And no sympathy with illness. She always thinks she knows best. She imagines she knows more about my health than I do myself—'

Poirot signalled to a passing waiter.

'A liqueur, Madame? A chartreuse? A créme de menthe?'

Mrs Otterbourne shook her head vigorously.

'No, no. I am practically a teetotaller. You may have noticed I never drink anything but water — or perhaps lemonade. I cannot bear the taste of spirits.'

'Then may I order you a lemon squash, Madame?'

He gave the order — one lemon squash and one benedictine.

— Может... схожу-ка я за ней прямо сейчас.

— Умоляю, мадам, не затрудняйте себя. Потом...

— Нет-нет, ничего затруднительного. — Она поднялась. — Мне хочется показать вам, как...

— Что случилось, мама?

Рядом возникла Розали.

— Ничего, дорогая. Просто хотела подняться за книгой для месье Пуаро.

— «Под фиговым деревом»? Я принесу.

— Ты не знаешь, где она лежит. Я схожу сама.

— Нет, я знаю.

Через веранду девушка быстро ушла в отель.

— Позвольте поздравить вас, мадам, с такой прекрасной дочерью.

— Вы о Розали? Да, она прелесть, но какая же трудная, месье Пуаро! Никакого сочувствия к немочи. Думает, что знает лучше всех. Вообразила, что знает о моем здоровье лучше меня самой...

Пуаро остановил проходившего официанта:

— Ликер, мадам? Шартрез? Crême de menthe?[1]

Миссис Оттерборн энергично замотала головой:

— Ни-ни! В сущности, я трезвенница. Вы могли заметить, что я пью только воду — ну, может, еще лимонад. Я не выношу спиртного.

— Тогда, может, я закажу для вас лимонный сок с содовой водой?

Он заказал один лимонный сок и один бенедиктин.

---

[1] Мятный ликер? *(фр.)*

The swing door revolved. Rosalie passed through and came towards them, a book in her hand.

'Here you are,' she said. Her voice was quite expressionless — almost remarkably so.

'Monsieur Poirot has just ordered me a lemon squash,' said her mother.

'And you, Mademoiselle, what will you take?'

'Nothing.' She added, suddenly conscious of the curtness: 'Nothing, thank you.'

Poirot took the volume which Mrs Otterbourne held out to him. It still bore its original jacket, a gaily coloured affair representing a lady with smartly shingled hair and scarlet fingernails sitting on a tiger skin in the traditional costume of Eve. Above her was a tree with the leaves of an oak, bearing large and improbably coloured apples.

It was entitled *Under the Fig Tree*, by Salome Otterbourne. On the inside was a publisher's blurb. It spoke enthusiastically of the superb courage and realism of this study of a modern woman's love life. Fearless, unconventional, realistic were the adjectives used.

Poirot bowed and murmured:

'I am honoured, Madame.'

As he raised his head, his eyes met those of the authoress's daughter. Almost involuntarily he made a little movement. He was astonished and grieved at the eloquent pain they revealed.

It was at that moment that the drinks arrived and created a welcome diversion.

Poirot lifted his glass gallantly.

Открылась дверь. С книгой в руке к ним подошла Розали.

— Пожалуйста, — сказала она. Даже удивительно, какой у нее был тусклый голос.

— Месье Пуаро заказал для меня лимонный сок с содовой, — сказала мать.

— А вам, мадемуазель, что желательно?

— Ничего. — И, спохватившись, она добавила: — Благодарю вас.

Пуаро взял протянутую миссис Оттерборн книгу. Еще уцелела суперобложка — яркое творение, на коем стриженная «под фокстрот» дива с кроваво-красным маникюром в традиционном костюме Евы сидела на тигровой шкуре. Тут же возвышалось дерево с дубовыми листьями и громадными, неправдоподобного цвета яблоками на ветвях.

Называлось все это: «Под фиговым деревом» Саломеи Оттерборн». На клапане шла издательская реклама, в которой этот очерк амуров современной женщины горячо превозносился за редкую смелость и реализм. «Бесстрашная, неповторимая, правдивая» — такие они нашли определения.

Склонив голову, Пуаро пробормотал:

— Я польщен, мадам.

Выпрямившись, он встретил взгляд писательской дочки и почти непроизвольно подался в ее сторону. Его поразило и опечалило, сколько боли стыло в этих глазах.

Поданные напитки доставили желанную разрядку.

Пуаро галантно поднял бокал:

'*A votre santé, Madame — Mademoiselle.*'

Mrs Otterbourne, sipping her lemonade, murmured:

'So refreshing — delicious.'

Silence fell on the three of them. They looked down to the shining black rocks in the Nile. There was something fantastic about them in the moonlight. They were like vast prehistoric monsters lying half out of the water. A little breeze came up suddenly and as suddenly died away. There was a feeling in the air of hush — of expectancy.

Hercule Poirot brought his gaze to the terrace and its occupants. Was he wrong, or was there the same hush of expectancy there? It was like a moment on the stage when one is waiting for the entrance of the leading lady.

And just at that moment the swing doors began to revolve once more. This time it seemed as though they did so with a special air of importance. Everyone had stopped talking and was looking towards them.

A dark slender girl in a wine-coloured evening frock came through. She paused for a minute, then walked deliberately across the terrace and sat down at an empty table. There was nothing flaunting, nothing out of the way about her demeanour, and yet it had somehow the studied effect of a stage entrance.

'Well,' said Mrs Otterbourne. She tossed her turbaned head. 'She seems to think she is somebody, that girl!'

— À votre santé, madame, mademoiselle[1].

Потягивая лимонад, миссис Оттерборн пробормотала:

— Восхитительно — как освежает!

Все трое молча созерцали нильские антрацитно сверкающие утесы. Под лунным светом они являли фантастическую картину: словно над водой горбились спины гигантских доисторических чудищ. Потянул и тут же ослаб бриз. В повисшей тишине зрело как бы ожидание чего-то.

Эркюль Пуаро перевел взгляд в глубь веранды на обедавших. Ошибался он или там тоже пребывали в некоем ожидании? С таким чувством зритель смотрит на сцену, когда вот-вот должна появиться премьерша.

В эту самую минуту, словно с каким-то особым значением, разошлись обе створки двери. Оборвав разговоры, все обернулись.

Вошла хрупкая смуглая девушка. Помедлив, она намеренно прошла через всю веранду и села за пустовавший столик. В ее манерах не было ничего вызывающего, необычайного. И все же это был явно рассчитанный театральный выход.

— Да-а, — сказала миссис Оттерборн, вскинув голову в тюрбане. — Высокого же мнения о себе эта девица!

---

[1] Ваше здоровье, мадам, мадемуазель *(фр.)*.

Poirot did not answer. He was watching. The girl had sat down in a place where she could look deliberately across at Linnet Doyle. Presently, Poirot noticed, Linnet Doyle leant forward and said something and a moment later got up and changed her seat. She was now sitting facing in the opposite direction.

Poirot nodded thoughtfully to himself.

It was about five minutes later that the other girl changed her seat to the opposite side of the terrace. She sat smoking and smiling quietly, the picture of contented ease. But always, as though unconsciously, her meditative gaze was on Simon Doyle's wife.

After a quarter of an hour Linnet Doyle got up abruptly and went into the hotel. Her husband followed her almost immediately.

Jacqueline de Bellefort smiled and twisted her chair round. She lit a cigarette and stared out over the Nile. She went on smiling to herself.

Chapter 3

'Monsieur Poirot.'

Poirot got hastily to his feet. He had remained sitting out on the terrace alone after everyone else had left. Lost in meditation, he had been staring at the smooth shiny black rocks when the sound of his name recalled him to himself.

It was a well-bred, assured voice, a charming voice, although perhaps a trifle arrogant.

Hercule Poirot, rising quickly, looked into the commanding eyes of Linnet Doyle. She wore a wrap

Пуаро отмолчался. Он наблюдал за девушкой. Та специально села так, чтобы через всю веранду глядеть в упор на Линит Дойл. Скоро, заметил Пуаро, Линит, наклонившись, сказала что-то и переменила место. Теперь она смотрела в другую сторону.

Пуаро в раздумье покачал головой.

Минут через пять та, другая, перешла на противоположный край веранды. Выдыхая сигаретный дым и еле заметно улыбаясь, она являла картину душевного покоя. Но и теперь ее раздумчивый и словно невидящий взгляд был устремлен на жену Саймона Дойла.

Вытерпев четверть часа, Линит Дойл резко поднялась и ушла в отель. Почти сразу за ней последовал муж.

Жаклин де Бельфор улыбнулась и развернула свой стул. Закурив, она смотрела теперь на Нил. И продолжала улыбаться своим мыслям.

Глава 3

— Месье Пуаро.

Пуаро проворно поднялся. Он пересидел всех на веранде. Погрузившись в размышления, он созерцал гладко отливавшую черноту утесов, когда звук собственного имени вернул его на землю.

Это был культурный, уверенный и при некоторой надменности даже приятный голос.

Вскочивший на ноги Пуаро встретил властный взгляд Линит Дойл. Чтобы можно было выгля-

of rich purple velvet over her white satin gown and she looked more lovely and more regal than Poirot had imagined possible.

'You are Monsieur Hercule Poirot?' said Linnet.

It was hardly a question.

'At your service, Madame.'

'You know who I am, perhaps?'

'Yes, Madame. I have heard your name. I know exactly who you are.'

Linnet nodded. That was only what she had expected. She went on, in her charming autocratic manner:

'Will you come with me into the card room, Monsieur Poirot? I am very anxious to speak to you.'

'Certainly, Madame.'

She led the way into the hotel. He followed. She led him into the deserted card room and motioned him to close the door. Then she sank down on a chair at one of the tables and he sat down opposite her.

She plunged straightaway into what she wanted to say. There were no hesitations. Her speech came flowingly.

'I have heard a great deal about you, Monsieur Poirot, and I know that you are a very clever man. It happens that I am urgently in need of someone to help me — and I think very possibly that you are the man who could do it.'

Poirot inclined his head.

'You are very amiable, Madame. But you see, I am on holiday, and when I am on holiday I do not take cases.'

'That could be arranged.'

деть еще прекраснее и царственнее в пурпурной бархатной накидке поверх белого шелкового платья — такого Пуаро уже не мог себе представить.

— Вы — месье Эркюль Пуаро? — сказала Линит. Прозвучало это скорее как утверждение.

— К вашим услугам, мадам.

— Меня вы, может быть, знаете?

— Да, мадам. Я слышал ваше имя. Я знаю, кто вы.

Линит кивнула. Другого ответа она не ожидала. В той же своей обаятельно-повелительной манере она продолжала:

— Вы не пройдете со мной в комнату для карточной игры, месье Пуаро? Мне не терпится переговорить с вами.

— Конечно, мадам.

Она направилась в отель. Он шел следом. В пустой комнате она знаком попросила его закрыть дверь, села за столик, а он расположился напротив нее.

Она сразу, без околичностей, заговорила о своем. Она говорила гладко и без запинки:

— Я много слышала о вас, месье Пуаро, и знаю, что вы очень умный человек. Так случилось, что я крайне нуждаюсь в помощи, и мне кажется вполне вероятным, что именно вы сможете ее оказать.

Пуаро наклонил голову:

— Вы очень любезны, мадам, но я, видите ли, на отдыхе, а на отдыхе я не беру дел.

— Это можно уладить.

It was not offensively said — only with the quiet confidence of a young woman who had always been able to arrange matters to her satisfaction.

Linnet Doyle went on:

'I am the subject, Monsieur Poirot, of an intolerable persecution. That persecution has got to stop! My own idea was to go to the police about it, but my — my husband seems to think that the police would be powerless to do anything.'

'Perhaps — if you would explain a little further?' murmured Poirot politely.

'Oh, yes, I will do so. The matter is perfectly simple.'

There was still no hesitation — no faltering. Linnet Doyle had a clear-cut businesslike mind. She only paused a minute so as to present the facts as concisely as possible.

'Before I met my husband, he was engaged to a Miss de Bellefort. She was also a friend of mine. My husband broke off his engagement to her — they were not suited in any way. She, I am sorry to say, took it rather hard ... I — am very sorry about that — but these things cannot be helped. She made certain — well, threats — to which I paid very little attention, and which, I may say, she has not attempted to carry out. But instead she has adopted the extraordinary course of — of following us about wherever we go.'

Poirot raised his eyebrows.

'Ah — rather an unusual — er — revenge.'

'Very unusual — and very ridiculous! But also — annoying.'

Сказано это было с неоскорбительной уверенностью молодой женщины, всегда умевшей благополучно уладить свои дела.

Линит Дойл продолжала:

— Я стала жертвой несносного преследования, месье Пуаро. Это надо прекратить. Я предполагала обратиться в полицию по этому поводу, но... мой муж считает, что полиция бессильна что-либо сделать.

— Может, вы объяснитесь чуть подробнее? — вежливо вставил Пуаро.

— Ну конечно, конечно. Дело-то самое простое.

Все так же она говорила как по писаному. У Линит Дойл была ясная, толковая голова. И сейчас она потянула минуту только для того, чтобы как можно короче представить все обстоятельства.

— До того как я познакомилась со своим мужем, он обручился с некой мисс де Бельфор. При этом она была моей подругой. Муж расторг помолвку — они были не пара друг другу. К сожалению, она тяжело восприняла это... Очень сожалею, но тут ничего не поделаешь. С ее стороны были угрозы, которым я почти не придала значения, да и она, признаться, не пыталась привести их в исполнение. Вместо этого она повела себя в высшей степени странно, следуя за нами практически всюду, куда мы направляемся.

Пуаро поднял брови:

— Довольно необычная... э-э... месть.

— Весьма необычная — и смехотворная! И раздражает это, наконец.

She bit her lip.

Poirot nodded.

'Yes, I can imagine that. You are, I understand, on your honeymoon?'

'Yes. It happened — the first time — at Venice. She was there — at Danielli's. I thought it was just coincidence. Rather embarrassing, but that was all. Then we found her on board the boat at Brindisi. We — we understood that she was going on to Palestine. We left her, as we thought, on the boat. But — but when we got to Mena House she was there — waiting for us.'

Poirot nodded.

'And now?'

'We came up the Nile by boat. I—I was half expecting to find her on board. When she wasn't there I thought she had stopped being so — so childish. But when we got here — she — she was here — waiting.'

Poirot eyed her keenly for a moment. She was still perfectly composed, but the knuckles of the hand that was gripping the table were white with the force of her grip.

He said:

'And you are afraid this state of things may continue?'

'Yes.' She paused. 'Of course the whole thing is idiotic! Jacqueline is making herself utterly ridiculous. I am surprised she hasn't got more pride — more dignity.'

Poirot made a slight gesture.

Она прикусила губу.

Пуаро кивнул:

— Это я могу себе представить. У вас, как я понимаю, медовый месяц?

— Да. Впервые это случилось в Венеции. Она остановилась там в «Даниэлли». Я подумала, это просто совпадение. Малоприятно, но не более того. Потом вдруг видим ее на пароходе в Бриндизи[1]. Мы так поняли, что она направляется в Палестину. Мы думали, она осталась на пароходе. Но... но когда мы приехали в отель «Мена-Хаус», она уже была там и поджидала нас.

Пуаро кивнул:

— А как было теперь?

— Мы плыли вверх по Нилу. Я почти ожидала, что она будет с нами на пароходе. Когда ее там не оказалось, я подумала, что она прекратила... свои дурачества. Но стоило нам сойти здесь, как она уже поджидала нас.

Пуаро вгляделся в нее. Она все так же владела собой, но костяшки пальцев, обжимавших края стола, побелели.

— И вы боитесь, — сказал Пуаро, — что это положение вещей сохранится?

— Да. — Она помолчала. — Это идиотизм от начала до конца! Жаклин выставляет себя на посмешище. Я поражена: где ее гордость? Чувство собственного достоинства?

Пуаро чуть заметно пожал плечами:

---

[1] Бриндизи — город на юге Италии.

'There are times, Madame, when pride and dignity — they go by the board! There are other — stronger emotions.'

'Yes, possibly.' Linnet spoke impatiently. 'But what on earth can she hope to *gain* by all this?'

'It is not always a question of gain, Madame.'

Something in his tone struck Linnet disagreeably. She flushed and said quickly:

'You are right. A discussion of motives is beside the point. The crux of the matter is that this has got to be stopped.'

'And how do you propose that that should be accomplished, Madame?' Poirot asked.

'Well — naturally — my husband and I cannot continue being subjected to this annoyance. There must be some kind of legal redress against such a thing.'

She spoke impatiently. Poirot looked at her thoughtfully as he asked:

'Has she threatened you in actual words in public? Used insulting language? Attempted any bodily harm?'

'No.'

'Then, frankly, Madame, *I do not see what you can do*. If it is a young lady's pleasure to travel in certain places, and those places are the same where you and your husband find yourselves — *eh bien* — what of it? The air is free to all! There is no question of her forcing herself upon your privacy? It is always in public that these encounters take place?'

'You mean there is nothing that I can do about it?' Linnet sounded incredulous.

— Бывают такие моменты, мадам, когда гордости и чувству собственного достоинства дают отставку. Одерживают верх иные чувства, посильнее.

— Возможно, — нетерпеливо перебила Линит. — Но какая ей от этого *польза?*

— Не все сводится только к *пользе*, мадам.

Что-то в его голосе не понравилось Линит. Покраснев, она сказала:

— Вы правы. Мотивы ее поступков — дело десятое. Проблема в том, чтобы прекратить все это.

— Как вы предполагаете осуществить это, мадам? — спросил Пуаро.

— Мы с мужем не желаем дольше терпеть это неудобство. Должны же быть какие-то законные меры.

Она говорила уже с раздражением. Не спуская с нее задумчивых глаз, Пуаро спросил:

— Она произносила при посторонних какие-нибудь угрожающие слова? Вела оскорбительные речи? Делала попытки оскорбить действием?

— Нет.

— Тогда, откровенно говоря, я не вижу, мадам, что бы вы могли сделать. Если молодой даме желательно куда-то поехать и там оказываетесь вы с мужем — eh bien[1], — что из того? У воздуха нет хозяина. Ведь речь не о том, что она нарушает ваш семейный покой? Эти встречи — они всегда бывают при посторонних?

— Вы хотите сказать, что я бессильна что-нибудь сделать? — В ее голосе прозвучало недоверие.

---

[1] Ну что же *(фр.)*.

Poirot said placidly:

'Nothing at all, as far as I can see. Mademoiselle de Bellefort is within her rights.'

'But — but it is maddening! It is *intolerable* that I should have to put up with this!'

Poirot said dryly:

'I must sympathize with you, Madame — especially as I imagine that you have not often had to put up with things.'

Linnet was frowning.

'There *must* be some way of stopping it,' she murmured.

Poirot shrugged his shoulders.

'You can always leave — move on somewhere else,' he suggested.

'Then she will follow!'

'Very possibly — yes.'

'It's absurd!'

'Precisely.'

'Anyway, why should I — we — run away? As though — as though—'

She stopped.

'Exactly, Madame. As though—! It is all there, is it not?'

Linnet lifted her head and stared at him.

'What do you mean?'

Poirot altered his tone. He leant forward; his voice was confidential, appealing. He said very gently:

'*Why do you mind so much, Madame?*'

— Совершенно бессильны, насколько я могу судить, — спокойно объявил Пуаро. — Мадемуазель де Бельфор в своем праве.

— Но... это безумие! Мне непереносима мысль, что я должна буду мириться со всем этим!

Пуаро сухо сказал в ответ:

— Я вам сочувствую, мадам, тем более что вы, как я представляю себе, нечасто миритесь с чем бы то ни было.

Линит нахмурилась.

— Должно быть какое-то средство прекратить это, — пробормотала она.

Пуаро пожал плечами.

— Вы всегда можете уехать — переехать куда-нибудь еще, — предложил он.

— Она поедет за нами!

— Скорее всего — да.

— Чушь какая-то!

— Именно так.

— А главное, почему я... почему мы должны убегать? Словно мы...

Она осеклась.

— Вот именно, мадам: словно вы... В этом все дело, не так ли?

Линит вскинула голову и глянула ему прямо в глаза:

— Что вы хотите сказать?

Пуаро переменил тон. Чуть подавшись к ней, он заговорил доверительно, с заклинающей интонацией, бережно. Он спросил:

— Почему это вам так неприятно, мадам?

'Why? But it's maddening! Irritating to the last degree! I've told you why!'

Poirot shook his head.
'Not altogether.'
Linnet said again: 'What do you mean?'

Poirot leant back, folded his arms and spoke in a detached impersonal manner.
'*Ecoutez*, Madame. I will recount to you a little history. It is that one day, a month or two ago, I am dining in a restaurant in London. At the table next to me are two people, a man and a girl. They are very happy, so it seems, very much in love. They talk with confidence of the future. It is not that I listen to what is not meant for me — they are quite oblivious of who hears them and who does not. The man's back is to me, but I can watch the girl's face. It is very intense. She is in love — heart, soul, and body — and she is not of those who love lightly and often. With her it is clearly the life and the death. They are engaged to be married, these two; that is what I gather; and they talk of where they shall pass the days of their honeymoon. They plan to go to Egypt.'

He paused.
Linnet said sharply:
'Well?'
Poirot went on.

— Неприятно?! От этого можно сойти с ума! Это раздражает до крайней степени! А почему — я вам сказала.

Пуаро помотал головой:

— Не вполне.

— Что вы хотите сказать? — снова спросила Линит.

Пуаро откинулся на спинку стула, сложил руки на груди и с бесстрастным видом заговорил:

— Écoutez, Madame[1]. Я поведаю вам маленькую историю. Однажды — это уже месяц-два назад — я обедаю в лондонском ресторане. За соседним столиком сидят двое — мужчина и девушка. Они кажутся очень счастливыми, очень влюбленными. Они с верой строят планы на будущее. Это не значит, что я слушаю не полагающееся для моих ушей: просто они совершенно не принимают в расчет, кто их слышит, а кто не слышит. Мужчина сидит спиной ко мне, а лицо девушки я вижу. Оно очень выразительно. Девушка беззаветно любит, предана душой и телом, а она не из тех, кто влюбляется легко и часто. Для нее это, безусловно, вопрос жизни и смерти. Они обручены, эти двое, насколько я могу понять, и они обсуждают, куда отправиться в свой медовый месяц. Они планируют поехать в Египет.

Он умолк.

— И что же? — отозвалась Линит.

Пуаро продолжал:

---

[1] Послушайте, мадам *(фр.)*.

'That is a month or two ago, but the girl's face — I do not forget it. I know that I shall remember if I see it again. And I remember too the man's voice. And I think you can guess, Madame, when it is I see the one and hear the other again. It is here in Egypt. The man is on his honeymoon, yes — but he is on his honeymoon *with another woman.*'

Linnet said sharply: 'What of it? I had already mentioned the facts.'

'The facts — yes.'

'Well then?'

Poirot said slowly:

'The girl in the restaurant mentioned a friend — a friend who she was very positive would not let her down. That friend, I think, was you, Madame.'

Linnet flushed.

'Yes. I told you we had been friends.'

'And she trusted you?'

'Yes.'

She hesitated for a moment, biting her lip impatiently; then, as Poirot did not seem disposed to speak, she broke out:

'Of course the whole thing was very unfortunate. But these things happen, Monsieur Poirot.'

'Ah! yes, they happen, Madame.' He paused. 'You are of the Church of England, I presume?'

'Yes.' Linnet looked slightly bewildered.

'Then you have heard portions of the Bible read aloud in church. You have heard of King David and

— Это было месяц-два назад, но ее лицо — это незабываемо. Я знал, что вспомню его, если увижу еще раз. И мужской голос вспомню. Вы, я думаю, догадываетесь, мадам, где я снова увидел это лицо и услышал тот голос. Это случилось здесь, в Египте. У того мужчины медовый месяц — это так, но он проводит его с другой женщиной.

— Так что же? — отозвалась Линит. — Я упоминала об этих обстоятельствах.

— Да, вы упоминали.
— В чем же дело?
Растягивая слова, Пуаро сказал:

— Девушка в ресторане упоминала свою подругу, она была убеждена, что подруга не подведет их. Этой подругой, я думаю, были вы, мадам.

Линит залилась краской.

— Да. Я говорила вам, что мы дружили.
— Она верила в вас?
— Да.

В нетерпении покусывая губу, она молчала, но, поскольку Пуаро не обнаруживал намерения заговорить, не выдержала и взорвалась:

— Конечно, все сложилось крайне неудачно! Всякое бывает в жизни, месье Пуаро.

— О да, мадам, всякое бывает. — Он помолчал. — Вы, я полагаю, англиканского вероисповедания?[1]

— Да. — Линит была слегка озадачена.

— Значит, вы слышали в церкви отрывки из Библии. Вы слышали притчу о богатом человеке,

---

[1] Государственное вероисповедание в Великобритании. Протестантское по сути, оно ближе к католическому, чем другие протестантские учения.

of the rich man who had many flocks and herds and the poor man who had one ewe lamb — and of how the rich man took the poor man's one ewe lamb. That was something that happened, Madame.'

Linnet sat up. Her eyes flashed angrily.

'I see perfectly what you are driving at, Monsieur Poirot! You think, to put it vulgarly, that I stole my friend's young man. Looking at the matter sentimentally — which is, I suppose, the way people of your generation cannot help looking at things — that is possibly true. But the real hard truth is different. I don't deny that Jackie was passionately in love with Simon, but I don't think you take into account that he may not have been equally devoted to her. He was very fond of her, but I think that even before he met me he was beginning to feel that he had made a mistake. Look at it clearly, Monsieur Poirot. Simon discovers that it is I he loves, not Jackie. What is he to do? Be heroically noble and marry a woman he does not care for — and thereby probably ruin three lives — for it is doubtful whether he could make Jackie happy under those circumstances? If he were actually married to her when he met me I agree that it *might* be his duty to stick to her — though I'm not really sure of that. If one person is unhappy the other suffers too. But an engagement is not really binding. If a mistake has been made, then surely it is better to face the fact before it is too late. I admit that it was very hard on Jackie, and I'm very sorry about it — but there it is. It was inevitable.'

'I wonder.'

у которого было много мелкого и крупного скота, и о бедном, у которого была только одна овечка, и как богатый отобрал ее у бедняка. Это как раз касается вас, мадам.

Линит выпрямилась на стуле. Гневно вспыхнули ее глаза.

— Я прекрасно вижу, куда вы клоните, месье Пуаро! Вы считаете, что я, грубо говоря, украла у своей приятельницы молодого человека. Если разводить сантименты, а ни на что другое ваше поколение не способно, то, возможно, так оно и есть. Но истина еще беспощаднее. Я не отрицаю, что Джеки была без ума от Саймона, но, мне кажется, вы не допускаете, что он мог не питать к ней таких же ответных чувств. Она ему нравилась, но, я думаю, еще до встречи со мной он начал понимать, что делает ошибку. Взгляните на дело непредвзято, месье Пуаро. Саймон обнаруживает, что любит меня, а не Джеки. Как прикажете ему поступать? Благородно перебороть себя, жениться на безразличной ему женщине и, скорее всего, поломать все три жизни, потому что едва ли при таких обстоятельствах он смог бы сделать Джеки счастливой? Будь он женат на ней ко времени нашей встречи, тогда, согласна, он мог видеть свой долг в том, чтобы оставаться с ней, — хотя я так не думаю. Если один несчастлив, то и другой страдает. Помолвка еще ни к чему не обязывает. Если совершается ошибка, то лучше признать это, пока не поздно. Я понимаю, что для Джеки это был удар, страшно жалко, что так вышло, но сделанного не воротишь. Чему быть, того не миновать.

— Удивительно.

She stared at him.

'What do you mean?'

'It is very sensible, very logical — all that you say! But it does not explain one thing.'

'What is that?'

'Your own attitude, Madame. See you, this pursuit of you, you might take it in two ways. It might cause you annoyance — yes, or it might stir your pity — that your friend should have been so deeply hurt as to throw all regard for the conventions aside. But that is not the way you react. No, to you this persecution is *intolerable* — and why? It can be for one reason only — *that you feel a sense of guilt.*'

Linnet sprang to her feet.

'How dare you? Really, Monsieur Poirot, this is going too far.'

'But I do dare, Madame! I am going to speak to you quite frankly. I suggest to you that, although you may have endeavoured to gloss over the fact to yourself, *you did deliberately set about taking your husband from your friend.* I suggest that you felt strongly attracted to him at once. But I suggest that there was a moment when you hesitated, when you realized that there was a *choice* — that you could refrain or go on. I suggest that the initiative rested with *you* — not with Monsieur Doyle. You are beautiful, Madame, you are rich, you are clever, intelligent — and you have charm. You could have exercised that charm or you could have restrained it. You had everything, Madame, that life can offer. Your friend's life was bound up in one person. You

Она воззрилась на него:

— Простите?

— Очень разумно, очень логично все, что вы говорите. Но одну вещь это все-таки не объясняет.

— Что именно?

— Ваше собственное отношение, мадам. Вот это преследование вас — вы могли воспринимать его двояко. Оно могло досаждать вам — это понятно, а могло пробудить жалость к подруге, которая в своей глубокой обиде совершенно отбросила всякие условности. Однако ничего подобного вы не переживаете. Для вас ее преследование нетерпимо. А почему? Да только потому, что вы чувствуете себя виноватой.

Линит вскочила со стула:

— Как вы смеете?! Право, месье Пуаро, это уже слишком.

— Смею, мадам, смею! Я хочу говорить с вами совершенно откровенно. Смею думать, что, как бы вы ни старались в собственных глазах приукрасить обстоятельства, вы сознательно отбили жениха у своей подруги. Смею думать, что вы с первого взгляда увлеклись им. Смею также предположить, что в какую-то минуту вы заколебались, вы поняли, что стоите *перед выбором:* удержаться либо сделать дальнейшие шаги. Смею думать, что инициатива исходила от вас — не от месье Дойла. Вы красивы, мадам, богаты, вы умны, проницательны, наконец, в вас есть обаяние. Вы могли пустить в ход ваше обаяние, а могли умерить его. Жизнь одарила вас решительно всем, мадам. А жизнь вашей подруги сошлась на одном-единственном че-

knew that — but though you hesitated, you did not hold your hand. You stretched it out and, like King David, you took the poor man's one ewe lamb.'

There was a silence. Linnet controlled herself with an effort and said in a cold voice:

'All this is quite beside the point!'

'No, it is not beside the point. I am explaining to you just why the unexpected appearances of Mademoiselle de Bellefort have upset you so much. It is because though she may be unwomanly and undignified in what she is doing, you have the inner conviction that she has right on her side.'

'That's not true.'

Poirot shrugged his shoulders.

'You refuse to be honest with yourself.'

'Not at all.'

Poirot said gently:

'I should say, Madame, that you have had a happy life, that you have been generous and kindly in your attitude towards others.'

'I have tried to be,' said Linnet. The impatient anger died out of her face. She spoke simply — almost forlornly.

'And that is why the feeling that you have deliberately caused injury to someone upsets you so much, and why you are so reluctant to admit the fact. Pardon me if I have been impertinent, but the psychology, it is the most important factor in a case.'

Linnet said slowly: 'Even supposing what you say were true — and I don't admit it, mind — what can be done about it now? One can't alter the past; one must deal with things as they are.'

ловеке. Вы это знали, но, поколебавшись, не отдернули руки. Как тот библейский богач, вы отобрали у бедняка его единственную овечку.

Повисло молчание. С усилием сдерживая себя, Линит холодно сказала:

— Все это не имеет никакого отношения к делу.

— Нет, имеет. Я объясняю вам, почему неожиданные появления мадемуазель де Бельфор так угнетают вас. Пусть она ведет себя не по-женски, недостойно, однако в душе вы убеждены, что она в своем праве.

— Неправда!

Пуаро пожал плечами:

— Вы не хотите признаться себе в этом.

— Чего ради?

— Вы жили счастливо, мадам, — мягко сказал Пуаро, — и наверняка были великодушны и добры к другим.

— Я старалась, как могла, — сказала Линит. С ее лица сошло нетерпеливо-раздраженное выражение, и голос прозвучал разве что не жалобно.

— Вот поэтому сознание, что вы кому-то причинили боль, так огорчает вас — и поэтому же вы не хотите признать этот факт. Простите, если докучаю, но психология — ей принадлежит решающее слово в вашем случае.

— Даже допустив, что сказанное вами правда, — медленно выговорила Линит, — а я никоим образом так не считаю, — сейчас-то что можно сделать? Прошлое не переменишь, надо считаться с реальным положением дел.

Poirot nodded.

'You have the clear brain. Yes, one cannot go back over the past. One must accept things as they are. And sometimes, Madame, that is all one can do — accept the consequences of one's past deeds.'

'You mean,' said Linnet incredulously, 'that I can do nothing — *nothing*?'

'You must have courage, Madame; that is what it seems like to me.'

Linnet said slowly:

'Couldn't you — talk to Jackie — to Miss de Bellefort? Reason with her?'

'Yes, I could do that. I will do that if you would like me to do so. But do not expect much result. I fancy that Mademoiselle de Bellefort is so much in the grip of a fixed idea that nothing will turn her from it.'

'But surely we can do *something* to extricate ourselves?'

'You could, of course, return to England and establish yourselves in your own house.'

'Even then, I suppose, Jacqueline is capable of planting herself in the village, so that I should see her every time I went out of the grounds.'

'True.'

'Besides,' said Linnet slowly, 'I don't think that Simon would agree to run away.'

'What is his attitude in this?'

'He's furious — simply furious.'

Poirot nodded thoughtfully.

Linnet said appealingly:

'You will — talk to her?'

Пуаро кивнул:

— У вас ясная голова. Да, прошлое нельзя отменить. Нужно принять реальное положение дел. И хочешь не хочешь, мадам, принять также последствия своих деяний.

— Иначе говоря, — недоверчиво спросила Линит, — я ничего не могу сделать — *ничего?!*

— Мужайтесь, мадам, но я именно так это себе представляю.

— А не могли бы вы, — протянула Линит, — переговорить с Джеки... с мисс де Бельфор? Вразумить ее?

— Отчего же, можно. Если вы пожелаете, я сделаю это. Но не обольщайтесь. Мадемуазель де Бельфор, я полагаю, до такой степени одержима своей идеей, что ее уже ничем не сбить.

— Но как-то мы можем из этого выпутаться?

— Вы можете, разумеется, вернуться в Англию и обитать в собственном доме.

— Даже в этом случае Жаклин способна поселиться в деревне, и я встречу ее всякий раз, когда выйду за порог.

— Совершенно верно.

— Кроме того, — медленно выговорила Линит, — я не уверена в том, что Саймон согласится бежать отсюда.

— А как он вообще относится к этому?

— Он в бешенстве, буквально в бешенстве.

Пуаро в раздумье кивнул.

Линит сказала просительным тоном:

— Так вы... переговорите с ней?

'Yes, I will do that. But it is my opinion that I shall not be able to accomplish anything.'

Linnet said violently: 'Jackie is extraordinary! One can't tell what she will do!'

'You spoke just now of certain threats she had made. Would you tell me what those threats were?'

Linnet shrugged her shoulders.

'She threatened to — well — kill us both. Jackie can be rather — hot-headed sometimes.'

'I see.' Poirot's tone was grave.

Linnet turned to him appealingly.

'You will act for me?'

'No, Madame.' His tone was firm. 'I will not accept a commission from you. I will do what I can in the interests of humanity. That, yes. There is here a situation that is full of difficulty and danger. I will do what I can to clear it up — but I am not very sanguine as to my chance of success.'

Linnet Doyle said slowly:

'But you will not act for *me*?'

'No, Madame,' said Hercule Poirot.

Chapter 4

Hercule Poirot found Jacqueline de Bellefort sitting on the rocks directly overlooking the Nile. He had felt fairly certain that she had not retired for the night and that he would find her somewhere about the grounds of the hotel.

She was sitting with her chin cupped in the palms of her hands, and she did not turn her head or look around at the sound of his approach.

— Да, я поговорю. Но вряд ли это что-нибудь переменит.

— Джеки такая странная! — взорвалась Линит. — Никогда не знаешь, чего от нее ждать!

— Вы упомянули, что она вам угрожала. Вы не скажете, чем именно угрожала?

Линит пожала плечами:

— Она грозилась... м-м... убить нас обоих. У Джеки... южный, знаете, темперамент.

— Понятно, — мрачно сказал Пуаро.

Линит умоляюще взглянула на него:

— Вы не согласитесь действовать в моих интересах?

— Не соглашусь, мадам, — сказал он непреклонно. — Я не возьму на себя такое поручение. Что могу, я сделаю из человечности. Только так. Сложившаяся ситуация трудна и опасна. Я постараюсь, как могу, уладить дело, но особой надежды на успех я не питаю.

— Значит, *в моих* интересах, — замедленно произнесла Линит, — вы не будете действовать?

— Не буду, мадам, — сказал Эркюль Пуаро.

Глава 4

Жаклин де Бельфор Эркюль Пуаро нашел на скалах вблизи Нила. Он так и думал, что она еще не ушла к себе спать и он отыщет ее где-нибудь вблизи отеля.

Она сидела, опустив в ладони подбородок, и даже не шелохнулась, когда он подошел.

'Mademoiselle de Bellefort?' asked Poirot. 'You permit that I speak to you for a little moment?'

Jacqueline turned her head slightly. A faint smile played round her lips.

'Certainly,' she said. 'You are Monsieur Hercule Poirot, I think? Shall I make a guess? You are acting for Mrs Doyle, who has promised you a large fee if you succeed in your mission.'

Poirot sat down on the bench near her.

'Your assumption is partially correct,' he said, smiling. 'I have just come from Madame Doyle, but I am not accepting any fee from her and, strictly speaking, I am not acting for her.'

'Oh!' Jacqueline studied him attentively. 'Then why have you come?' she asked abruptly.

Hercule Poirot's reply was in the form of another question.

'Have you ever seen me before, Mademoiselle?'

She shook her head.

'No, I do not think so.'

'Yet I have seen you. I sat next to you once at Chez Ma Tante. You were there with Monsieur Simon Doyle.'

A strange masklike expression came over the girl's face. She said,

'I remember that evening ...'

'Since then,' said Poirot, 'many things have occurred.'

'As you say, many things have occurred.'

Her voice was hard with an undertone of desperate bitterness.

'Mademoiselle, I speak as a friend. *Bury your dead!*'

— Мадемуазель де Бельфор? — спросил Пуаро. — Вы позволите поговорить с вами?

Она чуть повернулась в его сторону. На ее губах скользнула беглая улыбка.

— Конечно, — сказала она. — А вы — месье Эркюль Пуаро, да? Можно, я выскажу одну догадку? Вы от миссис Дойл, которая пообещала вам большой гонорар, если вы исполните ее поручение.

Пуаро подсел к ней на скамейку.

— Ваше предположение верно лишь отчасти, — сказал он, улыбнувшись. — Я действительно иду от мадам Дойл, но, строго говоря, без всякого поручения, а о гонораре вообще нет речи.

— Правда? — Жаклин внимательно взглянула на него. — Зачем же вы пришли? — справилась она.

В ответ Эркюль Пуаро сам задал ей вопрос:

— Вы видели меня прежде, мадемуазель?

Она отрицательно покачала головой:

— Нет, едва ли.

— А я вас видел. Однажды я сидел неподалеку от вас в ресторане «У тетушки». Вы были там с месье Саймоном Дойлом.

Ее лицо застыло. Она сказала:

— Я помню тот вечер...
— Многое, — сказал Пуаро, — случилось с того времени.
— Ваша правда: многое случилось.

Ему резанули слух отчаяние и горечь в ее голосе.

— Мадемуазель, я говорю с вами как друг. Похороните своего мертвеца!

She looked startled.

'What do you mean?'

'Give up the past! Turn to the future! What is done is done. Bitterness will not undo it.'

'I'm sure that that would suit dear Linnet admirably.'

Poirot made a gesture.

'I am not thinking of her at this moment! I am thinking of *you*. You have suffered — yes — but what you are doing now will only prolong that suffering.'

She shook her head.

'You're wrong. There are times when I almost enjoy myself.'

'And that, Mademoiselle, is the worst of all.'

She looked up swiftly.

'You're not stupid,' she said. She added slowly, 'I believe you mean to be kind.'

'Go home, Mademoiselle. You are young, you have brains — the world is before you.'

Jacqueline shook her head slowly.

'You don't understand — or you won't. Simon is my world.'

'Love is not everything, Mademoiselle,' Poirot said gently. 'It is only when we are young that we think it is.'

But the girl still shook her head.

'You don't understand.' She shot him a quick look. 'You know all about it, of course? You've talked to Linnet? And you were in the restaurant that night ... Simon and I loved each other.'

Она испуганно воззрилась на него:
— Что вы имеете в виду?
— Откажитесь от прошлого! Повернитесь к будущему! Что сделано — то сделано. Отчаиваться бесполезно.
— То-то драгоценная Линит будет довольна.

Пуаро чуть повел рукой:
— Я не думаю о ней в эту минуту. Я думаю о *вас*. Да, вы страдали, но ведь то, что вы делаете сейчас, только продлит ваше страдание.
Она затрясла головой:
— Вы ошибаетесь. Иногда я испытываю почти наслаждение.
— Это как раз ужасно, мадемуазель.
Она быстро глянула на него.
— Вы неглупый человек, — сказала она. — И, наверное, — добавила она, — вы желаете мне добра.
— Возвращайтесь к себе домой, мадемуазель. Вы молоды, вы умница, впереди вся жизнь.
Жаклин медленно покачала головой:
— Вы не понимаете — и не поймете. Вся моя жизнь — в Саймоне.
— Любовь не самое главное в жизни, мадемуазель, — мягко сказал Пуаро. — Мы думаем так только по молодости лет.
И опять она покачала головой:
— Вы не понимаете. — Она быстро глянула на него. — Вы все знаете? Из разговора с Линит? Да, и в ресторане вы тогда были... Мы с Саймоном любили друг друга.

'I know that you loved him.'

She was quick to perceive the inflection of his words. She repeated with emphasis:

'*We loved each other.* And I loved Linnet ... I trusted her. She was my best friend. All her life Linnet has been able to buy everything she wanted. She's never denied herself anything. When she saw Simon she wanted him — and she just took him.'

'And he allowed himself to be — bought?'

Jacqueline shook her dark head slowly.

'No, it's not quite like that. If it were, I shouldn't be here now ... You're suggesting that Simon isn't worth caring for ... If he'd married Linnet for her money, that would be true. But he didn't marry her for her money. It's more complicated than that. There's such a thing as *glamour*, Monsieur Poirot. And money helps that. Linnet had an "atmosphere", you see. She was the queen of a kingdom — the young princess — luxurious to her fingertips. It was like a stage setting. She had the world at her feet, one of the richest and most sought-after peers in England wanting to marry her. And she stoops instead to the obscure Simon Doyle ... Do you wonder it went to his head?' She made a sudden gesture. 'Look at the moon up there. You see her very plainly, don't you? She's very real. *But if the sun were to shine you wouldn't be able to see her at all.* It was rather like that. I was the moon... When the sun came out, Simon couldn't see me any more ... He was dazzled. He couldn't see anything but the sun — Linnet.'

She paused and then she went on:

— Я знаю, что *вы* любили его.

Тон, каким он это сказал, живо задел ее. Она с нажимом повторила:

— *Мы любили друг друга*. И еще я любила Линит... Я верила ей. Она была моим лучшим другом. Она всегда могла купить себе все, что пожелает. Ни в чем себе не отказывала. Когда она увидела Саймона, ей захотелось и его прибрать к рукам — и она отняла его у меня.

— И он позволил, чтобы его купили?

Она так же медленно покачала головой:

— Нет, не совсем так. Если бы так, меня бы тут не было... Вы считаете Саймона нестоящим человеком. Да, он бы плевка не стоил, если бы женился на Линит из-за денег. А он не на деньгах ее женился. Все гораздо сложнее. Есть такая штука, месье Пуаро, как *наваждение*. Деньги ему только способствуют. Какой антураж имела Линит: до кончиков ногтей принцесса. Не жизнь, а прямо театр. Мир был у ее ног, за нее сватался, на зависть многим, один из богатейших пэров Англии. А она снизошла до никому не известного Саймона Дойла. Странно ли, что он совсем потерял голову? — Она вскинула руку. — Смотрите: луна. Как ясно вы ее видите, правда? Какая она взаправдашняя. Но засверкай сейчас солнце — и вы не увидите ее совсем. Вот так оно и получилось. Я была луной... Вышло солнце, и Саймон перестал меня видеть. Он был ослеплен. Он видел только солнце — Линит...

Помолчав, она продолжала:

'So you see it was — glamour. She went to his head. And then there's her complete assurance — her habit of command. She's so sure of herself that she makes other people sure. Simon was — weak, perhaps, but then he's a very simple person. He would have loved me and me only if Linnet hadn't come along and snatched him up in her golden chariot. And I know — I know perfectly — that he wouldn't ever have fallen in love with her if she hadn't made him.'

'That is what you think — yes.'

'I *know* it. He loved me — he will always love me.'

Poirot said:

'Even now?'

A quick answer seemed to rise to her lips, then be stifled. She looked at Poirot and a deep burning colour spread over her face. She looked away, her head dropped down. She said in a low stifled voice:

'Yes, I know. He hates me now. Yes, hates me ... He'd better be careful.'

With a quick gesture she fumbled in a little silk bag that lay on the seat. Then she held out her hand. On the palm of it was a small pearl-handled pistol — a dainty toy it looked.

'Nice little thing, isn't it? she said. 'Looks too foolish to be real, but it is real! One of those bullets would kill a man or a woman. And I'm a good shot.' She smiled a faraway, reminiscent smile. 'When I went home as a child with my mother to South Carolina, my grandfather taught me to shoot. He was the old-fashioned kind that believes in shooting — especially where honour is concerned. My fa-

— Что же это, как не наваждение? Она завладела всеми его мыслями. Прибавьте ее самонадеянность, привычку распоряжаться. Она до такой степени уверена в себе, что и другие начинают в нее верить. И Саймон не устоял — ведь он бесхитростная душа. Он бы так и любил меня одну, не подвернись Линит со своей золотой колесницей. Он бы, я знаю, просто уверена, не влюбился в нее, если бы она его не вынудила.

— Да, так вам это представляется.

— *Я знаю*. Он любил меня — *и всегда будет любить*.

— Даже теперь? — сказал Пуаро.

С губ был готов сорваться ответ, но она его удержала. Она взглянула на Пуаро и залилась румянцем. Отвернувшись, она потупила голову и задушенным голосом сказала:

— Знаю... Теперь он меня ненавидит. Лучше бы ему не играть с огнем.

Она пошарила в шелковой сумочке на коленях и извлекла крохотный, с перламутровой рукояткой револьвер — на вид совершенный «пугач».

— Прелестная вещица, правда? — сказала она. — Выглядит несерьезно, зато в деле очень серьезная штука. Одной такой пулей можно убить мужчину или женщину. А я — хороший стрелок. — Смутная, припоминающая улыбка тронула ее губы. — Когда я девочкой приехала с мамой в Южную Каролину[1], дедушка научил меня стре-

---

[1] Штат на юго-востоке США.

ther, too, he fought several duels as a young man. He was a good swordsman. He killed a man once. That was over a woman. So you see, Monsieur Poirot'— she met his eyes squarely—'I've hot blood in me! I bought this when it first happened. I meant to kill one or other of them — the trouble was I couldn't decide which. Both of them would have been unsatisfactory. If I'd thought Linnet would have looked afraid — but she's got plenty of physical courage. She can stand up to physical action. And then I thought I'd — wait! That appealed to me more and more. After all, I could do it any time; it would be more fun to wait and — think about it! And then this idea came to my mind — to follow them! Whenever they arrived at some faraway spot and were together and happy, they should see — *me*! And it worked! It got Linnet badly — in a way nothing else could have done! It got right under her skin ... That was when I began to enjoy myself ... And there's nothing she can do about it! I'm always perfectly pleasant and polite! There's not a word they can take hold of! It's poisoning everything — everything — for them.'

Her laugh rang out, clear and silvery.

Poirot grasped her arm.

'Be quiet. Quiet, I tell you.'

Jacqueline looked at him.

'Well?' she said. Her smile was definitely challenging.

'Mademoiselle, I beseech you, do not do what you are doing.'

'Leave dear Linnet alone, you mean!'

'It is deeper than that. Do not open your heart to evil.'

лять. Он был старых убеждений и без ружья не ходил. А мой папа в молодости несколько раз дрался на дуэли. Он был отличный фехтовальщик. Даже убил одного. Из-за женщины. Как видите, месье Пуаро, — она прямо глянула ему в глаза, — во мне течет горячая кровь. Я купила эту игрушку, как только все случилось. Хотела убить кого-то одного, но не могла решить кого. Убивать обоих мне было неинтересно. Знать бы, что Линит перепугается напоследок! Но в ней достаточно мужества. И тогда я решила: подожду! Мне все больше нравилась эта мысль. Убить ее всегда успею. Интереснее выжидать и быть наготове. И уже потом пришла идея преследовать их. Даже если они заберутся на край света, первой их встречу я! И получилось замечательно. Ничем другим, наверное, Линит не проймешь. А тут она стала психовать... А мне, наоборот, одно удовольствие... И ведь она ничего не может сделать! Веду я себя культурно, вежливо. Ни к одному моему слову они не могут придраться. А жизнь я им отравляю.

Она залилась чистым, серебристым смехом.
Пуаро схватил ее за руку:
— Спокойно. Прошу вас: спокойно.
Жаклин перевела на него взгляд.
— А что такое? — Улыбаясь, она с вызовом смотрела на него.
— Мадемуазель, заклинаю вас: перестаньте это делать.
— То есть оставить драгоценную Линит в покое?
— Если бы только это. Не располагайте сердце ко злу.

Her lips fell apart; a look of bewilderment came into her eyes.

Poirot went on gravely:

'Because — if you do — *evil will come* ... Yes, very surely evil will come ... It will enter in and make its home within you, and after a little while it will no longer be possible to drive it out.'

Jacqueline stared at him. Her glance seemed to waver, to flicker uncertainly.

She said: 'I — don't know—' Then she cried out definitely: 'You can't stop me.'

'No,' said Hercule Poirot. 'I cannot stop you.' His voice was sad.

'Even if I were to — kill her, you couldn't stop me.'

'No — not if you were willing — to pay the price.'

Jacqueline de Bellefort laughed.

'Oh, I'm not afraid of death! What have I got to live for, after all? I suppose you believe it's very wrong to kill a person who has injured you — even if they've taken away everything you had in the world?'

Poirot said steadily:

'Yes, Mademoiselle. I believe it is the unforgivable offence — to kill.'

Jacqueline laughed again.

'Then you ought to approve of my present scheme of revenge. Because, you see, *as long as it works*, I shan't use that pistol ... But I'm afraid — yes, afraid sometimes — it all goes red — I want to hurt her — to stick a knife into her, to put my dear little pistol close against her head and then — just press with my finger — *Oh!*'

Она озадаченно приоткрыла рот.

Пуаро сурово продолжал:
— Ибо в этом случае зло не замедлит явиться... Оно непременно явится... Оно завладеет вами, и выдворить его будет уже невозможно.

Жаклин не отрываясь смотрела на него. В ее глазах блуждало смятение. Она сказала:
— Я не знаю... — и с вызовом выкрикнула: — Вы меня не удержите!
— Конечно, — сказал Эркюль Пуаро. — Я вас не удержу. — Голос у него был грустный.
— Решись я даже убить ее, вы бы не удержали меня.
— Если вас не остановит расплата — да, не удержал бы.

Жаклин де Бельфор расхохоталась:
— А я не боюсь смерти! Ради чего мне жить, в конце концов? По-вашему, это неправильно — убить своего обидчика? А если вас лишили всего на свете?

Пуаро ответил твердо:
— Да, мадемуазель, по-моему, это непростительное злодеяние — убить человека.

Снова Жаклин захохотала:
— Тогда вы должны одобрить мою нынешнюю месть: покуда она действует, я не воспользуюсь этим револьвером... Но мне страшно... знаете, иногда страшно... Я лопаюсь от злости, мне хочется сделать ей больно, всадить в нее нож, навести на ее лоб револьвер и легонько так нажать. А-а!

The exclamation startled him.

'What is it, Mademoiselle!'

She turned her head and was staring into the shadows.

'Someone — standing over there. He's gone now.'

Hercule Poirot looked round sharply. The place seemed quite deserted.

'There seems no one here but ourselves, Mademoiselle.' He got up. 'In any case I have said all I came to say. I wish you good night.'

Jacqueline got up too. She said almost pleadingly:

'You do understand — that I can't do what you ask me to do?'

Poirot shook his head.

'No — for *you could do it*! There is always a moment! Your friend Linnet — there was a moment, too, in which she could have held her hand ... She let it pass by. And if one does that, then one is committed to the enterprise and there comes no second chance.'

'No second chance ...' said Jacqueline de Bellefort.

She stood brooding for a moment, then she lifted her head defiantly.

'Good night, Monsieur Poirot.'

He shook his head sadly and followed her up the path to the hotel.

Chapter 5

On the following morning Simon Doyle joined Hercule Poirot as the latter was leaving the hotel to walk down to the town.

Она напугала его своим вскриком.

— Что с вами, мадемуазель?

Отвернув голову, она вглядывалась в сумерки:

— Там был кто-то. Сейчас ушел.

Эркюль Пуаро зорко огляделся. Место вроде бы безлюдное.

— Кроме нас, мадемуазель, никого, кажется, нет. — Он встал. — Во всяком случае, я сказал все, ради чего приходил. Спокойной ночи.

Жаклин тоже поднялась. Она почти заискивающе сказала:

— Вы сами видите: я не могу отказаться от того, что делаю.

Пуаро замотал головой:

— Вы могли отказаться. Всегда выпадает такая минута. Она была и у вашей подруги Линит, когда та могла остановиться и не вмешиваться... Она упустила эту минуту. Потом уже человек действует очертя голову, и одумываться поздно...

— Поздно... — отозвалась Жаклин де Бельфор.

Она еще постояла в раздумье, потом решительно тряхнула головой:

— Спокойной ночи, месье Пуаро.

Он грустно покачал головой и тропинкой пошел за ней следом к отелю.

Глава 5

На следующее утро, когда Эркюль Пуаро выходил из отеля, намереваясь устроить себе прогулку по городу, его нагнал Саймон Дойл.

'Good morning, Monsieur Poirot.'

'Good morning, Monsieur Doyle.'

'You going to the town? Mind if I stroll along with you?'

'But certainly. I shall be delighted.'

The two men walked side by side, passed out through the gateway and turned into the cool shade of the gardens. Then Simon removed his pipe from his mouth and said,

'I understand, Monsieur Poirot, that my wife had a talk with you last night?'

'That is so.'

Simon Doyle was frowning a little. He belonged to that type of men of action who find it difficult to put thoughts into words and who have trouble in expressing themselves clearly.

'I'm glad of one thing,' he said. 'You've made her realize that we're more or less powerless in the matter.'

'There is clearly no legal redress,' agreed Poirot.

'Exactly. Linnet didn't seem to understand that.' He gave a faint smile. 'Linnet's been brought up to believe that every annoyance can automatically be referred to the police.'

'It would be pleasant if such were the case,' said Poirot.

There was a pause. Then Simon said suddenly, his face going very red as he spoke:

'It's — it's infamous that she should be victimized like this! She's done nothing! If anyone likes to say I behaved like a cad, they're welcome to say so! I sup-

— Доброе утро, месье Пуаро.
— Доброе утро, месье Дойл.
— Вы в город? Не возражаете, если я поброжу вместе с вами?
— Ну конечно! Вы меня осчастливите!
Выйдя за ворота, мужчины свернули в прохладную тень парка. Тут Саймон вынул изо рта трубку и сказал:
— Насколько я знаю, месье Пуаро, моя жена беседовала с вами вчера вечером.

— Совершенно верно.
Саймон Дойл сосредоточенно хмурился. Человек действия, он трудно формулировал свои мысли, мучительно подбирал слова.

— Хоть то хорошо, — сказал он, — что вы заставили ее понять наше бессилие в этом деле.

— Прекратить это законным образом невозможно, — согласился Пуаро.
— Вот именно. А Линит не могла этого понять. — По его губам скользнула улыбка. — Линит воспитали в убеждении, что со всякой неприятностью должна разбираться полиция.
— Чего бы лучше — свалить на нее ваше дело, — сказал Пуаро.
Саймон стал пунцоветь лицом, и после недолгого молчания его прорвало.
— Это подло, что ей приходится страдать! Она ничего не сделала! Если кому хочется назвать меня скотиной — пожалуйста! Я скотина, ладно. Но

pose I did. But I won't have the whole thing visited on Linnet. She had nothing whatever to do with it.'

Poirot bowed his head gravely but said nothing.

'Did you — er — have you — talked to Jackie — Miss de Bellefort?'

'Yes, I have spoken with her.'

'Did you get her to see sense?'

'I'm afraid not.'

Simon broke out irritably.

'Can't she see what an ass she's making of herself? Doesn't she realize that no decent woman would behave as she is doing? Hasn't she got any pride or self-respect?'

Poirot shrugged his shoulders.

'She has only a sense of — injury, shall we say?' he replied.

'Yes, but damn it all, man, decent girls don't behave like this! I admit I was entirely to blame. I treated her damned badly and all that. I should quite understand her being thoroughly fed up with me and never wishing to see me again. But this following me round — it's — it's *indecent*! Making a show of herself! What the devil does she hope to get out of it?'

'Perhaps — revenge!'

'Idiotic! I'd really understand better if she'd tried to do something melodramatic — like taking a pot shot at me.'

'You think that would be more like her — yes?'

'Frankly I do. She's hot-blooded — and she's got an ungovernable temper. I shouldn't be surprised at her doing anything while she was in a white-hot rage. But this spying business—' He shook his head.

я не позволю, чтобы отыгрывались на Линит. Она тут совершенно ни при чем.

Пуаро с серьезным видом кивнул, ничего не сказав в ответ.

— А вы поговорили... переговорили с Джеки... с мисс де Бельфор?

— Да, я разговаривал с ней.

— Вам удалось образумить ее?

— Боюсь, что нет.

Саймон разразился гневной тирадой:

— Неужели она не видит, в какое дурацкое положение себя поставила? Неужели не понимает, что приличные женщины не ведут себя так? Где ее гордость, чувство собственного достоинства?

Пуаро пожал плечами:

— Она знает только одно чувство — обиду, вы не допускаете?

— Пусть, но, черт возьми, приличные девушки так себя не ведут! Я признаю, что кругом виноват. Я чертовски плохо поступил с ней, и вообще. Возненавидеть меня, забыть, как я выгляжу, — это я могу понять. Но зачем гоняться за мной повсюду? Это неприлично. Зачем делать из себя посмешище? На что она может рассчитывать?

— Возможно, это месть.

— Дурацкая! Мне понятнее какая-нибудь ее мелодраматическая выходка — бабахнуть в меня из револьвера, что ли.

— Вы считаете, это больше в ее духе, да?

— Честно говоря, да. Она порох, а не женщина, совершенно за себя не отвечает. Когда она доходит до белого каления, я за нее не поручусь. Но чтобы шпионить... — Он затряс головой.

'It is more subtle — yes! It is intelligent!'
Doyle stared at him.
'You don't understand. It's playing hell with Linnet's nerves.'
'And yours?'
Simon looked at him with momentary surprise.
'Me? I'd like to wring the little devil's neck.'
'There is nothing, then, of the old feeling left?'

'My dear Monsieur Poirot — how can I put it? It's like the moon when the sun comes out. You don't know it's there any more. When once I'd met Linnet — Jackie didn't exist.'
'*Tiens, c'est drôle, ça!*' muttered Poirot.
'I beg your pardon?'
'Your simile interested me, that is all.'
Again flushing, Simon said:
'I suppose Jackie told you that I'd only married Linnet for her money? Well, that's a damned lie! I wouldn't marry any woman for money! What Jackie doesn't understand is that it's difficult for a fellow when — when — a woman cares for him as she cared for me.'
'Ah?'
Poirot looked up sharply.
Simon blundered on.
'It — it — sounds a caddish thing to say, but Jackie was *too* fond of me!'
'*Une qui aime et un qui se laisse aimer,*' murmured Poirot.

— Да, это тоньше. Это умнее.

Дойл воззрился на него:

— Вы меня не поняли: это страшно действует на нервы Линит.

— А вам?

В глазах Саймона мелькнуло удивление.

— Мне?! Да я готов свернуть голову чертовке.

— От прежнего чувства, значит, ничего не осталось?

— Дражайший месье Пуаро... как бы вам это объяснить? Была луна, потом вышло солнце. И никакой луны больше нет. Как только я встретил Линит, Джеки перестала для меня существовать.

— Tiens, c'est drôle, ça![1] — пробормотал Пуаро.

— Простите?

— Мне показалось интересным ваше сравнение.

Снова заливаясь краской, Саймон сказал:

— Джеки, наверное, сказала вам, что я женился на Линит из-за денег? Так это враньё. Я бы ни на ком не стал жениться из-за денег. Джеки не понимает, что мужчине в тягость, когда женщина любит его так, как она меня любила.

— Что-что?

Пуаро остро взглянул на него.

Но Саймона уже несло.

— Свинство говорить такое, но Джеки *слишком* меня любила.

— Un qui aime et un qui se laisse aimer, — пробормотал Пуаро.

---

[1] Забавно! *(фр.)*

'Eh? What's that you say? You see, a man doesn't want to feel that a woman cares more for him than he does for her.' His voice grew warm as he went on. 'He doesn't want to feel *owned*, body and soul. It's that damned *possessive* attitude! This man is *mine* — he belongs to me! That's the sort of thing I can't stick — no man could stick! He wants to get away — to get free. He wants to own his woman — he doesn't want *her* to own *him*.'

He broke off, and with fingers that trembled slightly he lit a cigarette.

Poirot said:

'And it is like that that you felt with Mademoiselle Jacqueline?'

'Eh?' Simon stared and then admitted: 'Er — yes — well, yes, as a matter of fact I did. She doesn't realize that, of course. And it's not the sort of thing I could ever tell her. But I *was* feeling restless — and then I met Linnet, and she just swept me off my feet! I'd never seen anything so lovely. It was all so amazing. Everyone kowtowing to her — and then her singling out a poor chump like me.'

His tone held boyish awe and astonishment.

'I see,' said Poirot. He nodded thoughtfully. 'Yes — I see.'

'Why can't Jackie take it like a man?' demanded Simon resentfully.

A very faint smile twitched Poirot's upper lip.

'Well, you see, Monsieur Doyle, to begin with she is *not* a man.'

'No, no — but I meant take it like a good sport! After all, you've got to take your medicine when it

— А? Что вы сказали? Понимаете, мужчине не по себе, когда женщина любит его сильнее, чем он — ее. — Из его голоса уходило раздражение. — Мужчине не хочется, чтобы им владели. Черт бы его побрал, это собственническое чувство! Этот мужчина — мой, он принадлежит мне! Я так не хочу — и никто не захочет! Сразу хочется сбежать, освободиться. Мужчина должен владеть женщиной, а не наоборот.

Он выговорился и подрагивающими пальцами поднес спичку к трубке.

— Так вы такое чувство испытывали к мадемуазель Жаклин? — сказал Пуаро.

— М-м? — Саймон поднял на него глаза и, помедлив, признался: — М-м... да, вообще говоря — да. Она, конечно, не осознает этого, а у меня язык не повернется сказать. Мне все время было не по себе, а тут я встретил Линит и совсем потерял голову. В жизни не видел такой красоты. Просто чудеса в решете. Ведь перед ней все заискивают, а она выбирает простейшего парня.

Его голос звучал мальчишеским восторгом.

— Понимаю, — сказал Пуаро. Он задумчиво кивнул. — Да-да, понимаю.

— Почему Джеки не может мужественно перенести это? — возмущался Саймон.

Пуаро улыбчиво поджал губу:

— Прежде всего, месье Дойл, она *не мужчина*.

— Ну да... я имею в виду: стойко. И горькие пилюли приходится глотать, ничего не поделаешь.

comes to you. The fault's mine, I admit. But there it is! If you no longer care for a girl, it's simply madness to marry her. And now that I see what Jackie's really like and the lengths she is likely to go to, I feel I've had rather a lucky escape.'

'The lengths she is likely to go to,' Poirot repeated thoughtfully. 'Have you an idea, Monsieur Doyle, what those lengths are?'

Simon looked at him rather startled.

'No — at least, what do you mean?'

'You know she carries a pistol about with her?'

Simon frowned, then shook his head.

'I don't believe she'll use that — now. She might have done so earlier. But I believe it's got past that. She's just spiteful now — trying to take it out of us both.'

Poirot shrugged his shoulders.

'It may be so,' he said doubtfully.

'It's Linnet I'm worrying about,' said Simon somewhat unnecessarily.

'I quite realize that,' said Poirot.

'I'm not really afraid of Jackie doing any melodramatic shooting stuff, but this spying and following business has absolutely got Linnet on the raw. I'll tell you the plan I've made, and perhaps you can suggest improvements on it. To begin with, I've announced fairly openly that we're going to stay here ten days. But tomorrow — the steamer *Karnak* starts from Shellal to Wadi Halfa. I propose to book passages on that under an assumed name. Tomorrow we'll go on an excursion to Philae. Linnet's

Виноват во всём я один, каюсь. Грешен! Но ведь это безумие — жениться на девушке, которую разлюбил. А сейчас, когда я вижу, на что способна Джеки, я просто рад, что унёс ноги.

— На что она способна... — раздумчиво повторил за ним Пуаро. — А вы представляете себе, на что она способна, месье Дойл?

Саймон нахмурился, потом замотал головой:

— Нет, а что вы, собственно, имеете в виду?

— Вы знаете, что она ходит с револьвером?

Саймон глядел на него испуганными глазами:

— Сейчас-то она вряд ли пустит его в ход. Раньше — да, могла. А сейчас время упущено. Сейчас она вооружена только злобой — чтобы получше отыграться на нас.

Пуаро пожал плечами.

— Может быть, — с сомнением в голосе сказал он.

— Я беспокоюсь за Линит, — без особой нужды напомнил Саймон.

— Я понимаю, понимаю, — сказал Пуаро.

— Если серьёзно, я не жду от Джеки мелодрамы с пальбой, но это шпионство и преследование уже сидят у Линит в печёнках. Я придумал один план — может, и вы что-нибудь посоветуете. С самого начала, надо вам знать, я во всеуслышание объявил, что мы пробудем здесь десять дней. А завтра из Шелала[1] в Вади-Хальф уходит пароход «Карнак». Я хочу взять на него билеты — под чужим именем. Завтра

---

[1] Шелал — селение и порт в верховьях Первого порога.

maid can take the luggage. We'll join the *Karnak* at Shellal. When Jackie finds we don't come back, it will be too late — we shall be well on our way. She'll assume we have given her the slip and gone back to Cairo. In fact I might even bribe the porter to say so. Enquiry at the tourist offices won't help her, because our names won't appear. How does that strike you?'

'It is well imagined, yes. And suppose she waits here till you return?'

'We may not return. We would go on to Khartoum and then perhaps by air to Kenya. She can't follow us all over the globe.'

'No, there must come a time when financial reasons forbid. She has very little money, I understand.'

Simon looked at him with admiration.

'That's clever of you. Do you know, I hadn't thought of that. Jackie's as poor as they make them.'

'And yet she has managed to follow you so far?'

Simon said doubtfully:

'She's got a small income, of course. Something under two hundred a year, I imagine. I suppose — yes, I suppose she must have sold out the capital to do what she's doing.'

'So that the time will come when she has exhausted her resources and is quite penniless?'

'Yes...'

Simon wriggled uneasily. The thought seemed to make him uncomfortable. Poirot watched him attentively.

мы отправимся на экскурсию в Филы[1], а горничная распорядится багажом. В Шелале мы сядем на «Карнак». Когда Джеки выяснит, что мы не вернулись с экскурсии, мы уже будем далеко. Она решит, что мы улизнули от нее в Каир. Можно подкупить носильщика, чтобы он это говорил. Туристические конторы ей не помогут, потому что нашей фамилии там не будет. Что вы думаете на этот счет?

— Да, все хорошо придумано. А если она останется здесь до вашего возвращения?

— А мы, может, не вернемся. Поднимемся до Хартума и дальше самолетом — в Кению. Не станет же она гоняться за нами по всему земному шару.

— Не станет, потому что в какой-то момент ее удержат финансовые соображения. Я полагаю, у нее совсем немного денег.

Саймон наградил его восхищенным взглядом:

— Вот что значит умный человек. Я об этом даже не задумывался. Какие у Джеки деньги!

— При этом она добралась за вами сюда?

Саймон стал гадать:

— Что-то ей, конечно, набегает с процентов. Сотни две в год, я думаю. Но скорее всего — даже наверняка — она продала капитал, чтобы обернуться с этой своей затеей.

— Значит, настанет такой момент, когда она исчерпает свои возможности и останется без единого пенса?

— Да...

Саймон поежился от этой перспективы. Пуаро не сводил с него глаз.

---

[1] Филы — остров на Ниле, южнее Асуана.

'No,' he remarked. 'No, it is not a pretty thought...'

Simon said rather angrily:

'Well, *I* can't help it!' Then he added, 'What do you think of my plan?'

'I think it may work, yes. But it is, of course, a *retreat*.'

Simon flushed.

'You mean, we're running away? Yes, that's true... But Linnet—'

Poirot watched him, then gave a short nod.

'As you say, it may be the best way. But remember, Mademoiselle de Bellefort has brains.'

Simon said sombrely:

'Some day, I feel, we've got to make a stand and fight it out. Her attitude isn't reasonable.'

'Reasonable, *mon Dieu*!' cried Poirot.

'There's no reason why women shouldn't behave like rational beings,' said Simon stolidly.

Poirot said dryly:

'Quite frequently they do. That is even more upsetting!' He added, 'I, too, shall be on the *Karnak*. It is part of my itinerary.

'Oh!' Simon hesitated, then said, choosing his words with some embarrassment: 'That isn't — isn't — er — on our account in any way? I mean I wouldn't like to think—'

Poirot disabused him quickly.

— Да, — заметил он, — не очень приятная мысль...

Не скрывая раздражения, Саймон сказал:

— В общем, я тут ничем не могу помочь. — И добавил: — Что вы думаете о моем плане?

— Он может увенчаться успехом — вполне. Ценой отступления.

Саймон залился краской:

— Мы сбегаем, вы хотите сказать? Ну и пусть... Зато Линит...

Все так же не сводя с него глаз, Пуаро сдержанно кивнул:

— Возможно, вы правы, и это лучший выход из положения. Не забывайте, однако, что мадемуазель де Бельфор имеет голову на плечах.

— Я чувствую, мы еще сойдемся с ней на одной дорожке, и тогда увидим, чья возьмет, — хмуро сказал Саймон. — Она ведет себя неразумно.

— Неразумно! Mon Dieu![1] — воскликнул Пуаро.

— А почему, собственно, женщинам не вести себя разумно? — настаивал Саймон.

— Весьма часто они ведут себя именно так, — сухо ответил Пуаро. — Это приносит даже больше огорчений. Я тоже буду на «Карнаке», — добавил он. — Нам по пути.

— Да? — Саймон смешался и, путаясь в словах, продолжал: — Но это... но вы... не из-за нас? Мне бы не хотелось думать, что...

На этот счет Пуаро сразу успокоил его:

---

[1] Боже мой! *(фр.)*

'Not at all. It was all arranged before I left London. I always make my plans well in advance.'

'You don't just move on from place to place as the fancy takes you? Isn't the latter really pleasanter?'

'Perhaps. But to succeed in life every detail should be arranged well beforehand.'

Simon laughed and said:

'That is how the more skilful murderer behaves, I suppose.'

'Yes — though I must admit that the most brilliant crime I remember and one of the most difficult to solve was committed on the spur of the moment.'

Simon said boyishly:

'You must tell us something about your cases on board the *Karnak*.'

'No, no; that would be to talk — what do you call it?—the shop.'

'Yes, but your kind of shop is rather thrilling. Mrs Allerton thinks so. She's longing to get a chance to cross-question you.'

'Mrs Allerton? That is the charming grey-haired woman who has such a devoted son?'

'Yes. She'll be on the *Karnak* too.'

'Does she know that you—?'

'Certainly not,' said Simon with emphasis. 'Nobody knows. I've gone on the principle that it's better not to trust anybody.'

'An admirable sentiment — and one which I always adopt. By the way, the third member of your party, the tall grey-haired man—'

'Pennington?'

— Нет-нет, все это было подготовлено еще в Лондоне. Я всегда строю свои планы заблаговременно.

— Вы не любите ездить куда глаза глядят? Так гораздо интереснее!

— Может быть. Но чтобы преуспеть в жизни, нужно заранее все тщательно подготовить.

— Наверное, так поступают опытные убийцы, — рассмеялся Саймон.

— Да, хотя, признаться, на моей памяти самое яркое и чуть ли не самое запутанное преступление было совершено без всякой подготовки.

С ребячливой непосредственностью Саймон сказал:

— На «Карнаке» вы должны что-нибудь рассказать нам из своей практики.

— Нет-нет, это значило бы, что называется, раскрыть перед вами кухню.

— Так в нее страх как хочется заглянуть! И миссис Аллертон так считает. Ей не терпится устроить вам допрос.

— Миссис Аллертон? Очаровательная седовласая дама с преданным сыном?

— Она самая. Они тоже будут на «Карнаке».

— Она знает, что вы...

— Разумеется, нет, — вскипел Саймон. — Никто не знает. У меня такой принцип: по возможности никому не доверяться.

— Замечательное убеждение, я сам его придерживаюсь. Кстати, этот ваш попутчик, высокий седой мужчина...

— Пеннингтон?

'Yes. He is travelling with you?'

Simon said grimly:

'Not very usual on a honeymoon, you were thinking? Pennington is Linnet's American trustee. We ran across him by chance in Cairo.'

'*Ah, vraiment*! You permit a question? She is of age, Madame your wife?'

Simon looked amused.

'She isn't actually twenty-one yet — but she hadn't got to ask anyone's consent before marrying me. It was the greatest surprise to Pennington. He left New York on the *Carmanic* two days before Linnet's letter got there telling him of our marriage. So he knew nothing about it.'

'The *Carmanic*—' murmured Poirot.

'It was the greatest surprise to him when we ran into him at Shepheard's in Cairo.'

'That was indeed the coincidence!'

'Yes, and we found that he was coming on this Nile trip — so naturally we foregathered — couldn't have done anything else decently. Besides that, it's been — well, a relief in some ways.' He looked embarrassed again. 'You see, Linnet's been all strung up — expecting Jackie to turn up anywhere and everywhere. While we were alone together, the subject kept coming up. Andrew Pennington's a help that way — we have to talk of outside matters.'

'Your wife has not confided in Mr Pennington?'

— Да. Вы путешествуете втроем?

Саймон хмуро ответил:

— Довольно необычно, думаете вы, для медового месяца, да? Пеннингтон — американский опекун Линит. Мы совершенно случайно встретились с ним в Каире.

— Ah vraiment![1] Вы позволите один вопрос? Мадам, ваша жена, — она совершеннолетняя?

Саймон озадаченно взглянул на него:

— Вообще-то ей нет пока двадцати одного года, но и просить у кого бы то ни было согласия на брак со мной ей не требовалось. Для Пеннингтона это была полная неожиданность. Он совершенно ничего не знал: за два дня до письма Линит с новостью о нашей свадьбе он отплыл из Нью-Йорка на «Карманике».

— «Карманик»... — пробормотал Пуаро.

— Для него было полной неожиданностью наткнуться на нас в каирском «Пастухе».

— Надо же быть такому совпадению!

— Выяснилось, что он тоже поднимается по Нилу, — мы и объединились, как-то неловко, знаете, обособляться. Да оно и к лучшему. — Он снова смешался. — Линит все время была в напряжении — того и гляди, объявится Джеки, и, пока мы были одни, эта тема возникала постоянно. А с Эндрю Пеннингтоном мы вздохнули свободнее, потому что приходится говорить о постороннем.

— Ваша жена не доверилась мистеру Пеннингтону?

---

[1] Вот оно что! *(фр.)*

'No.' Simon's jaw looked aggressive. 'It's nothing to do with anyone else. Besides, when we started on this Nile trip we thought we'd seen the end of the business.'

Poirot shook his head.

'You have not seen the end of it yet. No — the end is not yet at hand. I am very sure of that.'

'I must say, Monsieur Poirot, you're not very encouraging.'

Poirot looked at him with a slight feeling of irritation. He thought to himself: 'The Anglo-Saxon, he takes nothing seriously but playing games! He does not grow up.'

Linnet Doyle — Jacqueline de Bellefort — both of them took the business seriously enough. But in Simon's attitude he could find nothing but male impatience and annoyance.

He said:

'You will permit me an impertinent question? Was it *your* idea to come to Egypt for your honeymoon?'

Simon flushed.

'No, of course not. As a matter of fact I'd rather have gone anywhere else. But Linnet was absolutely set upon it. And so — and so—'

He stopped rather lamely.

'Naturally,' said Poirot gravely.

He appreciated the fact that if Linnet Doyle was set upon anything, that thing had to happen.

He thought to himself: 'I have now heard three separate accounts of the affair — Linnet Doyle's, Jacqueline de Bellefort's, Simon Doyle's. Which of them is nearest to the truth?'

— Не доверилась. — Саймон вызывающе вздернул подбородок. — Это вообще никого не касается. Кроме того, когда мы затевали это нильское путешествие, мы думали, что эта история кончилась.

Пуаро покачал головой:

— Она не кончилась. Далеко не кончилась. Я убежден в этом.

— А вы неважный утешитель, месье Пуаро.

Пуаро взглянул на него с некоторым раздражением. Он думал про себя: «Эти англосаксы — они ни к чему не относятся серьезно, у них все игра. Они не взрослеют».

Линит Дойл, Жаклин де Бельфор — те достаточно серьезно отнеслись к случившемуся. А Саймон обнаруживал только признаки чисто мужского нетерпения и досады.

Пуаро сказал:

— Простите за бестактность: это была ваша идея поехать в Египет в свой медовый месяц?

Саймон покраснел:

— Конечно, нет. Я бы поехал куда-нибудь еще, но Линит желала только сюда. И поэтому...

Он запнулся и умолк.

— Естественно, — помрачнев, сказал Пуаро.

Ему стало ясно, что любое желание Линит Дойл подлежит исполнению.

Он думал про себя: «Все трое порознь отчитались передо мной: Линит Дойл, Жаклин де Бельфор, Саймон Дойл. Чей отчет ближе к истине?»

Chapter 6

Simon and Linnet Doyle set off on their expedition to Philae about eleven o'clock the following morning. Jacqueline de Bellefort, sitting on the hotel balcony, watched them set off in the picturesque sailing boat. What she did not see was the departure of a car — laden with luggage, and in which sat a demure-looking maid — from the front door of the hotel. It turned to the right in the direction of Shellal.

Hercule Poirot decided to pass the remaining two hours before lunch on the island of Elephantine, immediately opposite the hotel.

He went down to the landing-stage. There were two men just stepping into one of the hotel boats, and Poirot joined them. The men were obviously strangers to each other. The younger of them had arrived by train the day before. He was a tall, dark-haired young man, with a thin face and a pugnacious chin. He was wearing an extremely dirty pair of grey flannel trousers and a highnecked polo jumper singularly unsuited to the climate. The other was a slightly podgy middle-aged man who lost no time in entering into conversation with Poirot in idiomatic but slightly broken English. Far from taking part in the conversation, the younger man merely scowled at them both and then deliberately turned his back on them and proceeded to admire the agility with which the boatman steered the boat with his toes as he manipulated the sail with his hands.

Глава 6

Назавтра утром, в одиннадцать часов, Саймон и Линит Дойл отправились в Филы. С кресла на балконе отеля Жаклин де Бельфор видела, как они садились в живописную шлюпку. Она не видела другого: как от парадной двери отеля отъехал автомобиль с багажом и чопорного вида горничной. Машина укатила направо, в сторону Шелала.

Оставшуюся до ленча пару часов Эркюль Пуаро решил скоротать на Слоновом острове — он лежал прямо против отеля.

Он направился к пристани. В лодку как раз садились двое мужчин, и он присоединился к ним. Тот, что помоложе, приехал накануне поездом; высокий, темноволосый, с волевым подбородком на худощавом лице. На нем были невыразимо грязные штаны из серой фланели и совершенно неуместный в этом климате свитер с высоким воротом. Другой, толстячок средних лет, немедля заговорил с Пуаро по-английски — бегло и не очень правильно. Их молодой спутник от беседы уклонился и только хмуро посматривал в их сторону, а потом и вовсе повернулся к ним спиной, засмотревшись, как ловко лодочник-нубиец[1] толкает ногой кормовое весло, одновременно управляясь с парусом.

---

[1] Нубийцы — народ, населявший Нубию (Куш) — страну, расположенную между Первым и Шестым порогами Нила и далее к югу на территории современного Судана и части Египта.

It was very peaceful on the water, the great smooth slippery black rocks gliding by and the soft breeze fanning their faces. Elephantine was reached very quickly and on going ashore Poirot and his loquacious acquaintance made straight for the museum. By this time the latter had produced a card which he handed to Poirot with a little bow. It bore the inscription:

'Signor Guido Richetti, Archeologo.'

Not to be outdone, Poirot returned the bow and extracted his own card. These formalities completed, the two men stepped into the Museum together, the Italian pouring forth a stream of erudite information. They were by now conversing in French.

The young man in the flannel trousers strolled listlessly round the Museum, yawning from time to time, and then escaped to the outer air.

Poirot and Signor Richetti at last found him. The Italian was energetic in examining the ruins, but presently Poirot, espying a green-lined sunshade which he recognized on the rocks down by the river, escaped in that direction.

Mrs Allerton was sitting on a large rock, a sketch-book by her side and a book on her lap.

Poirot removed his hat politely and Mrs Allerton at once entered into conversation.

'Good morning,' she said. 'I suppose it would be quite impossible to get rid of some of these awful children.'

A group of small figures surrounded her, all grinning and posturing and holding out imploring hands as they lisped 'Bakshish' at intervals hopefully.

На реке стояла полная тишь, медленно расступались темные, осклизлые громады скал, ветерок овевал их лица. До острова добрались очень скоро, и, сойдя на берег, Пуаро и его словоохотливый знакомец прямиком направились в музей. Толстяк на ходу достал визитную карточку и с полупоклоном вручил ее Пуаро. Там значилось: «Signor Guido Richetti, Archeologo»[1].

Пуаро не остался в долгу и также с поклоном извлек свою карточку. Исполнив эти формальности, они вошли в музей, и итальянец сразу завел высокоученый разговор. Сейчас они говорили по-французски.

Молодой человек во фланелевых брюках, позевывая, незаинтересованно обошел музей и поспешил наружу.

В конце концов его примеру последовали и Пуаро с синьором Рикетти. Итальянец сразу зарылся в руины, а Пуаро, высмотрев на скалах у реки знакомый солнечный зонтик в зеленую полоску, улизнул в ту сторону.

С книгой на коленях и блокнотом под рукой миссис Аллертон сидела на большом валуне.

Пуаро учтиво снял шляпу, и миссис Аллертон тотчас взяла слово.

— Доброе утро, — сказала она. — Боюсь, от этих жутких детей совершенно невозможно отвязаться.

Темнокожая мелюзга лезла к ней, скаля зубы и кривляясь, и канючила «бакшиш».

---
[1] «Господин Гвидо Рикетти, археолог» (*ит.*).

'I thought they'd get tired of me,' said Mrs Allerton sadly. 'They've been watching me for over two hours now — and they close in on me little by little; and then I yell "Imshi" and brandish my sunshade at them and they scatter for a minute or two. And then they come back and stare and stare, and I don't believe I really like children — not unless they're more or less washed and have the rudiments of manners.'

She laughed ruefully.

Poirot gallantly attempted to disperse the mob for her, but without avail. They scattered and then reappeared, closing in once more.

'If there were only any peace in Egypt, I should like it better,' said Mrs Allerton. 'But you can never be alone anywhere — someone is always pestering you for money, or offering you donkeys, or beads, or expeditions to local villages, or duck shooting.'

'It is the great disadvantage, that is true,' said Poirot.

He spread his handkerchief cautiously on the rock and sat somewhat gingerly upon it.

'Your son is not with you this morning?' he went on.

'No, Tim had some letters to get off before we leave. We're doing the trip to the Second Cataract, you know.'

'I, too.'

'I'm so glad. I want to tell you that I'm quite thrilled to meet you. When we were in Majorca, there was a Mrs Leech there, and she was telling us the most wonderful things about you. She'd lost a

— Я надеялась, что надоем им, — пожаловалась она. — Они уже часа два, если не больше, глазеют на меня и помаленьку окружают; крикну им «имши», погрожу зонтиком — они разбегутся, а через минуту-другую возвращаются и снова пялят на меня свои противные глазищи, и носы у них тоже противные, и приходится признать, что я не люблю детей — во всяком случае, неумытых и элементарно невоспитанных.

Она виновато рассмеялась.

Пуаро предпринял безуспешную попытку разогнать ватагу. Рассеявшись, ребятня снова собралась и взяла их в кольцо.

— Будь в Египте поспокойнее, цены бы ему не было, — сказала миссис Аллертон. — Тут человеку не дают прохода. То клянчат деньги, то навязывают ослика или бусы, то тянут в туземную деревню или на утиную охоту.

— Огромный недостаток, это правда, — согласился Пуаро.

Он разложил на камне носовой платок и осторожненько опустился на него.

— Вашего сына сегодня нет с вами? — продолжал он.

— Да, Тиму надо отправить письма до отъезда. Мы поднимаемся до Второго порога.

— Я тоже.
— Очень рада. Признаться, я совершенно потрясена нашим знакомством. Когда мы были на Майорке, некая миссис Лич рассказывала о вас удивительные вещи. Она потеряла кольцо во вре-

ruby ring bathing, and she was just lamenting that you weren't there to find it for her.

'Ah, *parbleu*, but I am not the diving seal!'

They both laughed.

Mrs Allerton went on.

'I saw you from my window walking down the drive with Simon Doyle this morning. Do tell me what you make of him! We're so excited about him.'

'Ah? Truly?'

'Yes. You know his marriage to Linnet Ridgeway was the greatest surprise. She was supposed to be going to marry Lord Windlesham and then suddenly she gets engaged to this man no one had ever heard of!'

'You know her well, Madame?'

'No, but a cousin of mine, Joanna Southwood, is one of her best friends.'

'Ah, yes, I have read that name in the papers.' He was silent a moment and then went on, 'She is a young lady very much in the news, Mademoiselle Joanna Southwood.'

'Oh, she knows how to advertise herself all right,' snapped Mrs Allerton.

'You do not like her, Madame?'

'That was a nasty remark of mine.' Mrs Allerton looked penitent. 'You see, I'm old-fashioned. I don't like her much. Tim and she are the greatest of friends, though.'

'I see,' said Poirot.

His companion shot a quick look at him. She changed the subject.

мя купания и все переживала, что без вас его некому найти.

— Ah, parbleu[1], но я не тюлень, я не ныряю.

Оба рассмеялись.

Миссис Аллертон продолжала:

— Утром я видела из окна, как вы уходили с Саймоном Дойлом. Скажите, как вы его находите? Мы все совершенно заинтригованы.

— Правда?

— Да. Понимаете, его женитьба на Линит Риджуэй была полнейшей неожиданностью. Предполагалось, что она выходит за лорда Уиндлизема, и вдруг она обручается с мужчиной, о котором никто слыхом не слыхал.

— Вы хорошо знаете ее, мадам?

— Нет, но моя родственница, Джоанна Саутвуд, ходит у нее в лучших подругах.

— А, да, я встречал эту фамилию в газетах. — Он продолжал после паузы: — Хроника не обходится без молодой леди, вашей мадемуазель Джоанны Саутвуд.

— О да, она умеет себя подать, — отрезала миссис Аллертон.

— Вы ее не любите, мадам?

— Невыдержанная на язык. — Миссис Аллертон была само раскаяние. — Я человек старой закваски. Не очень я люблю Джоанну. Зато с Тимом их водой не разлить.

— Понимаю, — сказал Пуаро.

Собеседница стрельнула в его сторону взглядом и сменила тему:

---

[1] Черт побери *(фр.)*.

'How very few young people there are out here! That pretty girl with the chestnut hair and the appalling mother in the turban is almost the only young creature in the place. You have talked to her a good deal, I notice. She interests me, that child.'

'Why is that, Madame?'

'I feel sorry for her. You can suffer so much when you are young and sensitive. I think she is suffering.'

'Yes, she is not happy, poor little one.'

'Tim and I call her the "sulky girl". I've tried to talk to her once or twice, but she's snubbed me on each occasion. However, I believe she's going on this Nile trip too, and I expect we'll have to be more or less all matey together, shan't we?'

'It is a possible contingency, Madame.'

'I'm very matey really — people interest me enormously. All the different types.' She paused, then said: 'Tim tells me that that girl — her name is de Bellefort — is the girl who was engaged to Simon Doyle. It's rather awkward for them — meeting like this.'

'It is awkward — yes,' agreed Poirot.

Mrs Allerton shot a quick glance at him.

'You know, it may sound foolish, but she almost frightened me. She looked so — intense.'

Poirot nodded his head slowly.

'You were not far wrong, Madame. A great force of emotion is always frightening.'

'Do people interest you too, Monsieur Poirot? Or do you reserve your interest for potential criminals?'

— Как же мало с нами молодежи! Прелестная девушка с каштановыми волосами, что состоит при чудовищной матери с тюрбаном, пожалуй, тут единственное юное существо. Я обратила внимание, что у вас был долгий разговор с ней. Мне интересна эта девушка.

— Отчего так, мадам?

— Мне ее жаль. Сколько страданий принимаешь в молодости, имея чувствительное сердце! А она, мне кажется, страдает.

— Да, она несчастлива, бедняжка.

— Мы с Тимом зовем ее «букой». Пару раз я пыталась разговорить ее, но она меня осадила. Ничего, она, по-моему, тоже участвует в нашем нильском плавании, и уж в одной компании мы как-нибудь сойдемся, правда?

— Вполне возможная вещь, мадам.

— Я очень легко схожусь с людьми — они мне чрезвычайно интересны. Все такие разные. — После паузы она продолжала: — Тим говорит, что смуглянка — ее зовут де Бельфор, — будто она та самая девушка, с которой был помолвлен Саймон Дойл. Очень некстати — вот так встретиться.

— Да, некстати, — согласился Пуаро.

Миссис Аллертон искоса глянула на него.

— Может, это глупо звучит, но она, знаете, почти напугала меня. Вся как сжатая пружина!

Пуаро медленно кивнул:

— Вы не очень заблуждаетесь, мадам. Всегда пугает сильный накал чувства.

— Вам тоже интересны люди, месье Пуаро? Или вы приберегаете интерес для потенциальных преступников?

'Madame — that category would not leave many people outside it.'

Mrs Allerton looked a trifle startled.

'Do you really mean that?'

'Given the particular incentive, that is to say,' Poirot added.

'Which would differ?'

'Naturally.'

Mrs Allerton hesitated — a little smile on her lips.

'Even I perhaps?'

'Mothers, Madame, are particularly ruthless when their children are in danger.'

She said gravely:

'I think that's true — yes, you're quite right.'

She was silent a minute or two, then she said, smiling:

'I'm trying to imagine motives for crime suitable for everyone in the hotel. It's quite entertaining. Simon Doyle, for instance?'

Poirot said, smiling:

'A very simple crime — a direct short cut to his objective. No subtlety about it.'

'And therefore very easily detected?'

'Yes; he would not be ingenious.'

'And Linnet?'

'That would be like the Queen in your *Alice in Wonderland*, "Off with her head." '

'Of course. The divine right of monarchy! Just a little bit of the Naboth's vineyard touch. And the dangerous girl — Jacqueline de Bellefort — could *she* do a murder?'

— Мадам... вне этой категории остается немного людей.

У миссис Аллертон был слегка озадаченный вид.

— Вы в самом деле так полагаете?

— Если к тому объявится особая побудительная причина, — добавил Пуаро.

— Для всякого случая — своя?

— Естественно.

Миссис Аллертон помедлила, сдерживая улыбку.

— И я могла бы?

— Матери, мадам, в особенности безжалостны, когда опасность грозит их детям.

Та вдумчиво ответила:

— Вероятно, да... да-да, вы совершенно правы.

Минуту-другую она молчала, потом с улыбкой призналась:

— Я сейчас примеряю к нашим постояльцам мотивы преступлений. Очень забавно получается. Что вы, например, скажете о Саймоне Дойле?

— Очень простое преступление, — улыбнулся Пуаро. — Кратчайший путь к цели. Без выдумки.

— И так же легко его будет раскрыть?

— Да, он не проявит изобретательности.

— А Линит?

— Это будет в духе Королевы из вашей «Алисы в Стране чудес»[1]: «Снять с нее голову!»

— Ну конечно: право помазанника Божьего! Что-то наподобие виноградника Навуфея[2]. А эта

---

[1] Повесть-сказка английского писателя Льюиса Кэрролла.

[2] Согласно Библии, царь Ахав, оклеветав и погубив Навуфея, прибрал к рукам приглянувшийся ему виноградник.

Poirot hesitated for a minute or two, then he said doubtfully:

'Yes, I think she could.'

'But you're not sure?'

'No. She puzzles me, that little one.'

'I don't think Mr Pennington could do one, do you? He looks so desiccated and dyspeptic — with no red blood in him.'

'But possibly a strong sense of self-preservation.'

'Yes, I suppose so. And poor Mrs Otterbourne in her turban?'

'There is always vanity.'

'As a motive for murder?' Mrs Allerton asked doubtfully.

'Motives for murder are sometimes very trivial, Madame.'

'What are the most usual motives, Monsieur Poirot?'

'Most frequent — money. That is to say, gain in its various ramifications. Then there is revenge, and love, and fear — and pure hate, and beneficence—'

'Monsieur Poirot!'

'Oh, yes, Madame. I have known of — shall we say A?—being removed by B solely in order to benefit C. Political murders often come under that heading. Someone is considered to be harmful to civilization and is removed on that account. Such people forget that life and death are the affair of the good God.'

He spoke gravely.

опасная девушка, Жаклин де Бельфор, — могла бы она пойти на убийство?

Подумав немного, Пуаро неуверенно сказал:

— Могла бы, я думаю.
— Но вы не уверены в этом?
— Нет. Эта малышка сбивает меня с толку.
— Не думаю, чтобы мистер Пеннингтон мог пойти на убийство. А вы как считаете? Какой-то он усохший, дохлый — мужеством там и не пахнет.
— Зато, может быть, в избытке чувство самосохранения.
— Пожалуй. А как насчет горемыки миссис Оттерборн в тюрбане?
— Она лопается от тщеславия.
— Оно может толкнуть на убийство?

— Мотивы убийства порой совершенно тривиальны, мадам.
— Какие же самые распространенные, месье Пуаро?
— Чаще всего — деньги, иначе говоря — корысть в том или ином виде. Потом — месть, дальше — любовь, страх, жгучая ненависть, благодеяние...
— Месье Пуаро!
— Да-да, мадам! Мне известно, как некий «В» избавился от «А» исключительно во благо «С». Часто под эту статью подгоняют политические убийства. Некто объявляется врагом цивилизации — и посему его устраняют. Забывают, что в жизни и смерти человека волен один Господь Бог.

Он выговорил это суровым голосом.

Mrs Allerton said quietly:

'I am glad to hear you say that. All the same, God chooses his instruments.'

'There is a danger in thinking like that, Madame.'

She adopted a lighter tone:

'After this conversation, Monsieur Poirot, I shall wonder that there is anyone left alive!' She got up. 'We must be getting back. We have to start immediately after lunch.'

When they reached the landing stage they found the young man in the polo jumper just taking his place in the boat. The Italian was already waiting. As the boatman cast the sail loose and they started, Poirot addressed a polite remark to the stranger:

'There are very wonderful things to be seen in Egypt, are there not?'

The young man was now smoking a somewhat noisome pipe. He removed it from his mouth and remarked briefly and emphatically in astonishingly well-bred accents:

'They make me sick.'

Mrs Allerton put on her pince-nez and surveyed him with pleasurable interest. Poirot said:

'Indeed? And why is that?'

'Take the Pyramids. Great blocks of useless masonry put up to minister to the egoism of a despotic bloated king. Think of the sweated masses who toiled to build them and died doing it. It makes me sick to think of the suffering and torture they represent.'

Mrs Allerton said cheerfully:

'You'd rather have no Pyramids, no Parthenon, no beautiful tombs or temples — just the solid sat-

Миссис Аллертон заметила:

— Я рада, что вы это сказали. И все же Господь определяет исполнителей своей воли.

— Опасно думать так, мадам.

Она оставила серьезный тон:

— После такого разговора, месье Пуаро, будет чудом хоть кого-то застать в живых. — Она поднялась. — Пора возвращаться. Мы же отправляемся сразу после ленча.

Когда они подошли к пристани, молодой человек в свитере как раз садился в лодку. Итальянец уже был там. Когда нубиец наладил парус и они отплыли, Пуаро из вежливости заговорил с незнакомцем:

— Прекрасные достопримечательности есть в Египте, не правда ли?

Молодой человек курил довольно вонючую трубку. Сейчас он вынул ее изо рта и, удивляя образцовым произношением, ответил коротко и резко:

— Меня тошнит от них.

Миссис Аллертон нацепила пенсне и благосклонно заинтересовалась говорившим.

— Правда? А почему? — спросил Пуаро.

— Возьмите, к примеру, пирамиды. Колоссальные бессмысленные сооружения, дань прихоти надменного деспота. Подумайте, как массы людей, обливаясь потом, воздвигали их и умирали тут же. Мне делается тошно при мысли об их страданиях и муках.

Миссис Аллертон задорно подхватила:

— По-вашему, лучше удовлетвориться знанием того, что люди трижды в день принимали пищу

isfaction of knowing that people got three meals a day and died in their beds.'

The young man directed his scowl in her direction.

'I think human beings matter more than stones.'

'But they do not endure as well,' remarked Hercule Poirot.

'I'd rather see a well fed worker than any so-called work of art. What matters is the future — not the past.'

This was too much for Signor Richetti, who burst into a torrent of impassioned speech not too easy to follow.

The young man retorted by telling everybody exactly what he thought of the capitalist system. He spoke with the utmost venom.

When the tirade was over they had arrived at the hotel landing-stage.

Mrs Allerton murmured cheerfully: 'Well, well,' and stepped ashore.

The young man directed a baleful glance after her.

In the hall of the hotel Poirot encountered Jacqueline de Bellefort. She was dressed in riding clothes. She gave him an ironical little bow.

'I'm going donkey-riding. Do you recommend the local villages, Monsieur Poirot?'

и умирали у себя в постелях, нежели иметь пирамиды, Парфенон[1], прекрасные гробницы и храмы?

Молодой человек хмуро глянул в ее сторону:

— Я думаю, человеческие существа поважнее камней.

— Но после них остаются как раз эти камни, — заметил Пуаро.

— Мне приятнее видеть сытого рабочего, чем так называемое произведение искусства. Важно не прошлое, а будущее.

Тут лопнуло терпение у синьора Рикетти, разразившегося горячечной и не вполне внятной речью.

В ответ молодой человек довел до их сведения все, что он думает о капиталистической системе. Он буквально клокотал от ярости.

Он кончил свою тираду, когда они пристали к отелю.

Ступая на берег, миссис Аллертон со смешком пробормотала:

— Ну и ну!

Молодой человек проводил ее недобрым взглядом.

В вестибюле отеля Пуаро встретил Жаклин де Бельфор в жокейском костюме. Она приветствовала его ироническим полупоклоном:

— У меня прогулка на осликах. Вы советуете заглянуть в туземные деревни, месье Пуаро?

---

[1] Парфенон — главный храм на Акрополе в Афинах, памятник древнегреческой архитектуры периода высокой классики.

'Is that your excursion today, Mademoiselle? *Eh bien*, they are picturesque — but do not spend large sums on local curios.'

'Which are shipped here from Europe? No, I am not so easy to deceive as that.'

With a little nod she passed out into the brilliant sunshine.

Poirot completed his packing — a very simple affair, since his possessions were always in the most meticulous order. Then he repaired to the dining room and ate an early lunch.

After lunch the hotel bus took the passengers for the Second Cataract to the station where they were to catch the daily express from Cairo to Shellal — a ten-minute run. The Allertons, Poirot, the young man in the dirty flannel trousers and the Italian were the passengers. Mrs Otterbourne and her daughter had made the expedition to the Dam and to Philae and would join the steamer at Shellal.

The train from Cairo and Luxor was about twenty minutes late. However, it arrived at last, and the usual scenes of wild activity occurred. Porters taking suitcases out of the train collided with other porters putting them in.

Finally, somewhat breathless, Poirot found himself with an assortment of his own, the Allertons', and some totally unknown luggage in one compartment, while Tim and his mother were elsewhere with the remains of the assorted baggage.

The compartment in which Poirot found himself was occupied by an elderly lady with a very wrinkled

— Туда у вас сегодня экскурсия, мадемуазель? Eh bien, они живописны, только не переплачивайте за туземную экзотику.

— Которую понавезли сюда из Европы? Благодарю, я не настолько легковерна.

Кивнув ему, она вышла на солнцепек.

Собрался Пуаро без всякого труда, поскольку свои вещи содержал в отменном порядке. Потом он отправился в ресторан перекусить.

После ленча отправлявшихся на Второй порог автобус за десять минут доставил на станцию, где надо было сесть в дневной экспресс Каир — Шелал. В их числе были Аллертоны, Пуаро, молодой человек в грязных фланелевых брюках и итальянец. Миссис Оттерборн с дочерью уехали в Дам[1] и Филы и приедут в Шелал прямо к пароходу.

Каирский поезд опоздал минут на двадцать. Когда он наконец пришел, началось обычное светопреставление. Носильщики давились, втаскивая вещи.

Наконец со своей ношей, а также с багажом Аллертонов и совершенно незнакомой кладью запыхавшийся Пуаро оказался в одном купе, а Тим с матерью и чьими-то вещами — где-то в другом.

В купе, где был Пуаро, обреталась преклонных лет дама в негнущемся белом воротничке, в брил-

---

[1] Д а м — остров на Ниле, южнее Асуана.

face, a stiff white stock, a good many diamonds and an expression of reptilian contempt for the majority of mankind.

She treated Poirot to an aristocratic glare and retired behind the pages of an American magazine. A big, rather clumsy young woman of under thirty was sitting opposite her. She had eager brown eyes rather like a dog's, untidy hair, and a terrific air of willingness to please. At intervals the old lady looked over the top of her magazine and snapped an order at her.

'Cornelia, collect the rugs. When we arrive look after my dressing-case. On no account let anyone else handle it. Don't forget my paper-cutter.'

The train run was brief. In ten minutes' time they came to rest on the jetty where the S. S. *Karnak* was awaiting them. The Otterbournes were already on board.

The *Karnak* was a smaller steamer than the *Papyrus* and the *Lotus*, the First Cataract steamers, which are too large to pass through the locks of the Aswan dam. The passengers went on board and were shown their accommodation. Since the boat was not full, most of the passengers had accommodation on the promenade deck. The entire forward part of this deck was occupied by an observation saloon, all glass-enclosed, where the passengers could sit and watch the river unfold before them. On the deck below were a smoking room and a small drawing room and on the deck below that, the dining saloon.

Having seen his possessions disposed in his cabin, Poirot came out on the deck again to watch the pro-

лиантах, с выражением безграничного презрения к человечеству на изрезанном морщинами лице.

Бросив на Пуаро высокомерный взгляд, она снова загородилась от всех обложкой американского журнала. Напротив нее сидела крупная, угловатая женщина лет под тридцать. У нее большие щенячьи карие глаза, опущенная голова и вымогательская готовность угодить. Время от времени старуха взглядывала на нее поверх журнала и отдавала приказания:

— Корнелия, собери пледы. Когда будем на месте, присмотри за моим несессером. Чтобы никто его не хватал. Не забудь мой ножик для бумаги.

Ехали недолго. Уже через десять минут они стояли на пристани, где их ждал «Карнак». Оттерборны успели погрузиться.

«Карнак» был поменьше «Папируса» и «Лотоса» с Первого порога: те из-за своей громоздкости не могли шлюзоваться в Асуане. Пассажиры поднялись на борт, их развели по каютам. Загружен пароход был не полностью, и большинство пассажиров разместили на верхней палубе. Всю ее носовую часть занимал застекленный салон, дабы пассажиры могли из кресел любоваться меняющимся речным пейзажем. Ниже, на средней палубе, были курительная и малая гостиная, а на нижней палубе — кают-компания.

Проследив, как разместили в купе его вещи, Пуаро снова вышел на палубу, чтобы не пропу-

cess of departure. He joined Rosalie Otterbourne, who was leaning over the side.

'So now we journey into Nubia. You are pleased, Mademoiselle?'

The girl drew a deep breath.

'Yes. I feel that one's really getting away from things at last.' She made a gesture with her hand. There was a savage aspect about the sheet of water in front of them, the masses of rock without vegetation that came down to the water's edge — here and there a trace of houses abandoned and ruined as a result of the damming up of the waters. The whole scene had a melancholy, almost sinister charm. 'Away from *people*,' said Rosalie Otterbourne.

'Except those of our own number, Mademoiselle?'

She shrugged her shoulders. Then she said:

'There's something about this country that makes me feel — wicked. It brings to the surface all the things that are boiling inside one. Everything's so unfair — so unjust.'

'I wonder. You cannot judge by material evidence.'

Rosalie muttered:

'Look at — at some people's mothers — and look at mine. There is no God but Sex, and Salome Otterbourne is its Prophet.' She stopped. 'I shouldn't have said that, I suppose.'

Poirot made a gesture with his hands.

'Why not say it — to me? I am one of those who hear many things. If, as you say, you boil inside — like the jam — *Eh bien*, let the scum come to the

стить отплытие. Он стал рядом с Розали Оттерборн, облокотившейся на поручень.

— Итак, мы теперь направляемся в Нубию. Вы довольны, мадемуазель?

Девушка глубоко вздохнула:

— Да. Наконец от всего этого освобождаешься. — Она повела рукой. Жутковатый вид являли полоска воды, отделявшая их от берега, подступившие к самой ее кромке голые громады скал, кое-где видные развалины затопленных домов. Печальной, дикой красотой веяло от этой картины. — Освобождаешься от людей.

— Только не от близких, мадемуазель?

Она пожала плечами. После паузы продолжала:

— Есть в этой стране что-то такое, отчего я чувствую себя дрянью. Все, что накипело на душе, тут лезет наружу. Несправедливо все, нечестно.

— Я сомневаюсь. У вас нет вещественных доказательств, чтобы так судить.

Та пробормотала:

— Посмотрите, какие у других матери... и какая у меня. Нет бога, кроме секса, и Саломея Оттерборн — его пророк. — Она смолкла. — Зря я это сказала.

Пуаро протестующе воздел руки:

— Почему же не сказать — мне? Мне многое приходится слышать. Если, как вы говорите, у вас накипело, то пусть пена и подымается кверху, мы

surface, and then one can take it off with a spoon, so.' He made a gesture of dropping something into the Nile. 'Then, it has gone.'

Rosalie said:

'What an extraordinary man you are!' Her sulky mouth twisted into a smile. Then she suddenly stiffened as she exclaimed: 'Well, here are Mrs Doyle and her husband! I'd no idea *they* were coming on this trip!'

Linnet had just emerged from a cabin halfway down the deck. Simon was behind her. Poirot was almost startled by the look of her — so radiant, so assured. She looked positively arrogant with happiness. Simon Doyle, too, was a transformed being. He was grinning from ear to ear and looking like a happy schoolboy.

'This is grand,' he said as he too leaned on the rail. 'I'm really looking forward to this trip, aren't you, Linnet? It feels somehow so much less touristy — as though we were really going into the heart of Egypt.'

His wife responded quickly:

'I know. It's so much — wilder, somehow.'

Her hand slipped through his arm. He pressed it close to his side.

'We're off, Lin,' he murmured.

The steamer was drawing away from the jetty. They had started on their seven-day journey to the Second Cataract and back.

Behind them a light silvery laugh rang out. Linnet whipped round.

Jacqueline de Bellefort was standing there. She seemed amused.

ее снимем ложкой — вот так! — Он выбросил вперед руку. — Было — и нет ничего.

— Удивительный вы человек! — сказала Розали. Ее надутые губы сложились в улыбку. Потом она воскликнула, напрягшись: — Смотрите, здесь миссис Дойл с мужем! Я не знала, что они тоже плывут с нами.

У своей каюты, ближе к центру палубы, стояла Линит. Следом вышел Саймон. Пуаро поразился ее виду — сколько блеска, уверенности в себе! Она буквально навязывала всем свое счастье. Преобразился и Саймон Дойл. Он улыбался во весь рот и радовался всему, как школьник.

— Грандиозно! — сказал он, ставя локти на поручень. — Я страшно надеюсь на эту поездку, а ты, Линит? Такое чувство, словно мы с туристического маршрута ступили на нехоженую тропу.

Его жена с готовностью отозвалась:

— Я тебя понимаю. Знаешь, у меня просто глаза разбегаются.

Она поймала его руку. Он крепко прижал ее к себе.

— Мы избавились, Лин, — проронил он.

Пароход отчаливал. Началось их недельное плавание до Второго порога и обратно.

Сзади серебряным колокольчиком рассыпался смех. Линит быстро обернулась.

За ними стояла приятно озадаченная Жаклин де Бельфор.

'Hullo, Linnet! I didn't expect to find you here. I thought you said you were staying in Aswan another ten days. This is a surprise!'

'You — you didn't—'Linnet's tongue stammered. She forced a ghastly conventional smile. 'I didn't expect to see you either.'

'No?'

Jacqueline moved away to the other side of the boat. Linnet's grasp on her husband's arm tightened.

'Simon — Simon—'

All Doyle's good-natured pleasure had gone. He looked furious. His hands clenched themselves in spite of his effort at self-control.

The two of them moved a little away. Without turning his head Poirot caught scraps of disjointed words.

'... turn back ... impossible ... we could ...' and then, slightly louder, Doyle's voice, despairing but grim. 'We can't run away for ever, Lin. *We've got to go through with it now* ...'

It was some hours later. Daylight was just fading. Poirot stood in the glass-enclosed saloon looking straight ahead. The *Karnak* was going through a narrow gorge. The rocks came down with a kind of sheer ferocity to the river flowing deep and swift between them. They were in Nubia now.

He heard a movement and Linnet Doyle stood by his side. Her fingers twisted and untwisted themselves; she looked as he had never yet seen her look. There was about her the air of a bewildered child. She said:

'Monsieur Poirot, I'm afraid — I'm afraid of everything. I've never felt like this before. All these

— Привет, Линит! Вот уж кого не ожидала увидеть! Вы же вроде собирались задержаться в Асуане еще на десять дней. Приятный сюрприз!

— Ты... а как же... — Язык не слушался Линит. Она выдавила страдальчески-вежливую улыбку. — Я... тоже не ожидала увидеть тебя здесь.

— Вот как?

Жаклин отошла к другому борту. Линит стиснула руку мужа:

— Саймон... Саймон...

Дойл сразу утратил благостное умиление. Его затопил гнев. Не в силах сдержать себя, он сжал кулаки.

Они отошли чуть дальше. Оцепенелый Пуаро слышал обрывки фраз:

— ...вернуться, а как?.. а может... — И чуть громче — отчаявшийся, мрачный голос Дойла: — Мы не можем все время убегать, Лин. Надо пройти через это...

Прошло несколько часов. День угасал. Пуаро стоял в застекленном салоне и смотрел вперед. «Карнак» шел узким ущельем. Скалы свирепо караулили сильно и быстро текущую реку. Они были уже в Нубии.

Послышались шаги, и рядом возникла Линит Дойл. У нее сами собой сжимались и разжимались пальцы; такой он ее еще ни разу не видел. Перед ним был запуганный ребенок. Она сказала:

— Месье Пуаро, я боюсь — всего боюсь. Ничего подобного со мной не было прежде. Эти дикие

wild rocks and the awful grimness and starkness. Where are we going? What's going to happen? I'm afraid, I tell you. Everyone hates me. I've never felt like that before. I've always been nice to people — I've done things for them — and they hate me — lots of people hate me. Except for Simon, I'm surrounded by enemies ... It's terrible to feel — that there are people who hate you...'

'But what is all this, Madame?'

She shook her head.

'I suppose — it's nerves ... I just feel that — everything's unsafe all round me.'

She cast a quick nervous glance over his shoulder. Then she said abruptly: 'How will all this end? We're caught here. Trapped. There's no way out. We've got to go on. I—I don't know where I am.'

She slipped down on to a seat. Poirot looked down on her gravely; his glance was not untinged with compassion.

She said:

'How did she know we were coming on this boat? How could she have known?'

Poirot shook his head as he answered:

'She has brains, you know.'

'I feel as though I shall never escape from her.'

Poirot said: 'There is one plan you might have adopted. In fact I am surprised that it did not occur to you. After all, with you, Madame, money is no object. Why did you not engage in your own private dahabeeyah?'

Linnet shook her head rather helplessly.

скалы, все мрачное и голое. Куда мы плывем? Что еще будет? Мне страшно. Меня все ненавидят. Такого со мной никогда не было. Я всегда хорошо относилась к людям, выручала их, а тут меня ненавидят — просто все. Кроме Саймона, кругом одни враги... Ужасно знать, что есть люди, которые тебя ненавидят...

— Что с вами происходит, мадам?
Она пожала плечами:
— Наверное, это нервы... У меня такое чувство, что мне отовсюду угрожает опасность. — Пугливо оглянувшись через плечо, она бурно продолжала: — Чем все это кончится? Мы тут в западне. В ловушке. Отсюда некуда деться. Куда я попала?

Она соскользнула в кресло. Пуаро строго, хотя не без сочувствия, глядел на нее.

— Как она узнала, что мы плывем на этом пароходе? — сказала она. — Откуда она могла узнать?

Пуаро покачал головой в ответ:
— Она умна.
— Мне кажется, я уже никогда от нее не избавлюсь.

Пуаро сказал:
— У вас было такое средство. Вообще говоря, я удивлен, как это не пришло вам в голову. Для вас, мадам, деньги не имеют значения. Почему вы не заказали себе частный маршрут?

Линит потерянно покачала головой:

'If we'd known about all this — but you see we didn't — then. And it was difficult ...' She flashed out with sudden impatience: 'Oh! you don't understand half my difficulties. I've got to be careful with Simon ... He's — he's absurdly sensitive — about money. About my having so much! He wanted me to go to some little place in Spain with him — he — he wanted to pay all our honeymoon expenses himself. As if it *mattered*! Men are stupid! He's got to get used to — to — living comfortably. The mere idea of a dahabeeyah upset him — the — the needless expense. I've got to educate him — gradually.'

She looked up, bit her lip vexedly, as though feeling that she had been led into discussing her difficulties rather too unguardedly.

She got up.

'I must change. I'm sorry, Monsieur Poirot. I'm afraid I've been talking a lot of foolish nonsense.'

Chapter 7

Mrs Allerton, looking quiet and distinguished in her simple black lace evening gown, descended two decks to the dining room. At the door of it her son caught her up.

'Sorry, darling. I thought I was going to be late.'

'I wonder where we sit.'

The saloon was dotted with little tables. Mrs Allerton paused till the steward, who was busy seating a party of people, could attend to them.

'By the way,' she added, 'I asked little Hercule Poirot to sit at our table.'

— Если бы знать... мы тогда не знали. А потом, это трудно... — Вдруг она вспылила: — Ах, вы не знаете и половины моих трудностей. Мне надо беречь Саймона... Он, знаете, такой щепетильный насчет денег. Переживает, что у меня их много! Он хотел, чтобы я поехала с ним в какую-то испанскую деревушку и чтобы он сам оплатил наше свадебное путешествие. Как будто это имеет значение! Какие мужчины глупые. Ему надо привыкнуть жить легко. О частном маршруте он и слышать не хотел — лишние траты. Я должна постепенно воспитывать его.

Она подняла голову и досадливо прикусила губу, словно раскаиваясь в неосмотрительности, с какой пустилась обсуждать свои затруднения.

Она встала.

— Мне надо переодеться. Извините меня, месье Пуаро. Боюсь, я наговорила много глупостей.

Глава 7

В простом вечернем платье, отделанном черными кружевами, сама выдержанность и благородство, миссис Аллертон спустилась на нижнюю палубу в кают-компанию. У дверей ее нагнал сын.

— Извини, дорогая. Я уже думал: опоздал.

— Интересно, где мы сидим.

Помещение было заставлено столиками. Миссис Аллертон медлила на пороге, ожидая, когда стюард рассадит людей и займется ими.

— Кстати, — продолжала она, — я пригласила Эркюля Пуаро сесть за наш столик.

'Mother, you didn't!' Tim sounded really taken aback and annoyed.

His mother stared at him in surprise. Tim was usually so easy going.

'My dear, do you mind?'

'Yes, I do. He's an unmitigated little bounder!'

'Oh, no, Tim! I don't agree with you.'

'Anyway, what do we want to get mixed up with an outsider for? Cooped up like this on a small boat, that sort of thing is always a bore. He'll be with us morning, noon and night.'

'I'm sorry, dear.' Mrs Allerton looked distressed. 'I thought really it would amuse you. After all, he must have had a varied experience. And you love detective stories.'

Tim grunted:

'I wish you wouldn't have these bright ideas, Mother. We can't get out of it now, I suppose?'

'Really, Tim, I don't see how we can.'

'Oh, well, we shall have to put up with it, I suppose.'

The steward came to them at this minute and led them to a table. Mrs Allerton's face wore rather a puzzled expression as she followed him. Tim was usually so easy-going and good-tempered. This outburst was quite unlike him. It wasn't as though he had the ordinary Britisher's dislike — and mistrust — of foreigners. Tim was very cosmopolitan. Oh, well — she sighed. Men were incomprehensible! Even one's nearest and dearest had unsuspected reactions and feelings.

As they took their places, Hercule Poirot came quickly and silently into the dining-saloon. He paused with his hand on the back of the third chair.

— Перестань, мам! — Тим по-настоящему расстроился.

Мать удивленно глядела на него. С Тимом всегда было легко.

— Ты возражаешь?
— Да, возражаю. Проныра чертов!
— Нет, Тим, я с тобой не согласна.
— Все равно, чего ради связываться с посторонним человеком? Когда мы все вынуждены толочься на этой посудине, близкое знакомство обременительно. Мы будем неразлучны с утра до вечера.
— Прости, милый. — Миссис Аллертон была расстроена. — Я думала, тебе будет интересно. Он человек бывалый. И детективные романы ты любишь.

Тим досадливо крякнул:
— В недобрый час тебя осенило, мама. Теперь, боюсь, от него не освободиться.
— Не представляю, как это можно сделать, Тим.
— А-а, ладно, придется привыкать.

Подошел стюард и повел их к столику. Миссис Аллертон шла за ним с озадаченным выражением на лице. Тим всегда такой легкий, открытый. Подобные вспышки не в его характере. И не то чтобы он, как истый британец, не любил иностранцев и не доверял им: Тим — космополит. Ах, вздохнула она, мужчин не понять! Самые близкие, самые родные — и те способны реагировать на что-нибудь неожиданным образом.

Они уселись, когда в кают-компанию неслышно скользнул Эркюль Пуаро. Он стал около них, положив руку на спинку свободного стула.

'You really permit, Madame, that I avail myself of your kind suggestion?'

'Of course. Sit down, Monsieur Poirot.'

'You are most amiable.'

She was uneasily conscious that as he seated himself he shot a swift glance at Tim, and that Tim had not quite succeeded in masking a somewhat sullen expression.

Mrs Allerton set herself to produce a pleasant atmosphere. As they drank their soup, she picked up the passenger list which had been placed beside her plate.

'Let's try and identify everybody,' she suggested cheerfully. 'I always think that's rather fun.' She began reading. 'Mrs Allerton, Mr T. Allerton. That's easy enough! Miss de Bellefort. They've put her at the same table as the Otterbournes, I see. I wonder what she and Rosalie will make of each other. Who comes next? Dr Bessner. Dr Bessner? Who can identify Dr Bessner?' She bent her glance on a table at which four men sat together. 'I think he must be the fat one with the closely shaved head and the moustache. A German, I should imagine. He seems to be enjoying his soup very much.' Certain succulent noises floated across to them.

Mrs Allerton continued:

'Miss Bowers? Can we make a guess at Miss Bowers? There are three or four women — no, we'll leave her for the present. Mr and Mrs Doyle. Yes, indeed, the lions of this trip. She really is very beautiful, and what a perfectly lovely frock she is wearing.'

Tim turned round in his chair. Linnet and her husband and Andrew Pennington had been given a

— Так вы позволите, мадам, воспользоваться вашим любезным предложением?

— Конечно. Присаживайтесь, месье Пуаро.

— Вы очень любезны.

Она с чувством неловкости отметила, что, садясь, он быстро взглянул на Тима, а тот даже не удосужился согнать с лица угрюмость.

Миссис Аллертон решила разрядить атмосферу. После супа она взяла список пассажиров, лежавший рядом с ее прибором.

— Может, поотгадываем фамилии? — весело предложила она. — Обожаю это занятие. — И она стала читать: — Миссис Аллертон, мистер Т. Аллертон. Ну, это просто. Мисс де Бельфор. Я вижу, ее посадили за один столик с Оттерборнами. Интересно, как она поладит с Розали. Кто тут дальше? Доктор Бесснер. Есть желающие опознать доктора Бесснера? — Она скосила глаза на столик с четырьмя мужчинами. — Мне кажется, это тот толстяк с гладко выбритой головой и усами. Немец, должно быть. Как же он уплетает свой суп! — Аппетитное чавканье доносилось оттуда.

Миссис Аллертон продолжала:

— Мисс Бауэрз. Можем мы определить, кто это? Женщины у нас наперечет. Ладно, пока отложим мисс Бауэрз. Мистер и миссис Дойл. Ну, это наши герои дня. Какая она все-таки красавица, и платье какое чудесное!

Тим крутанулся на стуле. Линит с мужем и Эндрю Пеннингтоном сидели за угловым столиком.

table in the corner. Linnet was wearing a white dress and pearls.

'It looks frightfully simple to me,' said Tim. 'Just a length of stuff with a kind of cord round the middle.'

'Yes, darling,' said his mother. 'A very nice manly description of an eighty-guinea model.'

'I can't think why women pay so much for their clothes,' Tim said. 'It seems absurd to me.'

Mrs Allerton proceeded with her study of her fellow passengers.

'Mr Fanthorp must be the intensely quiet young man who never speaks, at the same table as the German. Rather a nice face, cautious but intelligent.'

Poirot agreed.

'He is intelligent — yes. He does not talk, but he listens very attentively and he also watches. Yes, he makes good use of his eyes Not quite the type you would expect to find travelling for pleasure in this part of the world. I wonder what he is doing here.'

'Mr Ferguson,' read Mrs Allerton. 'I feel that Ferguson must be our anti-capitalist friend. Mrs Otterbourne, Miss Otterbourne. We know all about them. Mr Pennington? Alias Uncle Andrew. He's a good-looking man, I think—'

'Now, Mother,' said Tim.

'I think he's very good-looking in a dry sort of way,' said Mrs Allerton. 'Rather a ruthless jaw. Probably the kind of man one reads about in the pa-

Линит была в белом платье, на шее нитка жемчуга.

— Решительно не нахожу ничего особенного, — сказал Тим. — Кусок ткани, перехваченный в талии чем-то вроде шнурка.

— Браво, дорогой, — сказала мать. — Ты прекрасно выразил мужской взгляд на модель стоимостью восемьдесят гиней.

— Не представляю, зачем женщины так тратятся на тряпки, — сказал Тим. — Глупость, по-моему.

Миссис Аллертон между тем продолжала перебирать попутчиков:

— Мистер Фанторп, очевидно, из четверки за тем столом. Тихоня и молчун. Довольно приятное лицо, внимательное, умное.

Пуаро согласился с ней:

— Он умный — это так. Он помалкивает, зато очень внимательно слушает и приглядывается. О да, он умеет смотреть. Странно встретить такого субъекта в увеселительной поездке на край света. Интересно, что он здесь делает.

— Мистер Фергюсон, — продолжала читать миссис Аллертон. — Сдается мне, это наш друг — антикапиталист. Миссис Оттерборн, мисс Оттерборн — этих мы уже хорошо знаем. Мистер Пеннингтон, иначе — дядюшка Эндрю. Интересный мужчина, по-моему...

— Возьми себя в руки, мам, — сказал Тим.

— С виду суховат, но очень, по-моему, интересный, — настаивала миссис Аллертон. — Какой волевой подбородок. О таких вот, наверное,

per, who operates on Wall Street — or is it *in* Wall Street? I'm sure he must be extremely rich. Next — Monsieur Hercule Poirot — whose talents are really being wasted. Can't you get up a crime for Monsieur Poirot, Tim?'

But her well-meant banter only seemed to annoy her son anew. He scowled and Mrs Allerton hurried on.

'Mr Richetti. Our Italian archaeological friend. Then Miss Robson and last of all Miss Van Schuyler. The last's easy. The very ugly old American lady who obviously feels herself the queen of the boat and who is clearly going to be very exclusive and speak to nobody who doesn't come up to the most exacting standards! She's rather marvellous, isn't she, really? A kind of period piece. The two women with her must be Miss Bowers and Miss Robson — perhaps a secretary, the thin one with pince-nez, and a poor relation, the rather pathetic young woman who is obviously enjoying herself in spite of being treated like a slave. I think Robson's the secretary woman and Bowers is the poor relation.'

'Wrong, Mother,' said Tim, grinning. He had suddenly recovered his good humour.

'How do you know?'

'Because I was in the lounge before dinner and the old bean said to the companion woman: "Where's Miss Bowers? Fetch her at once, Cornelia." And away trotted Cornelia like an obedient dog.'

'I shall have to talk to Miss Van Schuyler,' mused Mrs Allerton.

мы читаем в газетах — как они орудуют у себя на Уолл-стрит. Убеждена, что он сказочно богат. Следующий — месье Эркюль Пуаро, чьи таланты остаются невостребованными. Тим, ты не взялся бы организовать какое-нибудь преступление для месье Пуаро?

Однако эта безобидная шутка пришлась не по вкусу ее сыну. Он зло глянул на нее, и она зачастила дальше:

— Мистер Рикетти. Наш друг — археолог, итальянец. И последними идут мисс Робсон и мисс Ван Шуйлер. Насчет второй все просто. Это жуткая старуха американка, которая считает себя здесь главной и намерена сохранять неприступность, удостаивая беседы лишь тех, кто удовлетворяет самым строгим критериям. В своем роде она чудо — правда? Памятник эпохи. А две женщины с ней — это наверняка мисс Бауэрз и мисс Робсон: худенькая, в пенсне, — наверное, секретарь, а трогательная молодая женщина, что всем довольна, хотя ее гоняют, как черную рабыню, — какая-нибудь бедная родственница. Я думаю, Робсон — секретарь, а Бауэрз — бедная родственница.

— Ошибаешься, мама, — ухмыльнулся Тим. К нему вернулось хорошее настроение.

— Из чего ты это заключил?

— Я зашел в гостиную перед обедом, а там бабуся говорит компаньонке: «Где мисс Бауэрз? Сбегай за ней, Корнелия». И потрусила Корнелия, как послушная собачонка.

— Интересно будет поговорить с мисс Ван Шуйлер, — раздумчиво сказала миссис Аллертон.

Tim grinned again.

'She'll snub you, Mother.'

'Not at all. I shall pave the way by sitting near her and conversing in low (but penetrating) well-bred tones about any titled relations and friends I can remember. I think a casual mention of your second cousin once removed, the Duke of Glasgow, would probably do the trick.'

'How unscrupulous you are, Mother!'

Events after dinner were not without their amusing side to a student of human nature.

The socialistic young man (who turned out to be Mr Ferguson as deduced) retired to the smoking room, scorning the assemblage of passengers in the observation saloon on the top deck.

Miss Van Schuyler duly secured the best and most undraughty position there by advancing firmly on a table at which Mrs Otterbourne was sitting and saying:

'You'll excuse me, I am sure, but I *think* my knitting was left here!'

Fixed by a hypnotic eye, the turban rose and gave ground. Miss Van Schuyler established herself and her suite. Mrs Otterbourne sat down nearby and hazarded various remarks, which were met with such chilling politeness that she soon gave up. Miss Van Schuyler then sat in glorious isolation. The Doyles sat with the Allertons. Dr Bessner retained the quiet Mr Fanthorp as a companion. Jacqueline de Bellefort sat by herself with a book. Rosalie Otterbourne

Тим снова ухмыльнулся:

— Мам, она тебя поставит на место.

— Отнюдь нет. Для начала я подсяду к ней и негромко, но уверенно заведу разговор о титулованных родственниках и друзьях, каких смогу вспомнить. Я думаю, что, назвав как бы между прочим твоего троюродного племянника, герцога Глазго, я скорее всего добьюсь своего.

— Мама, где твои принципы?

В том, что произошло после обеда, исследователь человеческой природы нашел бы для себя кое-что забавное.

Просоциалистически настроенный молодой человек (он действительно оказался мистером Фергюсоном), гнушаясь обществом, повалившим в обзорный салон на верхней палубе, удалился в курительную.

Мисс Ван Шуйлер, как и полагается, обеспечила себе лучшее, подальше от сквозняков, местечко, прямо направившись к столику, за которым сидела миссис Оттерборн.

— Прошу прощения, — сказала она ей, — *мне кажется*, я оставляла здесь свое вязанье.

Под ее сверлящим взглядом тюрбан встал и ретировался. Мисс Ван Шуйлер расположилась за столиком вместе со своей свитой. Миссис Оттерборн отсела недалеко и рискнула о чем-то завести речь, но ее выслушали с такой ледяной вежливостью, что она скоро замолкла. И в дальнейшем мисс Ван Шуйлер пребывала в блистательном одиночестве. Супруги Дойл сидели с Аллертонами. Доктор Бесснер не отлипал от тишайшего ми-

was restless. Mrs Allerton spoke to her once or twice and tried to draw her into their group, but the girl responded ungraciously.

M. Hercule Poirot spent his evening listening to an account of Mrs Otterbourne's mission as a writer.

On his way to his cabin that night he encountered Jacqueline de Bellefort. She was leaning over the rail and as she turned her head he was struck by the look of acute misery on her face. There was now no insouciance, no malicious defiance, no dark flaming triumph.

'Good night, Mademoiselle.'

'Good night, Monsieur Poirot.' She hesitated, then said: 'You were surprised to find me here?'

'I was not so much surprised as sorry — very sorry ...' He spoke gravely.

'You mean sorry — for *me*?'

'That is what I meant. You have chosen, Mademoiselle, the dangerous course ... As we here in this boat have embarked on a journey, so you too have embarked on your own private journey — a journey on a swiftmoving river, between dangerous rocks, and heading for who knows what currents of disaster ...'

'Why do you say this?'

'Because it is true ... You have cut the bonds that moored you to safety. I doubt now if you could turn back if you would.'

She said very slowly: 'That is true...' Then she flung her head back. 'Ah, well — one must follow one's star — wherever it leads.'

стера Фанторпа. Жаклин де Бельфор села в сторонке от всех с книгой. Розали Оттерборн о чем-то тревожилась. Миссис Аллертон заговорила с ней раз-другой, пытаясь подключить ее к своей компании, но та повела себя невежливо.

Месье Эркюль Пуаро весь вечер слушал писательские байки миссис Оттерборн.

Поздно уже, возвращаясь к себе в каюту, он увидел облокотившуюся на перила Жаклин де Бельфор. Когда она повернулась в его сторону, его поразило страдальческое выражение ее лица. Деланое безразличие, злой вызов, мрачное торжество — куда все девалось?

— Добрый вечер, мадемуазель.
— Добрый вечер, месье Пуаро. — Она помедлила и спросила: — Вы удивились, что я оказалась здесь?
— Не столько удивился, сколько пожалел... очень пожалел... — Голос у него был печальный.
— Обо мне пожалели?
— Именно так. Вы ступили на опасную дорожку, мадемуазель... Мы вот просто путешествуем на этом пароходе, а вы пустились в собственное плавание по стремительной порожистой реке навстречу гибельной пучине...

— Почему вы так говорите?
— Потому что знаю. Вы порвали сдерживавшие вас спасительные узы. Пожелай вы пойти на попятный, вам это уже едва ли удастся сделать.
— Так оно и есть, — медленно выговорила она. Она откинула голову назад. — Ну и пусть! Нужно идти за своей звездой, а уж она куда-нибудь выведет.

'Beware, Mademoiselle, that it is not a false star...'

She laughed and mimicked the parrot cry of the donkey boys:

'That very bad star, sir! That star fall down ...'

He was just dropping off to sleep when the murmur of voices awoke him. It was Simon Doyle's voice he heard, repeating the same words he had used when the steamer left Shellal.

'We've got to go through with it now ...'

'Yes,' thought Hercule Poirot to himself, 'we have got to go through with it now ...'

He was not happy.

Chapter 8

The steamer arrived early next morning at Ez-Zebua. Cornelia Robson, her face beaming, a large flapping hat on her head, was one of the first to hurry on shore. Cornelia was not good at snubbing people. She was of an amiable disposition and disposed to like all her fellow creatures. The sight of Hercule Poirot, in a white suit, pink shirt, large black bow tie and a white topee, did not make her wince as the aristocratic Miss Van Schuyler would assuredly have winced. As they walked together up an avenue of sphinxes, she responded readily to his conventional opening,

'Your companions are not coming ashore to view the temple?'

'Well, you see, Cousin Marie — that's Miss Van Schuyler — never gets up very early. She has to be

— Смотрите, мадемуазель, как бы эта звезда не оказалась ложной...

Она захохотала и, дурачась, скрипуче выкрикнула голосом попугая, бессменного спутника мальчика с осликом:

— Та очень плохая звезда, сэр! Та звезда упала...

Он уже засыпал, когда его разбудили неясные голоса. Он узнал голос Саймона Дойла, повторившего те самые слова, что он сказал, когда пароход уходил из Шелала:

— Надо пройти через это...

«Да, — думал про себя Эркюль Пуаро, — надо через это пройти».

На душе у него было скверно.

Глава 8

Рано утром пароход пришел в Эз-Зебуа. С сияющим лицом, в шляпе с трепещущими широкими полями, одной из первых на берег устремилась Корнелия Робсон. Пренебрегать людьми было не в характере Корнелии. У нее было открытое, любящее сердце. В отличие от аристократки мисс Ван Шуйлер, ее не шокировал внешний вид Эркюля Пуаро: белый костюм, розовая сорочка, черный галстук-бабочка и белый тропический шлем. На проспекте, обставленном сфинксами, она охотно поддержала светский разговор.

— Ваши спутницы не сойдут с парохода посмотреть храм?

— Понимаете, кузина Мари — это мисс Ван Шуйлер — не встает так рано. Ей надо очень, очень

very, very careful of her health. And of course she wanted Miss Bowers, that's her hospital nurse, to do things for her. And she said, too, that this isn't one of the best temples — but she was frightfully kind and said it would be quite all right for me to come.'

'That was very gracious of her,' said Poirot dryly.

The ingenuous Cornelia agreed unsuspectingly.

'Oh, she's very kind. It's simply wonderful of her to bring me on this trip. I do feel I'm a lucky girl. I just could hardly believe it when she suggested to Mother that I should come too.'

'And you have enjoyed it — yes?'

'Oh, it's been wonderful. I've seen Italy — Venice and Padua and Pisa — and then Cairo — only Cousin Marie wasn't very well in Cairo, so I couldn't get around much, and now this wonderful trip up to Wadi Halfa and back.'

Poirot said, smiling:

'You have the happy nature, Mademoiselle.'

He looked thoughtfully from her to the silent, frowning Rosalie, who was walking ahead by herself.

'She's very nice looking, isn't she?' said Cornelia, following his glance. 'Only kind of scornful looking. She's very English, of course. She's not as lovely as Mrs Doyle. I think Mrs Doyle's the loveliest, the most elegant woman I've ever seen! And her husband just worships the ground she walks on, doesn't he? I think that greyhaired lady is kind of distinguished looking, don't you? She's a cousin of a duke, I believe. She was talking about him right

следить за своим здоровьем. А для этого надо, чтобы рядом была мисс Бауэрз — это ее сиделка. Потом, она говорит, этот храм не из самых лучших, но она страшно добрая, сказала, что я могу пойти и посмотреть.

— Очень мило с ее стороны, — сухо заметил Пуаро.

Бесхитростная Корнелия доверчиво согласилась с ним.

— Да, она очень добрая. Это просто замечательно, что она взяла меня с собой в это путешествие. Я такая везучая! Я ушам своим не поверила, когда она предложила маме отпустить меня с ней.

— И поездка вам нравится — да?

— Она чудесная! Я видела Италию — Венецию, Падую, Пизу — и еще Каир, хотя в Каире кузина Мари занемогла и я мало что видела, а теперь это чудесное плавание в Вади-Хальф и обратно.

Улыбнувшись, Пуаро сказал:

— У вас счастливый характер, мадемуазель.

Он задумчиво перевел взгляд на молчаливую, хмурую Розали, одиноко шедшую чуть впереди них.

— Она прелестная, правда? — сказала Корнелия, перехватив его взгляд. — Только смотрит на всех как-то презрительно. Она, конечно, очень англичанка. Но миссис Дойл красивее. Другой такой красивой и элегантной женщины я просто не встречала. Ее муж боготворит землю, по которой она ступает, правда? А ваша седовласая знакомая — какая важная дама! У нее в родне, я знаю, есть герцог. Она говорила о нем вчера вечером,

near us last night. But she isn't actually titled herself, is she?'

She prattled on until the dragoman in charge called a halt and began to intone:

'This temple was dedicated to Egyptian God Amon and the Sun God Re-Harakhte — whose symbol was hawk's head ...'

It droned on. Dr Bessner, Baedeker in hand, mumbled to himself in German. He preferred the written word.

Tim Allerton had not joined the party. His mother was breaking the ice with the reserved Mr Fanthorp. Andrew Pennington, his arm through Linnet Doyle's, was listening attentively, seemingly most interested in the measurements as recited by the guide.

'Sixty-five feet high, is that so? Looks a little less to me. Great fellow, this Rameses. An Egyptian live wire.'

'A big business man, Uncle Andrew.'

Andrew Pennington looked at her appreciatively.

'You look fine this morning, Linnet. I've been a mite worried about you lately. You've looked kind of peaky.'

а мы рядом сидели. Но у нее самой титула нет — да?

Ее заставила умолкнуть скороговорка нанятого драгомана[1], велевшего всем остановиться:

— Этот храм был посвящен египетскому богу Амону и богу солнца Ра-Гарахути, чьим символом была голова сокола...

Он говорил как заведенный. Доктор Бесснер, глядя в бедекер[2], бормотал под нос по-немецки. Он предпочитал печатное слово.

Тим Аллертон не пошел с группой, зато его матушка пыталась разговорить замкнутого мистера Фанторпа. Эндрю Пеннингтон, держа под руку Линит Дойл, слушал внимательно, проявляя сугубый интерес к цифрам, которые называл гид.

— Он говорит, шестьдесят пять футов в высоту? По-моему, меньше. А молодчага этот Рамзес![3] Хваткий, хоть и египтянин.

— Большого размаха бизнесмен, дядя Эндрю.

Эндрю Пеннингтон одобрительно скосился на нее:

— Ты сегодня прекрасно выглядишь, Линит. А то я было забеспокоился: совсем с лица спала.

---

[1] Драгоман — переводчик при европейском посольском или консульском представительстве, преимущественно в странах Востока.

[2] Бедекер — название широко распространенных путеводителей.

[3] Рамзес II — египетский фараон в 1290—1224 годах до н.э. Его правление отличалось многочисленными войнами; он восстановил власть Египта в Палестине, вел большое храмовое строительство.

Chatting together, the party returned to the boat. Once more the *Karnak* glided up the river. The scenery was less stern now. There were palms, cultivation.

It was as though the change in the scenery had relieved some secret oppression that had brooded over the passengers. Tim Allerton had got over his fit of moodiness. Rosalie looked less sulky. Linnet seemed almost light hearted.

Pennington said to her: 'It's tactless to talk business to a bride on her honeymoon, but there are just one or two things—'

'Why, of course, Uncle Andrew.' Linnet at once became businesslike. 'My marriage has made a difference, of course.'

'That's just it. Some time or other I want your signature to several documents.'

'Why not now?'

Andrew Pennington glanced round. Their corner of the observation saloon was quite untenanted. Most of the people were outside on the deck space between the observation saloon and the cabin. The only occupants of the saloon were Mr Ferguson — who was drinking beer at a small table in the middle, his legs encased in their dirty flannel trousers stuck out in front of him, whilst he whistled to himself in the intervals of drinking — M. Hercule Poirot, who was sitting before him, and Miss Van Schuyler, who was sitting in a corner reading a book on Egypt.

'That's fine,' said Andrew Pennington. He left the saloon.

Linnet and Simon smiled at each other — a slow smile that took a few minutes to come to full fruition.

Обмениваясь впечатлениями, группа вернулась на пароход. Снова «Карнак» плавно двинулся вверх по реке. Смягчился и пейзаж: появились пальмы, возделанные поля.

И, словно откликаясь на эти внешние перемены, какая-то тайная подавленность отпустила пассажиров. Тим Аллертон преодолел свою меланхолию. Немного встряхнулась Розали. Повеселела Линит.

— Бестактно говорить с новобрачной о делах, — говорил ей Пеннингтон, — но есть пара моментов...

— Разумеется, дядя Эндрю. — Линит мгновенно приняла деловой вид. — Мой брак принес кое-какие перемены.

— Вот именно. Я выберу время, и ты подпишешь несколько бумаг.

— А почему не сейчас?

Эндрю Пеннингтон огляделся. Поблизости никого не было. Пассажиры в основном сгрудились на палубе, между салоном и каютами. А в салоне остались мистер Фергюсон — этот, насвистывая, потягивал пиво за центральным столиком, выставив напоказ ноги в грязных фланелевых брюках; месье Эркюль Пуаро, прильнувший к стеклу, созерцая движущуюся панораму; и мисс Ван Шуйлер, сидевшая в дальнем углу с книгой о Египте.

— Прекрасно, — сказал Пеннингтон и вышел из салона.

Линит и Саймон улыбнулись друг другу долгой, добрую минуту расцветавшей улыбкой.

He said: 'All right, sweet?'

'Yes, still all right ... Funny how I'm not rattled any more.'

Simon said with deep conviction in his tone: 'You're marvellous.'

Pennington came back. He brought with him a sheaf of closely written documents.

'Mercy!' cried Linnet. 'Have I got to sign all these?'

Andrew Pennington was apologetic.

'It's tough on you, I know. But I'd just like to get your affairs put in proper shape. First of all there's the lease of the Fifth Avenue property ... then there are the Western Land Concessions ...'

He talked on, rustling and sorting the papers. Simon yawned.

The door to the deck swung open and Mr Fanthorp came in. He gazed aimlessly round, then strolled forward and stood by Poirot looking out at the pale blue water and the yellow enveloping sands...

'—you sign just there,' concluded Pennington, spreading a paper before Linnet and indicating a space.

Linnet picked up the document and glanced through it. She turned back once to the first page, then, taking up the fountain pen Pennington had laid beside her, she signed her name *Linnet Doyle*...

Pennington took away the paper and spread out another. Fanthorp wandered over in their direction. He peered out through the side window at something that seemed to interest him on the bank they were passing.

— Тебе хорошо, милая? — спросил он.
— Да, несмотря ни на что... Забавно, что я ничего не боюсь.
— Ты — чудо, — убежденно сказал Саймон.

Вернулся Пеннингтон. В руках у него была пачка густо исписанных бумаг.
— Боже милосердный! — воскликнула Линит. — И все это я должна подписать?
Лицо Пеннингтона приняло виноватое выражение.
— Я понимаю, какая это морока, но хорошо бы навести порядок в делах. Во-первых, аренда участка на Пятой авеню... потом концессии на Западе...

Он долго говорил, шелестя бумагами. Саймон зевнул.
С палубы в салон вошел мистер Фанторп. Незаинтересованно оглядевшись, он прошел вперед, к Пуаро, и также уставился на бледно-голубую воду и желтые пески по обе стороны.
— Вот тут подпиши, — заключил Пеннингтон, положив на стол документ и показав где.
Линит взяла бумаги, пробежала глазами страницу, другую, вернулась к началу, взяла авторучку, подсунутую Пеннингтоном, и подписалась: Линит Дойл.
Пеннингтон забрал документ и выложил следующий. Что-то на берегу заинтересовало Фанторпа, и, желая разглядеть получше, он перешел в их угол.

'That's just the transfer,' said Pennington. 'You needn't read it.'

But Linnet took a brief glance through it. Pennington laid down a third paper. Again Linnet perused it carefully.

'They're all quite straightforward,' said Andrew. 'Nothing of interest. Only legal phraseology.'

Simon yawned again.

'My dear girl, you're not going to read the whole lot through, are you? You'll be at it till lunch time and longer.'

'I always read everything through,' said Linnet. 'Father taught me to do that. He said there might be some clerical error.'

Pennington laughed rather harshly.

'You're a grand woman of business, Linnet.'

'She's much more conscientious than I'd be,' said Simon, laughing. 'I've never read a legal document in my life. I sign where they tell me to sign on the dotted line — and that's that.'

'That's frightfully slipshod,' said Linnet disapprovingly.

'I've no business head,' said Simon cheerfully. 'Never had. A fellow tells me to sign — I sign. It's much the simplest way.'

Andrew Pennington was looking at him thoughtfully. He said dryly, stroking his upper lip,

'A little risky sometimes, Doyle?'

— Это трансферт[1], — сказал Пеннингтон, — можешь не читать.

Линит тем не менее заглянула в бумагу. Пеннингтон выложил очередную, и ее Линит внимательно прочла.

— Дела-то все простейшие, — сказал Пеннингтон. — Ничего особенного. Только изложены юридическим языком.

Саймон снова зевнул:

— Дорогая, ты что, собираешься читать всю эту пачку? Эдак ты провозишься до ленча, если не дольше.

— Я всегда все читаю, — сказала Линит. — Меня так учил папа. Он говорил: а вдруг там опечатка?

Пеннингтон неприятно рассмеялся:

— Ты страх какая деловая женщина, Линит.

— Мне никогда не стать таким сознательным, — рассмеялся в ответ Саймон. — Я просто не могу читать деловые бумаги. Мне говорят: подпиши где прочерк — и я подписываю.

— Страшная безответственность, — неодобрительно заметила Линит.

— Непрактичный я человек, — беспечно объявил Саймон. — И всегда такой был. Мне кто скажет: надо подписать — я и подписываю. Чего проще!

Задумчиво смотревший на него Пеннингтон помял верхнюю губу и суховато спросил:

— А не рискованно это, Дойл?

---

[1] Т р а н с ф е р т — передача права владения ценными бумагами одним лицом другому.

'Nonsense,' replied Simon. 'I'm not one of those people who believe the whole world is out to do one down. I'm a trusting kind of fellow — and it pays, you know. I've hardly ever been let down.'

Suddenly, to everyone's surprise, the silent Mr Fanthorp swung around and addressed Linnet.

'I hope I'm not butting in, but you must let me say how much I admire your businesslike capacity. In my profession — er — I am a lawyer — I find ladies sadly unbusinesslike. Never to sign a document unless you read it through is admirable — altogether admirable.'

He gave a little bow. Then, rather red in the face, he turned once more to contemplate the banks of the Nile.

Linnet said rather uncertainly, 'Er — thank you ...' She bit her lip to repress a giggle. The young man had looked so preternaturally solemn. Andrew Pennington looked seriously annoyed. Simon Doyle looked uncertain whether to be annoyed or amused.

The backs of Mr Fanthorp's ears were bright crimson.

'Next, please,' said Linnet, smiling up at Pennington.

But Pennington looked decidedly ruffled.

'I think perhaps some other time would be better,' he said stiffly. 'As — er — Doyle says, if you have to read through all these we shall be here till lunch time. We mustn't miss enjoying the scenery.

— Чепуха, — отвечал Саймон. — Я не из тех, кто думает, что весь мир собирается обхитрить их. Я доверчивый человек — и это окупается. Со мной еще никто не хитрил.

Тут, к всеобщему удивлению, к ним обернулся молчавший доселе мистер Фанторп и сказал Линит следующие слова:

— Простите мою бесцеремонность, но я не могу не выразить восхищение вашими деловыми качествами. По роду занятий я адвокат — мне приходится с грустью убеждаться, до какой степени непрактичны дамы. Не ставить подпись на незнакомом документе — это замечательно, просто замечательно!

Он уважительно склонил голову. Потом, зардевшись, отвернулся и снова устремил взгляд на нильский берег.

— М-м... благодарю вас, — растерянно проговорила Линит и прикусила губу, сдерживая смех. Молодой человек произвел необыкновенно глубокое впечатление: Эндрю Пеннингтон по-настоящему встревожился. А Саймон Дойл — тот не знал, тревожиться ему или смеяться.

У молодого же человека огненно пылали уши.

— Пошли дальше, — с улыбкой сказала Линит Пеннингтону.

А у того вдруг пропала охота продолжать.

— Отложим до другого раза, — решил он. — Дойл прав: если ты будешь читать все подряд, мы тут застрянем до ленча. И ничего не увидим вдобавок. Первые две бумаги — там действитель-

Anyway those first two papers were the only urgent ones. We'll settle down to business later.'

Linnet said: 'It's frightfully hot in here. Let's go outside.'

The three of them passed through the swing door. Hercule Poirot turned his head. His gaze rested thoughtfully on Mr Fanthorp's back; then it shifted to the lounging figure of Mr Ferguson, who had his head thrown back and was still whistling softly to himself.

Finally Poirot looked over at the upright figure of Miss Van Schuyler in her corner. Miss Van Schuyler was glaring at Mr Ferguson.

The swing door on the port side opened and Cornelia Robson hurried in.

'You've been a long time,' snapped the old lady. 'Where've you been?'

'I'm so sorry, Cousin Marie. The wool wasn't where you said it was. It was in another case altogther—'

'My dear child, you are perfectly hopeless at finding anything! You are willing, I know, my dear, but you must try to be a little cleverer and quicker. It only needs *concentration*.'

'I'm so sorry, Cousin Marie. I'm afraid I am very stupid.'

'Nobody need be stupid if they *try*, my dear. I have brought you on this trip, and I expect a little attention in return.'

Cornelia flushed.

'I'm very sorry, Cousin Marie.'

но горящие дела. Так что поработаем как-нибудь потом.

— Здесь страшно жарко, — сказала Линит. — Давайте выйдем.

Все трое вышли на палубу. Повернувшись, Эркюль Пуаро задумчиво оглядел со спины мистера Фанторпа, потом перевел взгляд на раскинувшегося в кресле мистера Фергюсона: тот, запрокинув голову, что-то тихо насвистывал.

Последней он зацепил взглядом мисс Ван Шуйлер, старательно прямившую спину в своем углу. Сама же мисс Ван Шуйлер испепеляла взглядом мистера Фергюсона.

С левого борта, толкнув дверь, стремительно вошла Корнелия Робсон.

— Ты очень задержалась, — накинулась на нее старуха. — Где ты пропадала?

— Извините меня, кузина Мари. Я не нашла шерсть, где вы сказали. Она была совсем в другой коробке...

— Тебя ни за чем нельзя посылать, моя дорогая. Я понимаю — ты не нарочно, но надо же хоть немного соображать и не копаться. А для этого надо сосредоточиться.

— Извините меня, кузина Мари, наверное, я просто глупая.

— Глупость — это когда не стараешься, моя дорогая. Я взяла тебя в эту поездку и рассчитываю на твою отзывчивость.

Корнелия залилась краской:
— Извините меня, кузина Мари.

'And where is Miss Bowers? It was time for my drops ten minutes ago. Please go and find her at once. The doctor said it was most important—'

But at this stage Miss Bowers entered, carrying a small medicine glass.

'Your drops, Miss Van Schuyler.'

'I should have had them at eleven,' snapped the old lady. 'If there's one thing I detest it's unpunctuality.'

'Quite,' said Miss Bowers. She glanced at her wristwatch. 'It's exactly half a minute to eleven.'

'By my watch it's ten past.'

'I think you'll find my watch is right. It's a perfect timekeeper. It never loses or gains.' Miss Bowers was quite imperturbable.

Miss Van Schuyler swallowed the contents of the medicine glass.

'I feel definitely worse,' she snapped.

'I'm sorry to hear that, Miss Van Schuyler.'

Miss Bowers did not sound sorry. She sounded completely uninterested. She was obviously making the correct reply mechanically.

'It's too hot in here,' snapped Miss Van Schuyler. 'Find me a chair on the deck, Miss Bowers. Cornelia, bring my knitting. Don't be clumsy or drop it. And then I shall want you to wind some wool.'

— И где, наконец, мисс Бауэрз? Уже десять минут, как я должна была принять капли. Будь любезна отыскать ее. Доктор особенно настаивал, чтобы...

В эту самую минуту в салоне появилась мисс Бауэрз с мензуркой в руке.

— Капли, мисс Ван Шуйлер.

— Я должна принимать их ровно в одиннадцать, — заскрипела старуха. — Больше всего на свете ненавижу неточность.

— И правильно делаете, — заметила мисс Бауэрз, взглянув на ручные часики. — Сейчас как раз без одной минуты одиннадцать.

— По моим часам уже десять минут двенадцатого.

— Я полагаю, вам придется поверить моим часам. Они безупречно ходят. Никогда не отстают и не спешат. — Мисс Бауэрз держалась совершенно невозмутимо.

Мисс Ван Шуйлер залпом выпила содержимое мензурки.

— Я определенно чувствую себя хуже, — сказала она раздраженно.

— Грустно это слышать, мисс Ван Шуйлер.

Никакой грусти, однако, в ее голосе не слышалось. В нем было полное безразличие. Она не задумываясь произносила полагающиеся фразы.

— Здесь очень жарко, — продолжала накручивать себя мисс Ван Шуйлер. — Найдите мне кресло на палубе, мисс Бауэрз. Корнелия, возьми вязанье. Осторожнее, уронишь! Потом смотаешь мне клубок.

The procession passed out.

Mr Ferguson sighed, stirred his legs and remarked to the world at large:

'Gosh, I'd like to scrag that dame.'

Poirot asked interestedly:

'She is a type you dislike, eh?'

'Dislike? I should say so. What good has that woman ever been to anyone or anything? She's never worked or lifted a finger. She's just battened on other people. She's a parasite — and a damned unpleasant parasite. There are a lot of people on this boat I'd say the world could do without.'

'Really?'

'Yes. That girl in here just now, signing share transfers and throwing her weight about. Hundreds and thousands of wretched workers slaving for a mere pittance to keep her in silk stockings and useless luxuries. One of the richest women in England, so someone told me — and never done a hand's turn in her life.'

'Who told you she was one of the richest women in England?'

Mr Ferguson cast a belligerent eye at him.

'A man you wouldn't be seen speaking to! A man who works with his hands and isn't ashamed of it! Not one of your dressed-up, foppish good-for-nothings.'

His eye rested unfavourably on the bow tie and pink shirt.

'Me, I work with my brains and am not ashamed of it,' said Poirot, answering the glance.

И вся эта компания удалилась.

Мистер Фергюсон вздохнул, пошевелил ногами и оповестил человечество:

— Придушить мало эту особу.

Пуаро заинтересованно спросил:

— Вам такие не нравятся, да?

— Еще как не нравятся. Кому и какой прок от этой женщины? Весь век не работала, палец о палец не ударила. Жила за чужой счет. Она — паразит, причем самого мерзкого разбора. На этом пароходе болтается много народу, без которого можно обойтись.

— В самом деле?

— Конечно. Взять хоть эту девицу, что подписывала тут бумаги и воображала себя главнее всех. Сотни тысяч бедолаг за гроши ломают спину, чтобы она разгуливала в шелковых чулках и вообще купалась в роскоши. Мне один говорил: чуть ли не самая богатая женщина в Европе; а ведь она для этого пальцем не пошевелила.

— Это кто же вам сказал, что она чуть ли не самая богатая женщина в Европе?

Мистер Фергюсон колюче взглянул на него:

— Мой собеседник не из вашей компании. Мой собеседник собственными руками зарабатывает себе на жизнь — и не стыдится этого. Не то что ваши разодетые в пух и прах бездельники.

Его взгляд неодобрительно задержался на пышной бабочке Пуаро, на его розовой сорочке.

— Что касается меня, то я зарабатываю на жизнь собственной головой — и не стыжусь этого, — ответил на его взгляд Пуаро.

Mr Ferguson merely snorted.

'Ought to be shot — the lot of them!' he asserted.

'My dear young man,' said Poirot, 'what a passion you have for violence!'

'Can you tell me of any good that can be done without it? You've got to break down and destroy before you can build up.'

'It is certainly much easier and much noisier and much more spectacular.'

'What do *you* do for a living? Nothing at all, I bet. Probably call yourself a middle man.'

'I am not a middle man. I am a top man,' said Hercule Poirot with a slight arrogance.

'What *are* you?'

'I am a detective,' said Hercule Poirot with the modest air of one who says 'I am a king.'

'Good God!' The young man seemed seriously taken aback. 'Do you mean that girl actually totes about a dumb dick? Is she as careful of her precious skin as *that*?'

'I have no connection whatever with Monsieur and Madame Doyle,' said Poirot stiffly. 'I am on a holiday.'

'Enjoying a vacation — eh?'

'And you? Is it not that you are on holiday also?'

'Holiday!' Mr Ferguson snorted. Then he added cryptically: 'I'm studying conditions.'

'Very interesting,' murmured Poirot and moved gently out on to the deck.

Мистер Фергюсон отозвался глухим рычанием.

— Расстрелять бы всю эту братию! — объявил он.

— Милый юноша, — сказал Пуаро, — откуда у вас эта страсть к насилию?

— А без насилия, скажите, что хорошего? Надо все сломать и порушить, а уж потом что-то строить.

— Так, конечно, проще, больше шума и есть на что посмотреть.

— А чем, собственно, вы занимаетесь в жизни? Готов спорить — ничем. Или тоже кому-нибудь бумаги носите подписывать.

— Ну зачем же, я — сам себе хозяин, — раздражаясь, отвечал Эркюль Пуаро.

— Так кто же вы?

— Я — детектив, — объявил Эркюль Пуаро с той скромностью, что приличествует заявлению: «Я — король».

— Боже милостивый! — Молодой человек был несказанно поражен. — То есть эта девица держит при себе еще и сыщика?! Это она так дрожит за свою драгоценную шкуру?

— Я никоим образом не связан с супругами Дойл, — отрезал Пуаро. — Я просто отдыхаю.

— Судебные каникулы, ага?
— А вы — разве вы здесь не на отдыхе?
— Отдых! — фыркнул мистер Фергюсон и загадочно пояснил: — Я изучаю обстановку.

— Очень интересно, — обронил Пуаро, легким шагом выходя на палубу.

Miss Van Schuyler was established in the best corner. Cornelia knelt in front of her, her arms outstretched with a skein of grey wool upon them. Miss Bowers was sitting very upright reading the *Saturday Evening Post*.

Poirot wandered gently onward down the starboard deck. As he passed round the stern of the boat he almost ran into a woman who turned a startled face towards him — a dark, piquant, Latin face. She was neatly dressed in black and had been standing talking to a big burly man in uniform — one of the engineers, by the look of him. There was a queer expression on both their faces — guilt and alarm. Poirot wondered what they had been talking about.

He rounded the stern and continued his walk along the port side. A cabin door opened and Mrs Otterbourne emerged and nearly fell into his arms. She was wearing a scarlet satin dressing gown.

'So sorry,' she apologized. 'Dear Mr Poirot — so very sorry. The motion — just the motion, you know. Never did have any sea legs. If the boat would only keep still ...' She clutched at his arm. 'It's the pitching I can't stand ... Never really happy at sea ... And left all alone here hour after hour. That girl of mine — no sympathy — no understanding of her poor old mother who's done everything for her ...' Mrs Otterbourne began to weep. 'Slaved for her I have — worn myself to the bone — to the bone. A *grande amoureuse* — that's what I might have been — a *grande amoureuse* — sacrificed everything — everything ... And nobody cares! But I'll tell everyone —

Мисс Ван Шуйлер перехватила себе лучшее место. Перед ней на коленях, распялив на вытянутых руках шерстяную пряжу, стояла Корнелия. Мисс Бауэрз, тщательно следя за осанкой, читала субботнюю «Ивнинг пост».

Пуаро неспешно шествовал по палубе с правого борта. На корме он едва не наткнулся на женщину, обратившую к нему перепуганное лицо — смуглое, смазливое, романского типа. На ней было ладно сидевшее черное платье, и о чем-то она беседовала с плотным, в форменной одежде мужчиной — механиком, судя по всему. Странное выражение было на их лицах — испуганное и тревожное. Любопытно, о чем они там беседуют, подумал Пуаро.

Обогнув корму, он перешел на левый борт. Вдруг распахнулась дверь каюты, выбежавшая миссис Оттерборн едва не упала ему на руки. Она была в пунцовом шелковом халате.

— Ах, извините, — вскрикнула она, — извините меня, милейший месье Пуаро. Это из-за качки. Я никудышный моряк. Когда же он встанет, этот пароход... — Она ухватила его за руку. — Совершенно не переношу качку... Море не моя стихия... И при этом часами сижу одна. Чтобы родная дочь не жалела, не понимала старуху мать, которая жизнь на нее положила... — Миссис Оттерборн залилась слезами. — Работала ради нее как каторжная... до кровавого пота. Мне, может, grand amour[1] была написана на роду, а я всем пожертво-

---

[1] Большая страсть *(фр.)*.

I'll tell them now — how she neglects me — how hard she is — making me come on this journey — bored to death ... I'll go and tell them now—'

She surged forward. Poirot gently repressed the action.

'I will send her to you, Madame. Re-enter your cabin. It is best that way—'

'No. I want to tell everyone — everyone on the boat—'

'It is too dangerous, Madame. The sea is too rough. You might be swept overboard.'

Mrs Otterbourne looked at him doubtfully.

'You think so. You really think so?'

'I do.'

He was successful. Mrs Otterbourne wavered, faltered and re-entered her cabin.

Poirot's nostrils twitched once or twice. Then he nodded and walked on to where Rosalie Otterbourne was sitting between Mrs Allerton and Tim.

'Your mother wants you, Mademoiselle.'

She had been laughing quite happily. Now her face clouded over. She shot a quick suspicious look at him and hurried along the deck.

'I can't make that child out,' said Mrs Allerton. 'She varies so. One day she's friendly — the next day, she's positively rude.'

'Thoroughly spoilt and bad-tempered,' said Tim.

Mrs Allerton shook her head.

'No. I don't think it's that. I think she's unhappy.'

вала... И никому до меня никакого дела! Но я всем скажу... прямо сейчас скажу, как она со мной обращается, какой она тяжелый человек, вытащила меня в эту поездку, когда мне все опостылело... Пойду и скажу всем...

Она попытались уйти. Пуаро мягко удержал ее:

— Я пришлю ее к вам, мадам. Вернитесь к себе. Так будет лучше...

— Нет, я хочу всем сказать... пусть все знают...

— Сейчас опасно, мадам. Море неспокойно. Вас может смыть за борт.

Миссис Оттерборн недоверчиво смотрела на него:

— Вы так думаете? Вы так думаете?

— Да.

Это решило дело. Поколебавшись, миссис Оттерборн вернулась в каюту.

У Пуаро дрогнули крылья носа. Он утвердительно кивнул своим мыслям и, пройдя дальше, увидел Розали Оттерборн — та сидела между миссис Аллертон и Тимом.

— Ваша матушка спрашивала вас, мадемуазель.

Разом оборвался ее счастливый смех. Лицо омрачилось. Бросив на него подозрительный взгляд, она спешно ушла.

— Не пойму я эту девочку, — сказала миссис Аллертон. — Ее не угадать. Сегодня она само дружелюбие, завтра — отъявленная грубиянка.

— Просто капризная злюка, — сказал Тим.

Миссис Аллертон покачала головой:

— Нет, не думаю. Мне кажется, она несчастна.

Tim shrugged his shoulders.

'Oh, well, I suppose we've all got our private troubles.' His voice sounded hard and curt.

A booming noise was heard.

'Lunch,' cried Mrs Allerton delightedly. 'I'm starving.'

That evening, Poirot noticed that Mrs Allerton was sitting talking to Miss Van Schuyler. As he passed, Mrs Allerton closed one eye and opened it again.

She was saying, 'Of course at Calfries Castle — the dear Duke—'

Cornelia, released from attendance, was out on the deck. She was listening to Dr Bessner, who was instructing her somewhat ponderously in Egyptology as culled from the pages of Baedeker. Cornelia listened with rapt attention.

Leaning over the rail Tim Allerton was saying:

'Anyhow, it's a rotten world ...'
Rosalie Otterbourne answered:
'It's unfair ... some people have everything.'

Poirot sighed. He was glad that he was no longer young.

Chapter 9

On the Monday morning various expressions of delight and appreciation were heard on the deck of the *Karnak*. The steamer was moored to the bank and a few hundred yards away, the morning sun just striking it, was a great temple carved out of the face

Тим пожал плечами:

— Да всем хватает своих неприятностей. — Он жестко это сказал, резко.

Послышался гул множества голосов.

— Ленч! — обрадованно воскликнула миссис Аллертон. — Я проголодалась.

В тот вечер, отметил Пуаро, миссис Аллертон подсела к мисс Ван Шуйлер и завела с ней беседу. Когда он проходил мимо, она подмигнула ему.

— Разумеется, — говорила она, — в Калфрисском замке... душка-герцог...

Получив передышку, на палубу вышла Корнелия. Она жадно внимала доктору Бесснеру, не без апломба просвещавшему ее в египтологии по бедекеру.

Облокотившись на поручень, Тим Аллертон говорил:

— А вообще жизнь — дрянная штука...

На это Розали Оттерборн отвечала:

— Она — несправедливая... Кому-то все достается.

Пуаро вздохнул. Как хорошо, что он не молод.

Глава 9

В понедельник утром палуба «Карнака» огласилась восторженными криками. Пароход пристал к берегу. В нескольких сотнях ярдов от них сверкал на солнце вырубленный в скале величественный храм. Из глубины веков взирали на

of the rock. Four colossal figures, hewn out of the cliff, look out eternally over the Nile and face the rising sun.

Cornelia Robson said incoherently:

'Oh, Monsieur Poirot, isn't it wonderful? I mean they're so big and peaceful — and looking at them makes one feel that one's so small — and rather like an insect — and that nothing matters very much really, does it?'

Mr Fanthorp, who was standing near by, murmured,

'Very — er — impressive.'

'Grand, isn't it?' said Simon Doyle, strolling up. He went on confidentially to Poirot: 'You know, I'm not much of a fellow for temples and sightseeing and all that, but a place like this sort of gets you, if you know what I mean. Those old Pharaohs must have been wonderful fellows.'

The other had drifted away. Simon lowered his voice.

'I'm no end glad we came on this trip. It's — well, it's cleared things up. Amazing why it should — but there it is. Linnet's got her nerve back. She says it's because she's actually *faced* the business at last.'

'I think that is very probable,' said Poirot.

'She says that when she actually saw Jackie on the boat she felt terrible — and then, suddenly, it didn't matter any more. We're both agreed that we won't try to dodge her any more. We'll just meet her on her own ground and show her that this ridiculous stunt of hers doesn't worry us a bit. It's just

Нил, приветствуя всходившее солнце, четыре каменных колосса.

Путаясь в словах, Корнелия Робсон говорила:
— Ах, месье Пуаро, разве это не изумительно? Такие великаны, а сколько в них покоя, и когда смотришь, то чувствуешь себя совсем крохотной, вроде букашки, и всерьез уже ничего не волнует, правда?

Стоявший тут же мистер Фанторп обронил:

— Очень... м-м... впечатляюще.
— Грандиозно, да? — сказал проходивший Саймон Дойл. Уже одному Пуаро он доверчиво признался: — Мне, знаете, от храмов и всяких достопримечательностей ни тепло ни холодно, но такое вот место — поймите меня правильно — кого хочешь проймет. Замечательные ребята были фараоны.

Соседи отошли. Саймон продолжал, понизив голос:
— Я безумно рад, что мы отправились в эту поездку. Все как-то встало на место. Вроде бы — с чего? — но это факт. К Линит вернулось самообладание. Она говорит — потому, что наконец занялась делом.

— Весьма возможно, — сказал Пуаро.
— Она говорит, у нее сердце оборвалось, когда она увидела Джеки на пароходе, — и вдруг это стало ей безразлично. Мы договорились больше не прятаться от Джеки. Наоборот — пусть видит, что ее дурацкое упрямство нас ни капельки не волнует. Человек не умеет себя вести — только и всего.

damned bad form — that's all. She thought she'd got us badly rattled — but now, well, we just aren't rattled any more. That ought to show her.'

'Yes,' said Poirot thoughtfully.

'So that's splendid, isn't it?'

'Oh, yes, yes.'

Linnet came along the deck. She was dressed in a soft shade of apricot linen. She was smiling. She greeted Poirot with no particular enthusiasm, just gave him a cool nod and then drew her husband away.

Poirot realized with a momentary flicker of amusement that he had not made himself popular by his critical attitude. Linnet was used to unqualified admiration of all she was or did. Hercule Poirot had sinned noticeably against this creed.

Mrs Allerton, joining him, murmured:

'What a difference in that girl! She looked worried and not very happy at Aswan. Today she looks so happy that one might almost be afraid she was fey.'

Before Poirot could respond as he meant, the party was called to order. The official dragoman took charge and the party was led ashore to visit Abu Simbel.

Poirot himself fell into step with Andrew Pennington.

'It is your first visit to Egypt — yes?' he asked.

'Why, no, I was here in 1923. That is to say, I was in Cairo. I've never been this trip up the Nile before.'

Она думала, что вконец затравила нас, но с этим покончено. Пусть сама убедится.

— Конечно, — сказал задумавшийся Пуаро.
— Замечательная идея, правда?
— Да-да.

На палубе в светло-оранжевом платье появилась Линит. Она улыбалась. Без особой радости, прохладным кивком поздоровавшись с Пуаро, она увела мужа с собой.

Пуаро позабавила мысль, что его настороженное отношение уронило его в глазах Линит. Та привыкла к тому, чтобы ее слепо обожали. Эркюль Пуаро посмел не примкнуть к свите обожателей.

Подошедшая миссис Аллертон сказала негромко:
— Ее просто не узнать! В Асуане — какая была затравленная! А сейчас вся светится от счастья, как бы не на свою голову ей это веселье.

Пуаро не успел ей ответить: группу призвали к тишине. Драгоман, главный их распорядитель, повел всех берегом к Абу-Симбел[1].

Пуаро поравнялся с Эндрю Пеннингтоном.

— Вы впервые в Египте, да? — спросил он.
— Почему же, нет — я был здесь в двадцать третьем году. То есть не здесь именно, а в Каире. Но в верховья Нила действительно еще не поднимался.

---

[1] Абу-Симбел — местность на западном берегу реки Нил, на границе Египта и Судана, где находятся два скальных храма Рамзеса II и главных древнеегипетских богов со статуями и рельефами на фасадах. В связи со строительством Асуанской плотины перенесены на плато над старым руслом реки.

'You came over on the *Carmanic*, I believe — at least so Madame Doyle was telling me.'

Pennington shot a shrewd glance in his direction.

'Why, yes, that is so,' he admitted.

'I wondered if you had happened to come across some friends of mine who were aboard — the Rushington Smiths.'

'I can't recall anyone of that name. The boat was full and we had bad weather. A lot of passengers hardly appeared, and in any case the voyage is so short one doesn't get to know who is on board and who isn't.'

'Yes, that is very true. What a pleasant surprise your running into Madame Doyle and her husband. You had no idea they were married?'

'No. Mrs Doyle had written me, but the letter was forwarded on and I only received it some days after our unexpected meeting in Cairo.'

'You have known her for many years, I understand?'

'Why, I should say I have, Monsieur Poirot. I've known Linnet Ridgeway since she was just a cute little thing so high—' He made an illustrating gesture. 'Her father and I were lifelong friends. A very remarkable man, Melhuish Ridgeway — and a very successful one.'

'His daughter comes into a considerable fortune, I understand ... Ah, *pardon* — perhaps it is not delicate what I say there.'

Andrew Pennington seemed slightly amused.

— Из Америки вы плыли на «Карманике», по-моему, — миссис Дойл мне так говорила.

Пеннингтон настороженно стрельнул глазами в его сторону.

— Да, это так, — подтвердил он.

— А вы, случайно, не встречались с моими друзьями, они тоже плыли на «Карманике», — с Вашингтоном Смитом и его супругой?

— Нет, ни с кем эта фамилия у меня не связывается. Пассажиров было множество, погода — скверная. Мало кто выходил на палубу, и потом, за такой маленький срок не успеваешь разобраться, кто там с тобой плывет.

— Да, это совершенная правда. Какой приятный сюрприз, что вы встретили мадам Дойл с мужем. Вы не знали, что они женаты?

— Не знал. Миссис Дойл мне написала, но письмо гуляло за мной следом, я получил его только в Каире, через несколько дней после нашей неожиданной встречи.

— Вы, насколько я понимаю, знаете ее много лет?

— Да уж больше некуда, месье Пуаро. Я знал Линит Риджуэй вот такой проказницей. — Он показал рукой. — Меня с ее отцом было не разлить водой. Редкий он был человек, Мелиш Риджуэй, и до чего везучий.

— Она вступает в обладание солидным состоянием, насколько я понимаю... Или, pardon, бестактно об этом говорить?

Эндрю Пеннингтон чуть повеселел:

'Oh, that's pretty common knowledge. Yes, Linnet's a wealthy woman.'

'I suppose, though, that the recent slump is bound to affect any stocks, however sound they may be?'

Pennington took a moment or two to answer. He said at last:

'That, of course, is true to a certain extent. The position is very difficult in these days.'

Poirot murmured: 'I should imagine, however, that Madame Doyle has a keen business head.'

'That is so. Yes, that is so. Linnet is a clever practical girl.'

They came to a halt. The guide proceeded to instruct them on the subject of the temple built by the great Rameses. The four colossi of Rameses himself, one pair on each side of the entrance, hewn out of the living rock, looked down on the straggling little party of tourists.

Signor Richetti, disdaining the remarks of the dragoman, was busy examining the reliefs of African and Syrian captives on the bases of the colossi on either side of the entrance.

When the party entered the temple, a sense of dimness and peace came over them. The still vividly coloured reliefs on some of the inner walls were pointed out, but the party tended to break up into groups.

Dr Bessner read sonorously in German from a Baedeker, pausing every now and then to translate for the benefit of Cornelia, who walked in a docile manner beside him. This was not to continue, however. Miss Van Schuyler, entering on the arm of the

— Да кто же об этом не знает! Конечно, Линит богатая женщина.

— Нынешний спад, я полагаю, коснется всех капиталов. Как вы считаете, выдержим? — спросил Пуаро.

Пеннингтон помедлил с ответом.

— В определенном отношении вы правы, — сказал он. — Время сейчас и впрямь трудное.

— Впрочем, мне представляется, — заметил Пуаро, — что у мадам Дойл ясная, здравая голова.

— Да, это именно так. Ума и хватки ей не занимать.

Все встали. Гид принялся толковать о храме, который воздвиг великий Рамзес. Четыре гигантские статуи фараона, высеченные в скале, — по две с каждой стороны входа, — взирали на сбившихся в кучку туристов.

Пропуская мимо ушей объяснения драгомана, синьор Рикетти приник к рельефам у подножия скульптур-близнецов, где изображались пленные нубийцы и сирийцы.

Потом все вошли в храм, и сумрачный покой объял их. Еще не погасли краски на рельефах, но группа уже не ходила гурьбой за проводником.

Доктор Бесснер, зычно огласив по-немецки кусок из бедекера, тут же переводил его прилипшей к нему Корнелии. Однако учение было недолгим. Опираясь на руку безучастной мисс Бауэрз, явилась мисс Ван Шуйлер, скомандовала: «Корне-

phlegmatic Miss Bowers, uttered a commanding, 'Cornelia, come here,' and the instruction had perforce to cease. Dr Bessner beamed after her vaguely through his thick lenses.

'A very nice maiden, that,' he announced to Poirot. 'She does not look so starved as some of these young women — no, she has the nice curves. She listens too very intelligently; it is a pleasure to instruct her.'

It fleeted across Poirot's mind that it seemed to be Cornelia's fate either to be bullied or instructed. In any case she was always the listener, never the talker.

Miss Bowers, momentarily released by the peremptory summons of Cornelia, was standing in the middle of the temple, looking about her with her cool, incurious gaze. Her reaction to the wonders of the past was succinct.

'The guide says the name of one of these gods or goddesses was Mut. Can you beat it?'

There was an inner sanctuary where sat four figures eternally presiding, stangely dignified in their dim aloofness.

Before them stood Linnet and her husband. Her arm was in his, her face lifted — a typical face of the new civilization, intelligent, curious, untouched by the past.

Simon said suddenly: 'Let's get out of here. I don't like these four fellows — especially the one in the high hat.'

лия, сюда!» — и наука прекратилась. Лучащимися за толстыми стеклами глазами доктор Бесснер потерянно глядел ей вслед.

— Прелестная девушка, очень, — объявил он Пуаро. — И не такая отощавшая, как другие. Прелестные формы, да. И слушать умеет, вникает, учить ее — одно удовольствие.

«Такая, видно, у нее судьба, — мельком подумал Пуаро, — ее либо шпыняют, либо учат — и в том и в другом случае она только слушатель, а не собеседник».

Востребованная Корнелия тут же сменила мисс Бауэрз, и та, став в самом центре храма, с холодным равнодушием огляделась. Она сдержанно высказалась о чудесах древности:

— Гид сказал, что кого-то из этих богов — или богиню? — звали Мут[1]. Можете себе представить?

В святилище несли вечную стражу четыре сидящие фигуры, дивно величавые, холодно-равнодушные.

Перед ними стояли Дойлы. Держа мужа за руку, Линит смотрела на них глазами новой цивилизации — глазами умными, пытливыми и не помнящими родства.

— Пойдем отсюда. Мне не нравятся эти ребята — особенно тот, в высокой шапке, — сказал вдруг Саймон.

---

[1] М у т — в египетской мифологии богиня неба, жена бога Амона. Изображалась в виде женщины.

'That's Amon, I suppose. And that one is Rameses. Why don't you like them? I think they're very impressive.'

'They're a damned sight too impressive — there's something uncanny about them. Come out into the sunlight.'

Linnet laughed, but yielded.

They came out of the temple into the sunshine with the sand yellow and warm about their feet. Linnet began to laugh. At their feet in a row, presenting a momentarily gruesome appearance as though sawn from their bodies, were the heads of half a dozen boys. The eyes rolled, the heads moved rhythmically from side to side, the lips chanted a new invocation:

'Hip, hip *hurray*! Hip, hip *hurray*! Very good, very nice. Thank you very much.'

'How absurd! How do they do it? Are they really buried very deep?'

Simon produced some small change.

'Very good, very nice, very expensive,' he mimicked.

Two small boys in charge of the 'show' picked up the coins neatly.

Linnet and Simon passed on. They had no wish to return to the boat, and they were weary of sightseeing. They settled themselves with their backs to the cliff and let the warm sun bake them through.

'How lovely the sun is,' thought Linnet. 'How warm — how safe ... How lovely it is to be happy ... How lovely to be me — me — me — Linnet—'

Her eyes closed. She was half asleep, half awake, drifting in the midst of thought that was like the sand drifting and blowing.

— Это, должно быть, Амон. А это Рамзес. Почему они тебе не нравятся? Такие видные.

— Даже очень видные, до жути. Пошли на свет.

Линит рассмеялась и уступила.

Они вышли из храма на солнце, ступили на теплый золотистый песок. И тут Линит снова рассмеялась. Пугающе лишенные тела, торчали из песка рядком несколько нубийских мальчишеских голов — прямо у них под ногами. Вращая глазами, головы мерно качались из стороны в сторону, губы возглашали здравицу:

— Гип-гип-ура! Гип-гип-ура! Очень хорошо, очень красиво. Большое спасибо!

— Какая чушь. Как они это сделали? Они во весь рост зарыты?

Саймон достал из кармана мелочь.

— Очень хорошо, очень красиво, очень дорого, — передразнил он их.

Два малыша, ответственные за «цирк», благовоспитанно приняли деньги.

Линит и Саймон пошли дальше. Возвращаться на пароход не хотелось, от достопримечательностей они устали. Привалившись спинами к скале, они подставили лица палящему солнцу.

«Какое чудо — солнце, — думала Линит. — Как тепло... как покойно... Какое чудо — быть счастливой... Быть собой, быть Линит».

Она закрыла глаза. В полудреме ее мысли струились, как песок — сыпучий, летучий.

Simon's eyes were open. They too held contentment. What a fool he'd been to be rattled that first night ... There was nothing to be rattled about ... Everything was all right ... After all, one could trust Jackie—

There was a shout — people running towards him waving their arms — shouting...

Simon stared stupidly for a moment. Then he sprang to his feet and dragged Linnet with him.

Not a minute too soon. A big boulder hurtling down the cliff crashed past them. If Linnet had remained where she was she would have been crushed to atoms.

White-faced they clung together. Hercule Poirot and Tim Allerton ran up to them.

'*Ma foi*, Madame, that was a near thing.'

All four instinctively looked up at the cliff. There was nothing to be seen. But there was a path along the top. Poirot remembered seeing some locals walking along there when they had first come ashore.

He looked at the husband and wife. Linnet looked dazed still — bewildered. Simon, however, was inarticulate with rage.

'God damn her!' he ejaculated. He checked himself with a quick glance at Tim Allerton.

The latter said:

'Phew, that was near! Did some fool bowl that thing over, or did it get detached on its own?'

Linnet was very pale. She said with difficulty:

У Саймона, наоборот, глаза были открыты. В них тоже светилось довольство. Какой он был дурак, что запаниковал в первый вечер. Не из-за чего было паниковать... Все очень славно. В конце концов, на Джеки можно положиться...

Он услышал крик: к ним, размахивая руками, бежали, кричали.

Саймон оторопело смотрел на бежавших. Потом он отлепился от скалы и дернул за собой Линит.

И очень вовремя. Сверху сорвался и грохнул у них за спиной огромный валун. Замешкайся Линит — от нее бы осталось мокрое место.

Без кровинки в лице они стояли, вцепившись друг в друга. Подбежали Эркюль Пуаро и Тим Аллертон.

— Ma foi, madame[1], вы чудом спаслись.

Все четверо, как по команде, задрали головы. Но что там увидишь? Правда, на самой вершине утеса вилась тропка. Пуаро вспомнил, как, впервые сходя здесь на берег, он видел на ней бредущих туземцев.

Он бросил взгляд на супругов. Линит еще не стряхнула дремотного оцепенения и смотрела озадаченно. Саймон же был вне себя от ярости.

— Черт бы ее побрал! — выдохнул он. Взглянув на Тима Аллертона, он тут же взял себя в руки.

А тот сказал:

— Просто жуть! Интересно, он сам оттуда сверзился или какой-нибудь болван его столкнул?

На Линит не было лица. Она с трудом выговорила:

---

[1] Честное слово, мадам (*фр.*).

'I think — some fool must have done it.'

'Might have crushed you like an eggshell. Sure you haven't got an enemy, Linnet?'

Linnet swallowed twice and found difficulty in answering the light-hearted raillery.

Poirot said quickly: 'Come back to the boat, Madame. You must have a restorative.'

They walked quickly, Simon still full of pent-up rage, Tim trying to talk cheerfully and distract Linnet's mind from the danger she had run, Poirot with a grave face.

And then, just as they reached the gangplank, Simon stopped dead. A look of amazement spread over his face.

Jacqueline de Bellefort was just coming ashore. Dressed in blue gingham, she looked childish this morning.

'Good God!' said Simon under his breath. 'So it *was* an accident, after all.'

The anger went out of his face. An overwhelming relief showed so plainly that Jacqueline noticed something amiss.

'Good morning,' she said. 'I'm afraid I'm a little on the late side.'

She gave them all a nod and stepped ashore and proceeded in the direction of the temple.

Simon clutched Poirot's arm. The other two had gone on.

'My God, that's a relief. I thought — I thought—'

Poirot nodded.

— Какой-нибудь болван, наверное.

— Он бы вас как пить дать укокошил. Но врагов же у вас нет, Линит?

Но, даже сглотнув и раз и другой, Линит не нашла в себе сил поддержать шутливый тон.

— Давайте вернемся на пароход, мадам, — вставил Пуаро. — Вам нужно принять что-нибудь взбадривающее.

Все заспешили в обратный путь. В Саймоне клокотала ярость, Тим балагурил, стараясь отвлечь Линит от мыслей о пережитой опасности, Пуаро хмурился.

Они уже подходили к сходням, когда вдруг Саймон пораженно замер на месте. Его лицо выражало изумление.

С парохода спускалась на берег Жаклин де Бельфор. На ней был простенький льняной костюм, в котором она выглядела совершенным подростком.

— Господи, — прошептал Саймон, — так это *в самом деле* была случайность.

Его лицо просветлело. Выразившееся на нем чувство невероятного облегчения озадачило Жаклин.

— Доброе утро, — сказала она. — Боюсь, я проспала все на свете.

Она кивнула всем, ступила на землю и направилась к храму.

Саймон схватил Пуаро за руку. Тим и Линит уже поднимались на пароход.

— Боже, какое облегчение. Я-то думал... я думал...

Пуаро кивнул:

'Yes, yes, I know what you thought.' But he himself still looked grave and preoccupied. He turned his head and noted carefully what had become of the rest of the party from the ship.

Miss Van Schuyler was slowly returning on the arm of Miss Bowers.

A little farther away Mrs Allerton was standing laughing at the little row of heads. Mrs Otterbourne was with her.

The others were nowhere in sight.

Poirot shook his head as he followed Simon slowly onto the boat.

Chapter 10

'Will you explain to me, Madame, the meaning of the word "fey"?'

Mrs Allerton looked slightly surprised. She and Poirot were toiling slowly up to the rock overlooking the Second Cataract. Most of the others had gone up on camels, but Poirot had felt that the motion of the camel was slightly reminiscent of that of a ship. Mrs Allerton had put it on the grounds of personal indignity.

They had arrived at Wadi Halfa the night before. This morning two launches had conveyed all the party to the Second Cataract, with the exception of Signor Richetti, who had insisted on making an excursion of his own to a remote spot called Semna, which he explained was of paramount interest as being the gateway of Nubia in the time of Amenemhet III. Everything had been done to discourage

— Да-да, я знаю, о чем вы думали. — Самого его не покидала хмурая озабоченность. Обернувшись, он внимательно вгляделся в разбредшихся пассажиров.

Опираясь на руку мисс Бауэрз, плелась в их сторону мисс Ван Шуйлер.

Чуть дальше миссис Аллертон смеялась над торчавшими из песка нубийскими головками. Рядом с ней стояла миссис Оттерборн.

Остальных не было видно.

Пуаро помотал головой и следом за Саймоном медленно поднялся на борт.

Глава 10

— Мадам, вы сказали недавно: как бы не на свою голову ей это веселье. Что это значит?

Миссис Аллертон слегка призадумалась. Они с Пуаро неспешно брели к утесу, с которого открывался вид на Второй порог. Другие пассажиры отправились на верблюдах. Пуаро отговорился тем, что с него достаточно корабельной качки. А миссис Аллертон сочла неприличным расслабляться.

В Вади-Хальф прибыли накануне вечером. Утром два баркаса доставили сюда, ко Второму порогу, всех пассажиров, кроме синьора Рикетти, в одиночестве отправившегося в местечко под названием Семне[1], которое, по его словам, представляло исключительный интерес, будучи

---
[1] С е м н е — селение на севере Судана в верховьях Второго порога на реке Нил.

this example of individuality, but with no avail. Signor Richetti was determined and had waved aside each objection: (1) that the expedition was not worth making, (2) that the expedition could not be made, owing to the impossibility of getting a car there, (3) that no car could be obtained to do the trip, (4) that a car would be a prohibitive price. Having scoffed at (1), expressed incredulity at (2), offered to find a car himself to (3), and bargained fluently in Arabic for (4), Signor Richetti had at last departed — his departure being arranged in a secret and furtive manner in case some of the other tourists should take it into their heads to stray from the appointed paths of sightseeing.

'Fey?' Mrs Allerton put her head on one side as she considered her reply. 'Well, it's a Scottish word, really. It means the kind of exalted happiness that comes before disaster. You know — it's too good to be true.'

She enlarged on the theme. Poirot listened attentively.

'I thank you, Madame. I understand now. It is odd that you should have said that yesterday — when Madame Doyle was to escape death so shortly afterwards.'

Mrs Allerton gave a little shiver.

во времена Аменемхета III[1] воротами в Нубию, что подтверждала и тамошняя стела с надписью, обязывавшей темнокожих платить дань, въезжая в Египет. Проявление самостоятельности со стороны синьора Рикетти пытались пресечь, однако без успеха. Синьор Рикетти был настроен решительно и отмел все возражения, как-то: 1) поездка не стоит того, чтобы ее затевать; 2) поездка невозможна, потому что туда не пройдет автомобиль; 3) тут негде достать автомобиль; 4) автомобиль будет стоить чудовищно дорого. Высмеяв пункт 1, высказав недоверие пункту 2, вызвавшись найти автомобиль (пункт 3) и на беглом арабском сторговавшись о цене (пункт 4), синьор Рикетти благополучно отбыл, причем в обстановке крайней секретности, боясь, что с ним увяжутся другие, кому наскучили обязательные туристские маршруты.

— Веселье на свою голову? — Раздумывая над ответом, миссис Аллертон чуть склонила голову набок. — Вообще — это просторечие. Это означает состояние восторженного счастья перед бедой. Неправдоподобного, избыточного счастья.

Она еще порассуждала на сей предмет. Пуаро внимательно слушал.

— Благодарю вас, мадам. Теперь понимаю. Как это странно: вчера вы сказали это, а сегодня мадам Дойл едва избежала смерти.

Миссис Аллертон передернула плечами:

---
[1] Аменемхет III — египетский фараон (около 1849—1801 гг. до н.э.) из XII династии.

'It must have been a very near escape. Do you think some of these little wretches rolled it over for fun? It's the sort of thing boys might do all over the world — not perhaps really meaning any harm.'

Poirot shrugged his shoulders.

'It may be, Madame.'

He changed the subject, talking of Majorca and asking various practical questions from the point of view of a possible visit.

Mrs Allerton had grown to like the little man very much — partly perhaps out of a contradictory spirit. Tim, she felt, was always trying to make her less friendly to Hercule Poirot, whom he had summarized firmly as 'the worst kind of bounder'. But she herself did not call him a bounder; she supposed it was his somewhat foreign exotic clothing which roused her son's prejudices. She herself found him an intelligent and stimulating companion. He was also extremely sympathetic. She found herself suddenly confiding in him her dislike of Joanna Southwood. It eased her to talk of the matter. And after all, why not? He did not know Joanna — would probably never meet her. Why should she not ease herself of that constantly borne burden of jealous thought?

At the same moment Tim and Rosalie Otterbourne were talking of her. Tim had just been half-jestingly abusing his luck. His rotten health, never bad enough to be really interesting, yet not good enough for him to have led the life he would have chosen. Very little money, no congenial occupation.

— Действительно, едва избежала. Вы думаете, тот камень скатил для смеха какой-нибудь из этих бесенят? Мальчишки способны на такую вещь, не замышляя при этом ничего дурного.

Пуаро пожал плечами:

— Возможно, мадам.

Он сменил тему и заговорил о Майорке, на случай возможной поездки выведывая разные подробности.

К этому невысокому господину миссис Аллертон постепенно проникалась очень теплыми чувствами — отчасти из тайного противоречия. Тим, видела она, постоянно пытался расстроить ее дружбу с Эркюлем Пуаро, упорно зачисляя его в «последние прохвосты». Она же его таковым никак не считала; причину предвзятого отношения сына она видела в том, что иностранец несколько экзотически одевался. Она находила, что он умный и интересный собеседник. И человек отзывчивый. Совершенно неожиданно для себя она поведала ему о своей нелюбви к Джоанне Саутвуд. Она выговорилась — и ей сделалось легче. Почему не поговорить с человеком? Он не знает Джоанны — может, никогда вообще ее не увидит. Почему не облегчить душу, усмирив неотпускающую ревность?

Как раз в эту минуту о ней самой говорили Тим и Розали Оттерборн. Тим, отчасти рисуясь, плакался на судьбу. Со здоровьем скверно, хотя не настолько плохо, чтобы всего себя посвятить ему, но и не так хорошо, чтобы жить как хочется. Денег кот наплакал, подходящего занятия — никакого.

'A thoroughly lukewarm, tame existence,' he finished discontentedly.

Rosalie said abruptly: 'You've got something heaps of people would envy you.'

'What's that?'

'Your mother.'

Tim was surprised and pleased.

'Mother? Yes, of course she is quite unique. It's nice of you to see it.'

'I think she's marvellous. She looks so lovely — so composed and calm — as though nothing could ever touch her, and yet — and yet somehow she's always ready to be funny about things too ...'

Rosalie was stammering slightly in her earnestness.

Tim felt a rising warmth towards the girl. He wished he could return the compliment, but lamentably Mrs Otterbourne was his idea of the world's greatest menace. The inability to respond in kind made him embarrassed.

Miss Van Schuyler had stayed in the launch. She could not risk the ascent either on a camel or on her legs. She had said snappily:

'I'm sorry to have to ask you to stay with me, Miss Bowers. I intended you to go and Cornelia to stay, but girls are so selfish. She rushed off without a word to me. And I actually saw her talking to that very unpleasant and ill-bred young man, Ferguson. Cornelia has disappointed me sadly. She has absolutely no social sense.'

— В общем, вялое, пресное существование, — с досадой подытожил он.

— Не прибедняйтесь, — бросила ему Розали, — многие вам позавидуют.

— Чему это?

— Тому, что у вас такая матушка.

Тим был приятно удивлен.

— Да, она редкостный человек. Замечательно, что вы оценили ее.

— По-моему, она чудесная. На нее приятно смотреть — такая спокойная, выдержанная, как будто ее ничто не касается, и при этом всегда готова подметить смешное...

Расчувствовавшись, Розали даже стала заикаться.

Тим проникся горячей симпатией к девушке. Хотелось отплатить ей той же монетой, но, увы, миссис Оттерборн олицетворяла для него вселенское зло. Он смешался, чувствуя себя в долгу перед Розали.

Мисс Ван Шуйлер оставалась в барке. Она не отважилась тащиться в гору ни на верблюде, ни на своих двоих. Она брюзжала:

— Не обессудьте, что я попросила вас остаться, мисс Бауэрс. Я рассчитывала, что пойдете вы, а Корнелия побудет со мной, но девчонки все эгоистки. Она упорхнула, даже не сказавшись мне. Я своими глазами видела, как она говорила с этим пренеприятным и невоспитанным молодым человеком, Фергюсоном. Корнелия крепко разочаровала меня. Она якшается бог знает с кем.

Miss Bowers replied in her usual matter-of-fact fashion:

'That's quite all right, Miss Van Schuyler. It would have been a hot walk up there, and I don't fancy the look of those saddles on the camels. Fleas, as likely as not.' She adjusted her glasses, screwed up her eyes to look at the party descending the hill and remarked: 'Miss Robson isn't with that young man any more. She's with Dr Bessner.'

Miss Van Schuyler grunted.

Since she had discovered that Dr Bessner had a large clinic in Czechoslovakia and a European reputation as a fashionable physician, she was disposed to be gracious to him. Besides, she might need his professional services before the journey was over.

When the party returned to the *Karnak*, Linnet gave a cry of surprise.

'A telegram for me.' She snatched it off the board and tore it open. 'Why — I don't understand — potatoes, beetroots — what does it mean, Simon?'

Simon was just coming to look over her shoulder when a furious voice said:

'Excuse me, that telegram is for me. And Signor Richetti snatched it rudely from her hand, fixing her with a furious glare as he did so.

Linnet stared in surprise for a moment, then turned over the envelope.

'Oh, Simon, what a fool I am! It's Richetti — not Ridgeway — and anyway of course my name isn't Ridgeway now. I must apologize.'

She followed the little archaeologist up to the stern of the boat.

Мисс Бауэрз, по обыкновению, дала бесхитростный ответ:

— Не извольте беспокоиться, мисс Ван Шуйлер. Самой идти — упаришься, а на эти седла верблюжьи мне смотреть страх. Там блохи наверняка кишмя кишат. — Поправив очки, она перевела взгляд на группу, спускавшуюся с горы, и заметила: — Мисс Робсон уже не с тем молодым человеком. Она с доктором Бесснером.

Мисс Ван Шуйлер что-то проворчала.

Узнав стороной, что доктор Бесснер — врач с европейской известностью и у него большая клиника в Чехословакии, она решила удостоить его благосклонного отношения. Тем более что в поездке ей может понадобиться его помощь.

Когда все вернулись на «Карнак», из толпы вдруг раздался удивленный возглас Линит:

— Мне телеграмма! — Сорвав обертку, она развернула бланк. — Что такое... не понимаю... картошка, свекла... что это значит, Саймон?

Саймон уже тянулся заглянуть через ее плечо, когда с воплем:

— Извините, это мне! — синьор Рикетти вырвал телеграмму из рук Линит, испепеляя ее взором.

Недоумевая, Линит вертела оставшуюся у нее обертку.

— Какая я дура, Саймон. Тут же написано: Рикетти, а не Риджуэй, и, уж во всяком случае, я больше не Риджуэй. Надо извиниться.

Она поспешила за коротышкой-археологом на корму:

'I am so sorry, Signor Richetti. You see my name was Ridgeway before I married, and I haven't been married very long, and so ...'

She paused, her face dimpled with smiles, inviting him to smile upon a young bride's *faux pas*.

But Richetti was obviously 'not amused'. Queen Victoria at her most disapproving could not have looked more grim.

'Names should be read carefully. It is inexcusable to be careless in these matters.'

Linnet bit her lip and her colour rose. She was not accustomed to have her apologies received in this fashion. She turned away and, rejoining Simon, said angrily,

'These Italians are really insupportable.'

'Never mind, darling; let's go and look at that big ivory crocodile you liked.'

They went ashore together.

Poirot, watching them walk up the landing stage, heard a sharp indrawn breath. He turned to see Jacqueline de Bellefort at his side. Her hands were clenched on the rail. The expression on her face as she turned it towards him quite startled him. It was no longer gay or malicious. She looked devoured by some inner consuming fire.

'They don't care any more.' The words came low and fast. 'They've got beyond me. I can't reach them ... They don't mind if I'm here or not ... I can't — I can't hurt them any more ...'

— Извините меня, синьор Рикетти. Понимаете, моя девичья фамилия Риджуэй, и я совсем недавно замужем, чтобы...

Она умолкла, лучась улыбкой и приглашая его тоже посмеяться над faux pas[1] новоиспеченной жены.

Однако Рикетти было явно не до смеха. Вряд ли сама королева Виктория, вынося порицание, имела столь осуждающий вид.

— Нужно внимательно читать фамилии. Небрежность в таких вещах непростительна.

Линит прикусила губу и залилась краской. Она не привыкла к тому, чтобы ее извинения принимались подобным образом. Вернувшись к Саймону, она в сердцах сказала:

— Итальянцы — несносные люди.

— Не обращай внимания, дорогая, пойдем еще раз посмотрим крокодила из слоновой кости, что тебе понравился.

Они сошли на берег.

Глядя, как они идут по пристани, Пуаро услышал за спиной прерывистый вздох. Он оглянулся — рядом, уцепившись руками за поручень, стояла Жаклин де Бельфор. Когда она взглянула на него, его поразило выражение ее лица. Ни радости на нем, ни злобы. Какая-то опустошительная мысль снедала ее.

— Им безразлично, — глухо сказала она. — Они как-то выскользнули. Я упустила их... Им все равно, здесь я или меня уже нет... Я уже не могу изводить их...

---

[1] Оплошностью *(фр.)*.

er hands on the rail trembled.

'Mademoiselle—'

She broke in: 'Oh, it's too late now — too late for warnings ... You were right. I ought not to have come. Not on this journey. What did you call it? A journey of the soul? I can't go back — I've got to go on. And I'm going on. They shan't be happy together — they shan't. I'd kill him sooner ...'

She turned abruptly away. Poirot, staring after her, felt a hand on his shoulder.

'Your girl friend seems a trifle upset, Monsieur Poirot.'

Poirot turned. He stared in surprise, seeing an old acquaintance.

'Colonel Race.'

The tall bronzed man smiled.

'Bit of a surprise, eh?'

Hercule Poirot had come across Colonel Race a year previously in London. They had been fellow guests at a very strange dinner party — a dinner party that had ended in death for that strange man, their host.

Poirot knew that Race was a man of unadvertised goings and comings. He was usually to be found in one of the outposts of Empire where trouble was brewing.

'So you are here at Wadi Halfa,' Poirot marked thoughtfully.

'I am here on this boat.'

'You mean?'

'That I am making the return journey with you to Shellal.'

Hercule Poirot's eyebrows rose.

Ее обжимавшие поручень руки дрожали.

— Мадемуазель...

— Не надо об этом, — оборвала она его, — поздно уже... Конечно, вы были правы: не надо мне было ехать... Как вы тогда сказали? «Скитания души»? Пути назад у меня нет — только вперед. И я не остановлюсь. Им не видать счастья, не видать... Скорее я убью его...

Резко отвернувшись, она отошла. Смотревший ей вслед Пуаро почувствовал руку на своем плече.

— Ваша подружка чем-то огорчена, месье Пуаро.

Пуаро обернулся. Не веря своим глазам, он увидел перед собой старого знакомого.

— Полковник Рейс!

Бронзоволицый высокий человек улыбнулся:

— Что, немного удивлены?

С полковником Рейсом Эркюль Пуаро свел знакомство в прошлом году, в Лондоне. Они встретились на одном званом обеде, который для их странного хозяина завершился смертью.

Пуаро знал, что такие люди, как Рейс, не афишируют свои поездки. Обычно он объявлялся в тех краях империи, где назревали беспорядки.

— Так вот вы где — в Вади-Хальфе, — задумчиво сказал Пуаро.

— Я плыву на этом пароходе.

— Что вы хотите сказать?

— Я возвращаюсь с вами в Шелал.

Эркюль Пуаро удивленно поднял брови:

'That is very interesting. Shall we, perhaps, have a little drink?'

They went into the observation saloon, now quite empty. Poirot ordered a whisky for the Colonel and a double orangeade full of sugar for himself.

'So you make the return journey with us,' said Poirot as he sipped. 'You would go faster, would you not, on the Government steamer, which travels by night as well as day?'

Colonel Race's face creased appreciatively.

'You're right on the spot as usual, Monsieur Poirot,' he said pleasantly.

'It is, then, the passengers?'

'One of the passengers.'

'Now which one, I wonder?' Hercule Poirot asked of the ornate ceiling.

'Unfortunately I don't know myself,' said Race ruefully.

Poirot looked interested. Race said:

'There's no need to be mysterious to you. We've had a good deal of trouble out here — one way and another. It isn't the people who ostensibly lead the rioters that we're after. It's the men who very cleverly put the match to the gunpowder. There were three of them. One's dead. One's in prison. I want the third man — a man with five or six cold-blooded murders to his credit. He's one of the cleverest paid agitators that ever existed ... He's on this boat. I know that from a passage in a letter that passed through our hands. Decoded it said: "X will be on the *Karnak* trip February seventh to thirteenth." It didn't say under what name X would be passing.'

— Как интересно. Может, отметим нашу встречу?

Они прошли в салон, совершенно пустой в это время. Полковнику Пуаро заказал виски, а себе двойной подслащенный оранжад[1].

— Итак, вы возвращаетесь с нами, — отхлебнув напиток, сказал Пуаро. — Но ведь быстрее плыть рейсовым пароходом, они ходят и днем и ночью.

Полковник Рейс скроил довольную мину.

— Правильно мыслите, месье Пуаро, — сказал он любезным тоном.

— Вопрос, значит, упирается в пассажиров?

— В одного.

— Кто бы это, интересно? — вопросил лепнину на потолке Эркюль Пуаро.

— К сожалению, я и сам не знаю, — уныло сообщил Рейс.

Пуаро смотрел на него озадаченно.

— Для вас я не буду напускать туману, — сказал Рейс. — У нас тут было довольно неспокойно. Нам не нужны бузотеры, которые на виду. Нужны те, кто очень вовремя поднес спичку к бочке с порохом. Их было трое. Один уже покойник, другой — в тюрьме. Я ищу третьего. За ним уже числится пять или шесть преднамеренных убийств. Он головастый, этот платный агент, другого такого не сыскать... Он на этом пароходе. Мы перехватили одно письмо, расшифровали, и там такие слова: «С седьмого по тринадцатое февраля

---

[1] Оранжад — прохладительный напиток с апельсиновым соком.

'Have you any description of him?'

'No. American, Irish, and French descent. That doesn't help us much. Have you got any ideas?'

'An idea — it is all very well,' said Poirot meditatively.

Such was the understanding between them that Race pressed him no further. He knew Hercule Poirot did not ever speak unless he was sure.

Poirot rubbed his nose and said unhappily:

'There passes itself something on this boat that causes me much inquietude.'

Race looked at him inquiringly.

'Figure to yourself,' said Poirot, 'a person A who has grievously wronged a person B. The person B desires the revenge. The person B makes the threats.'

'A and B being both on this boat?'

Poirot nodded.

'Precisely.'

'And B, I gather, being a woman?'

'Exactly.'

Race lit a cigarette.

'I shouldn't worry. People who go about talking of what they are going to do don't usually do it.'

'And particularly is that the case with *les femmes*, you would say!

Икс плывет туристом на «Карнаке». А под каким именем плывет этот Икс — неведомо.

— Какие-нибудь приметы имеются?

— Никаких. Американец, ирландец, француз — в нем всякой крови намешано. Только нам какая с этого польза? У вас есть соображения?

— Соображения — это всегда хорошо, — раздумчиво сказал Пуаро.

Они понимали друг друга с полуслова, и Рейс не стал задавать других вопросов. Он знал, что Эркюль Пуаро только тогда говорит, когда отвечает за свои слова.

Пуаро потеребил нос и горько посетовал:

— Тут и без того происходит нечто такое, что внушает мне сильнейшую тревогу.

Рейс вопросительно смотрел на него.

— Представьте себе, — продолжал Пуаро, — что некто «А» совершил вопиющую несправедливость в отношении «Б». Этот «Б» замыслил месть. Угрожает.

— Они оба на пароходе?

Пуаро кивнул:

— Точно так.

— И «Б», если я правильно догадываюсь, — женщина?

— Именно.

Рейс закурил.

— Я бы не стал тревожиться. Если человек вовсю трубит о том, что он собирается сделать, он, как правило, ничего не сделает.

— Можете добавить: тем более если это женщина.

'Yes, that is true.'

But he still did not look happy.

'Anything else?' asked Race.

'Yes, there is something. Yesterday the person A had a very near escape from death. The kind of death that might very conveniently be called an accident.'

'Engineered by B?'

'No, that is just the point. B could have had nothing to do with it.'

'Then it *was* an accident.'

'I suppose so — but I do not like such accidents.'

'You're quite sure B could have had no hand in it?'

'Absolutely.'

'Oh, well, coincidences do happen. Who is A, by the way? A particularly disagreeable person?'

'On the contrary. A is a charming, rich, and beautiful young lady.'

Race grinned.

'Sounds quite like a novelette.'

'*Peut-être*. But I tell you, I am not happy, my friend. If I am right, and after all I am constantly in the habit of being right'—Race smiled into his moustache at this typical utterance—'then there is matter for grave inquietude. And now, *you* come to add yet another complication. You tell me that there is a man on the *Karnak* who kills.'

'He doesn't usually kill charming young ladies.'

— Да, это так.

Озабоченность не покидала Пуаро.

— У вас что-то еще? — спросил Рейс.

— Да, кое-что есть. Вчера упомянутый «А» чудом избежал смерти, причем эту смерть легко было объявить несчастным случаем.

— Этот случай подстроила «Б»?

— В том-то и дело, что нет. «Б» никаким образом не могла быть причастна к этому.

— Тогда это действительно случай.

— Я тоже так думаю, но мне не нравятся такие случайности.

— Вы совершенно уверены, что «Б» никак не могла быть причастна к этой истории?

— Абсолютно уверен.

— Ну что же, всякое бывает. А кто этот «А», кстати? Очень мерзопакостный тип?

— Напротив. Это очаровательная молодая женщина, богатая и красивая.

Рейс ухмыльнулся:

— Прямо как в романе.

— Peut-être[1]. Но, признаться, мне не по себе, мой друг. Если я прав, а я в конечном счете всегда прав, — при этом характерном признании Рейс улыбнулся в усы, — то здесь есть из-за чего тревожиться. А теперь вы добавляете хлопот. На «Карнаке», говорите вы, плывет убийца.

— Очаровательных молодых дам он обычно не убивает.

---

[1] Может быть *(фр.)*.

Poirot shook his head in a dissatisfied manner.

'I am afraid, my friend,' he said. 'I am afraid ... Today, I advised this lady, Madame Doyle, to go with her husband to Khartoum, not to return on this boat. But they would not agree. I pray to Heaven that we may arrive at Shellal without catastrophe.'

'Aren't you taking rather a gloomy view?'
Poirot shook his head.
'I am afraid,' he said simply. 'Yes, I, Hercule Poirot, am afraid ...'

Chapter 11

Cornelia Robson stood inside the temple of Abu Simbel. It was the evening of the following day — a hot still evening. The *Karnak* was anchored once more at Abu Simbel to permit a second visit to be made to the temple, this time by artificial light. The difference this made was considerable, and Cornelia commented wonderingly on the fact to Mr Ferguson, who was standing by her side.

'Why, you see it ever so much better now!' she exclaimed. 'All those enemies having their heads cut off by the King — they just stand right out. That's a cute kind of castle there that I never noticed before. I wish Dr Bessner was here, he'd tell me what it was.'

'How you can stand that old fool beats me,' said Ferguson gloomily.

'Why, he's just one of the kindest men I've ever met.'

Пуаро недовольно покачал головой.

— Мне страшно, мой друг, — сказал он, — мне страшно... Сегодня я посоветовал этой даме, миссис Дойл, отправляться с мужем дальше, в Хартум, не возвращаться этим пароходом. Но они ведь не послушаются. Молю бога, чтобы до Шелала не произошло беды.

— А вы не нагнетаете?

Пуаро покачал головой.

— Мне страшно, — сказал он просто. — Да-да, мне, Эркюлю Пуаро, страшно...

Глава 11

На следующий день вечером Корнелия Робсон стояла в храме в Абу-Симбеле. Вечер был душный, тихий. «Карнак» вторично бросил якорь в Абу-Симбеле, чтобы желающие могли посмотреть храм при искусственном освещении. Новое впечатление разительно отличалось от прежнего, и Корнелия поделилась своим изумлением с мистером Фергюсоном, стоявшим рядом.

— Ведь гораздо лучше все видно! — воскликнула она. — Эти неприятельские солдаты, которых обезглавливает царь, — они как вылеплены. И какая оригинальная крепость, я впервые такую вижу. Жаль, нет доктора Бесснера, он бы все объяснил.

— Не представляю, как вы терпите этого старого болвана, — сумрачно объявил Фергюсон.

— Что вы, он добрейший человек!

'Pompous old bore.'

'I don't think you ought to speak that way.'

The young man gripped her suddenly by the arm. They were just emerging from the temple into the moonlight.

'Why do you stick being bored by fat old men — and bullied and snubbed by a vicious old harridan?'

'Why, Mr Ferguson!'

'Haven't you got any spirit? Don't you know you're just as good as she is?'

'But I'm not!' Cornelia spoke with honest conviction.

'You're not as rich; that's all you mean.'

'No, it isn't. Cousin Marie's very cultured, and—'

'Cultured!' The young man let go of her arm as suddenly as he had taken it. 'That word makes me sick.'

Cornelia looked at him in alarm.

'She doesn't like you talking to me, does she?' said the young man.

Cornelia blushed and looked embarrassed.

'Why? Because she thinks I'm not her social equal! Pah! Doesn't that make you see red?'

Cornelia faltered out:

'I wish you wouldn't get so mad about things.'

'Don't you realize — and you an American — that everyone is born free and equal?'

'They're not,' said Cornelia with calm certainty.

'My good girl, it's part of your constitution!'

— Воображала и зануда.
— Мне кажется, вам не пристало так говорить.
Собеседник грубо схватил ее за руку. Они вышли из храма, светила луна.

— Чем вас держит это старичье — один донимает скукой, другая брюзжанием?
— Не смейте, мистер Фергюсон.
— Неужели у вас совсем нет характера? Вы что, хуже ее?
— Конечно, хуже! — с полнейшей убежденностью сказала Корнелия.
— У вас нет ее денег — вы это имеете в виду?
— Отнюдь нет. Кузина Мари очень интеллигентная и...
— Интеллигентная! — Собеседник отпустил ее руку так же неожиданно, как прежде схватил. — Меня тошнит от этого слова.
Корнелия подняла на него встревоженные глаза.
— Ей не нравится, когда вы говорите со мной, правда? — спросил молодой человек.
Корнелия покраснела и смешалась.
— А почему? Да потому, что я, как она считает, ей не ровня. Тьфу! Неужели это вас не бесит?
Корнелия запинаясь проговорила:
— Зря вы так переживаете это.
— Неужели вы не сознаете — американка! — что люди рождены свободными и равными.
— Это не так, — взвешенно и убежденно сказала Корнелия.
— Милочка, это записано в вашей конституции.

'Cousin Marie says politicians aren't gentlemen,' said Cornelia. 'And of course people aren't equal. It doesn't make sense. I know I'm kind of homely looking, and I used to feel mortified about it sometimes, but I've got over that. I'd like to have been born elegant and beautiful like Mrs Doyle, but I wasn't, so I guess it's no use worrying.'

'Mrs Doyle!' exclaimed Ferguson with deep contempt. 'She's the sort of woman who ought to be shot as an example.'

Cornelia looked at him anxiously.

'I believe it's your digestion,' she said kindly. 'I've got a special kind of pepsin that Cousin Marie tried once. Would you like to try it?'

Mr Ferguson said:

'You're impossible!'

He turned and strode away. Cornelia went on towards the boat. Just as she was crossing onto the gangway he caught her up once more.

'You're the nicest person on the boat,' he said. 'And mind you remember it.'

Blushing with pleasure Cornelia repaired to the observation saloon. Miss Van Schuyler was conversing with Dr Bessner — an agreeable conversation dealing with certain royal patients of his.

Cornelia said guiltily:

'I do hope I haven't been a long time, Cousin Marie.'

— Кузина Мари не считает политиков джентльменами, — сказала Корнелия. — Конечно, люди не равны. С какой стати? Я знаю, что выгляжу простушкой, я ужасно мучилась из-за этого, но сейчас я это преодолела. Хорошо бы родиться стройной и прекрасной, как миссис Дойл, но так не вышло, значит, я думаю, нечего и расстраиваться.

— Миссис Дойл! — с величайшим презрением воскликнул Фергюсон. — Таких надо расстреливать в назидание другим.

Корнелия испуганно взглянула на него.

— Вы что-нибудь не то съели, — сказала она по-доброму. — У меня есть какой-то особенный пепсин[1], кузина Мари принимала его однажды. Хотите попробовать?

— Вы невозможны, — сказал мистер Фергюсон.

Он развернулся и зашагал прочь. Корнелия побрела дальше к пароходу. Она уже была на сходнях, когда он нагнал ее и снова схватил за руку.

— Вы тут самый замечательный человек, — сказал он. — Пожалуйста, не забывайте об этом.

Зардевшись от удовольствия, Корнелия отправилась в салон. Мисс Ван Шуйлер беседовала там с доктором Бесснером, вела приличный ее положению разговор о его пациентах королевской крови.

Корнелия повинилась:

— Надеюсь, я не очень долго отсутствовала, кузина Мари?

---

[1] П е п с и н — пищеварительный фермент, расщепляющий белки.

Glancing at her watch, the old lady snapped:

'You haven't exactly hurried, my dear. And what have you done with my velvet stole?'

Cornelia looked round.

'Shall I see if it's in the cabin, Cousin Marie?'

'Of course it isn't! I had it just after dinner in here, and I haven't moved out of the place. It was on that chair.'

Cornelia made a desultory search.

'I can't see it anywhere, Cousin Marie.'

'Nonsense,' said Miss Van Schuyler. 'Look about.'

It was an order such as one might give to a dog, and in her doglike fashion Cornelia obeyed. The quiet Mr Fanthorp, who was sitting at a table near by, rose and assisted her. But the stole could not be found.

The day had been such an unusually hot and sultry one that most people had retired early after going ashore to view the temple. The Doyles were playing bridge with Pennington and Race at a table in a corner. The only other occupant of the saloon was Hercule Poirot, who was yawning his head off at a small table near the door.

Miss Van Schuyler, making a Royal Progress bedward, with Cornelia and Miss Bowers in attendance, paused by his chair. He sprang politely to his feet, stifling a yawn of gargantuan dimensions.

Miss Van Schuyler said:

'I have only just realized who you are, Monsieur Poirot. I may tell you that I have heard of you from my old friend Rufus Van Aldin. You must tell me about your cases sometime.'

Взглянув на часы, старуха бранчливо заметила:

— Ты не очень торопилась, моя дорогая. Куда делась моя бархатная накидка?

Корнелия огляделась кругом:

— Я посмотрю — может, она в каюте, кузина Мари?

— Не может ее там быть! Она была здесь после ужина, и я никуда не выходила. Она была вон на том стуле.

Корнелия бестолково потыкалась туда-сюда.

— Нигде не вижу, кузина Мари.

— Чушь, — сказала мисс Ван Шуйлер. — Ищи.

Такая команда годится разве что для собаки, и с той же прытью Корнелия повиновалась. Сидевший за столиком неподалеку молчаливый мистер Фанторп поднялся и стал ей помогать. Накидка как сквозь землю провалилась.

День выдался такой знойный и душный, что, вернувшись с берега, большинство пассажиров разошлись по каютам. За угловым столиком играли в бридж супруги Дойл и Пеннингтон с Рейсом. Еще в салоне был Эркюль Пуаро, безбожно зевавший за столиком у двери.

Царственно следуя почивать в сопровождении Корнелии и мисс Бауэрз, мисс Ван Шуйлер остановилась у его стула. Он учтиво встал, давя чудовищной силы зевоту.

Мисс Ван Шуйлер сказала:

— Я только сейчас осознала, кто вы такой, месье Пуаро. С вашего позволения, я слышала о вас от моего старого друга, Руфуса Ван Олдина. При случае поведайте мне, как вы раскрывали преступления.

Poirot, his eyes twinkling a little through their sleepiness, bowed in an exaggerated manner. With a kindly but condescending nod, Miss Van Schuyler passed on.

Then he yawned once more. He felt heavy and stupid with sleep and could hardly keep his eyes open. He glanced over at the bridge players, absorbed in their game, then at young Fanthorp, who was deep in a book. Apart from them the saloon was empty.

He passed through the swinging door out on to the deck. Jacqueline de Bellefort, coming precipitately along the deck, almost collided with him.

'Pardon, Mademoiselle.'

She said: 'You look sleepy, Monsieur Poirot.'

He admitted it frankly.

'*Mais oui* — I am consumed with sleep. I can hardly keep my eyes open. It has been a day very close and oppressive.'

'Yes.' She seemed to brood over it. 'It's been the sort of day when things — snap! Break! When one can't go on...'

Her voice was low and charged with passion. She looked not at him, but towards the sandy shore. Her hands were clenched, rigid...

Suddenly the tension relaxed. She said:

'Good night, Monsieur Poirot.'

'Good night, Mademoiselle.'

Her eyes met his, just for a swift moment. Thinking it over the next day, he came to the conclusion that there had been appeal in that glance. He was to remember it afterwards.

В сонных глазах Пуаро зажглась искорка, и он преувеличенно вежливо склонил голову. Милостиво кивнув в ответ, мисс Ван Шуйлер вышла.

Пуаро откровенно зевнул. Его клонило в сон, мысли путались, слипались глаза. Он взглянул на сосредоточенных игроков, перевел взгляд на Фанторпа, углубившегося в книгу. Больше в салоне никого не было.

Пуаро толкнул дверь и вышел на палубу. Там его едва не сбила с ног спешившая навстречу Жаклин де Бельфор.

— Простите, мадемуазель.
— Какой у вас сонный вид, месье Пуаро, — сказала она.

Он не стал отрицать.

— Mais oui[1] — мне до смерти хочется спать. У меня слипаются глаза. Какой душный, тяжкий был день.

— Да. — Казалось, она обдумывает его слова. — В такой день что-нибудь — крак! — ломается. Кто-то не выдерживает.

У нее тихий, напитанный чувством голос. Смотрит в сторону, на песчаный берег. Пальцы туго сжаты в кулачки...

Она расслабилась и обронила:
— Спокойной ночи, месье Пуаро.
— Спокойной ночи, мадемуазель.

На секунду-другую их взгляды встретились. Припоминая на следующий день их встречу, он осознал, что в ее глазах стыла мольба. И он еще вспомнит об этом...

---

[1] Ну да *(фр.)*.

Then he passed on to his cabin and she went towards the saloon.

Cornelia, having dealt with Miss Van Schuyler's many needs and fantasies, took some needlework with her back to the saloon. She herself did not feel in the least sleepy. On the contrary she felt wide awake and slightly excited.

The bridge four were still at it. In another chair the quiet Fanthorp read a book. Cornelia sat down to her needlework.

Suddenly the door opened and Jacqueline de Bellefort came in. She stood in the doorway, her head thrown back. Then she pressed a bell and sauntered across to Cornelia and sat down.

'Been ashore?' she asked.

'Yes. I thought it was just fascinating in the moonlight.'

Jacqueline nodded.

'Yes, lovely night ... A real honeymoon night.'

Her eyes went to the bridge table — rested a moment on Linnet Doyle.

The servant came in answer to the bell. Jacqueline ordered a double gin. As she gave the order Simon Doyle shot a quick glance at her. A faint line of anxiety showed between his eyebrows.

His wife said:

'Simon, we're waiting for you to call.'

Jacqueline hummed a little tune to herself. When the drink came, she picked it up, said: 'Well, here's to crime,' drank it off and ordered another.

Пуаро пошел к себе в каюту, а Жаклин направилась в салон.

Исполнив все просьбы и прихоти мисс Ван Шуйлер, Корнелия с вязаньем вернулась в салон. У нее не было ни малейшего желания спать — напротив, она чувствовала свежесть и легкое волнение.

Те четверо еще играли в бридж. Молчаливый Фанторп читал книгу в кресле. Корнелия тоже села и выложила на колени вязанье.

Распахнулась дверь, и в салон ступила Жаклин де Бельфор. Откинув голову, она помедлила на пороге, потом дернула шнурок звонка, прошла к Корнелии и села рядом.

— Были на берегу? — спросила она.

— Была. В лунном свете это просто сказка.

Жаклин кивнула:

— Да, прелестная ночь... на радость молодоженам.

Она посмотрела на игравших, задержав взгляд на Линит Дойл.

На звонок явился мальчик. Жаклин заказала двойной джин. Когда она делала заказ, Саймон Дойл стрельнул в ее сторону глазами и чуть заметно нахмурился.

Жена напомнила ему:

— Саймон, мы ждем, когда ты объявишь.

Жаклин что-то напевала про себя. Когда принесли спиртное, она подняла стакан и со словами: «За то, чтобы рука не дрогнула» — выпила и заказала еще.

Again Simon looked across from the bridge table. His calls became slightly absent-minded. His partner, Pennington, took him to task.

Jacqueline began to hum again, at first under her breath, then louder: '*He was her man and he did her wrong ...*'

'Sorry,' said Simon to Pennington. 'Stupid of me not to return your lead. That gives 'em rubber.'

Linnet rose to her feet.
'I'm sleepy. I think I'll go to bed.'
'About time to turn in,' said Colonel Race.
'I'm with you,' agreed Pennington.
'Coming, Simon?'
Doyle said slowly:
'Not just yet. I think I'll have a drink first.'

Linnet nodded and went out. Race followed her. Pennington finished his drink and then followed suit.

Cornelia began to gather up her embroidery.

'Don't go to bed, Miss Robson,' said Jacqueline. 'Please don't. I feel like making a night of it. Don't desert me.'

Cornelia sat down again.

'We girls must stick together,' said Jacqueline.

She threw back her head and laughed — a shrill laugh without merriment.

The second drink came.

'Have something,' said Jacqueline.

Снова Саймон через всю комнату посмотрел на нее. Он невнимательно объявил козыри, и его партнер, Пеннингтон, призвал его к порядку.

В мурлыканье Жаклин можно было разобрать слова: «Он любил ее — и погубил ее...»

— Прошу прощения, — сказал Саймон Пеннингтону. — Идиотизм, что я не пошел в масть. Теперь у них роббер.

Линит поднялась из-за стола:

— Я уже носом клюю. Пора идти спать.

— Да, пора на боковую, — сказал полковник Рейс.

— Мне тоже, — поддержал Пеннингтон.

— Ты идешь, Саймон?

Дойл протянул:

— Чуть погодя. Может, я пропущу стаканчик на ночь.

Линит кивнула и вышла. За ней последовал Рейс. Пеннингтон, допив свой стакан, ушел замыкающим.

Корнелия стала собирать свое вышивание.

— Не уходите, мисс Робсон, — сказала Жаклин. — Пожалуйста. Мне хочется пополуночничать. Не бросайте меня одну.

Корнелия снова села.

— Девушки должны держаться друг друга, — сказала Жаклин.

Она откинула голову и захохотала пронзительно и невесело.

Принесли ужин.

— Давайте что-нибудь вам закажу, — сказала Жаклин.

'No, thank you very much,' replied Cornelia.

Jacqueline tilted back her chair. She hummed now loudly: '*He was her man and he did her wrong...*'

Mr Fanthorp turned a page of *Europe from Within*.

Simon Doyle picked up a magazine.

'Really, I think I'll go to bed,' said Cornelia. 'It's getting very late.'

'You can't go to bed yet,' Jacqueline declared. 'I forbid you to. Tell me about yourself.'

'Well — I don't know — there isn't much to tell,' Cornelia faltered. 'I've just lived at home and I haven't been around much. This is my first trip to Europe. I'm just loving every minute of it.'

Jacqueline laughed.

'You're a happy sort of person, aren't you? God, I'd like to be you.'

'Oh, would you? But I mean — I'm sure—'

Cornelia felt flustered. Undoubtedly Miss de Bellefort was drinking too much. That wasn't exactly a novelty to Cornelia. She had seen plenty of drunkenness during Prohibition years. But there was something else ... Jacqueline de Bellefort was talking to her — was looking at her — and yet, Cornelia felt, it was as though, somehow, she was talking to someone else...

But there were only two other people in the room, Mr Fanthorp and Mr Doyle. Mr Fanthorp seemed

— Нет-нет, большое спасибо, — ответила Корнелия.

Жаклин откинулась на спинку стула, качнув его. Теперь она уже внятно напевала: — «Он любил ее — и погубил ее...»

Мистер Фанторп перевернул страницу «Европы изнутри».

Саймон Дойл взял в руки журнал.

— Право, мне пора ложиться, — сказала Корнелия. — Уже очень поздно.

— Вы не пойдете спать, — объявила Жаклин. — Я запрещаю. Расскажите о себе — все-все.

— Право, не знаю... Мне особенно нечего рассказывать, — промямлила Корнелия. — Жила дома, почти никуда не выбиралась. Сейчас я впервые в Европе. Я упиваюсь тут буквально каждой минутой.

Жаклин рассмеялась:

— Да вы просто счастливица! Как бы я хотела быть на вашем месте.

— Правда? То есть... я, конечно...

Корнелия забеспокоилась. Мисс де Бельфор явно выпила лишнее. Особого открытия тут не было для Корнелии: за время «сухого закона»[1] она перевидала множество пьяных сцен — и однако... Жаклин де Бельфор обращалась к ней, глядела на нее, и, однако, у Корнелии было такое чувство, словно та каким-то косвенным образом говорила с кем-то еще.

Но, кроме них, в комнате были только двое — мистер Фанторп и мистер Дойл. Мистер Фанторп

---

[1] Действовал в США в 1920—1933 годах.

quite absorbed in his book. Mr Doyle was looking rather odd — a queer sort of watchful look on his face.

Jacqueline said again:

'Tell me all about yourself.'

Always obedient, Cornelia tried to comply. She talked, rather heavily, going into unnecessary small details about her daily life. She was so unused to being the talker. Her role was so constantly that of the listener. And yet Miss de Bellefort seemed to want to know. When Cornelia faltered to a standstill, the other girl was quick to prompt her.

'Go on — tell me more.'

And so Cornelia went on ('Of course, Mother's very delicate — some days she touches nothing but cereals—') unhappily conscious that all she said was supremely uninteresting, yet flattered by the other girl's seeming interest. But was she interested? Wasn't she, somehow, listening to something else — or, perhaps, *for* something else? She was looking at Cornelia, yes, but wasn't there *someone else*, sitting in the room...?

'And of course we get very good art classes, and last winter I had a course of—'

(How late was it? Surely very late. She had been talking and talking. If only something definite would happen ...)

And immediately, as though in answer to the wish, something did happen. Only, at that moment, it seemed very natural.

Jacqueline turned her head and spoke to Simon Doyle.

'Ring the bell, Simon. I want another drink.'

с головой ушел в книгу, а мистер Дойл... какая-то настороженность сохранялась на его лице...

Жаклин повторила:

— Расскажите о себе все.

Что и постаралась сделать привыкшая слушаться Корнелия. Про свое житье-бытье она рассказывала канительно, с ненужными подробностями. Роль рассказчицы была ей внове. Обычно она только слушала. А тут мисс де Бельфор пожелала ее выслушать. Когда Корнелия, выговорившись, запнулась, та поторопила:

— Продолжайте. Говорите еще.

И Корнелия продолжала («Конечно, у мамы очень хрупкое здоровье — бывают дни, когда она ничего не ест, кроме овсянки...»), с горечью чувствуя, как скучны ее излияния, и все же польщенная тем, что ее слушают, даже вроде бы с интересом. Впрочем, так ли это? Не прислушивается ли ее слушательница... Нет, не вслушивается ли она во что-то еще? Да, она смотрит на Корнелию, но, может, в комнате есть кто-то еще...

— У нас очень хорошие курсы по искусству, прошлой зимой я слушала лекции по...

(Сколько сейчас времени? Наверняка очень поздно. А она все говорит и говорит. Хоть бы случилось что-нибудь...)

И, словно вняв ее желанию, это «что-то» и случилось. Только тогда это не осозналось как что-то особенное.

Повернувшись к Саймону Дойлу, Жаклин заговорила с ним:

— Позвони, Саймон. Мне хочется еще джина.

Simon Doyle looked up from his magazine and said quietly:

'The stewards have gone to bed. It's after midnight.'

'I tell you I want another drink.'

Simon said: 'You've had quite enough to drink, Jackie.'

She swung round at him.

'What damned business is it of yours?'

He shrugged his shoulders.

'None.'

She watched him for a minute or two. Then she said:

'What's the matter, Simon? Are you afraid?'

Simon did not answer. Rather elaborately he picked up his magazine again.

Cornelia murmured:

'Oh, dear — as late as that — I—must—'

She began to fumble, dropped a thimble...

Jacqueline said: 'Don't go to bed. I'd like another woman here — to support me.' She began to laugh again. 'Do you know what Simon over there is afraid of? He's afraid *I'm* going to tell you the story of *my* life.'

'Oh — er—' Cornelia spluttered a little.

Jacqueline said clearly:

'You see, he and I were once engaged.'

'Oh, really?'

Cornelia was the prey of conflicting emotions. She was deeply embarrassed but at the same time

Саймон Дойл оторвался от журнала и ровным голосом сказал:

— Стюарды легли. Время уже ночь.

— Говорю тебе, мне хочется.

— Ты уже достаточно выпила, Джеки, — сказал Саймон.

Она всем корпусом крутанулась в его сторону:

— А тебе какое дело?

Он пожал плечами:

— Никакого.

С минуту она молча смотрела на него. Потом сказала:

— Что случилось, Саймон? Ты боишься?

Саймон промолчал. Он снова с деланым интересом взял в руки журнал.

Корнелия пробормотала:

— Боже, как я задержалась... мне нужно...

Она затеребила свое вязанье, уронила наперсток...

— Не уходите спать, — сказала Жаклин. — Мне тут нужна женская поддержка. — Она снова рассмеялась. — А вы знаете, чего этот Саймон боится? Он боится, что я могу рассказать вам историю *своей* жизни.

— Э-э... м-м... — мямлила Корнелия.

А Жаклин ясным голосом сказала:

— Понимаете, в свое время мы были помолвлены.

— Правда?

Корнелию раздирали противоречивые чувства. Ей было крайне неловко, и в то же время она бы-

pleasurably thrilled. How — how *black* Simon Doyle was looking.

'Yes, it's a very sad story,' said Jacqueline; her soft voice was low and mocking. 'He treated me rather badly, didn't you, Simon?'

Simon Doyle said brutally: 'Go to bed, Jackie. You're drunk.'

'If you're embarrassed, Simon dear, you'd better leave the room.'

Simon Doyle looked at her. The hand that held the magazine shook a little, but he spoke bluntly.

'I'm staying,' he said.

Cornelia murmured for the third time, 'I really must — it's so late—'

'You're not to go,' said Jacqueline. Her hand shot out and held the other girl in her chair. 'You're to stay and hear what I've go to say.'

'Jackie,' said Simon sharply, 'you're making a fool of yourself! For God's sake, go to bed.'

Jacqueline sat up suddenly in her chair. Words poured from her rapidly in a soft hissing stream.

'You're afraid of a scene, aren't you? That's because you're so English — so reticent! You want me to behave "decently", don't you? But I don't care whether I behave decently or not! You'd better get out of here quickly — because I'm going to talk — a lot.'

Jim Fanthorp carefully shut his book, yawned, glanced at his watch, got up and strolled out. It was a very British and utterly unconvincing performance.

ла приятно возбуждена. В каком мрачном свете представал Саймон Дойл!

— Да, это очень грустная история, — сказала Жаклин; в ее негромко звучавший мягкий голос вкрались поддразнивающие нотки. — Неважно ты со мной обошелся, правда, Саймон?

— Иди спать, Джеки, — отрезал Саймон Дойл. — Ты пьяная.

— Если ты стесняешься меня, дорогой, уходи сам.

Саймон Дойл поднял на нее глаза. Рука с журналом подрагивала, но голос прозвучал жестко.

— Никуда я не пойду, — сказал он.

— Мне в самом деле... уже так поздно... — снова принялась канючить Корнелия.

— Никуда вы не пойдете, — сказала Жаклин. Она потянулась к ней и удержала девушку на стуле. — Оставайтесь и слушайте, что я скажу.

— Джеки! — взорвался Саймон. — Не позорься. Иди спать, ради Христа.

Жаклин так и взвилась на стуле. Прорвавшись, свистящим потоком заструились слова:

— Ты боишься, что я устрою сцену, да? Поэтому ты так по-английски держишься — такой ты сдержанный! Ты хочешь, чтобы я себя прилично вела, да? А мне плевать, прилично я себя веду или нет. Убирайся отсюда — и поживее, потому что я хочу выговориться.

Джим Фанторп аккуратно закрыл книгу, зевнул, бросил взгляд на часы, встал и неторопливо вышел. Очень английское — и абсолютно неубедительное поведение.

Jacqueline swung round in her chair and glared at Simon.

'You damned fool,' she said thickly, 'do you think you can treat me as you have done and get away with it?'

Simon Doyle opened his lips, then shut them again. He sat quite still as though he were hoping that her outburst would exhaust itself if he said nothing to provoke her further.

Jacqueline's voice came thick and blurred. It fascinated Cornelia, totally unused to naked emotions of any kind.

'I told you,' said Jacqueline, 'that I'd kill you sooner than see you go to another woman ... You don't think I meant that? *You're wrong.* I've only been — waiting! You're *my* man! Do you hear? You belong to me...'

Still half did not speak. Jacqueline's hand fumbled a moment or two on her lap. She leant forward.

'I told you I'd kill you and I meant it ...' Her hand came up suddenly with something in it that flashed and gleamed. 'I'll shoot you like a dog — like the dirty dog you are ...'

Now at last Simon acted. He sprang to his feet, but at the same moment she pulled the trigger...

Simon half twisted — fell across a chair ... Cornelia screamed and rushed to the door. Jim Fanthorp was on the deck leaning over the rail. She called to him.

'Mr Fanthorp... Mr Fanthorp...'

He ran to her; she clutched at him incoherently...

Снова повернувшись к нему, Жаклин уставила на Саймона яростно сверкающие глаза.

— Ты дурак, — заговорила она заплетающимся языком, — если думаешь, что я оставлю тебя в покое после такого обращения со мной.

Саймон Дойл открыл и закрыл рот. Он сидел, сохраняя выдержку, словно надеясь на то, что ее вспышка погаснет сама собой, если он не подольет масла в огонь, промолчит.

Речь Жаклин стала совсем нечленораздельной. Непривычная к столь откровенным излияниям чувств, Корнелия сидела обмерев.

— Я тебе говорила, — продолжала Жаклин, — что скорее убью тебя, чем отдам другой женщине... Думаешь, это были пустые слова? Ошибаешься. Я выжидала. Ты — *мой*. Слышишь? Мой собственный...

Саймон по-прежнему отмалчивался. Подавшись вперед, Жаклин шарила у себя в юбке.

— Я говорила, что убью тебя, значит, убью... — Она вздернула руку, что-то блеснуло, сверкнуло в ней. — Я застрелю тебя как собаку, ты умрешь собачьей смертью...

Тут только Саймон пробудился. Он вскочил на ноги, и в ту же минуту она спустила курок.

Саймон переломился и рухнул на стул. Вскрикнув, Корнелия выбежала за дверь. На палубе, держась за поручень, стоял Джим Фанторп. Она позвала:

— Мистер Фанторп!

Тот уже бежал к ней; не помня себя, она схватила его за руку.

'She's shot him — Oh! She's shot him...'

Simon Doyle still lay as he had fallen half into and across a chair... Jacqueline stood as though paralysed. She was trembling violently, and her eyes, dilated and frightened, were staring at the crimson stain slowly soaking through Simon's trouser leg just below the knee where he held a handkerchief close against the wound.

She stammered out:

'I didn't mean ... Oh, my God, I didn't really mean...'

The pistol dropped from her nervous fingers with a clatter on the floor. She kicked it away with her foot. It slid under one of the settees.

Simon, his voice faint, murmured:

'Fanthorp, for heaven's sake — there's someone coming ... Say it's all right — an accident — something. There mustn't be a scandal over this.'

Fanthorp nodded in quick comprehension. He wheeled round to the door where a startled face showed. He said:

'All right — all right — just fun!'

The servant's face looked doubtful, puzzled, then reassured. He nodded and went off. Fanthorp turned back.

'That's all right. Don't think anybody else heard. Only sounded like a cork, you know. Now the next thing—'

He was startled. Jacqueline suddenly began to weep hysterically.

'Oh, God, I wish I were dead ... I'll kill myself. I'll be better dead ... Oh, what have I done — what have I done?'

— Она застрелила его, застрелила!

Саймон Дойл лежал, перевесившись, на стуле. Жаклин стояла обеспамятев. Ее колотило, выкатившимися от ужаса глазами она смотрела, как на брючине, под коленом, где Саймон прижимал носовой платок, набухало алое пятно.

Запинаясь, она повторяла:
— Я не хотела... Господи, я же не хотела...

Из дрожащих пальцев выпал, стукнув об пол, револьвер. Она отшвырнула его ногой. Револьвер скользнул под диван.

Саймон еле слышно сказал:
— Фанторп, заклинаю — там уже кто-то идет... Скажите, что все обошлось, что это случайность, — что угодно. Нельзя, чтобы это получило огласку.

Фанторп понимающе кивнул. Он обернулся к двери, в которую уже просунул голову перепуганный нубиец.

— Все в порядке, — сказал он. — Мы шутим.

Опаска и озадаченность на темном лице изгладились, белозубо сверкнула широкая ухмылка. Мальчик кивнул и пропал.

— Тут уладили, — сказал Фанторп. — Не думаю, чтобы кто-нибудь еще слышал. Это было не громче хлопнувшей пробки. Теперь вот что...

Но теперь, пугая его, Жаклин разразилась истерикой:
— Господи, я хочу умереть... Я убью себя! Мне лучше умереть. Что же я наделала... что я наделала...

Cornelia hurried to her.

'Hush, dear, hush.'

Simon, his brow wet, his face twisted with pain, said urgently:

'Get her away. For God's sake, get her out of here! Get her to her cabin, Fanthorp. Look here, Miss Robson, get that hospital nurse of yours.' He looked appealingly from one to the other of them. 'Don't leave her. Make quite sure she's safe with the nurse looking after her. Then get hold of old Bessner and bring him here. For God's sake, don't let any news of this get to my wife.'

Jim Fanthorp nodded comprehendingly. The quiet young man was cool and competent in an emergency.

Between them he and Cornelia got the weeping, struggling girl out of the saloon and along the deck to her cabin. There they had more trouble with her. She fought to free herself; her sobs redoubled.

'I'll drown myself ... I'll drown myself ... I'm not fit to live ... Oh, Simon — Simon!'

Fanthorp said to Cornelia:

'Better get hold of Miss Bowers. I'll stay while you get her.'

Cornelia nodded and hurried out.

As soon as she left, Jacqueline clutched Fanthorp.

'His leg — it's bleeding — broken... He may bleed to death. I must go to him ... Oh, Simon — Simon — how could I?'

Her voice rose. Fanthorp said urgently:

'Quietly — quietly ... He'll be all right.'

К ней поспешила Корнелия:

— Тише, дорогая, тише.

Подняв искаженное болью, взмокшее лицо, Саймон твердо сказал:

— Уведите ее отсюда. Ради бога, уведите! Отведите ее в каюту, Фанторп. Мисс Робсон, пожалуйста, приведите к ней вашу сиделку. — Он с мольбой глядел на них обоих. — Не оставляйте ее, пока не убедитесь, что сиделка смотрит за ней и она в безопасности. Потом поднимайте старину Бесснера и ведите сюда. И не дай бог, если что-нибудь узнает моя жена.

Джим Фанторп понятливо кивнул. В крайних обстоятельствах молодой человек проявил выдержку и расторопность.

Взяв Жаклин под руки, они с Корнелией вывели ее, рыдающую и отбивающуюся, из салона и довели до каюты. Тут с ней стало совсем трудно справиться. Она вырывалась, все безутешнее рыдала:

— Утоплюсь... утоплюсь... Какая мне теперь жизнь... Ах, Саймон... Саймон...

Фанторп сказал Корнелии:

— Ступайте-ка за мисс Бауэрз. Я пока побуду с ней.

Кивнув, Корнелия убежала.

Тут же Жаклин вцепилась в Фанторпа:

— Нога! У него идет кровь... Он умрет от потери крови. Мне надо к нему... Ах, Саймон, Саймон... Как же я могла?

Снова она сорвалась в крик. Фанторп твердым голосом сказал:

— Спокойно. Спокойно. С ним все обойдется.

She began to struggle again.

'Let me go! Let me throw myself overboard ... Let me kill myself!'

Fanthorp, holding her by the shoulders, forced her back on to the bed.

'You must stay here. Don't make a fuss. Pull yourself together. It's all right, I tell you.'

To his relief, the distraught girl did manage to control herself a little, but he was thankful when the curtains were pushed aside and the efficient Miss Bowers, neatly dressed in a hideous kimono, entered accompanied by Cornelia.

'Now then,' said Miss Bowers briskly, 'what's all this?'

She took charge without any sign of surprise and alarm.

Fanthorp thankfully left the overwrought girl in her capable hands and hurried along to the cabin occupied by Dr Bessner. He knocked and entered on top of the knock.

'Dr Bessner?'

A terrific snore resolved itself, and a startled voice said:

'So? What is it?'

By this time Fanthorp had switched the light on. The doctor blinked up at him, looking rather like a large owl.

'It's Doyle. He's been shot. Miss de Bellefort shot him. He's in the saloon. Can you come?'

Она стала вырываться:

— Пустите! Я брошусь в воду... Дайте мне убить себя!

Держа ее за плечи, Фанторп усадил ее на постель.

— Вы должны остаться здесь. Не шумите. Возьмите себя в руки. Говорю вам, все будет хорошо.

Утешало, что безумица как-то совладала с собой, но вздохнул он с облегчением лишь тогда, когда портьеры раздвинулись и в сопровождении Корнелии вошла знающая свое дело мисс Бауэрз, затянутая в ужасающее кимоно.

— Так, — сказала мисс Бауэрз бодрым голосом, — что тут у вас?

Она приступила к своим обязанностям, не выказав и тени тревоги или удивления.

Поручив девушку умелому надзору, Фанторп, успокоившись, поспешил к каюте доктора Бесснера. Он постучал и сразу вошел.

— Доктор Бесснер?

Громогласный храп, затем испуганный голос откликнулся:

— So?[1] Что такое?

Фанторп уже включил свет. Доктор смотрел на него, по-совиному моргая.

— Дойл. В него стреляли. Мисс де Бельфор стреляла. Он в салоне. Вы можете пойти?

---

[1] *Здесь:* Что? *(нем.)*

The stout doctor reacted promptly. He asked a few curt questions, pulled on his bedroom slippers and a dressinggown, picked up a little case of necessaries and accompanied Fanthorp to the lounge.

Simon had managed to get the window beside him open. He was leaning his head against it, inhaling the air. His face was a ghastly colour.

Dr Bessner came over to him.
'Ha? So? What have we here?'
A handkerchief sodden with blood lay on the carpet, and on the carpet itself was a dark stain.
The doctor's examination was punctuated with grunts and exclamations.
'Yes, it is bad this ... The bone is fractured. And a big loss of blood. Herr Fanthorp, you and I must get him to my cabin. So — like this. He cannot walk. We must carry him, thus.'
As they lifted him Cornelia appeared in the doorway. Catching sight of her, the doctor uttered a grunt of satisfaction.
'Ach, it is you? Goot. Come with us. I have need of assistance. You will be better than my friend here. He looks a little pale already.'
Fanthorp emitted a rather sickly smile.
'Shall I get Miss Bowers?' he asked.

Dr Bessner threw a considering glance over Cornelia.

Тучный доктор среагировал незамедлительно. Он задал несколько отрывистых вопросов, натянул халат, сунул ноги в шлепанцы, взял обязательный саквояжик и вместе с Фанторпом направился в салон.

Между тем Саймон смог открыть ближайшее к нему окно. Прислонив к раме голову, он вдыхал свежий воздух. Лицо у него было мертвенно-бледным.

Доктор Бесснер подошел к нему:

— So? Что у нас здесь?

Набухший от крови носовой платок лежал на ковре, уже отмеченном темным пятном.

Осмотр сопровождался ворчанием и восклицаниями на немецком языке:

— Да, дело плохо... Кость задета. Большая потеря крови. Герр Фанторп, мы должны оба отвести его в мою каюту. So — вот так. Он не может идти. Мы должны нести его — вот так.

Они уже подняли его, когда в дверях появилась Корнелия.

— А-а, это вы. Gut[1]. Идите с нами. Мне нужна помощь. Вы справитесь лучше, чем мой товарищ. Он заранее бледнеет.

Фанторп выдавил слабую улыбку.

— Не нужно позвать мисс Бауэрз? — спросил он.

Доктор Бесснер бросил на Корнелию оценивающий взгляд.

---

[1] Хорошо *(нем.)*.

'You will do very well, young lady,' he announced. 'You will not faint or be foolish, hein?'

'I can do what you tell me,' said Cornelia eagerly.

Bessner nodded in a satisfied fashion.
The procession passed along the deck.
The next ten minutes were purely surgical and Mr Jim Fanthorp did not enjoy it at all. He felt secretly ashamed of the superior fortitude exhibited by Cornelia.

'So, that is the best I can do,' announced Dr Bessner at last. 'You have been a hero, my friend.' He patted Simon approvingly on the shoulder. Then he rolled up his sleeve and produced a hypodermic needle. 'And now I will give you something to make you sleep. Your wife, what about her?'

Simon said weakly:

'She needn't know till the morning ...' He went on: 'I — you mustn't blame Jackie ... It's been all my fault. I treated her disgracefully ... poor kid — she didn't know what she was doing ...'

Dr Bessner nodded comprehendingly.

'Yes, yes — I understand ...'

'My fault—' Simon urged. His eyes went to Cornelia. 'Someone — ought to stay with her. She might — hurt herself—'

Dr Bessner injected the needle. Cornelia said, with quiet competence:

— Вы очень хорошо справитесь, фройляйн, — объявил он. — Вы не падаете в обморок, не делаете глупостей — nein[1].

— Я все сделаю, как вы скажете, — с готовностью подтвердила Корнелия.

Доктор Бесснер удовлетворенно кивнул.

Процессия вышла на палубу.

Следующие десять минут были посвящены хирургическим манипуляциям, и они совсем не пришлись по вкусу мистеру Джиму Фанторпу. Ему было неловко, что Корнелия обнаружила большее присутствие духа.

— So, на большее я не способен, — заявил доктор Бесснер, окончив. — Вы держались героем, мой друг. — Он одобрительно потрепал Саймона по плечу. Потом закатал ему рукав сорочки и достал шприц. — Сейчас я сделаю вам укол для сна. Ваша жена — как быть с ней?

Саймон слабо отозвался:

— Она не должна знать до утра. И, — продолжал он, — не вините ни в чем Джеки. Я сам виноват. Я безобразно обошелся с ней. Бедняга... она не ведала, что творит.

Доктор Бесснер кивнул:

— Да-да, я понимаю...

— Я виноват... — настаивал Саймон. Он перевел взгляд на Корнелию. — Кому-нибудь нужно остаться с ней. Она может... навредить себе...

Доктор Бесснер ввел иглу. Ровным, уверенным голосом Корнелия сказала:

---

[1] Ничего такого *(нем.)*.

'It's all right, Mr Doyle. Miss Bowers is going to stay with her all night ...'

A grateful look flashed over Simon's face. His body relaxed. His eyes closed. Suddenly he jerked them open.

'Fanthorp?'

'Yes, Doyle.'

'The pistol ... Ought not to leave it ... lying about... The servents will find it in the morning...'

Fanthorp nodded.

'Quite right. I'll go and get hold of it now.'

He went out of the cabin and along the deck. Miss Bowers appeared at the door of Jacqueline's cabin.

'She'll be all right now,' she announced. 'I've given her a morphine injection.'

'But you'll stay with her?'

'Oh, yes. Morphia excites some people. I shall stay all night.'

Fanthorp went on to the lounge.

Some three minutes later there was a tap on Bessner's cabin door.

'Dr Bessner?'

'Yes?' The stout man appeared.

Fanthorp beckoned him out on the deck.

'Look here — I can't find that pistol ...'

'What is that?'

'The pistol. It dropped out of the girl's hand. She kicked it away and it went under a settee. *It isn't under that settee now.*'

They stared at each other.

'But who can have taken it?'

Fanthorp shrugged his shoulders.

— Не беспокойтесь, мистер Дойл. Мисс Бауэрз останется с ней на всю ночь.

На просветлевшем лице Саймона выразилась признательность. Он расслабился. Закрылись глаза. Вдруг он широко распахнул их.

— Фанторп!
— Да, Дойл?
— Револьвер... нельзя, чтобы он оставался там. Утром его найдет прислуга.

Фанторп кивнул:

— Правильно. Сейчас же пойду и заберу его.

Он вышел. У каюты Жаклин его перехватила мисс Бауэрз.

— Все обойдется, — заявила она. — Я сделала ей укол морфия.
— Вы останетесь?
— Конечно. На некоторых морфий действует возбуждающе. Я останусь на всю ночь.

Фанторп пошел дальше.

Минуты через три к доктору Бесснеру постучали.

— Доктор Бесснер!
— Да? — Толстяк открыл дверь.

Фанторп поманил его на палубу.

— Послушайте... Я не могу найти револьвер...
— Что такое?
— Револьвер. Он выпал из ее руки. Она ногой отшвырнула его под диван. Сейчас его там нет.

Оба уставились друг на друга.
— Кто же мог его взять?
Фанторп пожал плечами.

Bessner said:

'It is curious, that. But I do not see what we can do about it.'

Puzzled and vaguely alarmed, the two men separated.

Chapter 12

Hercule Poirot was just wiping the lather from his freshly shaved face when there was a quick tap on the door and hard on top of it Colonel Race entered unceremoniously. He closed the door behind him. He said:

'Your instinct was quite correct. It's happened.'

Poirot straightened up and asked sharply:

'What has happened?'

'Linnet Doyle's dead — shot through the head last night.'

Poirot was silent for a minute, two memories vividly before him — a girl in a garden at Aswan saying in a hard breathless voice, 'I'd like to put my dear little pistol against her head and just press the trigger,' and another more recent memory, the same voice saying: 'One feels one can't go on — the kind of day when something breaks'—and that strange momentary flash of appeal in her eyes. What had been the matter with him not to respond to that appeal? He had been blind, deaf, stupid with his need for sleep...

Race went on:

'I've got some slight official standing — they sent for me, put it in my hands. The boat's due to

Бесснер сказал:

— Любопытно, да. Но я не представляю, что мы можем сделать в этом случае.

Они расстались озадаченные, в смутной тревоге.

Глава 12

Эркюль Пуаро вытирал свежевыбритое лицо, когда в дверь нетерпеливо постучали и, не дождавшись ответа, в каюту вошел полковник Рейс. Войдя, он притворил за собой дверь.

— Чутье вас не обмануло, — сказал он. — Это случилось.

Пуаро выпрямился и отрывисто спросил:

— Что?

— Линит Дойл погибла — ей прострелили голову ночью.

С минуту Пуаро молчал, ему живо вспомнились две сцены — Асуан, парк, свистящий девичий шепот: «Я бы хотела приставить мой пистолетик к ее голове и спустить курок»; и недавняя, голос тот же: «Чувствуется, что так продолжаться не может, это такой день, когда что-то случается»; и это странное выражение мольбы в ее глазах. Что же сталось с ним, что он не откликнулся на эту мольбу? Из-за этого своего полусна он ослеп, оглох и поглупел...

Рейс продолжал:

— Я тут до некоторой степени официальное лицо; за мной послали, просили разобраться. Через

start in half an hour, but it will be delayed till I give the word. There's a possibility, of course, that the murderer came from the shore.'

Poirot shook his head.

Race acquiesced in the gesture.

'I agree. One can pretty well rule that out. Well, man, it's up to you. This is your show.'

Poirot had been attiring himself with a neat-fingered celerity. He said now:

'I am at your disposal.'

'Bessner should be there by now. I sent the steward for him.'

There were four cabins de luxe, with bathrooms, on the boat. Of the two on the port side one was occupied by Dr Bessner, the other by Andrew Pennington. On the starboard side the first was occupied by Miss Van Schuyler, and the one next to it by Linnet Doyle. Her husband's dressing cabin was next door.

A steward was standing outside the door of Linnet Doyle's cabin. He opened the door for them and they passed inside. Dr Bessner was bending over the bed. He looked up and grunted as the other two entered.

'What can you tell us, Doctor, about this business?' asked Race.

Bessner rubbed his unshaven jaw meditatively.

'Ach! She was shot — shot at close quarters. See — here just above the ear — that is where the bullet entered. A very little bullet — I should say a .22. The pistol, it was held close against her head — see, there is blackening here, the skin is scorched.'

полчаса пароход должен сниматься с якоря, но без моего распоряжения он никуда не тронется. Конечно, есть вероятность, что убийца пришел с берега.

Пуаро замотал головой.

Рейс согласно кивнул в ответ:

— Я тоже так думаю. Это можно смело исключить. Вам решать, старина. Сейчас ваш выход.

Пуаро между тем расторопно приводил себя в порядок.

— Я в вашем распоряжении, — сказал он.

— Там сейчас должен быть Бесснер, я послал за ним стюарда.

Всего на пароходе было четыре каюты люкс. Две по левому борту занимали доктор Бесснер и Эндрю Пеннингтон; по правому борту в первой располагалась мисс Ван Шуйлер, во второй — Линит Дойл. Следующая за ней была гардеробная ее мужа.

У каюты Линит Дойл стоял белый от страха стюард. Он открыл дверь и пропустил Пуаро и Рейса. Над постелью склонился доктор Бесснер. Подняв глаза на входящих, он что-то пробурчал.

— Что вы можете нам сказать, доктор? — спросил Рейс.

Бесснер в раздумье скреб небритый подбородок.

— Ach! Ее застрелили с близкого расстояния. Смотрите: вот, прямо над ухом — здесь вошла пуля. Очень мелкая пуля, я думаю, двадцать второго калибра. Револьвер — его держали почти вплотную к голове, видите — темное пятно, это обгорела кожа.

Again in a sick wave of memory Poirot thought of those words uttered in Aswan.

Bessner went on.

'She was asleep — there was no struggle — the murderer crept up in the dark and shot her as she lay there.'

'*Ah! non!*' Poirot cried out. His sense of psychology was outraged. Jacqueline de Bellefort creeping into a darkened cabin, pistol in hand — no, it did not 'fit', that picture.

Bessner stared at him with his thick lenses.

'But that is what happened, I tell you.'

'Yes, yes. I did not mean what you thought. I was not contradicting you.'

Bessner gave a satisfied grunt.

Poirot came up and stood beside him. Linnet Doyle was lying on her side. Her attitude was natural and peaceful. But above the ear was a tiny hole with an incrustation of dried blood round it.

Poirot shook his head sadly. Then his gaze fell on the white painted wall just in front of him and he drew in his breath sharply. Its white neatness was marred by a big wavering letter J scrawled in some brownish-red medium.

Poirot stared at it, then he leaned over the dead girl and very gently picked up her right hand. One finger of it was stained a brownish-red.

'*Non d'un nom d'un nom!*' ejaculated Hercule Poirot.

Снова накатило тошнотворное воспоминание о тех словах в Асуане.

Бесснер продолжал:

— Она спала, нет никаких следов борьбы, убийца в темноте прокрался к лежавшей и выстрелил.

— Ah! Non! — выкрикнул Пуаро. Пропадавший в нем психолог был глубоко оскорблен. Чтобы Жаклин де Бельфор с револьвером в руке кралась по темной каюте — нет, концы не сходились.

Бесснер уставился на него сквозь толстые стекла очков:

— Но именно так это случилось, уверяю вас.

— Да-да. Я отвечал своим мыслям. С вами я не спорю.

Удовлетворенная воркотня в ответ.

Пуаро подошел и стал рядом. Линит Дойл лежала на боку. Такая естественная, покойная поза. А над ухом крохотная дырочка с коркой запекшейся крови.

Пуаро грустно покачал головой. Тут его взгляд упал на белую стену, и он буквально задохнулся. На ее опрятной поверхности чем-то буровато-красным была коряво выписана буква Ж.

Насмотревшись, Пуаро нагнулся к телу и очень осторожно взял правую руку. На одном пальце осталось буровато-красное пятнышко.

— Non d'un nom d'un nom![1] — воскликнул Эркюль Пуаро.

---

[1] Черт возьми, черт возьми! *(фр.)*

'Eh? What is that?'

Dr Bessner looked up.

'Ach! *That*.'

Race said:

'Well, I'm damned. What do you make of that, Poirot?'

Poirot swayed a little on his toes.

'You ask me what I make of it. *Eh bien*, it is very simple, is it not? Madame Doyle is dying; she wishes to indicate her murderer, and so she writes with her finger, dipped in her own blood, the initial letter of her murderer's name. Oh, yes, it is astonishingly simple.'

'Ach, but—'

Dr Bessner was about to break out, but a peremptory gesture from Race silenced him.

'So it strikes you that?' he asked slowly.

Poirot turned round on him, nodding his head.

'Yes, yes. It is, as I say, of an astonishing simplicity! It is so familiar, is it not? *It has been done so often*, in the pages of the romance of crime! It is now, indeed, a little *vieux jeu*! It leads one to suspect that our murderer is — old-fashioned!'

Race drew a long breath.

'I see,' he said. 'I thought at first—' He stopped.

Poirot said with a very faint smile:

— Э-э! Что такое?

И доктор Бесснер взглянул на стену:

— Ach! Это...

Рейс сказал:

— Дьявольщина! Что вы на это скажете, Пуаро?

Пуаро несколько раз пружинисто поднялся и опустился на носках.

— Вы спрашиваете, что я скажу по этому поводу. Eh bien, это очень просто, не так ли? Мадам Дойл умирает, она хочет указать на убийцу, и вот она смачивает палец своей кровью и пишет инициал убийцы. Да, это поразительно просто.

— Ach! Но...

Доктор Бесснер готовился заговорить, но Рейс жестом призвал его к молчанию.

— Такое, значит, у вас складывается впечатление? — врастяжку спросил он.

Повернувшись к нему, Пуаро кивнул:

— Да, все это, я говорю, поражает своей простотой. И очень знакомо, не так ли? Такое часто случается на страницах детективного романа. Сейчас это и впрямь vieux jeu[1]. Невольно начинаешь думать, что у нашего убийцы старомодный вкус.

Рейс перевел дух.

— Понятно, — сказал он. — А то я было подумал... — Он оборвал себя.

Бегло улыбнувшись, Пуаро сказал:

---

[1] Старая игра *(фр.)*.

'That I believed in all the old clichés of melodrama? But pardon, Dr Bessner, you were about to say—?'

Bessner broke out gutturally:

'What do I say? Pah! I say it is absurd — it is the nonsense! The poor lady she died instantaneously. To dip her finger in the blood (and as you see, there is hardly any blood) and write the latter J upon the wall. Bah — it is the nonsense — the melodramatic nonsense!'

'*C'est de l'enfantillage*,' agreed Poirot.

'But it was done with a purpose,' suggested Race.

'That — naturally,' agreed Poirot, and his face was grave.

Race said. 'What does J stand for?'

Poirot replied promptly:

'J stands for Jacqueline de Bellefort, a young lady who declared to me less than a week ago that she would like nothing better than to—' he paused and then deliberately quoted, ' "to put my dear little pistol close against her head and then just press with my finger ..." '

'*Gott im Himmel!* exclaimed Dr Bessner.

There was a momentary silence. Then Race drew a deep breath and said:

'*Which is just what was done here?*'

— Что я верю в избитые штампы мелодрамы? Однако извините, доктор Бесснер, вы что-то хотели сказать.

Бесснер возмущенно заклекотал:

— Что хотел сказать! Ф-фу! Что это все абсурд! Нонсенс. Несчастная дама умерла мгновенно. Чтобы обмакнуть палец в кровь (а здесь, как видите, и крови мало) и написать на стене букву Ж — ф-фу! — это нонсенс, мелодраматический нонсенс!

— C'est de l'enfantillage[1], — согласился Пуаро.
— Но сделано это с каким-то намерением, — рассудил Рейс.
— Естественно, — согласился помрачневший Пуаро.
— Интересно, что стоит за буквой Ж? — спросил Рейс.

На это Пуаро незамедлительно ответил:

— За ней стоит Жаклин де Бельфор, молодая дама, которая несколько дней назад объявила мне, что больше всего на свете желает... — Он остановился и потом размеренно процитировал: — «Приставить к ее голове маленький пистолетик и спустить курок».

— Gott im Himmel![2] — воскликнул доктор Бесснер.

С минуту все молчали. Рейс глубоко вздохнул и сказал:

— То есть именно то, что и произошло здесь?

---

[1] Ребячество *(фр.)*.
[2] Силы небесные! *(нем.)*

Bessner nodded.

'That is so, yes. It was a pistol of very small calibre — as I say, probably a .22. The bullet has got to be extracted, of course, before we can say definitely.'

Race nodded in swift comprehension. Then he said:

'What about time of death?'

Bessner stroked his jaw again. His finger made a rasping sound.

'I would not care to be too precise. It is now eight o'clock. I will say, with due regard to the temperature last night, that she has been dead certainly six hours and probably not longer than eight.'

'That puts it between midnight and two a.m.'

'That is so.'

There was a pause. Race looked around.

'What about her husband? I suppose he sleeps in the cabin next door.'

'At the moment,' said Dr Bessner, 'he is asleep in my cabin.'

Both men looked very surprised.

Bessner nodded his head several times.

'Ach, so. I see you have not been told about that. Mr Doyle was shot last night in the saloon.'

'Shot? By whom?'

'By the young lady, Jacqueline de Bellefort.'

Race asked sharply: 'Is he badly hurt?'

'Yes, the bone was splintered. I have done all that is possible at the moment, but it is necessary, you understand, that the fracture should be X-rayed as soon as possible and proper treatment given, such as is impossible on this boat.'

Бесснер кивнул:

— Именно так, да. Это был револьвер очень малого калибра, возможно, как я сказал, двадцать второй. Чтобы сказать точно, нужно прежде извлечь пулю.

Понятливо кивнув, Рейс спросил:

— А когда наступила смерть?

Бесснер снова поскреб подбородок.

— Я не претендую на особенную точность. Сейчас восемь часов. Учитывая температуру воздуха вчера вечером, скажу, что она определенно мертва шесть часов, но не более восьми, пожалуй.

— Получается между полуночью и двумя часами.

— Именно так.

Помолчали. Рейс огляделся.

— Как быть с ее мужем? Я полагаю, он еще спит у себя.

— В настоящую минуту, — сказал доктор Бесснер, — он еще спит в *моей* каюте.

Пуаро и Рейс недоуменно переглянулись.

Бесснер закивал:

— Ach, so. Я вижу, вам не сказали. В мистера Дойла ночью стреляли в салоне.

— Стреляли? Кто?

— Молодая дама, Жаклин де Бельфор.

— Он серьезно пострадал? — спросил Рейс.

— Да, задета кость. Что можно было — я сделал, но срочно нужен рентген и правильное лечение, которое на этом судне невозможно провести.

Poirot murmured:

'Jacqueline de Bellefort.'

His eyes went again to the J on the wall.

Race said abruptly: 'If there is nothing more we can do here for the moment, let's go below. The management has put the smoking room at our disposal. We must get the details of what happened last night.'

They left the cabin. Race locked the door and took the key with him.

'We can come back later,' he said. 'The first thing to do is to get all the facts clear.'

They went down to the deck below, where they found the manager of the *Karnak* waiting uneasily in the doorway of the smoking room.

The poor man was terribly upset and worried over the whole business, and was eager to leave everything in Colonel Race's hands.

'I feel I can't do better than leave it to you, sir, seeing your official position. I'd had orders to put myself at your disposal in the — er — other matter. If you will take charge, I'll see that everything is done as you wish.'

'Good man! To begin with I'd like this room kept clear for me and Monsieur Poirot during this inquiry.'

'Certainly, sir.'

'That's all at present. Go on with your own work. I know where to find you.'

Looking slightly relieved, the manager left the room.

Race said:

Пуаро пробормотал:

— Жаклин де Бельфор.

Его взгляд снова потянулся к букве Ж.

— Если нам тут делать уже нечего, давайте спустимся, — предложил Рейс. — В наше распоряжение отдана курительная комната. Нужна подробная картина всего, что тут было ночью.

Все вышли. Рейс запер дверь и положил ключ в карман.

— Мы еще вернемся сюда, — сказал он. — Первым делом надо прояснить все обстоятельства.

Они спустились на среднюю палубу, где у дверей курительной нетерпеливо переминался администратор «Карнака».

Бедняга был совершенно выбит из колеи случившимся и желал поскорее сбыть бразды правления полковнику Рейсу.

— Лучшее, чем я могу помочь, — это предоставить действовать вам, сэр, поскольку вы официальное лицо. Я уже имею распоряжение во всем слушаться вас — относительно того... другого дела. Если вы возьметесь и за это, я прослежу, чтобы вам во всем содействовали.

— Молодчага! Для начала оставьте за мной и месье Пуаро это помещение на все время расследования.

— Конечно, сэр.

— И пока — все. Занимайтесь своими обязанностями. Я знаю, где вас найти.

Не скрывая облегчения, администратор вышел из комнаты.

Рейс сказал:

'Sit down, Bessner, and let's have the whole story of what happened last night.'

They listened in silence to the doctor's rumbling voice.

'Clear enough,' said Race, when he had finished. 'The girl worked herself up, helped by a drink or two, and finally took a pot shot at the man with a .22 pistol. Then she went along to Linnet Doyle's cabin and shot her as well.'

But Dr Bessner was shaking his head.

'No, no, I do not think so. I do not think that was *possible*. For one thing she would not write her own initial on the wall — it would be ridiculous, *nicht wahr*?'

'She might,' Race declared, 'if she were as blindly mad and jealous as she sounds; she might want to — well — sign her name to the crime, so to speak.'

Poirot shook his head.

'No, no, I do not think she would be as — as *crude* as that.'

'Then there's only one reason for that J. It was put there by someone else deliberately to throw suspicion on her.'

The doctor said:

'Yes, and the criminal was unlucky, because, you see, it is not only *unlikely* that the young Fräulein did the murder — it is also I think *impossible*.'

'How's that?'

— Садитесь, Бесснер, и выкладывайте, что тут случилось ночью.

Они молча слушали рокочущий голос доктора.

— Все более или менее ясно, — сказал Рейс, когда тот кончил. — Девушка взвинтила себя, еще подогрелась горячительным — ну и пульнула в человека из двадцать второго калибра. А потом пошла в каюту Линит Дойл и ту прикончила заодно.

Доктор Бесснер затряс головой:

— Нет-нет! Не думаю. Не думаю, что это было возможно. Прежде всего, она не стала бы писать свой инициал на стене, это было бы смешно, nicht wahr?[1]

— Вполне могла, — заявил Рейс, — если не помнила себя от ревности, о чем она твердит, то вполне могла заверить автографом, так сказать, свое преступление.

Пуаро помотал головой:

— Нет-нет, не думаю, что она может быть настолько *примитивной*.

— Тогда остается лишь одно объяснение для этого инициала. Кто-то специально вывел его на стене, чтобы бросить подозрение на девушку.

Бесснер кивнул:

— Да, и преступник просчитался, ибо не только вряд ли фройляйн могла совершить преступление, но это, я полагаю, просто *невозможно*.

— Почему же?

---

[1] Не так ли? *(нем.)*

Bessner explained Jacqueline's hysterics and the circumstances which had led Miss Bowers to take charge of her.

'And I think — I am sure — that Miss Bowers stayed with her all night.'

Race said: 'If that's so, it's going to simplify matters very much.'

Poirot asked: 'Who discovered the crime?'

'Mrs Doyle's maid, Louise Bourget. She went to call her mistress as usual, found her dead, and came out and flopped into the steward's arms in a dead faint. He went to the manager, who came to me. I got hold of Bessner and then came for you.'

Poirot nodded.

Race said:

'Doyle's got to know. You say he's asleep still?'

The doctor said:

'Yes, he's still asleep in my cabin. I gave him a strong opiate last night.'

Race turned to Poirot.

'Well,' he said, 'I don't think we need detain the doctor any longer, eh? Thank you, Doctor.'

Bessner rose.

'I will have my breakfast, yes. And then I will go back to my cabin and see if Mr Doyle is ready to wake.'

'Thanks.'

Bessner went out. The two men looked at each other.

Бесснер рассказал об истерике Жаклин и обстоятельствах, что вынудили сдать ее под надзор мисс Бауэрз.

— И я думаю, что мисс Бауэрз — я уверен! — оставалась с ней всю ночь.

— Если так, это упрощает дело.

— Кто обнаружил преступление? — спросил Пуаро.

— Горничная миссис Дойл, Луиза Бурже. Как обычно, она пришла ее будить, нашла мертвой, выбежала и без чувств упала на руки проходившему стюарду. Тот пошел к администратору, администратор — ко мне. Я вызвал Бесснера и направился к вам.

Пуаро кивнул.

Рейс сказал:

— Надо известить Дойла. Вы говорите, он еще спит?

Бесснер кивнул:

— Да, он еще спит у меня в каюте. Я дал ему сильное снотворное ночью.

Рейс повернулся к Пуаро.

— Что ж, — сказал он, — больше нет нужды задерживать доктора, да? Благодарю вас, доктор.

Бесснер встал:

— Я пойду завтракать, да. Потом я вернусь к себе в каюту и посмотрю, не проснулся ли мистер Дойл.

— Благодарю вас.

Бесснер вышел. Оставшиеся подняли глаза друг на друга.

'Well, what about it, Poirot?' Race asked. 'You're the man in charge. I'll take my orders from you. You say what's to be done.'

Poirot bowed.

'*Eh bien!*' he said, 'we must hold the court of inquiry. First of all, I think we must verify the story of the affair last night. That is to say, we must question Fanthorp and Miss Robson, who were the actual witnesses of what occurred. The disappearance of the pistol is very significant.'

Race rang a bell and sent a message by the steward.

Poirot sighed and shook his head.

'It is bad, this,' he murmured. 'It is bad.'

'Have you any ideas?' asked Race curiously.

'My ideas conflict. They are not well arranged — they are not orderly. There is, you see, the big fact that this girl hated Linnet Doyle and wanted to kill her.'

'You think she's capable of it?'

'I think so — yes.' Poirot sounded doubtful.

'But not in this way? That's what's worrying you, isn't it? Not to creep into her cabin in the dark and shoot her while she was sleeping. It's the cold-bloodedness that strikes you as not ringing true.'

'In a sense, yes.'

'You think that this girl, Jacqueline de Bellefort, is incapable of a premeditated cold-blooded murder.'

— Итак, какие соображения, Пуаро? — спросил Рейс. — Вы тут главный. Жду распоряжений. Говорите, что делать.

Пуаро поклоном выразил согласие.

— Eh bien, — сказал он, — нам нужно наладить следственную комиссию. В первую очередь, я полагаю, нужно восстановить истинную картину происшедшего этой ночью. То есть нам следует расспросить Фанторпа и мисс Робсон, действительных свидетелей случившегося. Исчезновение револьвера — это очень существенно.

Рейс позвонил и отдал стюарду поручение.

Вздохнув, Пуаро покачал головой.

— Скверно, — пробормотал он. — Скверно.

— У вас есть какие-нибудь соображения? — полюбопытствовал Рейс.

— Они противоречат одно другому. Я пока не утряс их, не привел в порядок. Факт остается фактом: эта девушка ненавидела Линит Дойл и хотела ее убить.

— Вы думаете, она способна на это?

— Я думаю — да. — В голосе Пуаро звучало сомнение.

— Но не таким способом — это вас и сбивает с толку, верно? Не могла она в темноте прокрасться в каюту и пристрелить спящую. Такое хладнокровие кажется вам неправдоподобным, да?

— В известном смысле.

— Вы считаете, что эта девушка, Жаклин де Бельфор, не способна на преднамеренное хладнокровное убийство?

Poirot said slowly: 'I am not sure, you see. She would have the brains — yes. But I doubt if, physically, she could bring herself to do the *act*...'

Race nodded.

'Yes, I see... Well, according to Bessner's story, it would also have been physically impossible.'

'If that is true it clears the ground considerably. Let us hope it is true.' Poirot paused and then added simply: 'I shall be glad if it is so, for I have for that little one much sympathy.'

The door opened and Fanthorp and Cornelia came in. Bessner followed them.

Cornelia gasped out:

'Isn't this just awful? Poor, poor Mrs Doyle! And she was so lovely too. It must have been a real *fiend* who could hurt her! And poor Mr Doyle, he'll go half crazy when he knows! Why, even last night he was so frightfully worried lest she should hear about his accident.'

'That is just what we want you to tell us about, Miss Robson,' said Race. 'We want to know exactly what happened last night.'

Cornelia began a little confusedly, but a question or two from Poirot helped matters.

'Ah, yes, I understand. After the bridge, Madame Doyle went to her cabin. Did she really go to her cabin, I wonder?'

'She did,' said Race. 'I actually saw her. I said good night to her at the door.'

'And the time?'

'Mercy, I couldn't say,' replied Cornelia.

— Знаете, я не уверен, — медленно произнес Пуаро. — Задумать — да, могла. Но я не уверен, что она могла *исполнить* это...

Рейс кивнул:

— Понятно... Бесснер говорит, что она никак не могла это сделать.

— Если так, то здесь все чисто. Будем надеяться, что это так. — Пуаро помедлил и простодушно добавил: — Я буду рад, если это так, потому что я очень сочувствую малышке.

Открылась дверь, и вошли Фанторп и Корнелия, за ними — Бесснер.

Задыхаясь от волнения, Корнелия заговорила:

— Ужас какой! Бедная, бедная миссис Дойл! Такая прелестная. Каким злодеем надо быть, чтобы поднять на нее руку. А мистер Дойл — он сойдет с ума, когда узнает! Как он боялся ночью, чтобы она не узнала о его ране!

— Мы как раз хотим, чтобы вы рассказали нам обо всем, мисс Робсон, — сказал Рейс. — Мы хотим точно знать, что случилось ночью.

Сначала Корнелия сбивалась, но два-три вопроса Пуаро выправили дело.

— Да-да, понимаю: после бриджа мадам Дойл ушла к себе в каюту. Только сразу ли она пошла в каюту?

— Сразу, — сказал Рейс, — Я сам видел. У ее двери я пожелал ей доброй ночи.

— Когда это было?

— Господи, я не знаю, — ответила Корнелия.

'It was twenty past eleven,' said Race.

'*Bien*. Then at twenty past eleven, Madame Doyle was alive and well. At that moment there was in the saloon — who?

Fanthorp answered.

'Doyle was there. And Miss de Bellefort. Myself and Miss Robson.'

'That's so,' agreed Cornelia. 'Mr Pennington had a drink and then went off to bed.'

'That was how much later?'

'Oh, about three or four minutes.'

'Before half-past eleven, then?'

'Oh, yes.'

'So that there were left in the saloon you, Mademoiselle Robson, Mademoiselle de Bellefort, Monsieur Doyle and Monsieur Fanthorp. What were you all doing?'

'Mr Fanthorp was reading a book. I'd got some embroidery. Miss de Bellefort was — she was—'

Fanthorp came to the rescue.

'She was drinking pretty heavily.'

'Yes,' agreed Cornelia. 'She was talking to me mostly and asking me about things at home. And she kept saying things — to me mostly, but I think they were kind of meant for Mr Doyle. He was getting kind of mad at her, but he didn't say anything. I think he thought if he kept quiet she might simmer down.

'But she didn't?'

Cornelia shook her head.

— Было двадцать минут двенадцатого, — сказал Рейс.

— Bien. Значит, в двадцать минут двенадцатого мадам Дойл была жива и невредима. В это время в салоне были — кто?

Фанторп ответил:

— Дойл был. Мисс де Бельфор. И мы с мисс Робсон.

— Правильно, — подтвердила Корнелия. — Пеннингтон допил свой стакан и ушел следом.

— Не намного позже?

— Нет, три-четыре минуты спустя.

— Стало быть, до половины двенадцатого?

— О да!

— Итак, в салоне остались вы, мадемуазель Робсон, мадемуазель де Бельфор, месье Дойл и месье Фанторп. Чем вы все занимались?

— Мистер Фанторп читал. У меня было вязание. Мисс де Бельфор... она...

Фанторп пришел на выручку:

— Она много пила.

— Да, — подтвердила Корнелия. — Она в основном говорила со мной, расспрашивала про домашнюю жизнь. А сама обращалась хоть и ко мне, но как бы в расчете на мистера Дойла. Он злился на нее, но ничего не говорил. Я думаю, он думал, что она сама остынет, если он отмолчится.

— А она не остывала?

Корнелия помотала головой:

'I tried to go once or twice, but she made me stop, and I was getting very, very uncomfortable. And then Mr Fanthorp got up and went out—'

'It was a little embarrassing,' said Fanthorp. 'I thought I'd make an unobtrusive exit. Miss de Bellefort was clearly working up for a scene.'

'And then she pulled out the pistol,' went on Cornelia, 'and Mr Doyle jumped up to try and get it away from her, and it went off and shot him through the leg, and then she began to sob and cry — and I was scared to death and ran out after Mr Fanthorp and he came back with me, and Mr Doyle said not to make a fuss, and one of the servants heard the noise of the shot and came along, but Mr Fanthorp told him it was all right, and then we got Jacqueline away to her cabin and Mr Fanthorp stayed with her while I got Miss Bowers.'

Cornelia paused breathless.

'What time was this?' asked Race.

Cornelia said again, 'Mercy, I don't know,' but Fanthorp answered promptly:

'It must have been about twenty minutes past twelve. I know that it was actually half past twelve when I finally got to my cabin.'

'Now let me be quite sure on one or two points,' said Poirot. 'After Madame Doyle left the saloon, did any of you four leave it?'

'No.'

'You are quite certain Mademoiselle de Bellefort did not leave the saloon at all?'

— Раз-другой я пыталась уйти, но она задержала меня, и мне все время было очень не по себе. Потом мистер Фанторп встал и вышел...

— Неудобно получалось, — сказал Фанторп. — Я подумал: лучше я тихо уйду. Мисс де Бельфор откровенно устраивала сцену.

— И тут она вынула револьвер, — продолжала Корнелия, — мистер Дойл вскочил, чтобы отобрать, но произошел выстрел, и его ранило в ногу; тогда она разрыдалась, стала кричать, а я перепугалась до смерти и побежала за мистером Фанторпом, и он вернулся со мной, и мистер Дойл просил не поднимать шума, но мальчик-нубиец услышал выстрел и пришел, и мистер Фанторп сказал ему, что все обошлось; потом мы отвели Жаклин в ее каюту, и мистер Фанторп оставался с ней, пока я ходила за мисс Бауэрз.

Корнелия смолкла и перевела дух.

— В какое время это было? — спросил Рейс.

— Господи, я не знаю, — сказала Корнелия, но Фанторп незамедлительно ответил:

— Что-нибудь около двадцати минут первого. Я знаю, что было ровно половина первого, когда я наконец добрался до своей каюты.

— Относительно некоторых вещей я должен быть совершенно уверен, — сказал Пуаро. — Когда мадам Дойл ушла, кто-нибудь из вас выходил из салона?

— Никто.

— Вы совершенно уверены в том, что мадемуазель де Бельфор вообще не выходила из салона?

Fanthorp answered promptly: 'Positive. Neither Doyle, Miss de Bellefort, Miss Robson, nor myself left the saloon.'

'Good. That establishes the fact that Mademoiselle de Bellefort could not possibly have shot Madame Doyle before — let us say — twenty past twelve. Now, Mademoiselle Robson, you went to fetch Mademoiselle Bowers. Was Mademoiselle de Bellefort alone in her cabin during that period?'

'No. Mr Fanthorp stayed with her.'

'Good! So far, Mademoiselle de Bellefort has a perfect alibi. Mademoiselle Bowers is the next person to interview, but, before I send for her I should like to have your opinion on one or two points. Monsieur Doyle, you say, was very anxious that Mademoiselle de Bellefort should not be left alone. Was he afraid, do you think, that she was contemplating some further rash act?'

'That is my opinion,' said Fanthorp.

'He was definitely afraid she might attack Madame Doyle?'

'No.' Fanthorp shook his head. 'I don't think that was his idea at all. I think he was afraid she might — er — do something rash to herself.'

'Suicide?'

'Yes. You see, she seemed completely sobered and heart-broken at what she had done. She was full of self-reproach. She kept saying she would be better dead.'

Cornelia said timidly:

— Абсолютно уверен, — сразу ответил Фанторп. — Ни Дойл, ни мисс де Бельфор, ни мы с мисс Робсон — никто не выходил из салона.

— Хорошо. Из этого следует, что, скажем, до двадцати минут первого мадемуазель де Бельфор никак не могла застрелить мадам Дойл. Вы, мадемуазель Робсон, ходили за мадемуазель Бауэрз. Все это время мадемуазель де Бельфор была одна у себя в каюте?

— Нет, с ней оставался мистер Фанторп.

— Хорошо. Пока у мадемуазель де Бельфор полное алиби. Следующей мы пригласим мадемуазель Бауэрз, но прежде мне нужно спросить вас еще кое о чем. Месье Дойл, вы говорите, очень тревожился о том, чтобы мадемуазель де Бельфор не оставляли одну. Как вы считаете, он боялся, что она задумывает еще какое-нибудь безрассудство?

— Именно так, — сказал Фанторп.

— Он, очевидно, боялся, что она представляет опасность для мадам Дойл?

— Нет. — Фанторп замотал головой. — Вряд ли он об этом задумывался. Я думаю, он боялся, что она... э-э... может что-нибудь сделать с собой.

— Самоубийство?

— Да. Понимаете, хмель слетел, и она рвала на себе волосы. Была само раскаяние. Все время повторяла, что хочет умереть.

Корнелия вставила, смущаясь:

'I think he was rather upset about her. He spoke — quite nicely. He said it was all his fault — that he'd treated her badly. He — he was really very nice.'

Hercule Poirot nodded thoughtfully.

'Now about that pistol,' he went on. 'What happened to that?'

'She dropped it,' said Cornelia.

'And afterwards?'

Fanthorp explained how he had gone back to search for it, but had not been able to find it.

'Aha!' said Poirot. 'Now we begin to arrive. Let us, I pray you, be very precise. Describe to me exactly what happened.'

'Miss de Bellefort let it fall. Then she kicked it away from her with her foot.'

'She sort of hated it,' explained Cornelia. 'I know just what she felt.'

'And it went under a settee, you say. Now be very careful. Mademoiselle de Bellefort did not recover that pistol before she left the saloon?'

Both Fanthorp and Cornelia were positive on that point.

'*Précisément*. I seek only to be very exact, you comprehend. Then we arrive at this point. When Mademoiselle de Bellefort leaves the saloon the pistol is under the settee. And since Mademoiselle de Bellefort is not left alone — Monsieur Fanthorp, Mademoiselle Robson or Mademoiselle Bowers being with her — she has no opportunity to get back the pistol after she left the saloon. What time was it, Monsieur Fanthorp, when you went back to look for it?'

— Мне кажется, он сильно тревожился за нее. Он говорил замечательные слова. Говорил, что это его вина, — он плохо обошелся с ней. Он... в самом деле замечательно себя вел.

Эркюль Пуаро задумчиво кивнул.

— Теперь насчет револьвера, — продолжал он. — Как с ним было?

— Она его выронила, — сказала Корнелия.

— А потом?

Фанторп рассказал, как он вернулся за ним, но нигде не мог найти.

— Ага! — сказал Пуаро. — Потихоньку добираемся. Прошу вас, будьте очень внимательны. Опишите в точности, как все было.

— Мисс де Бельфор уронила револьвер. Потом ногой отшвырнула его.

— Он был ей ненавистен, — объяснила Корнелия. — Я представляю себе, что она чувствовала.

— И револьвер, вы говорите, скользнул под диван. Теперь — внимание. Прежде чем уйти, мадемуазель де Бельфор не брала оттуда револьвер?

Фанторп и Корнелия в один голос отвечали отрицательно.

— Précisément[1]. Поймите, я только добиваюсь точности. Итак, выясняется: когда мадемуазель де Бельфор ушла из салона, револьвер лежал под диваном, а поскольку мадемуазель де Бельфор не оставляли одну — с ней были по очереди месье Фанторп, мадемуазель Робсон и мадемуазель Бауэрз, — завладеть им позже она тоже не могла.

---

[1] Так. Уточнили (фр.).

'It must have been just before half past twelve.'

'And how long would have elapsed between the time you and Dr Bessner carried Monsieur Doyle out of the saloon until you returned to look for the pistol?'

'Perhaps five minutes — perhaps a little more.'

'Then in that five minutes *someone removes that pistol from where it lay out of sight under the settee*. That someone was *not* Mademoiselle de Bellefort. Who was it? It seems highly probable that the person who removed it was the murderer of Madame Doyle. We may assume, too, that that person had overheard or seen something of the events immediately preceding.'

'I don't see how you make that out,' objected Fanthorp.

'Because,' said Hercule Poirot, 'you have just told us that *the pistol was out of sight under the settee*. Therefore it is hardly credible that it was discovered by *accident*. It was taken by *someone who knew it was there*. Therefore that someone must have assisted at the scene.'

Fanthorp shook his head.

'I saw no one when I went out on the deck just before the shot was fired.'

'Ah, but you went out by the door on the starboard side.'

'Yes. The same side as my cabin.'

'Then if there had been anybody at the port door looking through the glass you would not have seen him?'

В какое время вы вернулись за ним, месье Фанторп?

— Почти в половине первого.

— А пока вы с доктором Бесснером несли Дойла из салона в каюту и потом вернулись за револьвером — сколько времени прошло?

— Минут пять — может, чуть больше.

— Значит, в эти пять минут кто-то забрал револьвер из-под дивана. И этот «кто-то» не мадемуазель де Бельфор. Кто же? По всей вероятности, забравший револьвер и был убийцей мадам Дойл. Можно также допустить, что предшествующую сцену этот человек подслушал либо подглядел.

— Не понимаю, из чего вы это заключаете, — возразил Фанторп.

— Я заключаю это, — сказал Эркюль Пуаро, — из ваших слов: что револьвер был под диваном, его не было видно. Поэтому маловероятно, что его обнаружили *случайно*. Забравший знал, где он лежит. Значит, кто-то еще участвовал в этом эпизоде.

Фанторп замотал головой:

— Я никого не видел, когда перед самым выстрелом вышел на палубу.

— Вы ведь вышли на правый борт?

— Да, по этому борту моя каюта.

— А если бы кто-то заглядывал в салон с левого борта, вы бы его не увидели?

'No,' admitted Fanthorp.

'Did anyone hear the shot except the servant?'

'Not as far as I know.'

Fanthorp went on:

'You see, the windows in here were all closed. Miss Van Schuyler felt a draught earlier in the evening. The swing doors were shut. I doubt if the shot would be clearly heard. It would only sound like the pop of a cork.'

Race said:

'As far as I know, no one seems to have heard the other shot — the shot that killed Mrs Doyle.'

'That we will inquire into presently,' said Poirot. 'For the moment we still concern ourselves with Mademoiselle de Bellefort. We must speak to Mademoiselle Bowers. But first, before you go'—he arrested Fanthorp and Cornelia with a gesture—'you will give me a little information about yourselves. Then it will not be necessary to call you again later. You first, Monsieur — your full name.'

'James Lechdale Fanthorp.'

'Address?'

'Glasmore House, Market Donnington, Northamptonshire.'

'Your profession?'

'I am a lawyer.'

'And your reasons for visiting this country?'

There was a pause. For the first time the impassive Mr Fanthorp seemed taken a back. He said at last — almost mumbling the words:

— Не увидел бы, — признал Фанторп.
— Кто-нибудь слышал выстрел, кроме мальчика-нубийца?
— Никто, насколько я знаю.

Фанторп продолжал:
— Понимаете, все окна там были закрыты. Мисс Ван Шуйлер с вечера жаловалась на сквозняк. Двери тоже были закрыты. Я вообще сомневаюсь, чтобы в том звуке можно было распознать выстрел. Так, пробка хлопнула.

Рейс сказал:
— И никто, насколько я понимаю, не слышал другого выстрела, которым была убита миссис Дойл.

— Этим займемся чуть позже, — сказал Пуаро. — Пока же мы разбираемся с мадемуазель де Бельфор. Пора переговорить с мадемуазель Бауэрз. Но прежде чем вы уйдете, — он жестом остановил Фанторпа и Корнелию, — скажите о себе несколько слов, чтобы не было нужды посылать за вами снова. Сначала вы, месье, — ваше полное имя?

— Джеймс Лечдейл Фанторп.
— Адрес?
— Гласмор-Хаус, Маркит-Доннингтон, Нортгемптоншир.
— Ваша профессия?
— Я адвокат.
— С какой целью приехали в эту страну?

Наступила пауза. Впервые апатичный мистер Фанторп казался озадаченным. Наконец он только что не промямлил:

'Er — pleasure.'

'Aha!' said Poirot. 'You take the holiday; that is it, yes?'

'Er — yes.'

'Very well, Monsieur Fanthorp. Will you give me a brief account of your own movements last night after the events we have just been narrating?'

'I went straight to bed.'

'That was at—?'

'Just after half past twelve.'

'Your cabin is number twenty-two on the starboard side — the one nearest the saloon.'

'Yes.'

'I will ask you one more question. Did you hear anything — anything at all — after you went to your cabin?'

Fanthorp considered.

'I turned in very quickly. I *think* I heard a kind of splash just as I was dropping off to sleep. Nothing else.'

'You heard a kind of splash? Near at hand?'

Fanthorp shook his head.

'Really, I couldn't say. I was half asleep.'

'And what time would that be?'

'It might have been about one o'clock. I can't really say.'

'Thank you, Monsieur Fanthorp. That is all.'

Poirot turned his attention to Cornelia.

'And now, Mademoiselle Robson. Your full name?'

'Cornelia Ruth. And my address is The Red House, Bellfield, Connecticut.'

— Э-э... с развлекательной... целью.
— Ага! — сказал Пуаро. — Вы в отпуске, так?

— Э-э... да.
— Очень хорошо, месье Фанторп. Будьте любезны, изложите вкратце, что вы делали ночью после событий, о которых тут шла речь?
— Отправился спать.
— Это было?..
— Сразу после половины первого.
— Ваша каюта — двадцать вторая, по правому борту, ближайшая к салону?
— Да.
— Я задам вам еще один вопрос. Когда вы были у себя в каюте, вы ничего не слышали — ничего решительно?

Фанторп задумался.
— Я быстро лег. Кажется, я слышал что-то вроде всплеска, прежде чем уснул. Больше ничего.

— Вы слышали что-то вроде всплеска. А близко?
Фанторп покачал головой:
— Право, не могу сказать. Я почти спал.
— Когда бы это могло быть?
— Что-нибудь около часа. Точно не скажу.

— Благодарю вас, месье Фанторп. Это все.
Теперь внимание Пуаро переключилось на Корнелию.
— Итак, мадемуазель Робсон, ваше полное имя?
— Корнелия Рут. Мой адрес — Ред-Хаус, Белфилд, штат Коннектикут.

'What brought you to Egypt?'

'Cousin Marie, Miss Van Schuyler, brought me along on a trip.'

'Had you ever met Madame Doyle previous to this journey?'

'No, never.'

'And what did you do last night?'

'I went right to bed after helping Dr Bessner with Mr Doyle's leg.'

'Your cabin is—?'

'Forty-one on the port side — right next door to Miss de Bellefort.'

'And did you hear anything?'

Cornelia shook her head.

'I didn't hear a thing.'

'No splash?'

'No, but then I wouldn't, because the boat's against the bank on my side.'

Poirot nodded.

'Thank you, Mademoiselle Robson. Now perhaps you will be so kind as to ask Mademoiselle Bowers to come here.'

Fanthorp and Cornelia went out.

'That seems clear enough,' said Race. 'Unless three independent witnesses are lying, Jacqueline de Bellefort couldn't have got hold of the pistol. But somebody did. And somebody overheard the scene. And somebody was B.F. enough to write a big J on the wall.'

There was a tap on the door and Miss Bowers entered. The hospital nurse sat down in her usual com-

— Что вас привело в Египет?
— Меня взяла в путешествие кузина Мари, мисс Ван Шуйлер.
— Прежде вы виделись с мадам Дойл?

— Нет, никогда.
— Что вы делали этой ночью?
— Я помогла доктору Бесснеру обработать ногу мистера Дойла и потом сразу пошла спать.
— Ваша каюта?..
— Сорок первая, по левому борту, рядом с мисс де Бельфор.
— А вы что-нибудь слышали?
Корнелия покачала головой:
— Ничего.
— Никакого всплеска?
— Нет, но и слышать было нечего, потому что с моей стороны берег.

Пуаро кивнул:
— Благодарю, мадемуазель Робсон. Окажите любезность, попросите мадемуазель Бауэрз прийти сюда.

Фанторп и Корнелия вышли.
— Дело проясняется, — сказал Рейс. — Если трое свидетелей не сговорились, Жаклин де Бельфор никак не могла завладеть револьвером. Но ведь кто-то завладел! И кто-то слышал все, что происходило в салоне. И этот кто-то из самых дружеских чувств вывел инициал «Ж» на стене.

В дверь постучали, и вошла мисс Бауэрз. Сиделка опустилась на стул, как всегда собранная,

posed efficient manner. In answer to Poirot she gave her name, address, and qualifications, adding:

'I've been looking after Miss Van Schuyler for over two years now.'

'Is Mademoiselle Van Schuyler's health very bad?'

'Why, no, I wouldn't say that,' replied Miss Bowers. 'She's not very young, and she's nervous about herself, and she likes to have a nurse around handy. There's nothing serious the matter with her. She just likes plenty of attention, and she's willing to pay for it.'

Poirot nodded comprehendingly. Then he said:

'I understand that Mademoiselle Robson fetched you last night?'

'Why, yes, that's so.'

'Will you tell me exactly what happened?'

'Well, Miss Robson just gave me a brief outline of what had occurred, and I came along with her. I found Miss de Bellefort in a very excited, hysterical condition.'

'Did she utter any threats against Madame Doyle?'

'No, nothing of that kind. She was in a condition of morbid self-reproach. She'd taken a good deal of alcohol, I should say, and she was suffering from reaction. I didn't think she ought to be left. I gave her a shot of morphia and sat up with her.'

'Now, Mademoiselle Bowers, I want you to answer this. Did Mademoiselle de Bellefort leave her cabin at all?'

'No, she did not.'

'And you yourself?'

деловитая. Отвечая Пуаро, она назвалась, сообщила адрес и профессию — и добавила:

— Я приглядываю за мисс Ван Шуйлер уже больше двух лет.

— У мадемуазель Ван Шуйлер скверно со здоровьем?

— Да нет, я бы не сказала, — ответила мисс Бауэрз. — Она немолода, тревожится за себя, и ей хочется, чтобы рядом постоянно была сиделка. Ничего серьезного с ней не происходит. Просто она требует к себе много внимания — и готова за него платить.

Пуаро понимающе кивнул. Потом он сказал:

— Итак, этой ночью мадемуазель Робсон пришла за вами.

— Да, это так.

— Будьте любезны, расскажите, как все было.

— Мисс Робсон в общих чертах рассказала о случившемся, и я пошла с ней. Мисс де Бельфор я обнаружила в очень возбужденном, истерическом состоянии.

— Она чем-нибудь грозила мадам Дойл?

— Нет, ничего подобного. Она была охвачена горьким раскаянием. Она довольно много выпила, кстати сказать, страдала еще и от этого. Я не решилась оставить ее одну. Я сделала ей укол морфия и осталась сидеть с ней.

— Ответьте мне на один вопрос, мадемуазель Бауэрз. Мадемуазель де Бельфор не выходила из каюты?

— Нет, не выходила.

— А вы сами?

'I stayed with her until early this morning.'
'You are quite sure of that?'
'Absolutely sure.'
'Thank you, Mademoiselle Bowers.'

The nurse went out. The two men looked at each other.

Jacqueline de Bellefort was definitely cleared of the crime. Who then had shot Linnet Doyle?

Chapter 13

Race said:

'Someone pinched the pistol. *It wasn't Jacqueline de Bellefort*. Someone knew enough to feel that his crime would be attributed to her. But that someone did *not* know that a hospital nurse was going to give her morphia and sit up with her all night. Add one thing more. Someone had already attempted to kill Linnet Doyle by rolling a boulder over the cliff; that someone was *not* Jacqueline de Bellefort. *Who was it*?'

Poirot said:

'It will be simpler to say who it could not have been. Neither Monsieur Doyle, Madame Allerton, Monsieur Tim Allerton, Mademoiselle Van Schuyler nor Mademoiselle Bowers could have had anything to do with it. They were all within my sight.'

'H'm,' said Race, 'that leaves rather a large field. What about motive?'

'That is where I hope Monsieur Doyle may be able to help us. There have been several incidents—'

— Я оставалась с ней до самого утра.
— Вы совершенно уверены в этом?
— Абсолютно уверена.
— Благодарю вас, мадемуазель Бауэрс.

Сиделка вышла. Пуаро и Рейс обменялись взглядами.

Жаклин де Бельфор определенно была непричастна к преступлению. Кто же тогда застрелил Линит Дойл?

Глава 13

— Кто-то похитил этот револьвер, — сказал Рейс, — Жаклин де Бельфор его не трогала. Это был осведомленный человек, он знал, что его преступление припишут ей. Но он не знал, что сиделка сделает ей укол морфия и останется с ней на всю ночь. И еще: ведь кто-то уже пытался убить Линит Дойл, скатив валун с утеса. И опять Жаклин де Бельфор оказалась ни при чем. Кто же это был?

— Легче сказать, кто им не был, — ответил Пуаро, — месье Дойл, мадам Аллертон, месье Тим Аллертон, мадемуазель Ван Шуйлер и мадемуазель Бауэрс — они не могли иметь к этому отношения. Я их всех видел.

— Хм, — подытожил Рейс, — загадок от этого не стало меньше. Что вы думаете о мотиве?
— Вот тут я надеюсь на помощь месье Дойла. Было два-три эпизода...

The door opened and Jacqueline de Bellefort entered. She was very pale and she stumbled a little as she walked.

'I didn't do it,' she said. Her voice was that of a frightened child. 'I didn't do it. Oh, please believe me. Everyone will think I did it — but I didn't — I didn't. It's — it's awful. I wish it hadn't happened. I might have killed Simon last night — I was mad, I think. But I didn't do the other ...'

She sat down and burst into tears.

Poirot patted her on the shoulder.

'There, there. We know that you did not kill Madame Doyle. It is proved — yes, proved, *mon enfant*. It was not you.'

Jackie sat up suddenly, her wet handkerchief clasped in her hand.

'But who did?'

'That,' said Poirot, 'is just the question we are asking ourselves. You cannot help us there, my child?'

Jacqueline shook her head.

'I don't know ... I can't imagine ... No, I haven't the faintest idea.'

She frowned deeply. 'No,' she said at last. 'I can't think of anyone who wanted her dead'—her voice faltered a little—'except me.'

Race said:

'Excuse me a minute — just thought of something.' He hurried out of the room.

Jacqueline de Bellefort sat with her head downcast, nervously twisting her fingers. She broke out suddenly:

Открылась дверь, и вошла Жаклин де Бельфор. Бледная как смерть, она нетвердо направилась к ним.

— Это не я, — сказала она голосом перепуганного ребенка. — Не я. Пожалуйста, поверьте мне. Все подумают на меня, но это не я... не я. Это ужасно. Какой ужас, что это случилось. Вечером я чуть не убила Саймона — наверное, я сошла с ума. Но ее я не...

Она упала на стул и разрыдалась.

Пуаро потрепал ее по плечу:

— Ну-ну, мы знаем, что не вы убили мадам Дойл. Это доказано — да, доказано, mon enfant[1]. Это были не вы.

Сжав в кулачке мокрый платок, Джеки резко выпрямилась:

— Кто же тогда?

— Это как раз тот вопрос, — сказал Пуаро, — который мы себе задаем. Не поможете нам, детка?

Джеки затрясла головой:

— Я не знаю... не могу представить... Ничто не приходит в голову. — Она старательно нахмурилась. — Нет, — повторила она, — не представляю, кому нужно, чтобы она умерла, — тут ее голос чуть дрогнул, — кроме меня.

Рейс сказал:

— Простите, я должен отлучиться. — Он спешно вышел из каюты.

Жаклин де Бельфор сидела с опущенной головой и нервно ломала пальцы. Вдруг ее прорвало:

---

[1] Дитя мое (*фр.*).

'Death's horrible — horrible! I — hate the thought of it.'

Poirot said:

'Yes. It is not pleasant to think, is it, that now, at this very moment, someone is rejoicing at the successful carrying out of his or her plan.'

'Don't — don't!' cried Jackie. 'It sounds horrible, the way you put it.'

Poirot shrugged his shoulders.

'It is true.'

Jackie said in a low voice:

'I—I wanted her dead — and she *is* dead ... And, what is worse ... she died — just like I said.'

'Yes, Mademoiselle. She was shot through the head.'

She cried out:

'Then I was right, that night at the Cataract Hotel. There *was* someone listening!'

'Ah!' Poirot nodded his head. 'I wondered if you would remember that. Yes, it is altogether too much of a coincidence — that Madame Doyle should be killed in just the way you described.'

Jackie shuddered.

'That man that night — who can he have been?'

Poirot was silent for a minute or two, then he said in quite a different tone of voice:

'You are sure it was a man, Mademoiselle?'

Jackie looked at him in surprise.

'Yes, of course. At least—'

'Well, Mademoiselle?'

— Смерть — такая гадость. Мне противно думать о ней.

— Да, — сказал Пуаро, — мало приятного сознавать, что кто-то в эту самую минуту радуется удаче своего замысла.

— Не надо, не надо! — вскричала Джеки. — Вы так страшно это говорите.

Пуаро пожал плечами:

— Это так.

Еле слышно Джеки сказала:

— Я... хотела ее смерти... и вот она мертвая... И хуже всего, что я накликала ей такую смерть.

— Да, мадемуазель. Ей прострелили голову.

Опять она сорвалась на крик:

— Значит, я была права в тот вечер — в отеле «У водоската»! Кто-то нас подслушивал!

— А-а... — Пуаро кивнул. — Я ждал, когда вы вспомните. Чтобы мадам Дойл убили именно таким образом, как вы тогда сказали, это чересчур для простого совпадения.

Джеки передернула плечами:

— Кто же мог быть тот мужчина?

Помолчав с минуту, Пуаро каким-то чужим голосом спросил:

— Вы уверены, что это был мужчина, мадемуазель?

Джеки удивленно вскинула на него глаза:

— Конечно. По крайней мере...

— Да, мадемуазель?

She frowned, half closing her eyes in an effort to remember. She said slowly:

'I *thought* it was a man ...'

'But now you are not so sure?'

Jackie said slowly:

'No, I can't be certain. I just assumed it was a man — but it was really just a — a figure — a shadow...'

She paused and then, as Poirot did not speak, she added:

'You think it must have been a woman? But surely none of the women on this boat can have wanted to kill Linnet?'

Poirot merely moved his head from side to side.

The door opened and Bessner appeared.

'Will you come and speak with Mr Doyle, please, Monsieur Poirot? He would like to see you.'

Jackie sprang up. She caught Bessner by the arm.

'How is he? Is he — all right?'

'Naturally he is not all right,' replied Dr Bessner reproachfully. 'The bone is fractured, you understand.'

'But he's not going to die?' cried Jackie.

'Ach, who said anything about dying? We will get him to civilization and there we will have an X-ray and proper treatment.'

'Oh!' The girl's hands came together in a convulsive pressure. She sank down again on a chair.

Она нахмурилась, припоминающе сощурила глаза.

— Мне *казалось,* — протянула она, — это был мужчина.

— Но сейчас у вас нет такой уверенности?

— Да, — заторможенно продолжала Джеки, — сейчас я не скажу определенно. Я почему-то решила: мужчина, хотя это была просто тень...

Она замолчала, и Пуаро молчал, и тогда она спросила:

— А вы думаете — женщина? Но какой женщине на этом пароходе могло понадобиться убивать Линит?

В ответ Пуаро только перекатил голову с одного плеча на другое.

Открылась дверь, и вошел Бесснер.

— Вас не затруднит поговорить с мистером Дойлом, месье Пуаро? Ему нужно увидеться с вами.

Джеки вскочила со стула. Она схватила Бесснера за руку:

— Как он? Обошлось?

— Естественно, не обошлось, — с упреком в голосе ответил Бесснер. — Задета кость.

— Он не умрет? — вскрикнула Джеки.

— Ach, кто сказал, что умрет? Доберемся до цивилизованного места, сделаем рентген, будем лечить.

— А-а! — сцепив руки, девушка упала на стул.

Poirot stepped out on to the deck with the doctor and at that moment Race joined them. They went up to the promenade deck and along to Bessner's cabin.

Simon Doyle was lying propped with cushions and pillows, an improvised cage over his leg. His face was ghastly in colour, the ravages of pain with shock on top of it. But the predominant expression on his face was bewilderment — the sick bewilderment of a child.

He muttered:

'Please come in. The doctor's told me — told me — about Linnet ... I can't believe it. I simply can't believe it's true.'

'I know. It's a bad knock,' said Race.

Simon stammered:

'You know — Jackie didn't do it. I'm certain Jackie didn't do it! It looks black against her, I dare say, but *she didn't do it*. She — she was a bit tight last night, and all worked up, and that's why she went for me. But she wouldn't — she wouldn't do *murder* ... not cold-blooded murder ...'

Poirot said gently:

'Do not distress yourself, Monsieur Doyle. Whoever shot your wife, it was not Mademoiselle de Bellefort.'

Simon looked at him doubtfully.

'Is that on the level?'

'But since it was not Mademoiselle de Bellefort,' continued Poirot, 'can you give us any idea of who it might have been?'

Simon shook his head. The look of bewilderment increased.

Пуаро с доктором вышли на палубу, и там к ним присоединился Рейс. Все трое направились к каюте Бесснера.

Саймон Дойл лежал, обложенный подушками, его нога покоилась в самодельном лубке. Мертвенно-бледное лицо было опустошено физическими и добавившимися душевными страданиями. Но всего выразительнее на нем была растерянность — горькая детская растерянность.

Он чуть слышно сказал:

— Входите, пожалуйста. Доктор... сказал мне о Линит... Не могу поверить. Просто не могу в это поверить.

— Я понимаю. Такой удар, — сказал Рейс.

Саймон запинаясь продолжал:

— Понимаете, это не Джеки. Я уверен: не Джеки. Все против нее, я знаю, но это не она. Вчера вечером она немного перебрала, разнервничалась, и я попал ей под горячую руку. Но она не способна на убийство... хладнокровное убийство...

Пуаро мягко остановил его:

— Не тревожьтесь понапрасну, месье Дойл. Кто бы ни был убийца, это не мадемуазель де Бельфор.

Саймон недоверчиво взглянул на него:

— Вы правду говорите?

— И поскольку это не мадемуазель де Бельфор, — продолжал Пуаро, — не подскажете ли вы, кто мог им быть?

Саймон затряс головой. Выражение растерянности не сходило с его лица.

'It's crazy — impossible. Apart from Jackie nobody could have wanted to do her in.'

'Reflect, Monsieur Doyle. Had she no enemies? Is there no one who had a grudge against her?'

Again Simon shook his head with the same hopeless gesture.

'It sounds absolutely fantastic. There's Windlesham, of course. She more or less chucked him to marry me — but I can't see a polite stick like Windlesham committing murder, and anyway he's miles away. Same thing with old Sir George Wode. He'd got a down on Linnet over the house — disliked the way she was pulling it about; but he's miles away in London, and anyway to think of murder in such a connection would be fantastic.'

'Listen, Monsieur Doyle.' Poirot spoke very earnestly. 'On the first day we came on board the *Karnak* I was impressed by a little conversation which I had with Madame your wife. She was very upset — very distraught. She said — mark this well — that *everybody* hated her. She said she felt afraid — unsafe — as though *everyone* round her were an enemy.'

'She was pretty upset at finding Jackie aboard. So was I,' said Simon.

'That is true, but it does not quite explain those words. When she said she was surrounded by enemies, she was almost certainly exaggerating, but all the same she did mean *more than one person*.'

'You might be right there,' admitted Simon. 'I think I can explain that. It was a name in the passenger list that upset her.'

— Это безумие, этого не может быть. Кроме Джеки, это никому не было нужно.

— А вы подумайте, месье Дойл. У нее нет врагов? Никто не держит на нее зла?

С тем же беспомощным выражением Саймон покачал головой:

— Совершенно немыслимая вещь. Допустим — Уиндлизем. Она как бы бросила его и вышла замуж за меня, но я не представляю, чтобы такой приличный человек мог пойти на убийство — к тому же он далеко отсюда. Или старина сэр Джордж Вуд. У него был зуб на Линит из-за дома, ему не нравилось, как она все переделала; но он черт-те где — в Лондоне, и, уж во всяком случае, немыслимо из-за этого задумать убийство.

— Послушайте, месье Дойл. — Пуаро взял серьезный тон. — В первый же день на «Карнаке» я получил сильное впечатление от разговора с вашей супругой. Она была встревожена — напугана. Она сказала — обратите на это внимание, — что все ее ненавидят. Сказала, что боится, не чувствует себя в безопасности, словно вокруг нее одни враги.

— Она очень расстроилась, когда увидела на борту Джеки. И я расстроился, — сказал Саймон.

— Это так, но тем не менее ее слова остаются загадочными. Когда она говорила, что окружена врагами, она, конечно, преувеличивала — и все равно она имела в виду не одного человека.

— Может быть, вы правы, — согласился Саймон. — Кажется, я могу объяснить, что она имела в виду. Ее расстроила какая-то фамилия в списке пассажиров.

'A name in the passenger list? What name?'

'Well, you see, she didn't actually tell me. As a matter of fact I wasn't even listening very carefully. I was going over the Jacqueline business in my mind. As far as I remember, Linnet said something about doing people down in business, and that it made her uncomfortable to meet anyone who had a grudge against her family. You see, although I don't really know the family history very well, I gather that Linnet's mother was a millionaire's daughter. Her father was only just ordinary plain wealthy, but after his marriage he naturally began playing the markets or whatever you call it. And as a result of that, of course, several people got it in the neck. You know, affluence one day, the gutter the next. Well, I gather there was someone on board whose father had got up against Linnet's father and taken a pretty hard knock. I remember Linnet saying: "It's pretty awful when people hate you without even knowing you." '

'Yes,' said Poirot thoughtfully. 'That would explain what she said to me. For the first time she was feeling the burden of her inheritance and not its advantages. You are quite sure, Monsieur Doyle, that she did not mention this man's name?'

Simon shook his head ruefully.

'I didn't really pay much attention. Just said: "Oh, nobody minds what happened to their fathers nowadays. Life goes too fast for that." Something of that kind.'

Bessner said dryly:

'Ach, but I can have a guess. There is certainly a young man with a grievance on board.'

— В списке? Какая фамилия?

— Вы знаете, она не сказала. Честно говоря, я не очень вникал. У меня голова была занята Джеки. Помню только, Линит говорила, что в делах бывают невезучие люди и что неприятно встречать человека, который имеет зуб против твоей семьи. Я не очень хорошо знаю их семейные дела, но, как я понимаю, мать Линит была дочерью миллионера. Отец был просто богатый человек, а после женитьбы он, естественно, стал спекулировать на бирже — или как там это называется. В результате некоторые люди, само собой, пострадали. Знаете, как это бывает: сегодня — густо, завтра — пусто. И я так понимаю, что на корабле оказался человек, чей отец нарвался на отца Линит и вылетел в трубу. Я помню, Линит сказала: «Это ужасно, когда люди заочно ненавидят тебя».

— М-да, — задумчиво сказал Пуаро. — Теперь мне понятны ее слова. Она впервые почувствовала не только преимущество, но и тяготы своего положения богатой наследницы. Вы уверены, месье Дойл, что она не назвала фамилии этого человека?

Саймон удрученно покачал головой:

— Я действительно слушал вполуха. Я сказал: «Да никому сейчас не интересно, как там было с отцами. Тут своя жизнь несется как угорелая». Что-то в этом роде я сказал.

Бесснер сухо проговорил:

— Ach, я могу высказать догадку. Есть такой недовольный человек на борту.

'You mean Ferguson?' said Poirot.

'Yes. He spoke against Mrs Doyle once or twice. I myself have heard him.'
'What can we do to find out?' asked Simon.

Poirot replied: 'Colonel Race and I must interview all the passengers. Until we have got their stories it would be unwise to form theories. Then there is the maid. We ought to interview her first of all. It would, perhaps, be as well if we did that here. Monsieur Doyle's presence might be helpful.'

'Yes, that's a good idea,' said Simon.
'Had she been with Mrs Doyle long?'
'Just a couple of months, that's all.'
'Only a couple of months!' exclaimed Poirot.
'Why, you don't think—'
'Had Madame any valuable jewellery?'
'There were her pearls,' said Simon. 'She once told me they were worth forty or fifty thousand.' He shivered. 'My God, do you think those damned pearls—?'
'Robbery is a possible motive,' said Poirot. 'All the same it seems hardly credible ... Well, we shall see. Let us have the maid here.'

Louise Bourget was that same vivacious Latin brunette who Poirot had seen one day and noticed.
She was anything but vivacious now. She had been crying and looked frightened. Yet there was a kind

— Вы имеете в виду Фергюсона? — спросил Пуаро.

— Да. Раз-другой он высказывался против миссис Дойл. Я сам слышал.

— Как же во всем этом разобраться? — спросил Саймон.

— Мы с полковником Рейсом должны расспросить всех пассажиров, — ответил Пуаро. — Пока мы всех не выслушаем, строить предположения неразумно. Кроме них, имеется горничная. Ее нужно выслушать в первую очередь, и, может быть, лучше всего выслушать ее здесь. Присутствие месье Дойла может помочь делу.

— Это хорошая мысль, — сказал Саймон.

— Она давно служила у миссис Дойл?

— Всего пару месяцев.

— Только пару месяцев! — воскликнул Пуаро.

— А что, разве...

— У мадам были драгоценности?

— Жемчуг, — сказал Саймон. — Она как-то сказала, что он стоит не то сорок, не то пятьдесят тысяч. — Его передернуло. — Господи, неужели, вы думаете, из-за проклятого жемчуга...

— Кража не исключена как мотив преступления, — сказал Пуаро, — хотя это весьма сомнительно... Впрочем, увидим. Давайте пригласим сюда горничную.

Луиза Бурже была та самая живая брюнетка романского типа, которую Пуаро уже отметил.

Сейчас, впрочем, от ее живого вида ничего не осталось — заплаканная, перепуганная. При этом

of sharp cunning apparent in her face which did not prepossess the two men favourably towards her.

'You are Louise Bourget?'

'Yes, Monsieur.'

'When did you last see Madame Doyle alive?'

'Last night, Monsieur. I was in her cabin to undress her.'

'What time was that?'

'It was some time after eleven, Monsieur. I cannot say exactly when. I undress Madame and put her to bed, and then I leave.'

'How long did all that take?'

'Ten minutes, Monsieur. Madame was tired. She told me to put the lights out when I went.'

'And when you had left her, what did you do?'

'I went to my own cabin, Monsieur, on the deck below.'

'And you heard or saw nothing more that can help us?'

'How could I, Monsieur?'

'That, Mademoiselle, is for you to say, not for us,' Hercule Poirot retorted.

She stole a sideways glance at him.

'But, Monsieur, I was nowhere near ... What could I have seen or heard? I was on the deck below. My cabin, it was on the other side of the boat, even. It is impossible that I should have heard anything. Naturally if I had been unable to sleep, if I had mounted the stairs, *then* perhaps I might have seen the assassin, this monster, enter or leave Madame's cabin, but as it is—' She threw out her hands appealingly

взгляд у нее был с хитрецой, и это не расположило в ее пользу Рейса и Пуаро.

— Вы Луиза Бурже?

— Да, месье.

— Когда в последний раз вы видели мадам Дойл?

— Вчера вечером, месье. Я ждала ее в каюте, потом раздела.

— Когда это было?

— Что-то после одиннадцати, месье. Не могу сказать точно. Я раздела мадам, уложила и ушла.

— Сколько времени все это заняло?

— Десять минут, месье. Мадам устала. Она велела выключить свет, когда я уходила.

— Что вы делали потом?

— Пошла к себе в каюту, месье, это на средней палубе.

— Ничего заслуживающего внимания не слышали, не видели?

— Каким образом, месье?

— Вам лучше знать, мадемуазель, — одернул ее Эркюль Пуаро.

Она бросила на него косой взгляд.

— Но, месье, меня не было поблизости... Что я могла видеть или слышать? Я была у себя внизу, и даже каюта у меня по другому борту. Ничего я не могла слышать. Вот если бы мне не спалось и я поднялась наверх, тогда я, может, увидела бы, как в каюту мадам входит — или выходит из нее — этот убийца, это чудовище; а так... — Она моляще протянула к Саймону руки: — Месье, за-

to Simon. 'Monsieur, I implore you — you see how it is? What can I say?'

'My good girl,' said Simon harshly, 'don't be a fool. Nobody thinks you saw or heard anything. You'll be quite all right. I'll look after you. Nobody's accusing you of anything.'

Louise murmured,

'Monsieur is very good,' and dropped her eyelids modestly.

'We take it, then, that you saw and heard nothing?' asked Race impatiently.

'That is what I said, Monsieur.'

'And you know of no one who had a grudge against your mistress?'

To the surprise of the listeners Louise nodded her head vigorously.

'Oh, yes. That I do know. To that question I can answer Yes most emphatically.'

Poirot said:

'You mean Mademoiselle de Bellefort?'

'She, certainly. But it is not of her I speak. There was someone else on this boat who disliked Madame, who was very angry because of the way Madame had injured him.'

'Good lord!' Simon exclaimed. 'What's all this?'

Louise went on, still emphatically nodding her head with the utmost vigour.

'Yes, yes, yes, it is as I say! It concerns the former maid of Madame — my predecessor. There was a man, one of the engineers on this boat, who wanted her to marry him. And my predecessor, Marie her

ступитесь — что же это такое?! Что мне еще сказать?

— Дорогуша, — оборвал ее Саймон, — не валяйте дурака. Никто и не думает, что вы видели или слышали что-то. Вам ничто не грозит. Я позабочусь о вас. Никто вас ни в чем не обвиняет.

Луиза обронила:

— Месье очень добр, — и скромно потупила глаза.

— То есть мы так понимаем, что вы ничего не видели и не слышали, — нетерпеливо сказал Рейс.

— Я это и сказала, месье.

— И вы не знаете никого, кто испытывал неприязнь к вашей госпоже?

К общему удивлению, Луиза энергично кивала:

— О да, это я знаю. На этот вопрос я решительно отвечу «да».

Пуаро сказал:

— Вы имеете в виду мадемуазель де Бельфор?

— Ее, конечно, но я говорю не про нее. На пароходе есть еще один человек, который не любил мадам, злился за то, что она навредила ему.

— Господи! — воскликнул Саймон. — Что все это значит?

Так же утвердительно и с той же энергией кивая, Луиза продолжала:

— Да, да, да — это именно так! Это касается прежней горничной мадам, моей предшественницы. Один мужчина — он механик на этом пароходе — хотел жениться на ней. И моя предшествен-

name was, she would have done so. But Madame Doyle, she made enquiries and she discovered that this Fleetwood already he had a wife — a wife of colour, you understand, a wife of this country. She had gone back to her own people, but he was still married to her, you understand. And so Madame she told all this to Marie, and Marie she was very unhappy and she would not see Fleetwood any more. And this Fleetwood, he was infuriated, and when he found out that this Madame Doyle had formerly been Mademoiselle Linnet Ridgeway he tells me that he would like to kill her! Her interference ruined his life, he said.'

Louise paused triumphantly.

'This is interesting,' said Race.

Poirot turned to Simon.

'Had you any idea of this?'

'None whatever,' Simon replied with patent sincerity. 'I doubt if Linnet even knew the man was on the boat. She had probably forgotten all about the incident.' He turned sharply to the maid. 'Did you say anything to Mrs Doyle about this?'

'No, Monsieur, of course not.'

Poirot said:

'Do you know anything about your mistress's pearls?'

'Her pearls? Louise's eyes opened very wide. 'She was wearing them last night.'

'You saw them when she came to bed?'

'Yes, Monsieur.'

'Where did she put them?'

'On the table by the side as always.'

ница, ее зовут Мари, была не против. А мадам Дойл навела справки и выяснила, что этот Флитвуд уже женат — у него жена цветная, отсюда. Она потом вернулась к своим, но он-то считался женатым — понимаете? И мадам рассказала все это Мари, Мари расстроилась и запретила Флитвуду показываться ей на глаза. Так этот Флитвуд — он пришел в ярость, и, когда выяснилось, что мадам Дойл и мадемуазель Линит Риджуэй — это одно лицо, он прямо сказал мне, что готов ее убить. Он сказал, что своим вмешательством она поломала ему жизнь.

Луиза победно замолчала.
— Интересно, — обронил Рейс.
Пуаро повернулся к Саймону:
— Вы что-нибудь знали об этом?
— Ничего, — чистосердечно ответил Саймон. — Вряд ли даже Линит подозревала, что этот человек на пароходе. Она, скорее всего, забыла этот эпизод. — Он обернулся в сторону горничной: — Вы что-нибудь говорили об этом миссис Дойл?
— Нет, месье, конечно, не говорила.
Пуаро спросил:
— Вы что-нибудь знаете о жемчуге вашей госпожи?
— Ее ожерелье? — Луиза округлила глаза. — Оно было на ней вчера вечером.
— Вы видели его, когда она ложилась спать?
— Да, месье.
— Куда она его положила?
— На столик у постели — как всегда.

'That is where you last saw them?'

'Yes, Monsieur.'

'Did you see them there this morning?'

A startled look came into the girl's face.

'*Mon Dieu*! I did not even look. I come up to the bed, I see — I see Madame, and then I cry out and rush out of the door and I faint.'

Hercule Poirot nodded his head.

'You did not look. But I, I have the eyes which notice, and there were *no pearls on the table beside the bed this morning.*'

Chapter 14

Hercule Poirot's observation had not been at fault. There were no pearls on the table by Linnet Doyle's bed.

Louise Bourget was bidden to make a search among Linnet's belongings. According to her, all was in order. Only the pearls had disappeared.

As they emerged from the cabin a steward was waiting to tell them that breakfast had been served in the smoking room.

As they passed along the deck, Race paused to look over the rail.

'Aha! I see you have had an idea, my friend.'

'Yes. It suddenly came to me, when Fanthorp mentioned thinking he had heard a splash that I too had been awakened some time last night by a splash. It's perfectly possible that after the murder, the murderer threw the pistol overboard.'

— Там вы и видели его в последний раз?
— Да, сэр.
— Видели вы его сегодня утром?
Ее лицо приняло испуганное выражение.
— Mon Dieu![1] Я даже не поглядела. Я сразу подошла к постели, увидела мадам; потом я закричала, выбежала за дверь и упала в обморок.
Эркюль Пуаро кивнул:
— Вы не поглядели. А я приметливый. На том столике рядом с постелью сегодня утром не было жемчуга.

Глава 14

Наблюдательность не подвела Эркюля Пуаро. На столике у постели Линит Дойл не было жемчуга.

Луизе Бурже велели посмотреть вещи Линит. По ее докладу выходило, что все на своих местах. Пропал только жемчуг.

Когда они вышли из каюты, ожидавший стюард сказал, что завтрак подан им в курительную.

На палубе Рейс задержался и поглядел на воду.

— А-а, я вижу, вас посетила мысль, мой друг.
— Да. Когда Фанторп упомянул, что будто бы слышал какой-то всплеск, мне вдруг припомнилось, что я тоже проснулся ночью от какого-то всплеска. Ведь вполне возможно, что после убийства преступник выбросил револьвер за борт.

---
[1] Боже мой! *(фр.)*

Poirot said slowly: 'You really think that is possible, my friend?'

Race shrugged his shoulders.

'It's a suggestion. After all, the pistol wasn't any where in the cabin. First thing I looked for.'

'All the same,' said Poirot, 'it is incredible that it should have been thrown overboard.'

Race said: 'Where is it then?'

Poirot said thoughtfully:

'If it is not in Madame Doyle's cabin, there is, logically, only one other place where it could be.'

'Where's that?'

'In Mademoiselle de Bellefort's cabin.'

Race said thoughtfully: 'Yes. I see—'

He stopped suddenly.

'She's out of her cabin. Shall we go and have a look now?'

Poirot shook his head.

'No, my friend, that would be precipitate. *It may not yet have been put there.*'

'What about an immediate search of the whole boat.'

'That way we should show our hand. We must work with great care. It is very delicate, our position at the moment. Let us discuss the situation as we eat.'

Race agreed. They went into the smoking room.

'Well?' said Race as he poured himself out a cup of coffee. 'We've got two definite leads. There's the disappearance of the pearls. And there's the man

— Вы действительно считаете это возможным? — раздумчиво спросил Пуаро.

Рейс пожал плечами:

— Просто предполагаю. В каюте миссис Дойл его нет. Уж как я его искал!

— Тем не менее, — сказал Пуаро, — невероятно, чтобы его выбросили за борт.

— Тогда где он?

Пуаро ответил в раздумье:

— Если его нет в каюте мадам Дойл, то, логически рассуждая, он может быть только в одном месте.

— Где же?

— В каюте мадемуазель де Бельфор.

Так же задумавшись, Рейс сказал:

— Понятно... — Вдруг он встал. — Ее сейчас нет в каюте. Может, пойти посмотреть?

Пуаро покачал головой:

— Не суетитесь, мой друг. Его могли еще не подложить.

— А если прямо сейчас устроить повальный обыск на пароходе?

— Так мы раскроем свои карты. Нам нужно работать очень осторожно. Наше положение очень деликатное. Давайте обсудим ситуацию за завтраком.

Рейс согласился. Они прошли в курительную комнату.

— У нас, — сказал Рейс, налив себе чашку кофе, — есть два ключика. Первый — исчезнувший жемчуг; второй — этот Флитвуд. Что касается

Fleetwood. As regards the pearls, robbery seems indicated, but — I don't know whether you'll agree with me—'

Poirot said quickly: 'But it was an odd moment to choose?'

'Exactly. To steal the pearls at such a moment invites *a close search of everybody on board*. How then could the thief hope to get away with his booty?'

'He might have gone ashore and dumped it.'

'The company always has a watchman on the bank.'

'Then that is not feasible. Was the murder committed to divert attention from the robbery? No, that does not make sense — it is profoundly unsatisfactory. But supposing that Madame Doyle woke up and caught the thief in the act?'

'And therefore the thief shot her? But she was shot whilst she slept.'

'So that too does not make sense ... You know, I have a little idea about those pearls — and yet — no — it is impossible. Because if my idea was right the pearls would not have disappeared. Tell me, what did you think of the maid?'

'I wondered,' said Race slowly, 'if she knew more than she said.'

'Ah, you too had that impression?'

'Definitely not a nice girl,' said Race.

Hercule Poirot nodded.

'Yes, I would not trust her, that one.'

жемчуга, то налицо вроде бы кража, но... не знаю, согласитесь ли вы со мной...

— Неподходящий момент для нее? — вставил Пуаро.

— Вот именно. Кража жемчуга в таких обстоятельствах влечет за собой обыск всех пассажиров и экипажа. Как рассчитывал похититель ускользнуть со своей добычей?

— Может, он сошел на берег и сунул нитку в какой-нибудь мусор.

— Ночью по берегу ходит вахтенный.

— Значит, вариант не проходит. А может, убийство должно было отвлечь внимание от кражи? Нет, не годится, ни в какие ворота не лезет. А если допустить, что мадам Дойл проснулась и увидела вора?

— А вор ее застрелил? Но она спала, когда ее застрелили.

— Значит, тоже не проходит... Знаете, у меня есть мыслишка насчет жемчуга, хотя... нет, это невозможная вещь. Потому что жемчуг не должен исчезнуть, если моя мысль верна. Скажите, что вы думаете о горничной?

— У меня возник вопрос, — сказал Рейс, — не знает ли она больше, чем сказала.

— А-а, у вас тоже сложилось такое впечатление.

— Девица не из приятных, конечно, — сказал Рейс.

Эркюль Пуаро кивнул:

— Да, не вызывает доверия.

'You think she had something to do with the murder?'

'No, I would not say that.'

'With the theft of the pearls, then?'

'That is more probable. She had only been with Madame Doyle a very short time. She may be a member of a gang that specializes in jewel robberies. In such a case there is often a maid with excellent references. Unfortunately we are not in a position to seek information on these points. And yet that explanation does not quite satisfy me ... Those pearls — ah, *sacré*, my little idea *ought* to be right. And yet nobody would be so imbecile—' He broke off.

'What about the man Fleetwood?'

'We must question him. It may be that we have there the solution. If Louise Bourget's story is true, he had a definite motive for revenge. He could have overheard the scene between Jacqueline and Monsieur Doyle, and when they had left the saloon he could have darted in and secured the gun. Yes, it is all quite possible. And that letter J scrawled in blood. That, too, would accord with a simple, rather crude nature.'

'In fact, he's just the person we are looking for?'

'Yes — only—' Poirot rubbed his nose. He said with a slight grimace: 'See you, I recognize my own weaknesses. It has been said of me that I like to make a case difficult. This solution that you put to me — it is too simple, too easy. I cannot feel that it really happened. And yet, that may be sheer prejudice on my part.'

— Думаете, она имеет отношение к убийству?

— Нет, я бы не сказал.
— Тогда — к краже жемчуга?
— Это — скорее. Она очень недолго прослужила у мадам Дойл. Может, она связана с бандой, которая специализируется на краже драгоценностей. В таких делах часто фигурирует горничная с превосходными рекомендациями... Жаль, в нашем положении мы не можем добыть необходимую информацию. Впрочем, эта версия не вполне меня удовлетворяет... Жемчуг — ah, sacré[1], она должна быть верной, моя мысль! Но тогда каким же безумцем... — Он оборвал себя.

— Как быть с Флитвудом?

— Его надо расспросить. Может, все сразу разъяснится. Если Луиза Бурже говорит правду, у него есть конкретный повод для мести. Он мог слышать перепалку между Жаклин и месье Дойлом, мог, когда их уже не было в салоне, скользнуть туда и завладеть револьвером. Да, все это вполне возможно. И эта буква Ж, написанная кровью, — на такое способна простая, грубоватая натура.

— Получается, это тот, кого мы ищем?
— Да... только... — Пуаро потер переносицу и, дернув щекой, продолжал: — Знаете, я отдаю отчет в своих слабостях. Обо мне сказали как-то, что я люблю усложнять. Решение, которое вы предлагаете, слишком простое, слишком легкое.

---

[1] Проклятие *(фр)*.

'Well, we'd better have the fellow here.'

Race rang the bell and gave the order. Then he said:

'Any other — possibilities?'

'Plenty, my friend. There is, for example, the American trustee.'

'Pennington?'

'Yes, Pennington. There was a curious little scene in here the other day.' He narrated the happenings to Race. 'You see — it is significant. Madame, she wanted to read all the papers before signing. So he makes the excuse of another day. And then, the husband, he makes a very significant remark.'

'What was that?'

'He says—"*I never read anything. I sign where I am told to sign.*" You perceive the significance of that. *Pennington did.* I saw it in his eye. He looked at Doyle as though an entirely new idea had come into his head. Just imagine, my friend, that you have been left trustee to the daughter of an intensely wealthy man. You use, perhaps, that money to speculate with. I know it is so in all detective novels — but you read of it too in the newspapers. It happens, my friend, it *happens*.'

'I don't dispute it,' said Race.

'There is, perhaps, still time to make good by speculating wildly. Your ward is not yet of age. And then — she marries! The control passes from your hands into hers at a moment's notice! A disaster! But there is still a chance. She is on a honeymoon.

Мне не верится, что все вот так и случилось. Но, может быть, это мой предрассудок.

— Давайте-ка вызовем этого парня.

Рейс позвонил и распорядился. Потом он спросил:

— А другие... варианты?

— Их много, мой друг. К примеру, этот американский опекун.

— Пеннингтон?

— Да, Пеннингтон. На днях я был свидетелем любопытной сценки. — Он пересказал случившееся Рейсу. — Это о многом говорит. Мадам хотела прежде прочесть документ — и уже потом подписать. Тогда он откладывает дело на другой день. И тут муж подает очень важную реплику.

— Что он сказал?

— Он говорит: «Я никогда не читаю. Подписываю где скажут». Вы понимаете важность такого заявления? И Пеннингтон понял. Я увидел это по его глазам. Он взглянул на Дойла как прозревший человек. Вообразите, мой друг: вы становитесь опекуном дочери чрезвычайно богатого человека. Допустим, вы пускаете эти деньги в оборот. Я знаю, про это пишут во всех детективных романах, но вы читаете об этом и в газетах. Такое случается, мой друг, *случается*.

— Я не спорю, — сказал Рейс.

— Допустим, у вас еще достаточно времени, чтобы хорошо нажиться на этих махинациях. Ваша подопечная — несовершеннолетняя. И вдруг она выходит замуж. Все моментально выходит из-под вашего контроля. Катастрофа! Но еще не все

She will perhaps be careless about business. A casual paper slipped in among others, signed without reading. But Linnet Doyle was not like that. Honeymoon or no honeymoon, she was a business woman. And then her husband makes a remark, and a new idea comes to that desperate man who is seeking a way out from ruin. If Linnet Doyle were to die, her fortune would pass to her husband — and he would be easy to deal with; he would be a child in the hands of an astute man like Andrew Pennington. *Mon cher* Colonel, I tell you I *saw* the thought pass through Andrew Pennington's head. "If only it were *Doyle* I had got to deal with ..." That is what he was thinking.'

'Quite possible, I daresay,' said Race dryly, 'but you've no evidence.'

'Alas, no.'

'Then there's young Ferguson,' said Race. 'He talks bitterly enough. Not that I go by talk. Still, he *might* be the fellow whose father was ruined by old Ridgeway. It's a little far-fetched but it's *possible*. People do brood over bygone wrongs sometimes.' He paused a minute and then said: 'And there's my fellow.'

'Yes, there is "your fellow" as you call him.'

'He's a killer,' said Race. 'We know that. On the other hand, I can't see any way in which he could have come up against Linnet Doyle. Their orbits don't touch.'

Poirot said slowly:

потеряно. У новобрачной медовый месяц. Станет она думать о делах! Сунуть с документами лишнюю бумагу, получить рассеянную подпись... Но не такова была Линит Дойл. Она была деловой женщиной, и никакой медовый месяц не мог сбить ее с толку. А тут встревает муж со своим замечанием, и перед несчастным забрезжил свет. Умри Линит Дойл — и ее состояние перейдет к мужу, а с ним будет просто управиться; у такого хитреца, как Эндрю Пеннингтон, он будет ходить по струнке. Говорю вам, mon cher полковник, я буквально прочел эту мысль в его глазах. «Если бы пришлось иметь дело с Дойлом...» Вот он о чем задумался.

— Допускаю, — сухо сказал Рейс, — но у вас нет доказательств.

— Увы, нет.

— Теперь этот молодчик — Фергюсон, — сказал Рейс. — Он довольно несдержан на язык. Я, конечно, не всяким речам поверю. Но он может быть сыном человека, пострадавшего от старика Риджуэя. Хоть это и за уши притянуто, но чего не бывает. А люди не забывают прошлых обид. — Он помолчал и договорил: — Ну и, конечно, — мой человек.

— Да, еще «ваш» человек.

— Он убийца, — сказал Рейс. — Это мы знаем. Однако я не могу представить, где и как Линит Дойл могла перейти ему дорогу. Их орбиты не пересекаются.

Пуаро медленно проговорил:

'Unless, accidentally, she had become possessed of evidence showing his identity.'

'That's possible, but it seems highly unlikely.' There was a knock at the door. 'Ah, here's our would-be bigamist.'

Fleetwood was a big, truculent-looking man. He looked suspiciously from one to the other of them as he entered the room. Poirot recognized him as the man he had seen talking to Louise Bourget.

Fleetwood said suspiciously: 'You wanted to see me?'

'We did,' said Race. 'You probably know that a murder was committed on this boat last night?'

Fleetwood nodded.

'And I believe it is true that you had reason to feel anger against the woman who was killed.'

A look of alarm sprang up in Fleetwood's eyes.

'Who told you that?'

'You considered that Mrs Doyle had interfered between you and a young woman.'

'I know who told you that — that lying French hussy. She's a liar through and through, that girl.'

'But this particular story happens to be true.'

'It's a dirty lie!'

'You say that although you don't know what it is yet.'

The shot told. The man flushed and gulped.

'It is true, is it not, that you were going to marry the girl Marie, and that she broke it off when she discovered that you were a married man already?'

— Если только к ней не попало свидетельство, устанавливающее его личность.

— Возможная вещь, но уж очень маловероятная. — В дверь постучали. — Ага, вот и наш несостоявшийся двоеженец.

Флитвуд был крупный, свирепого вида мужчина. Войдя, он обвел всех настороженным взглядом. Пуаро признал в нем человека, говорившего с Луизой Бурже.

— Звали? — осторожно спросил Флитвуд.

— Звали, — сказал Рейс. — Возможно, вы знаете, что этой ночью на пароходе совершено убийство?

Флитвуд кивнул.

— Я прихожу к убеждению, что у вас были основания ненавидеть убитую женщину.

Флитвуд тревожно вскинул глаза:

— Кто вам сказал?

— Вы считали, что миссис Дойл встала между вами и некой молодой женщиной.

— Я знаю, кто вам сказал, — эта французская вертихвостка и врунья. Она слова без вранья не скажет.

— Но в данном случае она сказала правду.

— Вранье!

— Вы говорите «вранье», даже не зная, что она сказала.

Это подействовало. Флитвуд покраснел и с трудом сглотнул.

— Ведь это правда, что вы хотели жениться на девице Мари, а миссис Дойл помешала, узнав, что вы уже женаты?

'What business was it of hers?'

'You mean, what business was it of Mrs Doyle's? Well, you know, bigamy is bigamy.'

'It wasn't like that. I married one of the locals out here. It didn't answer. She went back to her people. I've not seen her for a half a dozen years.'

'Still you were married to her.'

The man was silent. Race went on.

'Mrs Doyle, or Miss Ridgeway as she then was, found out all this?'

'Yes, she did, curse her! Nosing about where no one ever asked her to. I'd have treated Marie right. I'd have done anything for her. And she'd never have known about the other, if it hadn't been for that meddlesome young lady of hers. Yes, I'll say it, I *did* have a grudge against the lady, and I felt bitter about it when I saw her on this boat, all dressed up in pearls and diamonds and lording it all over the place with never a thought that she'd broken up a man's life for him! I felt bitter all right. But if you think I'm a dirty murderer — if you think I went and shot her with a gun, well, that's a damned lie! I never touched her. And that's God's truth.'

He stopped. The sweat was rolling down his face.

'Where were you last night between the hours of twelve and two?'

'In my bunk asleep — and my mate will tell you so.'

'We shall see,' said Race. He dismissed him with a curt nod. 'That'll do.'

'*Eh bien?*' inquired Poirot as the door closed behind Fleetwood.

— А какое ее дело?
— То есть какое дело было миссис Дойл до всего этого? Ну как, двоеженство есть двоеженство.
— Это было совсем не так. Я женился на одной здешней, а жизни не вышло. Она вернулась к своим. Я не видел ее уже несколько лет.
— Все равно вы считаетесь женатым.
Тот молчал. Рейс продолжал:
— Значит, миссис Дойл, или мисс Риджуэй, как ее тогда звали, вывела вас на чистую воду?
— Да, черт бы ее побрал. Сует нос, куда ее не просят. А Мари было бы хорошо со мной. Я бы все для нее сделал. Про ту, другую, она бы никогда не узнала, не впутайся ее хозяйка в наши дела. Я не скрываю: да, злился на нее, а когда увидел ее на пароходе — прямо взбесился, — ходит, понимаете, вся в жемчугах и брильянтах, командует и даже не задумается, что поломала человеку жизнь. Пусть я злобствовал на нее, но, если вы считаете меня убийцей и думаете, что я так просто мог пойти и пристрелить ее, — это чушь собачья. Я ее пальцем не тронул. Святая правда.

Он смолк. По его лицу катился пот.
— Где вы были этой ночью между двенадцатью и двумя часами?
— Спал на своей койке — мой напарник подтвердит.
— Это мы выясним, — сказал Рейс. Коротко кивнув, он отпустил Флитвуда: — Достаточно...
— Eh bien? — спросил Пуаро, когда за Флитвудом закрылась дверь.

Race shrugged his shoulders.

'He tells quite a straight story. He's nervous, of course, but not unduly so. We'll have to investigate his alibi — though I don't suppose it will be decisive. His mate was probably asleep, and this fellow could have slipped in and out if he wanted to. It depends whether anyone else saw him.'

'Yes, one must enquire as to that.'

'The next thing, I think,' said Race, 'is whether anyone heard anything which might give a clue to the time of the crime. Bessner places it as having occurred between twelve and two. It seems reasonable to hope that someone among the passengers may have heard the shot — even if they did not recognize it for what it was. I didn't hear anything of the kind myself. What about you?'

Poirot shook his head.

'Me, I slept absolutely like the log. I heard nothing — but nothing at all. I might have been drugged, I slept so soundly.'

'A pity,' said Race. 'Well, let's hope we have a bit of luck with the people who have cabins on the starboard side. Fanthorp we've done. The Allertons come next. I'll send the steward to fetch them.'

Mrs Allerton came in briskly. She was wearing a soft grey striped silk dress. Her face looked distressed.

'It's too horrible,' she said as she accepted the chair that Poirot placed for her. 'I can hardly believe it. That lovely creature with everything to live for — dead. I almost feel I can't believe it.'

Рейс пожал плечами:

— Вполне правдоподобная история. Он нервничает, конечно, но это в порядке вещей. Надо будет проверить его алиби, хотя не верю, чтобы оно было доказательным. Наш приятель мог тихо выйти из каюты и вернуться, пока его напарник спал. Вот если его еще кто-нибудь видел — тогда другое дело.

— Да, это надо будет выяснить.

— Дальше, — продолжал Рейс, — чтобы выяснить время совершения преступления, нужно знать, кто и что слышал. Бесснер говорит: между двенадцатью и двумя часами. Как знать, может, кто-то из пассажиров слышал выстрел, даже не сознавая, что это выстрел. Я, например, ничего похожего не слышал. А вы?

Пуаро покачал головой:

— Я спал как убитый. Я ничего не слышал, решительно ничего. Меня словно опоили — так крепко я спал.

— Жаль, — сказал Рейс. — Будем надеяться, что нам повезет с пассажирами по правому борту. С Фанторпом мы разбирались. Следующими идут Аллертоны. Я пошлю стюарда за ними.

Миссис Аллертон не заставила себя ждать. На ней было светло-серое шелковое платье в полоску. Ее лицо выражало страдание.

— Как это ужасно, — сказала она, опускаясь на стул, предложенный Пуаро. — Я не в силах этому поверить. Такое прелестное создание, жить бы да радоваться — и погибла. Просто не могу поверить.

'I know how you feel, Madame,' said Poirot sympathetically.

'I'm glad *you* are on board,' said Mrs Allerton simply. 'You'll be able to find out who did it. I'm so glad it isn't that poor tragic girl.'

'You mean Mademoiselle de Bellefort. Who told you she did not do it?'

'Cornelia Robson,' said Mrs Allerton, with a faint smile. 'You know, she's simply thrilled by it all. It's probably the only exciting thing that has ever happened to her, and probably the only exciting thing that ever will happen to her. But she's so nice that she's terribly ashamed of enjoying it. She thinks it's awful of her.' Mrs Allerton gave a look at Poirot and then added: 'But I mustn't chatter. You want to ask me questions.'

'If you please. You went to bed at what time, Madame?'

'Just after half past ten.'

'And you went to sleep at once?'

'Yes. I was sleepy.'

'And did you hear anything — anything at all — during the night?'

Mrs Allerton wrinkled her brows.

'Yes, I think I heard a splash and someone running — or was it the other way about? I'm rather hazy. I just had a vague idea that someone had fallen overboard at sea — a dream, you know — and then I woke up and listened, but it was all quite quiet.'

'Do you know what time that was?'

— Я представляю, что вы чувствуете, мадам, — отозвался Пуаро.

— Как хорошо, что *вы* тут, — сказала миссис Аллертон. — Уж вы-то найдете, кто это сделал. И хорошо, что эта несчастная не виновата.

— Вы имеете в виду мадемуазель де Бельфор? Кто вам это сказал?

— Корнелия Робсон, — ответила миссис Аллертон, чуть заметно улыбнувшись. — Вся эта история вскружила ей голову. Похоже, ничего более увлекательного в ее жизни не было — и не будет. Но она прелесть — стыдится своего возбуждения. Считает, что это дурно. — Миссис Аллертон перевела взгляд на Пуаро и добавила: — Что же я несу вздор, у вас ведь ко мне вопросы.

— С вашего позволения. Вы легли спать в какое время, мадам?

— В половине одиннадцатого.

— И скоро заснули?

— Сразу. Я очень хотела спать.

— А вы ничего не слышали — хотя бы что-нибудь — ночью?

Миссис Аллертон наморщила лоб:

— Да, мне кажется, я слышала всплеск и как кто-то пробежал. Или наоборот? Трудно сказать. Мне представилось — приснилось, что ли, — будто кто-то упал за борт, в море, я проснулась и послушала, но все было тихо.

— В какое время это было — не знаете?

'No, I'm afraid I don't. But I don't think it was very long after I went to sleep. I mean it was within the first hour or so.'

'Alas, Madame, that is not very definite.'

'No, I know it isn't. But it's no good trying to guess, is it, when I haven't really the vaguest idea?'

'And that is all you can tell us, Madame?'

'I'm afraid so.'

'Had you ever actually met Madame Doyle before?'

'No, Tim had met her. And I'd heard a good deal about her — through a cousin of ours, Joanna Southwood, but I'd never spoken to her till we met at Aswan.'

'I have one other question, Madame, if you will pardon me for asking.'

Mrs Allerton murmured with a faint smile,

'I should love to be asked an indiscreet question.'

'It is this. *Did you, or your family, ever suffer any financial loss through the operations of Madame Doyle's father, Melhuish Ridgeway?*'

Mrs Allerton looked throughly astonished.

'Oh, no! The family finances have never suffered except by dwindling ... you know, everything paying less interest than it used to. There's never been anything melodramatic about our poverty. My husband left very little money, but what he left I still have, though it doesn't yield as much as it used to yield.'

— Боюсь, что нет. Но не думаю, что я долго спала. Что-нибудь час — не больше.

— Увы, это далеко от точности, мадам.
— Да, конечно, но зачем гадать, если я просто не знаю?
— Это все, что вы можете нам сказать, мадам?
— Боюсь, что да.
— Вы прежде знали мадам Дойл?

— Нет, Тим был с ней знаком. Еще я много слышала о ней от нашей кузины Джоанны Саутвуд, а познакомились мы только в Асуане.

— Если позволите, мадам, у меня еще один вопрос.

Еле заметно улыбнувшись, миссис Аллертон тихо обронила:

— С удовольствием отвечу на нескромный вопрос.
— Вопрос вот какой: не потерпели вы сами либо ваша семья урона от финансовых операций отца мадам Дойл, Мелиша Риджуэя?

На лице миссис Аллертон выразилось крайнее изумление.

— Нет, что вы! Наши финансы тают — это да... падают проценты от вложений. А чтобы драматически впасть в бедность — этого не было. Муж мало оставил, но сколько оставил — столько и остается, хотя, конечно, это уже не те деньги, что прежде.

'I thank you, Madame. Perhaps you will ask your son to come to us.'

Tim said lightly, when his mother came to him:

'Ordeal over? My turn now! What sort of things did they ask you?'

'Only whether I heard anything last night,' said Mrs Allerton. 'And unluckily I didn't hear anything at all. I can't think why not. After all, Linnet's cabin is only one away from mine. I should think I'd have been bound to hear the shot. Go along, Tim; they're waiting for you.'

To Tim Allerton Poirot repeated his previous questions.

Tim answered:

'I went to bed early, half past ten or so. I read for a bit. Put out my light just after eleven.'

'Did you hear anything after that?'

'Heard a man's voice saying good night, I think, not far away.'

'That was me saying good night to Mrs Doyle,' said Race.

'Yes. After that I went to sleep. Then, later, I heard a kind of hullabaloo going on, somebody calling Fanthorp, I remember.'

'Mademoiselle Robson when she ran out from the observation saloon.'

'Yes, I suppose that was it. And then a lot of different voices. And then somebody running along the deck. And then a splash. And then I heard old Bessner booming out something about "Careful now" and "Not too quick." '

'You heard a splash.'

— Благодарю вас, мадам. Вы не попросите сына спуститься к нам?

Вернувшуюся мать Тим спросил беспечно:

— Отмучилась? Теперь моя очередь. Что хоть они спрашивают?

— Что я слышала ночью, — сказала миссис Аллертон. — А я, к сожалению, ничего не слышала. И не пойму — почему. Ведь каюта Линит через одну от моей. Я просто обязана была услышать звук выстрела. Ступай, Тим, тебя ждут.

Тиму Аллертону Пуаро задал те же вопросы, что его матери.

— Я рано лег спать, что-нибудь в половине одиннадцатого, — отвечал Тим. — Немного почитал. Сразу после одиннадцати выключил свет.

— После этого что-нибудь слышали?

— Неподалеку от моей каюты мужской голос, по-моему, пожелал кому-то спокойной ночи.

— Это я прощался с миссис Дойл, — сказал Рейс.

— Вот. После этого заснул. Потом, уже позже, услышал крики, кто-то звал Фанторпа, насколько помню.

— Это мадемуазель Робсон выбежала из салона.

— Да, по-моему, это была она. Потом были еще голоса. Потом кто-то пробежал по палубе. А потом был всплеск. И тогда я услышал старину Бесснера, он гудел что-то вроде «Осторожно», «Не так быстро».

— Вы слышали всплеск?

'Well, something of that kind.'

'You are sure it was not a *shot* you heard?'

'Yes, I suppose it might have been ... I did hear a cork pop. Perhaps that was the shot. I may have imagined the splash from connecting the idea of the cork with liquid pouring into a glass ... I know my foggy idea was that there was some kind of party on. And I wished they'd all go to bed and shut up.'

'Anything more after that?'

Tim thought.

'Only Fanthorp barging around in his cabin next door. I thought he'd never go to bed.'

'And after that?'

Tim shrugged his shoulders.

'After that — oblivion.'

'You heard nothing more?'

'Nothing whatever.'

'Thank you, Monsieur Allerton.'

Tim got up and left the cabin.

Chapter 15

Race pored thoughtfully over a plan of the promenade deck of the *Karnak*.

'Fanthorp, young Allerton, Mrs Allerton. Then an empty cabin — Simon Doyle's. Now who's on the other side of Mrs Doyle's? The old American dame. If anyone heard anything she would have done. If she's up we'd better have her along.'

Miss Van Schuyler entered the room. She looked even older and yellower than usual this morning. Her small dark eyes had an air of venomous displeasure in them.

— Да, что-то в этом роде.
— А не мог так прозвучать выстрел?
— А что, может быть... Словно хлопнула пробка. Может, это и был выстрел. А всплеск я мог домыслить: хлопнула пробка, напиток заструился в бокал... У меня была смутная мысль, что где-то гуляют, и очень хотелось, чтобы все разошлись и замолкли.

— Что-нибудь еще после этого было?

Тим подумал.

— Фанторп гремел у себя в каюте. Мы соседи. Я думал, он никогда не угомонится.

— А потом что?

Тим пожал плечами:

— Потом — забвение.
— Ничего больше не слышали?
— Абсолютно.
— Благодарю вас, месье Аллертон.

Тим встал и вышел.

Глава 15

Рейс задумчиво склонился над планом верхней палубы «Карнака».

— Фанторп, молодой Аллертон, миссис Аллертон. Потом пустая каюта — это Саймон Дойл. Кто у нас дальше, за миссис Дойл? Старуха американка. Если кто и слышал что-нибудь, так это она. Если она встала, надо ее звать.

Мисс Ван Шуйлер вошла в курительную. В это утро у нее было совсем старое, пергаментное лицо. В темных глазах тлел злобный огонек.

Race rose and bowed.

'We're very sorry to trouble you, Miss Van Schuyler. It's very good of you. Please sit down.'

Miss Van Schuyler said sharply:

'I dislike being mixed up in this. I resent it very much. I do not wish to be associated in any way with this — er — very unpleasant affair.'

'Quite — quite. I was just saying to Monsieur Poirot that the sooner we took your statement the better, as then you need have no further trouble.'

Miss Van Schuyler looked at Poirot with something approaching favour.

'I'm glad you both realize my feelings. I am not accustomed to anything of this kind.'

Poirot said soothingly:

'Precisely, Mademoiselle. That is why we wish to free you from unpleasantness as quickly as possible. Now you went to bed last night — at what time?'

'Ten o'clock is my usual time. Last night I was rather later, as Cornelia Robson, very inconsiderately, kept me waiting.'

'*Très bien*, Mademoiselle. Now what did you hear after you had retired?'

Miss Van Schuyler said: 'I sleep very lightly.'

'A *merveille*! That is very fortunate for us.'

'I was awakened by that rather flashy young woman, Mrs Doyle's maid, who said, "*Bonne nuit, Madame*" in what I cannot but think an unnecessarily loud voice.'

Рейс встал и поклонился:

— Простите за беспокойство, мисс Ван Шуйлер. Вы очень любезны. Садитесь, пожалуйста.

Мисс Ван Шуйлер раздраженно заговорила:

— Противно впутываться во все это. Возмутительная история. Не желаю никаким образом быть связанной с этим... неприятным событием.

— Естественно, естественно. Я как раз говорил месье Пуаро, что надо поскорее выслушать вас, чтобы потом уже не беспокоить.

Мисс Ван Шуйлер удостоила Пуаро почти милостивого взгляда.

— Я рада, что вы понимаете мои чувства, я не привыкла к таким вещам.

— Конечно, мадемуазель, поэтому мы и хотим избавить вас от неприятностей как можно скорее, — успокоил ее Пуаро. — Итак, вы легли спать вчера — в какое время?

— Обычно я ложусь в десять часов. Вчера, по милости Корнелии Робсон, заставившей себя ждать, легла позже.

— Très bien, Mademoiselle[1]. Так что вы слышали, когда улеглись?

— Я сплю очень чутко, — ответила мисс Ван Шуйлер.

— A merveille![2] Как раз то, что нам надо.

— Меня разбудила эта бесцеремонная дамочка, горничная миссис Дойл, — она пожелала своей госпоже «доброй ночи» неприлично громким голосом.

---

[1] Очень хорошо, мадемуазель *(фр.).*
[2] Чудесно! *(фр.)*

'And after that?'

'I went to sleep again. I woke up thinking someone was in my cabin, but I realized that it was someone in the cabin next door.'

'In Madame Doyle's cabin?'

'Yes. Then I heard someone outside on the deck and then a splash.'

'You have no idea what time this was?'

'I can tell you the time exactly. It was ten minutes past one.'

'You are sure of that?'

'Yes. I looked at my little clock that stands by my bed.'

'You did not hear a shot?'

'No, nothing of the kind.'

'But it might possibly have been a shot that awakened you?'

Miss Van Schuyler considered the question, her toad-like head on one side.

'It might,' she admitted rather grudgingly.

'And you have no idea what caused the splash you heard?'

'Not at all — I know perfectly.'

Colonel Race sat up alertly.

'You know?'

'Certainly. I did not like this sound of prowling around. I got up and went to the door of my cabin. Miss Otterbourne was leaning over the side. She had just dropped something into the water.'

'Miss Otterbourne?' Race sounded really surprised.

— А после этого?

— Я опять заснула. И снова проснулась от ощущения, что у меня в каюте кто-то находится, но потом поняла, что это в соседней каюте.

— У мадам Дойл?

— Да. И тут же услышала шаги на палубе и всплеск.

— Не представляете, когда это было?

— Я вам точно скажу когда. Было десять минут второго.

— Вы уверены в этом?

— Конечно. Я взглянула на часики, они у меня в головах.

— Вы не слышали выстрела?

— Нет, ничего похожего.

— А не могло быть так, что вас разбудил звук выстрела?

Склонив жабью голову к плечу, мисс Ван Шуйлер задумалась.

— Может такое быть, — признала она неохотно.

— Но что было причиной этого всплеска, вы, конечно, не знаете?

— Почему же, прекрасно знаю.

Полковник Рейс напрягся:

— Знаете?

— Конечно. Мне не понравились эти хождения на палубе. Я встала и подошла к двери. Мисс Оттерборн стояла, перегнувшись через перила. Она что-то бросила в воду.

— Мисс Оттерборн? — У Рейса перехватило горло от изумления.

'Yes.'

'You are quite sure it was Miss Otterbourne?'

'I saw her face distinctly.'

'She did not see you?'

'I do not think so.'

Poirot leant forward.

'And what did her face look like, Mademoiselle?'

'She was in a condition of considerable emotion.'

Race and Poirot exchanged a quick glance.

'And then?' Race prompted.

'Miss Otterbourne went away round the stern of the boat and I returned to bed.'

There was a knock at the door and the manager entered. He carried in his hand a dripping bundle.

'We've got it, Colonel.'

Race took the package. He unwrapped fold after fold of sodden velvet. Out of it fell a coarse handkerchief faintly stained with pink, wrapped round a small pearlhandled pistol.

Race gave Poirot a glance of slightly malicious triumph.

'You see,' he said, 'my idea was right. It *was* thrown overboard.' He held the pistol out on the palm of his hand. 'What do you say, Monsieur Poirot? Is this the pistol you saw at the Cataract Hotel that night?'

Poirot examined it carefully, then he said quietly:

— Да.
— Вы совершенно уверены, что это была мисс Оттерборн?
— Я видела ее лицо.
— А она вас не видела?
— Думаю, не видела.

Пуаро подался вперед:
— А что выражало ее лицо, мадемуазель?
— Оно выражало сильное чувство.

Рейс и Пуаро быстро переглянулись.
— Что было потом? — поторопил ее Рейс.
— Мисс Оттерборн ушла на корму, а я вернулась в постель.

В дверь постучали, и вошел администратор. В руках у него был струивший воду комок.
— Нашли, полковник.

Рейс взял сверток, развернул вымокшую бархатную ткань. Внутри оказался грубой выделки, в расплывшихся алых пятнах носовой платок, в который был замотан маленький револьвер с перламутровой рукояткой.

Рейс взглянул на Пуаро не без зловредного торжества.
— Смотрите, — сказал он, — я был прав. Его таки отправили за борт. — Он выложил револьвер на ладонь. — Что скажете, месье Пуаро? Это не тот ли, что вы видели той ночью в отеле «У водоската»?

Пуаро внимательно рассмотрел его и ровным голосом сказал:

'Yes — that is it. There is the ornamental work on it — and the initials J. B. It is an *article de luxe* — a very feminine production — but it is none the less a lethal weapon.'

'.22,' murmured Race. He took out the clip. 'Two bullets fired. Yes, there doesn't seem much doubt about it.'

Miss Van Schuyler coughed significantly.

'And what about my stole?' she demanded.

'Your stole, Mademoiselle?'

'Yes, that is my velvet stole you have there.'

Race picked up the dripping folds of material.

'This is yours, Miss Van Schuyler?'

'Certainly it's mine!' the old lady snapped. 'I missed it last night. I was asking everyone if they'd seen it.'

Poirot questioned Race with a glance, and the latter gave a slight nod of assent.

'Where did you see it last, Miss Van Schuyler?'

'I had it in the saloon yesterday evening. When I came to go to bed I could not find it anywhere.'

Race said quickly:

'You realize what it's been used for?' He spread it out, indicating with a finger the scorching and several small holes. 'The murderer wrapped it round the pistol to deaden the noise of the shot.'

'Impertinence!' snapped Miss Van Schuyler. The colour rose in her wizened cheeks.

— Да, тот самый. Тут есть гравировка — инициалы «Ж. Б.». Это article de luxe[1], очень дамская вещица, и при этом смертоносное оружие.

— Двадцать второй, — пробормотал Рейс. Он вынул обойму. — Не хватает двух пуль. Да-а, вроде бы никаких сомнений не остается.

Со значением кашлянула мисс Ван Шуйлер.

— Что вы думаете о моей накидке? — призвала она их к ответу.

— О вашей накидке, мадемуазель?

— Да, у вас на столе моя бархатная накидка.

Рейс поднял мокрую тряпицу.

— Это — ваше, мисс Ван Шуйлер?

— Да мое же! — взорвалась та. — Я обыскалась ее вчера вечером. Кого только не спрашивала.

Пуаро призывно взглянул на Рейса, и тот едва заметно кивнул.

— Где вы видели ее последний раз, мисс Ван Шуйлер?

— Она была при мне в салоне вчера вечером. А когда я уходила спать, ее нигде не было.

Рейс ровно спросил:

— Вы догадываетесь, для чего она понадобилась? — Расправив накидку, он показал подпалины и дырочки на ней. — Убийца замотал в нее револьвер, чтобы заглушить звук выстрела.

— Какая наглость! — вспыхнула мисс Ван Шуйлер. Ее сморщенные щеки зарумянились.

---

[1] Предмет роскоши *(фр.)*.

Race said:

'I shall be glad, Miss Van Schuyler, if you will tell me the extent of your previous acquaintance with Mrs Doyle.'

'There was no previous acquaintance.'

'But you knew of her?'

'I knew who she was, of course.'

'But your families were not acquainted?'

'As a family we have always prided ourselves on being exclusive, Colonel Race. My dear mother would never have dreamed of calling upon any of the Hartz family, who, outside their wealth, were nobodies.'

'That is all you have to say, Miss Van Schuyler?'

'I have nothing to add to what I have told you. Linnet Ridgeway was brought up in England and I never saw her till I came aboard this boat.'

She rose. Poirot opened the door and she marched out.

The eyes of the two men met.

'That's her story,' said Race, 'and she's going to stick to it! It may be true. I don't know. But — Rosalie Otterbourne? I hadn't expected that.'

Poirot shook his head in a perplexed manner. Then he brought down his hand on the table with a sudden bang.

'But it does not make sense,' he cried. '*Nom d'un nom d'un nom!* It does not make sense.'

Race looked at him.

Рейс сказал:

— Соблаговолите сказать, мисс Ван Шуйлер, сколько времени вы были знакомы с миссис Дойл.

— Вообще не была с ней знакома.
— Но вы знали о ее существовании?
— Конечно, я знала, кто она такая.
— И домами вы никак не были связаны?
— Наша семья всегда дорожила принадлежностью к немногим избранным, полковник Рейс. Матушке в голову не пришло бы позвать кого-нибудь из Хатсов, потому что они никто, нувориши[1].

— Вам больше нечего сказать нам, мисс Ван Шуйлер?
— К тому, что я сказала, мне нечего добавить. Линит Риджуэй выросла в Англии, и впервые я увидела ее на борту этого парохода.

Она встала. Пуаро открыл дверь перед ней, и она удалилась.

Мужчины переглянулись.

— Вот и весь ее сказ, — заметил Рейс, — другого не будет. Может, правду говорит. Не знаю. Розали Оттерборн — каково! Не ожидал.

Пуаро растерянно помотал головой. И с размаху хватил ладонью по столу.

— В этом нет никакого смысла! — воскликнул он. — Nom d'un nom d'un nom! Никакого смысла!

Рейс взглянул на него:

---

[1] Нувориш — разбогатевший на спекуляциях богач-выскочка.

'What do you mean exactly?'

'I mean that up to a point it is all the clear sailing. Someone wished to kill Linnet Doyle. Someone overheard the scene in the saloon last night. Someone sneaked in there and retrieved the pistol — Jacqueline de Bellefort's pistol, remember. Somebody shot Linnet Doyle with that pistol and wrote the letter J on the wall ... All so clear, is it not? All pointing to Jacqueline de Bellefort as the murderess. And then what does the murderer do? Leave the pistol — the damning pistol — Jacqueline de Bellefort's pistol, for everyone to find? No, he — or she — throws the pistol, *that particular damning bit of evidence*, overboard. Why, my friend, why?'

Race shook his head.

'It's odd.'

'It is more than odd — it is *impossible!*'

'Not impossible, since it happened!'

'I do not mean that. I mean *the sequence of events is impossible*. Something is wrong.'

Chapter 16

Colonel Race glanced curiously at his colleague. He respected — he had reason to respect — the brain of Hercule Poirot. Yet for the moment he did not follow the other's process of thought. He asked no question, however. He seldom did ask questions. He proceeded straightforwardly with the matter in hand.

'What's the next thing to be done? Question the Otterbourne girl?'

— Что конкретно вы имеете в виду?

— Что до определенного момента картина ясная. Кому-то нужно убить Линит Дойл. Кто-то вчера вечером слышал скандал в салоне. Кто-то выкрал оттуда револьвер. Принадлежавший, прошу заметить, Жаклин де Бельфор. Кто-то застрелил из него Линит Дойл и вывел букву Ж на стене. Все ясно, правда? Все изобличает Жаклин де Бельфор. Теперь смотрите, что делает убийца. Он оставляет пресловутый револьвер на месте, где его наверняка найдут, — да? Нет! Он — или она — выбрасывает его за борт — такую улику! Зачем, мой друг, зачем?

Рейс покачал головой:
— Непонятно.
— Тут нечего понимать: это *невозможно*.
— Как невозможно, раз это случилось?
— Я не об этом. Невозможно такое развитие событий. Где-то ошибка.

Глава 16

Полковник не сводил любопытных глаз с коллеги. Он уважал, и не без оснований, интеллект Эркюля Пуаро. Однако в настоящий момент он не мог уловить его мысль. И спрашивать он не стал. Он редко задавал вопросы. Просто перешел к следующему пункту повестки дня:

— Что у нас на очереди? Расспросим девицу Оттерборн?

'Yes, that may advance us a little.'

Rosalie Otterbourne entered ungraciously. She did not look nervous or frightened in any way — merely unwilling and sulky.

'Well?' she said. 'What is it?'

Race was the spokesman.

'We're investigating Mrs Doyle's death,' he explained.

Rosalie nodded.

'Will you tell me what you did last night?'

Rosalie reflected a minute.

'Mother and I went to bed early — before eleven. We didn't hear anything in particular, except a bit of fuss outside Dr Bessner's cabin. I heard the old man's German voice booming away. Of course I didn't know what it was all about till this morning.'

'You didn't hear a shot?'

'No.'

'Did you leave your cabin at all last night?'

'No.'

'You are quite sure of that?'

Rosalie stared at him.

'What do you mean? Of course I'm sure of it.'

'You did not, for instance, go round to the starboard side of the boat and throw something overboard?'

The colour rose in her face.

'Is there any rule against throwing things overboard?'

'No, of course not. Then you did?'

'No, I didn't. I never left my cabin, I tell you.'

— Да, это может продвинуть дело.

Розали Оттерборн неохотно вошла к ним. Не то чтобы она нервничала или боялась чего-то — просто держалась замкнуто, нелюдимо.

— Что вам угодно?

Слово взял Рейс.

— Мы расследуем обстоятельства смерти миссис Дойл, — объяснил он.

Розали кивнула.

— Вы не скажете, что вы делали вчера вечером?

Розали с минуту думала.

— Мы с мамой легли рано, не было одиннадцати. Ничего особенного не слышали, если не считать возню возле каюты доктора Бесснера. Я слышала, как старик что-то гудел по-немецки. Из-за чего был этот шум, я узнала только утром.

— Вы не слышали выстрела?

— Нет.

— Из каюты больше не выходили ночью?

— Нет.

— Вы вполне уверены в этом?

Розали изумленно воззрилась на него:

— Как вас понимать? Конечно, уверена.

— Вы, например, не переходили на правый борт, ничего не бросали в воду?

Ее лицо порозовело.

— А что, вышел запрет бросать вещи в воду?

— Такого запрета нет. Вы, значит, бросали?

— Нет, не бросала. Я же говорю: я не выходила из каюты.

'Then if anyone says that they saw you—?'

She interrupted him.

'Who says they saw me?'

'Miss Van Schuyler.'

'Miss Van Schuyler?' She sounded genuinely astonished.

'Yes. Miss Van Schuyler says she looked out of her cabin and saw you throw something over the side.'

Rosalie said clearly: 'That's a damned lie.' Then, as though struck by a sudden thought, she asked: 'What time was this?'

It was Poirot who answered. 'It was ten minutes past one, Mademoiselle.'

She nodded her head thoughtfully.

'Did she see anything else?'

Poirot looked at her curiously. He stroked his chin.

'See — no,' he replied, 'but she heard something.'

'What did she hear?'

'Someone moving about in Madame Doyle's cabin.'

'I see,' muttered Rosalie.

She was pale now — deadly pale.

'And you persist in saying that you threw nothing overboard, Mademoiselle?'

'What on earth should I run about throwing things overboard for in the middle of the night?'

'There might be a reason — an innocent reason.'

'Innocent?' repeated the girl sharply.

'That's what I said. You see, Mademoiselle, something *was* thrown overboard last night — something that was not innocent.'

— Значит, если говорят, что вас видели...

Она прервала его:

— Кто меня видел?

— Мисс Ван Шуйлер.

— Мисс Ван Шуйлер? — В ее голосе звучало непритворное удивление.

— Мисс Ван Шуйлер говорит, что она выглянула из своей каюты и увидела, как вы бросаете что-то за борт.

— Это гнусная ложь, — объявила Розали ясным голосом. Потом, как бы вдогонку пришедшей мысли, она спросила: — А во сколько это было?

— В десять минут второго, мадемуазель, — ответил на ее вопрос Пуаро.

Она вдумчиво кивнула.

— А что-нибудь еще она видела?

Пуаро с интересом смотрел на нее, поглаживая подбородок.

— Еще, — ответил он, — она кое-что слышала.

— Что она слышала?

— Кто-то передвигался в каюте мадам Дойл.

— Понятно, — обронила Розали.

Теперь ее лицо было мертвенно-бледным.

— Так вы настаиваете на том, что ничего не бросали в воду, мадемуазель?

— Да с какой стати я буду бегать по палубе среди ночи и бросать в воду что бы то ни было?

— Причина может быть самая невинная.

— Невинная? — отозвалась девушка.

— Именно так я сказал. Понимаете, мадемуазель, этой ночью действительно кое-что выбросили за борт, и это была далеко не невинная вещь.

Race silently held out the bundle of stained velvet, opening it to display its contents.

Rosalie Otterbourne shrank back.

'Was that — what — she was killed with?'

'Yes, Mademoiselle.'

'And you think that I—I did it? What utter nonsense! Why on earth should I want to kill Linnet Doyle? I don't even know her!' She laughed and stood up scornfully. 'The whole thing is too ridiculous.'

'Remember, Miss Otterbourne,' said Race, 'that Miss Van Schuyler is prepared to swear she saw your face quite clearly in the moonlight.'

Rosalie laughed again.

'That old cat? She's probably half blind anyway. It wasn't me she saw.' She paused. 'Can I go now?'

Race nodded and Rosalie Otterbourne left the room.

The eyes of the two men met. Race lighted a cigarette.

'Well, that's that. Flat contradiction. Which of 'em do we believe?'

Poirot shook his head.

'I have a little idea that neither of them was being quite frank.'

'That's the worst of our job,' said Race despondently. 'So many people keep back the truth for positively futile reasons. What's our next move? Get on with the questioning of the passengers?'

'I think so. It is always well to proceed with order and method.'

Рейс молча развернул перед ней запятнанный бархат, открыл содержимое свертка.

Розали Оттерборн в ужасе отпрянула.

— Из этого ее убили?

— Да, мадемуазель.

— Вы думаете, что я это сделала? Это совершенная чушь! С какой стати мне убивать Линит Дойл? Мы даже не знакомы с ней. — Она рассмеялась и презрительно вздернула голову. — Смешно говорить об этом.

— Не забывайте, мисс Оттерборн, — сказал Рейс, — что мисс Ван Шуйлер готова присягнуть, что отчетливо видела ваше лицо — была луна.

Розали снова рассмеялась:

— Готова присягнуть? Пусть очки сначала протрет. Она не меня видела. — Розали помолчала. — Могу я теперь идти?

Рейс кивнул, и Розали Оттерборн вышла.

Мужчины обменялись взглядами. Рейс закурил.

— Вот так. Полное противоречие. Кому же верить?

Пуаро покачал головой:

— Я подозреваю, что ни та ни другая не говорят всей правды.

— Проклятая наша работа, — сокрушенно сказал Рейс. — Бывает, люди утаивают правду по глупейшей причине. Что делаем дальше? Продолжаем с пассажирами?

— Я полагаю — да. Всегда полезно придерживаться порядка и системы.

Race nodded.

Mrs Otterbourne, dressed in floating batik material, succeeded her daughter. She corroborated Rosalie's statement that they had both gone to bed before eleven o'clock. She herself had heard nothing of interest during the night. She could not say whether Rosalie had left their cabin or not. On the subject of the crime she was inclined to hold forth.

'The *crime passionel*!' she exclaimed. 'The primitive instinct — to kill! So closely allied to the sex instinct. That girl, Jacqueline, hot-blooded, obeying the deepest instincts of her being, stealing forth, revolver in hand—'

'But Jacqueline de Bellefort did not shoot Madame Doyle. That we know for certain. It is proved,' explained Poirot.

'Her husband, then,' said Mrs Otterbourne, rallying from the blow. 'The blood lust and the sex instinct — a sexual crime. There are many well-known instances.'

'Mr Doyle was shot through the leg and he was quite unable to move — the bone was fractured,' explained Colonel Race. 'He spent the night with Dr Bessner.'

Mrs Otterbourne was even more disappointed. She searched her mind hopefully.

'Of course!' she said. 'How foolish of me! Miss Bowers!'

Рейс кивнул.

За дочерью последовала миссис Оттерборн в пестром батиковом размахае. Она подтвердила заявление Розали о том, что обе легли около одиннадцати. Сама она ничего примечательного ночью не слышала. Она не могла сказать наверняка, выходила ночью Розали или не выходила. Относительно же убийства она обнаружила желание поговорить подробнее.

— Crime passionnel?[1] — воскликнула она. — Первобытный инстинкт — убить! — об руку с половым инстинктом. Эта Жаклин, в чьих жилах течет жаркая, наполовину романская кровь, повинуясь глухому позыву естества, прокрадывается с револьвером в руке...

— Жаклин де Бельфор не убивала мадам Дойл. Это мы знаем наверное. Это доказано, — объяснил Пуаро.

— Тогда — ее муж, — отразила удар миссис Оттерборн. — Жажда крови и половой инстинкт — вот вам и преступление на сексуальной почве. Известна масса случаев.

— Мистеру Дойлу прострелили ногу, он не мог передвигаться, у него задета кость, — объяснил полковник Рейс. — Доктор Бесснер провел с ним всю ночь.

Миссис Оттерборн приуныла. Ее мысль, не сдаваясь, искала дальше.

— Ну конечно! — сказала она. — Какая я глупая. Это мисс Бауэрз.

---

[1] Преступление, совершенное в состоянии аффекта? (*фр.*)

'Miss Bowers?'

'Yes. Naturally. It's so *clear* psychologically. Repression! The repressed virgin! Maddened by the sight of these two — a young husband and wife passionately in love with each other. Of course it was her! She's just the type — sexually unattractive, innately respectable. In my book, *The Barren Vine*—'

Colonel Race interposed tactfully:

'Your suggestions have been most helpful, Mrs Otterbourne. We must get on with our job now. Thank you so much.'

He escorted her gallantly to the door and came back wiping his brow.

'What a poisonous woman! Whew! Why didn't somebody murder *her*!'

'It may yet happen,' Poirot consoled him.

'There might be some sense in that. Whom have we got left? Pennington — we'll keep him for the end, I think. Richetti — Ferguson.'

Signor Richetti was very voluble, very agitated.

'But what a horror, what an infamy — a woman so young and so beautiful — indeed an inhuman crime—'

Signor Richetti's hands flew expressively up in the air.

His answers were prompt. He had gone to bed early — very early. In fact immediately after dinner. He had read for a while — a very interesting pamphlet lately published — *Prähistorische Forschung*

— Мисс Бауэрз?

— Ну естественно! Психологически это совершенно ясно. Репрессия! Подавленная девственность. А тут, как красная тряпка, эти страстно любящие друг друга молодожены. Она, конечно, она! Известный тип: сексуально непривлекательная, закоснело порядочная. В моей книге «Бесплодная лоза»...

Полковник Рейс деликатно прервал:

— Вы очень помогли нам своими догадками, миссис Оттерборн. Нас торопят другие дела. Весьма вам признательны.

Он вежливо проводил ее до двери и вернулся, вытирая пот со лба.

— Какая же противная женщина! Бр-р! Как это на нее никто еще не поднял руку?

— Это никогда не поздно, — успокоил его Пуаро.

— Тут был бы хоть какой-то смысл. Кто у нас остался? Пеннингтон — его прибережем на закуску, я считаю. Рикетти, Фергюсон.

Синьор Рикетти был говорлив и возбужден.

— Какой ужас, какая низость — такая молодая, такая красивая — поистине бесчеловечное преступление!

Синьор Рикетти выразительно вздымал руки.

Он без запинки ответил на все вопросы. Он лег рано — очень рано. Фактически сразу после ужина. Немного почитал — очень интересная, совсем свежая брошюра «Prähistorische Forschung

in Kleinasien — throwing an entirely new light on the painted pottery of the Anatolian foothills.

He had put out his light some time before eleven. No, he had not heard any shot. Not any sound like the pop of a cork. The only thing he had heard — but that was later, in the middle of the night — was a splash, a big splash, just near his porthole.

'Your cabin is on the lower deck, on the starboard side, is it not?'

'Yes, yes, that is so. And I heard the big splash.' His arms flew up once more to describe the bigness of the splash.

'Can you tell me at all what time that was?'

Signor Richetti reflected.

'It was one, two, three hours after I go to sleep. Perhaps two hours.'

'About ten minutes past one, for instance?'

'It might very well be, yes. Ah! but what a terrible crime — how inhuman ... So charming a woman ...'

Exit Signor Richetti, still gesticulating freely.

Race looked at Poirot. Poirot raised his eyebrows expressively. Then shrugged his shoulders. They passed on to Mr Ferguson.

Ferguson was difficult. He sprawled insolently in a chair.

'Grand to-do about this business!' he sneered. 'What's it really matter? Lot of superfluous women in the world!'

in Kleinasien»[1], бросает совершенно новый свет на гончарное дело в Анатолийских предгорьях[2].

Не было одиннадцати, когда он выключил свет. Нет, выстрела он не слышал. И звука хлопнувшей пробки — тоже. Единственное, что он слышал, но это позже, глубокой ночью, — он слышал всплеск, большой всплеск — прямо у него под иллюминатором.

— Ваша каюта на нижней палубе по правому борту — так?

— Да-да. Большой такой всплеск. — Он показал руками.

— Вы можете сказать, в какое время это было?

Синьор Рикетти задумался.

— Я уже спал — час, два, три? Наверное, два часа я спал.

— Минут десять второго подойдет?

— Да, очень может быть. Ах, какое ужасное преступление — какое бесчеловечное... Такая очаровательная женщина...

Размахивая руками, синьор Рикетти ушел.

Рейс взглянул на Пуаро. Тот выразительно поднял брови, пожал плечами. Перешли к следующему: мистер Фергюсон.

С ним, нахально развалившимся в кресле, было нелегко.

— Шуму-то! — ухмыльнулся он. — А что, собственно, произошло? Баба с возу...

---

[1] «Доисторическое изыскание в Малой Азии» (*нем.*).
[2] Анатолийские предгорья — внутренняя часть Азиатского нагорья на территории Турции.

Race said coldly:

'Can we have an account of your movements last night, Mr Ferguson?'

'Don't see why you should, but I don't mind. I mooched around a good bit. Went ashore with Miss Robson. When she went back to the boat I mooched around by myself for a while. Came back and turned in round about midnight.'

'Your cabin is on the lower deck, starboard side?'

'Yes. I'm up among the nobs.'

'Did you hear a shot? It might only have sounded like the popping of a cork.'

Ferguson considered.

'Yes, I think I did hear something like a cork ... Can't remember when — before I went to sleep. But there were still a lot of people about then — commotion, running about on the deck above.'

'That was probably the shot fired by Miss de Bellefort. You didn't hear another?'

Ferguson shook his head.

'Nor a splash?'

'A splash? Yes, I believe I did hear a splash. But there was so much row going on I can't be sure about it.'

'Did you leave your cabin during the night?'

Ferguson grinned.

'No, I didn't. And I didn't participate in the good work, worse luck.'

'Come, come, Mr Ferguson, don't behave childishly.'

The young man reacted angrily.

Рейс холодно сказал:

— Нельзя ли получить отчет о ваших действиях вчера вечером, мистер Фергюсон?

— Не считаю нужным отчитываться перед вами, но — извольте. Убивал время. Ходил на берег с мисс Робсон. Когда она вернулась на пароход, убивал время в одиночестве. Потом вернулся к себе и около полуночи улегся.

— Ваша каюта на нижней палубе по правому борту?

— Да. До чистой публики не поднялся.

— Вы слышали выстрел? Он мог прозвучать как хлопнувшая пробка.

Фергюсон задумался.

— Что-то такое слышал... Не вспомню — когда, но я еще не спал. Вообще наверху еще толокся народ, бегали по палубе.

— Это, вероятно, был переполох после выстрела мисс де Бельфор. Другого выстрела не слышали?

Фергюсон отрицательно качнул головой.

— Всплеска не слышали?

— Всплеска? Пожалуй, да — был всплеск. Хотя наверху был такой гвалт, что точно не скажу.

— Вы выходили ночью из каюты?

Фергюсон ухмыльнулся:

— Не выходил. И самое обидное — непричастен к благому делу.

— Полно, полно, не ребячьтесь, мистер Фергюсон.

В ответ молодой человек вспылил:

'Why shouldn't I say what I think? I believe in violence.'

'But you don't practice what you preach?' murmured Poirot. 'I wonder.' He leaned forward. 'It was the man, Fleetwood, was it not, who told you that Linnet Doyle was one of the richest women in England?'

'What's Fleetwood got to do with this?'

'Fleetwood, my friend, had an excellent motive for killing Linnet Doyle. He had a special grudge against her.'

Mr Ferguson came up out of his seat like a jack-in the-box.

'So that's your dirty game, is it?' he demanded wrathfully. 'Put it on to a poor devil like Fleetwood who can't defend himself — who's got no money to hire lawyers. But I tell you this — if you try and saddle Fleetwood with this business you'll have me to deal with.'

'And who exactly are you?' asked Poirot sweetly.

Mr Ferguson got rather red.

'I can stick by my friends anyway,' he said gruffly.

'Well, Mr Ferguson, I think that's all we need for the present,' said Race.

As the door closed behind Ferguson he remarked unexpectedly:

'Rather a likeable young cub, really.'

'You don't think he is the man *you* are after?' asked Poirot.

'I hardly think so. I suppose he *is* on board. The information was very precise. Oh, well, one job at a time. Let's have a go at Pennington.'

— Почему я не должен говорить, что думаю? Я верю в насилие.

— Но вы не проводите в жизнь свои убеждения? — тихо молвил Пуаро. — Хотелось бы надеяться. — Он подался вперед. — Ведь это Флитвуд — правда? — он сказал вам, что Линит Дойл — одна из богатейших женщин в Англии?

— При чем здесь Флитвуд?

— У Флитвуда, мой друг, был отличный мотив для убийства Линит Дойл. У него была личная обида на нее.

Мистер Фергюсон подскочил, как на пружине.

— Так вот вы что затеяли! — яростно выкрикнул он. — Свалить все на безответного Флитвуда, который не может защитить себя, у которого нет денег, чтобы нанять адвокатов! Но я вам так скажу: если вы потянете в эту историю Флитвуда, вы будете иметь дело со мной.

— А кто вы такой? — вкрадчиво спросил Пуаро.

Мистер Фергюсон покраснел.

— Я не бросаю друзей в беде, — буркнул он.

— Хорошо, мистер Фергюсон, у нас пока все, — сказал Рейс.

Когда за Фергюсоном закрылась дверь, он вполне неожиданно сказал:

— А что, довольно симпатичный дикарь.

— Вам не кажется, что этого молодчика вы ищете? — спросил Пуаро.

— Вряд ли. Хотя тот, скорее всего, на пароходе. Сведения были очень точные. Но не будем гнаться за двумя зайцами. Попытаем счастья с Пеннингтоном.

Chapter 17

Andrew Pennington displayed all the conventional reactions of grief and shock. He was, as usual, carefully dressed. He had changed into a black tie. His long clean-shaven face bore a bewildered expression.

'Gentlemen,' he said sadly, 'this business has got me right down! Little Linnet — why, I remember her as the cutest little thing you can imagine. How proud of her Melhuish Ridgeway used to be, too! Well, there's no point in going into that. Just tell me what I can do — that's all I ask.'

Race said:

'To begin with, Mr Pennington, did you hear anything last night?'

'No, sir, I can't say I did. I have the cabin right next to Dr Bessner's — number thirty-eight thrity-nine — and I heard a certain commotion going on in there round about midnight or so. Of course I didn't know what it was at the time.'

'You heard nothing else? No shots?'

Andrew Pennington shook his head.

'Nothing whatever of that kind.'

'And you went to bed?'

'Must have been some time after eleven.' He leaned forward. 'I don't suppose it's news to you to know that there's plenty of rumours going about the boat. That halfFrench girl — Jacqueline de Bellefort — there was something fishy there, you know. Linnet didn't tell me anything, but naturally I wasn't born

Глава 17

Эндрю Пеннингтон выказал все полагающиеся знаки скорби и потрясения. Как всегда, он был продуманно одет — на сей раз в черном галстуке. На его чисто выбритом лошадином лице застыло потерянное выражение.

— Джентльмены, — сказал он печально, — эта история меня доконала. Чтобы Линит... ведь я ее совсем крохой знал. А как Мелиш Риджуэй ею гордился! Да что теперь вспоминать. Скажите, чем я могу быть полезен.

Рейс сказал:

— Для начала, мистер Пеннингтон: вы ничего не слышали вчера вечером?

— По-моему, ничего, сэр. Моя каюта рядом с доктором Бесснером, и там действительно была какая-то возня около полуночи. Конечно, я тогда понятия не имел, что там происходит.

— Больше — ничего? Выстрелов не слышали?

Эндрю Пеннингтон покачал головой:

— Ничего похожего.

— А легли вы в какое время?

— Что-нибудь сразу после одиннадцати. Думаю, вы не от меня первого узнаете, что по судну идут всякие слухи. Эта девица, наполовину француженка, Жаклин де Бельфор, не внушает доверия. Линит не говорила, но у меня самого есть глаза и уши. Было у нее, было что-то с Саймоном!

blind and deaf. There'd been some affair between her and Simon, some time, hadn't there? *Cherchez la femme* — that's a pretty good sound rule, and I should say you wouldn't have to *cherchez* far.'

Poirot said:

'You mean that in your belief Jacqueline de Bellefort shot Madame Doyle?'

'That's what it looks like to me. Of course I don't *know* anything...'

'Unfortunately we *do* know something!'

'Eh?' Mr Pennington looked startled.

'We know that it is quite impossible for Mademoiselle de Bellefort to have shot Madame Doyle.'

He explained carefully the circumstances. Pennington seemed reluctant to accept them.

'I agree it looks all right on the face of it — but this hospital nurse woman, I'll bet she didn't stay awake all night. She dozed off and the girl slipped out and in again.'

'Hardly likely, Monsieur Pennington. She had administered a strong opiate, remember. And anyway a nurse is in the habit of sleeping lightly and waking when her patient wakes.'

'It all sounds rather fishy to me,' declared Pennington.

Race said in a gently authoritative manner:

Cherchez la femme[1] — вот уж действительно! — и поверьте, вам не придется далеко chercher.

— То есть вы считаете, что Жаклин де Бельфор застрелила мадам Дойл? — спросил Пуаро.

— Другого варианта не вижу. Конечно, я не могу знать наверняка...
— К сожалению, мы *кое-что* знаем.
— М-м?.. — Мистер Пеннингтон смотрел на него большими глазами.
— Мы знаем, что у мадемуазель де Бельфор не было никакой возможности застрелить мадам Дойл.

И он подробно изложил все обстоятельства дела. Мистер Пеннингтон не спешил принять их на веру.

— На первый взгляд убедительно, но эта ваша сиделка... Готов поспорить, она не бодрствовала всю ночь напролет. Она, конечно, прикорнула, а девушка выскользнула — и снова вернулась.
— Маловероятно, месье Пеннингтон. Не забывайте, ей дали сильное снотворное. И потом, у сиделок легкий сон, они просыпаются вместе с больными.
— Сомнительно это все, — объявил мистер Пеннингтон.

Ровным, не терпящим возражений голосом Рейс сказал:

---
[1] Ищите женщину *(фр.)*.

'I think you must take it from me, Mr Pennington, that we have examined all the possibilities very carefully. The result is quite definite — Jacqueline de Bellefort did not shoot Mrs Doyle. So we are forced to look elsewhere. That is where we hope you may be able to help us.'

'I?' Pennington gave a nervous start.

'Yes. You were an intimate friend of the dead woman. You know the circumstances of her life, in all probability, much better than her husband does, since he only made her acquaintance a few months ago. You would know, for instance, of anyone who had a grudge against her. You would know, perhaps, whether there was anyone who had a motive for desiring her death.'

Andrew Pennington passed his tongue over rather dry-looking lips.

'I assure you, I have no idea ... You see Linnet was brought up in England. I know very little of her surroundings and associations.'

'And yet,' mused Poirot, 'there was someone on board who was interested in Madame Doyle's removal. She had a near escape before, you remember, at this very place, when that boulder crashed down — ah! but you were not there, perhaps?'

'No. I was inside the temple at the time. I heard about it afterwards, of course. A very near escape. But possibly an accident, don't you think?'

Poirot shrugged his shoulders.

'One thought so at the time. Now — one wonders.'

— Вам придется поверить мне на слово, мистер Пеннингтон, мы внимательнейшим образом и всесторонне исследовали это дело. Вывод однозначен: Жаклин де Бельфор не убивала мисс Дойл. Надо искать в другом месте. И тут мы надеялись на вашу помощь.

— На мою помощь? — нервно дернулся Пеннингтон.

— Конечно. Вы близкий друг покойной. Обстоятельства ее жизни вы знаете, может, даже лучше ее мужа, потому что они только несколько месяцев были знакомы. Например, вы можете знать, что кто-то затаил зло на нее. Можете знать, что у кого-то были причины желать ее смерти.

Эндрю Пеннингтон облизнул пересохшие губы.

— Не имею представления, уверяю вас... Понимаете, Линит выросла в Англии. Ее окружение, связи я знаю очень плохо.

— И все-таки, — в раздумье протянул Пуаро, — на борту был некто, желавший устранения мадам Дойл. Вы помните, как в этом самом месте она чудом избежала смерти, когда с горы скатился валун, — а-а, да вас, кажется, не было рядом?

— Не было. Я был в храме. Потом-то я обо всем узнал. Действительно, она чудом уцелела. Но вроде бы камень сам свалился?

Пуаро пожал плечами:

— Мы так и подумали тогда. А сейчас — сомнительно.

'Yes — yes, of course.' Pennington wiped his face with a fine silk handkerchief.

Colonel Race went on:

'Mr Doyle happened to mention someone being on board who bore a grudge — not against her personally, but against her family. Do you know who that could be?'

Pennington looked genuinely astonished.

'No, I've no idea.'
'She didn't mention the matter to you?'
'No.'
'You were an intimate friend of her father's — you cannot remember any business operations of his that might have resulted in ruin for some business opponent?'

Pennington shook his head helplessly.

'No outstanding case. Such operations were frequent, of course, but I can't recall anyone who uttered threats — nothing of that kind.'

In short, Mr Pennington, you cannot help us?'

'It seems so. I deplore my inadequacy, gentlemen.'

Race interchanged a glance with Poirot, then he said:

'I'm sorry too. We'd had hopes.'

He got up as a sign the interview was at an end.

Andrew Pennington said:

'As Doyle's laid up, I expect he'd like me to see to things. Pardon me, Colonel, but what exactly are the arrangements?'

— Да-да, конечно. — Пеннингтон вытер лицо тонким шелковым платком.

Полковник Рейс продолжал:

— Миссис Дойл как-то обронила, что на пароходе находится ее недоброжелатель — не личный даже враг, а доставшийся ей по наследству. Кто бы это мог быть — не знаете?

Взгляд Пеннингтона выразил самое искреннее изумление.

— Не представляю.

— Об этом вы не говорили?

— Нет.

— Вы были близким другом ее отца; вам не припоминается какая-нибудь его операция, разорившая конкурента?

Пеннингтон безнадежно помотал головой.

— В этом нет ничего из ряда вон выходящего. Его операции частенько этим кончались, но не припомню, чтобы кто-то ему угрожал. Ничего похожего.

— Короче говоря, мистер Пеннингтон, вы нам не можете помочь?

— Похоже, не могу. Сожалею, что не пригодился вам, джентльмены.

Рейс обменялся взглядом с Пуаро и сказал:

— Жаль. Мы рассчитывали на вас.

Он встал, давая знак, что разговор окончен.

Эндрю Пеннингтон сказал:

— Раз Дойл прикован к постели, он, скорее всего, захочет, чтобы я за всем проследил. Извините заранее, полковник, но что конкретно делается?

'When we leave here we shall make a non-stop run to Shellal, arriving there tomorrow morning.'

'And the body?'

'Will be removed to one of the cold storage chambers.'

Andrew Pennington bowed his head. Then he left the room.

Poirot and Race again interchanged a glance.

'Mr Pennington,' said Race, lighting a cigarette, 'was not at all comfortable.'

Poirot nodded.

'And,' he said, 'Mr Pennington was sufficiently perturbed to tell a rather stupid lie. He was *not* in the temple of Abu Simbel when that boulder fell. I — *moi qui vous parle* — can swear to that. I had just come from there.'

'A very stupid lie,' said Race, 'and a very revealing one.'

Again Poirot nodded.

'But for the moment,' he said, and smiled, 'we handle him with the gloves of kid, is it not so?'

'That was the idea,' agreed Race.

'My friend, you and I understand each other to a marvel.'

There was a faint grinding noise, a stir beneath their feet. The *Karnak* had started on her homeward journey to Shellal.

'The pearls,' said Race. 'That is the next thing to be cleared up.'

'You have a plan?'

— Вот снимемся с якоря и без остановок пойдем в Шелал, будем там завтра утром.

— А как быть с телом?

— Перенесут в холодильную камеру.

Эндрю Пеннингтон уронил голову на грудь. Потом он вышел.

Снова Пуаро и Рейс переглянулись.

— Мистер Пеннингтон, — сказал, закуривая, Рейс, — был не в своей тарелке.

Пуаро кивнул.

— Еще, — сказал он, — мистер Пеннингтон с перепугу сказал глупую ложь. Его не было в храме Абу-Симбел, когда с горы упал валун. В этом могу поклясться я — moi qui vous parle[1]. Я тогда как раз вышел из храма.

— Очень глупая ложь, — сказал Рейс, — и разоблачительная притом.

Пуаро снова кивнул.

— Но пока что, — улыбнулся он, — мы работали с ним в лайковых перчатках.

— Деликатно, — согласился Рейс.

— Mon ami[2], мы на удивление хорошо понимаем друг друга.

Раздался скрежет, задрожал пол. «Карнак» двинулся в обратный путь — в Шелал.

— Жемчуг, — сказал Рейс, — теперь нужно с ним разбираться.

— У вас есть план?

---

[1] Говорящий вам это *(фр.)*.
[2] Мой друг *(фр.)*.

'Yes.' He glanced at his watch. 'It will be lunch time in half an hour. At the end of the meal I propose to make an announcement — just state the fact that the pearls have been stolen, and that I must request everyone to stay in the dining-saloon while a search is conducted.'

Poirot nodded approvingly.

'It is well imagined. *Whoever took the pearls still has them.* By giving no warning beforehand, there will be no chance of their being thrown overboard in a panic.'

Race drew some sheets of paper towards him. He murmured apologetically:

'I'd like to make a brief précis of the facts as I go along. It keeps one's mind free of confusion.'

'You do well. Method and order, they are everything,' replied Poirot.

Race wrote for some minutes in his small neat script. Finally he pushed the result of his labours towards Poirot.

'Anything you don't agree with there?'

Poirot took up the sheets. They were headed:

MURDER OF MRS LINNET DOYLE

Mrs Doyle was last seen alive by her maid, Louise Bourget. Time: 11.30 (approx.).

From 11.30—12.20 following have alibis: Cornelia Robson, James Fanthorp, Simon Doyle, Jacqueline de Bellefort — *nobody else* — but crime almost certainly committed *after* that time, since it is

— Да. — Рейс бросил взгляд на часы. — Через полчаса — ленч. Что, если за десертом я сделаю сообщение — просто скажу, что похищен жемчуг и что я вынужден просить всех остаться на местах, пока будут обыскиваться каюты?

Пуаро одобрительно кивнул:
— Хорошо придумано. Жемчуг пока что у того, кто его взял. Действуя врасплох, мы лишаем его возможности сплавить жемчуг за борт.

Рейс потянул к себе несколько листков бумаги.

— В работе, — извиняющимся тоном сказал он, — я предпочитаю кратко изложить все известные факты. Тогда и в голове будет меньше путаницы.
— И правильно делаете. Система и порядок — в этом все, — ответил Пуаро.

Несколько минут Рейс заполнял страницы своим мелким, аккуратным почерком. Кончив, он предложил Пуаро плоды своих усилий.
— Какие будут замечания?
Пуаро взял листы. Опус назывался:

УБИЙСТВО МИССИС ДОЙЛ

Последней видела живой миссис Дойл ее горничная, Луиза Бурже. Время: 11.30 (приблизит.).

С 11.30 до 12.20 следующие лица имеют алиби: Корнелия Робсон, Джеймс Фанторп, Саймон Дойл, Жаклин де Бельфор — *и никто, кроме них;* однако преступление почти наверняка было

practically certain that pistol used was Jacqueline de Bellefort's, which was then in her handbag. That her pistol was used is not *absolutely* certain until after post-mortem and expert evidence re bullet — but it may be taken as overwhelmingly probable.

Probable course of events: X (murderer) was witness of scene between Jacqueline and Simon Doyle in observation saloon and noted where pistol went under settee. After the saloon was vacant, X procured pistol — his or her idea being that Jacqueline de Bellefort would be thought guilty of crime. On this theory certain people are automatically cleared of suspicion:

Cornelia Robson, since she had no opportunity to take pistol before James Fanthorp returned to search for it.
Miss Bowers — same.
Dr Bessner — same.
N.B. — Fanthorp is not definitely excluded from suspicion, since he could actually have pocketed pistol while declaring himself unable to find it.

Any other person could have taken the pistol during that ten minutes' interval.
Possible motives for the murder:
Andrew Pennington. This is on the assumption that he has been guilty of fraudulent practices. There is a certain amount of evidence in favour of that assumption, but not enough to justify mak-

совершено *позже*, поскольку практически наверняка для убийства использовался револьвер Жаклин де Бельфор, который в то время был у нее в сумочке. До вскрытия и заключения баллистика не может быть *абсолютной* уверенности, что это был именно тот револьвер, однако допустить это можно с самой высокой степенью вероятности.

Возможный ход событий: Икс (убийца) оказался свидетелем скандала между Жаклин де Бельфор и Саймоном Дойлом в обзорном салоне и заметил, как револьвер отлетел под диванчик. Когда салон опустел, Икс завладел (завладела) револьвером, рассчитывая на то, что подозрение в убийстве падет на Жаклин де Бельфор. По этой версии несколько человек автоматически оказываются вне подозрения:

Корнелия Робсон, поскольку у нее не было возможности завладеть револьвером до того, как Фанторп отправился его искать.

Мисс Бауэрз — на том же основании.

Доктор Бесснер — на том же основании.

Nota bene. От Фанторпа нельзя со всей определенностью отвести подозрение, поскольку он мог положить револьвер в карман, а всем объявить, что не смог его найти.

Все остальные лица могли взять револьвер в этот десятиминутный промежуток времени.

Возможные мотивы убийства.

Эндрю Пеннингтон. Мотив выводится из предположения о его причастности к денежным махинациям. Есть свидетельства в пользу этого предположения, но их недостаточно, чтобы обосновать

ing out a case against him. If it was he who rolled down the boulder, he is a man who can seize a chance when it presents itself. The crime, clearly, was not premeditated except in a *general* way. Last night's shooting scene was an ideal opportunity.

Objections to the theory of Pennington's guilt: *why did he throw the pistol overboard, since it constituted a valuable clue against J.B.?*

Fleetwood. Motive, revenge. Fleetwood considered himself injured by Linnet Doyle. Might have overheard scene and noted position of pistol. He may have taken pistol because it was a handy weapon, rather than with the idea of throwing guilt on Jacqueline. This would fit in with throwing it overboard. *But if that were the case, why did he write J in blood on the wall?*

N.B. — Cheap handkerchief found with pistol more likely to have belonged to a man like Fleetwood than to one of the well-to-do passengers.

Rosalie Otterbourne. Are we to accept Miss Van Schuyler's evidence or Rosalie's denial? Something *was* thrown overboard at the time, and that something was presumably the pistol wrapped up in the velvet stole.

Points to be noted. Had Rosalie any motive? She may have disliked Linnet Doyle and even been envious of her — but as a motive for murder that seems grossly inadequate. The evidence against her can be convincing only if we discover an adequate *motive*. As far as we know, there is no previous knowledge

доказательность дела. Если это он столкнул камень с горы, то такой человек не упустит случая, когда тот подвернется. Если преступление было задумано заранее, то, конечно, *в самом общем плане*. Вчерашняя сцена со стрельбой в салоне предоставила идеальную возможность.

Недостаток версии о виновности Пеннингтона: *зачем выбрасывать револьвер в воду, если он давал ценную улику против Ж. Б.?*

Флитвуд. Мотив — месть. Флитвуд считал себя обиженным Линит Дойл. Мог слышать сцену в салоне и заметить, куда отлетел револьвер. Он мог взять его просто потому, что тот оказался под рукой, не думая переложить вину на Жаклин. Тогда нет противоречия с тем, чтобы выбросить его за борт. *Но если дело обстояло таким образом, зачем он написал кровью инициал «Ж» на стене?*

Nota bene. Найденный с револьвером простой носовой платок мог, скорее всего, принадлежать кому-то вроде Флитвуда, а не человеку состоятельному.

Розали Оттерборн. Что предпочесть: свидетельство мисс Ван Шуйлер или отпирательство Розали? Что-то, безусловно, было брошено тогда в воду, и этим «что-то» мог быть револьвер, обернутый в бархатную накидку.

Принять к сведению. Какие мотивы могли быть у Розали? Пусть у нее вызывала неприязнь и даже зависть Линит Дойл, но назвать это мотивом убийства будет натяжкой. Убедительно свидетельствовать против нее можно, только найдя подходящий мотив. Насколько известно, Розали

or link between Rosalie Otterbourne and Linnet Doyle.

Miss Van Schuyler. The velvet stole in which pistol was wrapped belonged to Miss Van Schuyler. According to her own statement she last saw it in the observation saloon. She drew attention to its loss during the evening, and a search was made for it without success.

How did the stole come into the possession of X? Did X purloin it some time early in the evening? But if so, why? Nobody could tell *in advance* that there was going to be a scene between Jacqueline and Simon. Did X find the stole in the saloon when he went to get the pistol from under the settee? But if so, why was it not found when the search for it was made? *Did it never leave Miss Van Schuyler's possession?*

That is to say:

Did Miss Van Schuyler murder Linnet Doyle? Is her accusation of Rosalie Otterbourne a deliberate lie? If she did murder her, what was her *motive*?

Other possibilities:

Robbery as a motive. Possible, since the pearls have disappeared, and Linnet Doyle was certainly wearing them last night.

Someone with a grudge against the Ridgeway family. Possible — again no evidence.

We know that there is a dangerous man on board — a killer. Here we have a killer and a death. May not the two be connected? But we should have to show that Linnet Doyle possessed dangerous knowledge concerning this man.

Оттерборн и Линит Дойл прежде не знали друг друга и никак не были связаны.

Мисс Ван Шуйлер. Бархатная накидка, в которую был завернут револьвер, принадлежит мисс Ван Шуйлер. По ее собственному признанию, в последний раз она видела ее в салоне. Тогда же вечером она хватилась ее, но поиски ни к чему не привели.

Каким образом завладел накидкой Икс? Похитил ее еще в начале вечера? Если так, то зачем? Ведь никто не мог знать заранее, что между Жаклин и Саймоном произойдет ссора. Или Икс нашел накидку, когда зашел в салон забрать револьвер из-под дивана? Если так, то почему ее не нашли, когда искали специально? *Может, мисс Ван Шуйлер вообще ее не теряла?*

Иначе говоря: *не она ли убийца Линит Дойл?* И не оговорила ли она Розали Оттерборн? А тогда — какие у нее были мотивы убивать Линит Дойл?

Другие варианты:

Убийство ради ограбления. Возможная вещь, поскольку жемчуг пропал, а вчера вечером он точно был на Линит Дойл.

Враждебное отношение к семейству Риджуэев. Также возможно, но опять никаких доказательств.

Мы знаем, что на борту находится опасный преступник, профессиональный убийца. В нашем случае тоже есть убийца. Не одно ли это лицо? Тогда нужно доказать, что Линит Дойл, на свою беду, что-то знала об этом человеке.

Conclusions: We can group the persons on board into two classes — those who had a possible motive or against whom there is definite evidence, and those who, as far as we know, are free of suspicion.

Group I	Group II
Andrew Pennington	Mrs Allerton
Fleetwood	Tim Allerton
Rosalie Otterbourne	Cornelia Robson
Miss Van Schuyler	Miss Bowers
Louise Bourget (Robbery?)	Dr Bessner
Ferguson (Political?)	Signor Richetti
	Mrs Otterbourne
	James Fanthorp

Poirot pushed the paper back.

'It is very just, very exact, what you have written there.'

'You agree with it?'

'Yes.'

'And now what is your contribution?'

Poirot drew himself up in an important manner.

'Me, I pose myself one question: *"Why was the pistol thrown overboard?"*'

'That's all?'

Выводы. Плывущих на этом пароходе можно разбить на две группы: те, кто может иметь мотивы для убийства либо определенно подозревается, и те, кто вне подозрений.

Группа I	*Группа II*
Эндрю Пеннингтон	Миссис Аллертон
Флитвуд	Тим Аллертон
Розали Оттерборн	Корнелия Робсон
Мисс Ван Шуйлер	Мисс Бауэрз
Луиза Бурже (ограбление?)	Доктор Бесснер
Фергюсон (политические убеждения?)	Синьор Рикетти
	Миссис Оттерборн
	Джеймс Фанторп

Пуаро вернул автору листки.

— То, что вы здесь написали, очень правильно, очень точно.

— Вы со всем согласны?

— Да.

— А что добавите от себя?

Пуаро приосанился.

— Я ставлю перед собой один вопрос: *зачем выбросили за борт револьвер?*

— И это все?

'At the moment, yes. Until I can arrive at a satisfactory answer to that question, there is not sense anywhere. That is — that *must* be — the starting point. You will notice, my friend, that in your summary of where we stand, you have not attempted to answer that point.'

Race shrugged his shoulders.

'Panic.'

Poirot shook his head perplexedly. He picked up the sodden velvet wrap and smoothed it out, wet and limp, on the table. His fingers traced the scorched marks and the burnt holes.

'Tell me, my friend,' he said suddenly. 'You are more conversant with firearms than I am. Would such a thing as this, wrapped round a pistol, make much difference in muffling the sound?'

'No, it wouldn't. Not like a silencer, for instance.'

Poirot nodded. He went on:

'A man — certainly a man who had had much handling of firearms — would know that. But a woman — a woman would *not* know.'

Race looked at him curiously.

'Probably not.'

'No. She would have read the detective stories where they are not always very exact as to details.'

Race flicked the little pearl-handled pistol with his finger.

'This little fellow wouldn't make much noise anyway,' he said. 'Just a pop, that's all. With any other noise around, ten to one you wouldn't notice it.'

'Yes, I have reflected as to that.'

Poirot picked up the handkerchief and examined it.

— В настоящий момент — да. Пока я не получу удовлетворительного ответа на этот вопрос, я ни в чем не вижу смысла. Тут наш исходный рубеж — тут он *должен быть*. И заметьте, мой друг: в своей краткой сводке вы даже не попытались ответить на этот вопрос.

Рейс пожал плечами:

— Испугались — и выбросили.

Пуаро растерянно покачал головой. Он взял в руки сырую бархатную накидку, разложил и расправил ее на столе. Пальцем обвел горелые пятна и опаленные дырки.

— Скажите-ка, мой друг, — заговорил он. — Вы лучше меня разбираетесь в огнестрельном оружии. Может такая вещица, если ее намотать на револьвер, заглушить выстрел?

— Не может. Другое дело — глушитель.

Пуаро кивнул:

— И мужчина, имеющий навык в обращении с оружием, это знает. А женщина — та *не знает*.

Рейс посмотрел на него с любопытством:

— Может быть, и не знает.

— Не знает. Она начиталась детективных рассказов, а там не все благополучно с деталями.

Рейс постучал пальцем по перламутровой рукоятке револьвера.

— Во всяком случае, этот выстрел не из шумных, — сказал он. — Вы слышите простой хлопок. А если вокруг шумят, то вообще ничего не слышно.

— Да, об этом я тоже подумал.

Пуаро взял платок, повертел его.

'A man's handkerchief — but not a gentleman's handkerchief. *Ce cher* Woolworth, I imagine. Three pence at most.'

'The sort of handkerchief a man like Fleetwood would own.'

'Yes. Andrew Pennington, I notice, carries a very fine silk handkerchief.'

'Ferguson?' suggested Race.

'Possibly. As a gesture. But then it ought to be a bandana.'

'Used it instead of a glove, I suppose, to hold the pistol and obviate fingerprints.' Race added, with slight facetiousness, ' "The Clue of the Blushing Handkerchief." '

'Ah, yes. Quite a *jeune fille* colour, is it not?'

He laid it down and returned to the stole, once more examining the powder marks.

'All the same,' he murmured, 'it is odd ...'

'What's that?'

Poirot said gently:

'*Cette pauvre* Madame Doyle. Lying there so peacefully ... with the little hole in her head. You remember how she looked?'

Race looked at him curiously.

'You know,' he said, 'I've got an idea you're trying to tell me something — but I haven't the faintest idea what it is.'

— Мужской носовой платок — но не из кармашка джентльмена. Думаю, ce cher[1] Вулворт! От силы три пенса.

— Таким пользуется публика вроде Флитвуда.

— Вот-вот. У Эндрю Пеннингтона, я заметил, платок очень тонкого шелка.

— Фергюсон? — предположил Рейс.

— Возможно. С целью эпатажа[2]. Но тогда понятнее бандана[3].

— Им воспользовались вместо перчатки, я думаю, чтобы не оставить отпечатки пальцев. — Усмехнувшись, Рейс прибавил: — «Разгадка скромного платочка».

— В кулачке застенчивой jeune fille[4] — да?

Он положил платок на стол и снова взял накидку, вглядываясь в пороховые отметины.

— Странно, — бормотал он, — все-таки странно...

— Что именно?

Пуаро сокрушенно продолжал:

— Cette pauvre Madame Doyle[5]. Лежит себе мирно... и только дырочка в голове. Вы помните, как она лежала?

Рейс пытливо глядел на него.

— Знаете, — сказал он, — мне кажется, вы что-то хотите мне сказать, но, убейте, не могу догадаться — что!

---

[1] Наш милейший *(фр.)*.

[2] Эпатаж — поведение, нарушающее общепринятые нормы и правила.

[3] Бандана — ситцевый платок, обычно в горошек.

[4] Барышни *(фр.)*.

[5] Бедняжка мадам Дойл *(фр.)*.

Chapter 18

There was a tap on the door.

'Come in,' Race called.

A steward entered.

'Excuse me, sir,' he said to Poirot, 'but Mr Doyle is asking for you.'

'I will come.'

Poirot rose. He went out of the room and up the companionway to the promenade deck and along it to Dr Bessner's cabin.

Simon, his face flushed and feverish, was propped up with pillows. He looked embarrassed.

'Awfully good of you to come along, Monsieur Poirot. Look here, there's something I want to ask you.'

'Yes?'

Simon got still redder in the face.

'It's — it's about Jackie. I want to see her. Do you think — would you mind — would she mind, d'you think — if you asked her to come along here? You know I've been lying here thinking ... That wretched kid — she is only a kid after all — and I treated her damn' badly — and—' He stammered to silence.

Poirot looked at him with interest.

'You desire to see Mademoiselle Jacqueline? I will fetch her.'

'Thanks. Awfully good of you.'

Poirot went on his quest. He found Jacqueline de Bellefort sitting huddled up in a corner of the observation saloon. There was an open book on her lap but she was not reading.

Глава 18

В дверь постучали.

— Войдите, — отозвался Рейс.

Вошел стюард.

— Прошу прощения, сэр, — сказал он Пуаро, — вас зовет мистер Дойл.

— Иду.

Пуаро встал. Он вышел из курительной, поднялся по сходням на верхнюю палубу и направился к каюте доктора Бесснера.

Саймон сидел на постели, обложенный подушками. Его лихорадочно пылавшее лицо выражало смущение.

— Ужасно мило, что вы пришли, месье Пуаро. Мне, знаете, нужно вас кое о чем попросить.

— Да?

Саймон стал совсем пунцовым.

— Это... насчет Джеки. Мне нужно ее видеть. Как вы думаете... вы не будете против... она не будет против... если вы попросите ее прийти ко мне? Понимаете, я тут все время думаю... Несчастное дитя — она же совсем ребенок... а я так безобразно обошелся с ней... и... — Он запнулся и смолк.

Пуаро с интересом смотрел на него:

— Вы желаете видеть мадемуазель Жаклин? Я приведу ее.

— Спасибо. Ужасно мило с вашей стороны.

Пуаро отправился на поиски. Он нашел Жаклин де Бельфор в салоне забившейся в самый угол. На коленях у нее лежала ненужная открытая книга.

Poirot said gently:

'Will you come with me, Mademoiselle? Monsieur Doyle wants to see you.'

She started up. Her face flushed — then paled. She looked bewildered.

'Simon? He wants to see me — to see *me*?'

He found her incredulity moving.

'Will you come, Mademoiselle?'

She went with him in a docile fashion, like a child, but like a puzzled child.

'I — yes, of course I will.'

Poirot passed into the cabin.

'Here is Mademoiselle.'

She stepped in after him, wavered, stood still ... standing there mute and dumb, her eyes fixed on Simon's face.

'Hallo, Jackie.' He, too, was embarrassed. He went on: 'Awfully good of you to come. I wanted to say — I mean — what I mean is—'

She interrupted him then. Her words came out in a rush — breathless, desperate ...

'Simon — I didn't kill Linnet. You know I didn't do that ... I—I—was mad last night. Oh, can you ever forgive me?'

Words came more easily to him now.

'Of course. That's all right! Absolutely all right! That's what I wanted to say. Thought you might be worrying a bit, you know ...'

'*Worrying? A bit? Oh! Simon!*'

'That's what I wanted to see you about. It's quite all right, see, old girl? You just got a bit rattled last night — a shade tight. All perfectly natural.'

Пуаро сказал мягко:

— Не желаете пройти со мной, мадемуазель? Месье Дойл хочет видеть вас.

Она вскочила со стула. Лицо вспыхнуло, потом покрылось бледностью. Она глядела непонимающе.

— Саймон? Он хочет видеть *меня*?!

Ее неспособность поверить этому умилила Пуаро.

— Вы идете, мадемуазель?

Она шла послушно, как дитя — сбитое с толку дитя.

— Я... конечно, иду!

Пуаро вошел в каюту.

— Вот ваша мадемуазель.

Она выступила из-за его спины, пошатнулась, замерла... и стояла немым истуканом, не сводя глаз с лица Саймона.

— Привет, Джеки. — Он тоже смутился. — Ужасно мило, что ты пришла. Я хотел сказать... то есть я имел в виду...

Тут она его прервала. Она заговорила не переводя дыхания — бурно, отчаянно:

— Саймон, я не убивала Линит. Ты знаешь, что не убивала. Вчера я... сошла с ума. Ты простишь меня когда-нибудь?

Овладев собой, он отвечал сразу:

— Конечно! Со мной порядок. Полный порядок! Я это и хотел тебе сказать. Подумал, вдруг ты беспокоишься...

— Беспокоюсь? Ах, Саймон!..

— Для этого я тебя и звал. Все в порядке, старина. Ты вчера пособачилась немного — хватила лишку. С кем не бывает.

'Oh, Simon! I might have killed you ...'

'Not you. Not with a rotten little peashooter like that ...'

'And your leg! Perhaps you'll never walk again...'

'Now, look here, Jackie, don't be maudlin. As soon as we get to Aswan they're going to put the X-rays to work, and dig out that tinpot bullet, and everything will be as right as rain.'

Jacqueline gulped twice, then she rushed forward and knelt down by Simon's bed, burying her face and sobbing. Simon patted her awkwardly on the head. His eyes met Poirot's and, with a reluctant sigh, the latter left the cabin.

He heard broken murmurs as he went:

'How could I be such a devil? Oh, Simon! ... I'm so dreadfully sorry ...'

Outside Cornelia Robson was leaning over the rail. She turned her head.

'Oh, it's you, Monsieur Poirot. It seems so awful somehow that it should be such a lovely day.'

Poirot looked up at the sky.

'When the sun shines you cannot see the moon,' he said. 'But when the sun is gone — ah, when the sun is gone.'

Cornelia's mouth fell open.

'I beg your pardon?'

'I was saying, Mademoiselle, that when the sun has gone down, we shall see the moon. That is so, is it not?'

'Why — why, yes — certainly.'

Poirot laughed gently.

— Ах, Саймон, я же могла тебя убить.
— Прямо! Из этого «пугача»?

— А нога?! Еще как ты будешь ходить...
— Слушай, Джеки, не разводи сырость. В Асуане мне сразу сделают рентген, выковырнут твою оловянную пуговицу — и я запрыгаю.

Жаклин всхлипнула раз, другой, рванувшись вперед, упала на колени перед койкой, зарылась лицом в одеяло и разрыдалась. Саймон неловко поворошил ей волосы. Он поймал взгляд Пуаро, и тот, неохотно вздохнув, вышел из каюты.

Он еще слышал приглушенные стенания:

— Как же я оказалась такой гадиной? Ах, Саймон... я так раскаиваюсь...

На палубе стояла Корнелия Робсон, опершись на поручень. Она повернулась в его сторону:

— А-а, это вы, месье Пуаро. Какая все-таки дикость, что именно сегодня такой прелестный день.

Пуаро посмотрел на небо.

— Когда сверкает солнце, мы не видим луны, — сказал он. — А когда солнце ушло... м-да, когда солнце ушло...

Корнелия смотрела на него, раскрыв рот.

— Простите?
— Я говорю, мадемуазель, что, когда солнце ушло, мы наконец видим луну. Разве не так?

— Так, конечно... Конечно, так.

Пуаро тихо рассмеялся.

'I utter the imbecilities,' he said. 'Take no notice.'

He strolled gently towards the stern of the boat. As he passed the next cabin he paused for a minute. He caught fragments of speech from within.

'Utterly ungrateful — after all I've done for you — no consideration for your wretched mother... no idea of what I suffer...'

Poirot's lips stiffened as he pressed them together. He raised a hand and knocked.

There was a startled silence and Mrs Otterbourne's voice called out:

'Who's that?'

'Is Mademoiselle Rosalie there?'

Rosalie appeared in the doorway. Poirot was shocked at her appearance. There were dark circles under her eyes and drawn lines round her mouth.

'What's the matter?' she said ungraciously. 'What do you want?'

'The pleasure of a few minutes' conversation with you, Mademoiselle. Will you come?'

Her mouth went sulky at once. She shot him a suspicious look.

'Why should I?'

'I entreat you, Mademoiselle.'

'Oh, I suppose—'

She stepped out on the deck, closing the door behind her.

'Well?'

Poirot took her gently by the arm and drew her along the deck, still in the direction of the stern.

— Я несу околесицу, — сказал он. — Не обращайте внимания.

И он двинулся дальше, к корме. У следующей каюты он задержался. Из-за двери доносились обрывки разговора.

— Полнейшая неблагодарность — после всего, что я сделала для тебя, никакого внимания к несчастной матери, ни малейшего представления, как я страдаю.

У Пуаро жестко подобрались губы. Он поднял руку и постучал.

За дверью испуганно умолкли, и голос миссис Оттерборн отозвался:

— Кто там?

— Мадемуазель Розали у себя?

В дверях возникла Розали. Пуаро содрогнулся от ее вида: темные круги под глазами, скорбные линии у рта.

— В чем дело? — нелюбезно сказала она. — Что вам угодно?

— Доставить себе удовольствие от краткой беседы с вами, мадемуазель. Вы выйдете?

Она сразу надула губы. Метнула на него подозрительный взгляд.

— Это обязательно?

— Я умоляю вас, мадемуазель.

— Ну, если...

Она вышла на палубу и закрыла за собой дверь.

— Так — что?

Пуаро осторожно взял ее под руку и повлек к корме. Они миновали душевые комнаты и свер-

They passed the bathrooms and round the corner. They had the stern part of the deck to themselves. The Nile flowed away behind them.

Poirot rested his elbows on the rail. Rosalie stood up straight and stiff.

'Well?' she asked again, and her voice held the same ungracious tone.

Poirot spoke slowly, choosing his words.

'I could ask you certain questions, Mademoiselle, but I do not think for one moment that you would consent to answer them.'

'Seems rather a waste to bring me along here then.'

Poirot drew a finger slowly along the wooden rail.

'You are accustomed, Mademoiselle, to carrying your own burdens ... But you can do that too long. The strain becomes too great. For you, Mademoiselle, the strain is becoming too great.'

'I don't know what you are talking about,' said Rosalie.

'I am talking about facts, Mademoiselle — plain ugly facts. Let us call the spade the spade and say it in one little short sentence. Your mother drinks, Mademoiselle.'

Rosalie did not answer. Her mouth opened, then she closed it again. For once she seemed at a loss.

'There is no need for you to talk, Mademoiselle. I will do all the talking. I was interested at Aswan in the relations existing between you. I saw at once that, in spite of your carefully studied unfilial remarks, you were in reality passionately protecting

нули. На корме никого не было. Позади бурлил Нил.

Пуаро облокотился на поручень. Розали напряженно застыла рядом.

— Так — что? — повторила она тем же нелюбезным тоном.

Следя за своими словами, Пуаро говорил медленно:

— Я могу задать вам некоторые вопросы, мадемуазель, но я ни минуты не сомневаюсь в том, что вы откажетесь отвечать.

— Тогда зачем было тащить меня сюда?

Пуаро погладил пальцем деревянный поручень.
— Вы привыкли, мадемуазель, сами нести свое бремя. Но вы можете надорваться. Нагрузка чрезмерна. Для вас, мадемуазель, она уже чрезмерна.

— Не понимаю, о чем вы говорите, — сказала Розали.

— Я говорю правду, мадемуазель, простую и неприглядную правду. Давайте назовем вещи своими именами — просто и ясно: ваша мать пьет, мадемуазель.

Розали не отвечала. Она открыла рот, закрыла — казалось, она потеряла дар речи.

— Вам ничего не надо говорить, мадемуазель: я все скажу сам. В Асуане я заинтересовался, как вы относитесь друг к другу. Я сразу увидел, что, несмотря на нарочитую резкость с матерью, вы отчаянно оберегаете ее от чего-то. И очень ско-

her from something. I very soon knew what that something was. I knew it long before I encountered your mother one morning in an unmistakable state of intoxication. Moreover, her case, I could see, was one of secret bouts of drinking — by far the most difficult kind of case with which to deal. You were coping with it manfully. Nevertheless, she had all the secret drunkard's cunning. She managed to get hold of a secret supply of spirits and to keep it successfully hidden from you. I should not be surprised if you discovered its hiding place only yesterday. Accordingly, last night, as soon as your mother was really soundly asleep, you stole out with the contents of the cache, went round to the other side of the boat (since your own side was up against the bank) and cast it overboard into the Nile.'

He paused.

'I am right, am I not?'

'Yes — you're quite right.' Rosalie spoke with sudden passion. 'I was a fool not to say so, I suppose! But I didn't want everyone to know. It would go all over the boat. And it seemed so — so silly — I mean — that I—'

Poirot finished the sentence for her. 'So silly that you should be suspected of committing a murder?'

Rosalie nodded. Then she burst out again.

'I've tried so hard to — keep everyone from knowing ... It isn't really her fault. She got discouraged. Her books didn't sell any more. People are tired of all that cheap sex stuff ... It hurt her — it hurt her dreadfully. And so she began to — to drink. For a

ро я узнал — от чего. Уже потом, как-то утром, я застал ее в явном состоянии опьянения. Больше того, я понял, что она запойная пьяница, а с такими всего труднее иметь дело. Вы вели себя по-настоящему мужественно. Но, как все скрытные пьяницы, она хитра. Она обзавелась запасом спиртного и успешно прятала его от вас. Не удивлюсь, если только вчера вы обнаружили тайник. И тогда получается, что этой ночью, как только ваша матушка заснула, вы выскользнули из каюты с содержимым этого cache[1], перешли на другой борт, поскольку с вашей стороны был берег, и выбросили все это в Нил.

Он смолк.

— Я прав, не так ли?

— Конечно, правы, — пылко заговорила Розали, — а я дура, что не сказала сразу! Но я не хотела, чтобы все знали. Пошли бы разговоры. И уж совсем глупость... такая глупость, что...

— Такая глупость, что вас вынуждены были заподозрить в убийстве? — договорил Пуаро.

Розали кивнула. Снова ее прорвало:

— Я так старалась, чтобы никто не знал... Ведь это даже не ее вина. Ее выбили из колеи. Ее книги не расходятся. Всем надоел этот дешевый сексуальный бред... Это мучило ее, страшно мучило. И тогда она... начала пить. Я долго не могла по-

---

[1] Тайника *(фр.)*.

long time I didn't know why she was so queer. Then, when I found out, I tried to — to stop it. She'd be all right for a bit, and then, suddenly, she'd start, and there would be dreadful quarrels and rows with people. It was awful.' She shuddered. 'I had always to be on the watch — to get her away ...' 'And then — she began to dislike me for it. She — she's turned right against me. I think she almost hates me sometimes.'

'*Pauvre petite*,' said Poirot.

She turned on him vehemently.

'Don't be sorry for me. Don't be kind. It's easier if you're not.' She sighed — a long heart-rending sigh. 'I'm so tired ... I'm so deadly, deadly tired.'

'I know,' said Poirot.

'People think I'm awful. Stuck-up and cross and bad-tempered. I can't help it. I've forgotten how to be — to be nice.'

'That is what I said to you — you have carried your burden by yourself too long.'

Rosalie said slowly:

'It's a relief — to talk about it. You — you've always been kind to me, Monsieur Poirot. I'm afraid I've been rude to you often.'

'*La politesse*, it is not necessary between friends.'

The suspicion came back to her face suddenly.

'Are you — are you going to tell everyone? I suppose you must, because of those damned bottles I threw overboard.'

'No, no, it is not necessary. Just tell me what I want to know. At what time was this? Ten minutes past one?'

нять, почему она такая странная. А когда поняла, пыталась остановить. Какое-то время она держится, потом — все сначала: скандалы с людьми, ссоры. Ужас! — Она передернула плечами. — Надо было все время караулить ее — чтобы удержать... А потом... потом появилась неприязнь ко мне. Она настроилась против меня. Еще немного, и она меня возненавидит...

— Pauvre petite[1], — сказал Пуаро.

Она резко одернула его:

— Не жалейте меня. Не сочувствуйте. Так мне проще. — И она тяжело, всем изболевшимся сердцем, вздохнула: — Как же я устала... Смертельно.

— Я знаю, — сказал Пуаро.

— Про меня ужас что думают: высокомерная, злая, со скверным характером. А что я могу? Быть приветливой? Я забыла, что это такое.

— Именно это я сказал: вы слишком долго несли свое бремя в одиночестве.

Розали медленно проговорила:

— Какое это облегчение — выговориться... Вы... вы всегда были добры ко мне, месье Пуаро. А я вам грубила.

— La politesse[2] между друзьями — это лишнее.

Снова ее черты выразили подозрительность.

— А вы... вы всем расскажете? Наверное, вы должны, раз я выбросила за борт эти проклятые бутылки.

— Нет-нет, в этом нет необходимости. А нужно мне знать вот что: когда это было? В десять минут второго?

---

[1] Бедное дитя *(фр.)*.
[2] Церемонии *(фр.)*.

'About that, I should think. I don't remember exactly.'

'Now tell me, Mademoiselle. Mademoiselle Van Schuyler saw *you*, did you see *her*?'

Rosalie shook her head.

'No, I didn't.'

'She says that she looked out of the door of her cabin.'

'I don't think I should have seen her. I just looked along the deck and then out to the river.'

Poirot nodded.

'And did you see anyone at all when you looked down the deck?'

There was a pause — quite a long pause. Rosalie was frowning. She seemed to be thinking earnestly.

At last she shook her head quite decisively.

'No,' she said. 'I saw nobody.'

Hercule Poirot slowly nodded his head. But his eyes were grave.

Chapter 19

People crept into the dining saloon by ones and twos in a very subdued manner. There seemed a general feeling that to sit down eagerly to food displayed an unfortunate heartlessness. It was with an almost apologetic air that one passenger after another came and sat down at their tables.

Tim Allerton arrived some few minutes after his mother had taken her seat. He was looking in a thoroughly bad temper.

— Примерно — да. Точно не помню.

— Скажите мне теперь, мадемуазель: мадемуазель Ван Шуйлер вас видела, а вы ее?

Розали покачала головой:

— Нет, не видела.

— Она говорит, что выглядывала из своей каюты.

— Вряд ли я могла ее увидеть. Я сначала поглядела вдоль палубы, потом на реку.

Пуаро кивнул:

— А кого-нибудь вообще вы видели, когда глядели на палубу?

Повисло молчание — долгое молчание. Розали хмурилась, словно старательно припоминала.

Наконец она решительно затрясла головой.

— Нет, — сказала она. — Никого не видела.

Эркюль Пуаро медленно кивнул. Глаза у него были печальные.

Глава 19

В кают-компанию пассажиры стекались порознь и парами, стараясь не привлекать к себе внимания. У всех было такое чувство, что целеустремленно явиться к столу значило выказать неприличное бездушие. И рассаживались все почти с виноватым видом.

Через несколько минут после матери пришел и сел за стол Тим Аллертон. Настроение у него было самое скверное.

'I wish we'd never come on this blasted trip,' he growled.

Mrs Allerton shook her head sadly.

'Oh, my dear, so do I. That beautiful girl! It all seems such a *waste*. To think that anyone could shoot her in cold blood. It seems awful to me that anyone could do such a thing. And that other poor child.'

'Jacqueline?'

'Yes; my heart aches for her. She looks so dreadfully unhappy.'

'Teach her not to go round loosing off toy firearms,' said Tim unfeelingly as he helped himself to butter.

'I expect she was badly brought up.'

'Oh, for God's sake, Mother, don't go all maternal about it.'

'You're in a shocking bad temper, Tim.'

'Yes I am. Who wouldn't be?'

'I don't see what there is to be cross about. It's just frightfully sad.'

Tim said crossly:

'You're taking the romantic point of view! What you don't seem to realize is that it's no joke being mixed up in a murder case.'

Mrs Allerton looked a little startled.

'But surely—'

'That's just it. There's no "But surely" about it. Everyone on this damned boat is under suspicion — you and I as well as the rest of them.'

— Черт нас дернул пуститься в это путешествие, — буркнул он.

Миссис Аллертон печально покачала головой:

— Да, дорогой, я согласна. Такая красавица! Такая потеря. Как могла подняться рука?! Мне жутко делается, когда подумаю, что такое возможно. И еще эта бедная крошка.

— Ты о Жаклин?

— Да, у меня сердце разрывается, когда думаю о ней. Она же места себе не находит.

— Скажи ей лучше, чтобы не разгуливала с огнестрельными игрушками и не теряла их, — сказал бесчувственный Тим, намазывая хлеб маслом.

— Недостаток воспитания, я думаю.

— Ради бога, мам, не лезь туда с материнской заботой.

— У тебя безобразно плохое настроение, Тим.

— Да, как у любого в нашем положении.

— Не вижу, на что тут сердиться. Просто все ужасно грустно.

— Тебе все видится в романтическом свете, — сварливо сказал Тим. — Ты словно не отдаешь себе отчета в том, насколько серьезно влипнуть в убийство.

Миссис Аллертон подняла на него изумленные глаза:

— Но ясно же...

— Так я и знал. Тут никаких «ясно»! Все на этом чертовом пароходе, и мы с тобой в том числе, — все под подозрением.

Mrs Allerton demurred.

'Technically we are, I suppose — but actually it's ridiculous!'

'There's nothing ridiculous where murder's concerned! You may sit there, darling, just exuding virtue and conscious rectitude, but a lot of unpleasant policeman at Shellal or Aswan won't take you at your face value.'

'Perhaps the truth will be known before then.'

'Why should it be?'

'Monsieur Poirot may find out.'

'That old mountebank? He won't find out anything. He's all talk and moustaches.'

'Well, Tim,' said Mrs Allerton. 'I daresay everything you say is true, but even if it is, we've got to go through with it, so we might as well make up our minds to it and go through with it as cheerfully as we can.'

But her son showed no abatement of gloom.

'There's this blasted business of the pearls being missing, too.'

'Linnet's pearls?'

'Yes. It seems somebody must have pinched 'em.'

'I suppose that was the motive for the crime,' said Mrs Allerton.

'Why should it be? You're mixing up two perfectly different things.'

'Who told you that they were missing?'

'Ferguson. He got it from his tough friend in the engine room, who got it from the maid.'

— Формально, может быть, да, но по существу — это смешно, — возразила миссис Аллертон.

— Смешного не бывает в деле об убийстве. Ты можешь сколько угодно слыть образцом добродетели, только малоприятные полицейские из Шелала или Асуана с этим не посчитаются.

— Может, к тому времени все раскроется.
— Это как же?
— Может, месье Пуаро найдет убийцу.
— Этот шут гороховый? Никого он не найдет. Он способен только трепать языком и шевелить усами.
— Полно, Тим, — сказала миссис Аллертон. — Пусть все, что ты сказал, правда — пусть, но мы должны с этим справиться, и, значит, так и надо настроиться и легко все пережить.

Однако у сына не поубавилось мрачности.
— Еще эта неприятность с пропавшим жемчугом.
— С жемчугом Линит?
— Да. Похоже, кто-то его стянул.
— Может, он и стал причиной преступления, — сказала миссис Аллертон.
— Это почему же? Ты путаешь совершенно разные вещи.
— Тебе кто сказал о жемчуге?
— Фергюсон. Он узнал от своего сомнительного дружка из машинного отделения, а тот — от горничной.

'They were lovely pearls,' said Mrs Allerton.

Poirot sat down at the table, bowing to Mrs Allerton.
'I am a little late,' he said.
'I expect you have been busy,' said Mrs Allerton.

'Yes, I have been much occupied.'
He ordered a fresh bottle of wine from the waiter.
'We're very catholic in our tastes,' said Mrs Allerton. 'You drink wine always, Tim drinks whisky and soda, and I try all the different brands of mineral water in turn.'
'*Tiens*!' said Poirot. He stared at her for a moment. He murmured to himself: 'It is an idea, that...'
Then, with an impatient shrug of his shoulders, he dismissed the sudden preoccupation that had distracted him and began to chat lightly of other matters.
'Is Mr Doyle badly hurt?' asked Mrs Allerton.

'Yes, it is a fairly serious injury. Dr Bessner is anxious to reach Aswan so that his leg can be X-rayed and the bullet removed. But he hopes that there will be no permanent impairment.'

'Poor Simon,' said Mrs Allerton. 'Only yesterday he looked such a happy boy, with everything in the world he wanted. And now his beautiful wife killed and he himself laid up and helpless. I do hope, though—'

— Прекрасный был жемчуг, — высказалась миссис Аллертон.

Поклонившись ей, за стол сел Пуаро.

— Я немного задержался, — сказал он.
— Очевидно, вас задержали дела, — заметила миссис Аллертон.
— Да, я был весьма загружен.

Он попросил официанта принести бутылку вина.

— Какие у нас разные вкусы, — сказала миссис Аллертон. — Вы всегда пьете вино, Тим пьет виски с содовой, а я каждый раз пробую новую минеральную воду.

— Tiens![1] — сказал Пуаро. Не сводя с нее глаз, он пробормотал: — А ведь это идея...

Потом, нетерпеливо передернув плечами, он прогнал постороннюю мысль и включился в застольный разговор.

— Очень плох мистер Дойл? — спросила миссис Аллертон.
— Да, он получил весьма серьезное повреждение. Доктору Бесснеру не терпится добраться до Асуана, чтобы сделать рентген ноги и удалить пулю. Он все-таки надеется, что Дойл не останется хромым.
— Бедный Саймон, — сказала миссис Аллертон. — Еще вчера был такой счастливый, всем довольный. А теперь и красавица жена лежит убитая, и сам к постели прикован. Надеюсь все же...

---

[1] Вот как! *(фр.)*

'What do you hope, Madame?' asked Poirot as Mrs Allerton paused.

'I hope he's not too angry with that poor child.'

'With Mademoiselle Jacqueline? Quite the contrary. He was full of anxiety on her behalf.' He turned to Tim. 'You know, it is a pretty little problem of psychology, that. All the time that Mademoiselle Jacqueline was following them from place to place he was absolutely furious — but now, when she has actually shot him, and wounded him dangerously — perhaps made him physically impaired for life — all his anger seems to have evaporated. Can you understand that?'

'Yes,' said Tim thoughtfully, 'I think I can. The first thing made him feel a fool—'

Poirot nodded.

'You are right. It offended his male dignity.'

'But now — if you look at it a certain way, it's *she* who's made a fool of herself. Everyone's down on her, and so—'

'He can be generously forgiving,' finished Mrs Allerton. 'What children men are!'

'A profoundly untrue statement that women always make,' murmured Tim.

Poirot smiled. Then he said to Tim:

'Tell me, Madame Doyle's cousin, Miss Joanna Southwood, did she resemble Madame Doyle?'

— На что вы надеетесь, мадам? — спросил Пуаро смолкнувшую миссис Аллертон.

— Надеюсь, он не очень злится на бедную девочку.

— На мадемуазель Жаклин? Совсем наоборот. Он полон тревоги за нее. — Пуаро повернулся к Тиму: — Вот вам маленькая психологическая задача. Все время, пока мадемуазель Жаклин преследовала их, он рвал и метал; а теперь, когда она стреляла в него и опасно ранила — может, оставила хромым на всю жизнь, — весь его гнев улетучился. Вы можете это понять?

— Могу, — сказал Тим, задумавшись. — Думаю, что могу. В первом случае он чувствовал себя дураком.

Пуаро кивнул:

— Вы правы. Это оскорбляло его мужское достоинство.

— А теперь... в известном смысле она себя поставила в дурацкое положение. Все к ней вяжутся, и он...

— Может великодушно простить ее, — договорила миссис Аллертон. — Мужчины — такие дети!

— Глубоко неверное суждение, свойственное всем женщинам, — пробормотал Тим.

Пуаро улыбнулся. Потом он сказал Тиму:

— Скажите, кузина мадам Дойл, мисс Джоанна Саутвуд, чем-нибудь на нее похожа?

483

'You've got it a little wrong, Monsieur Poirot. She was our cousin and Linnet's friend.'

'Ah, pardon — I was confused. She is a young lady much in the news, that. I have been interested in her for some time.'

'Why?' asked Tim sharply.

Poirot half rose to bow to Jacqueline de Bellefort, who had just come in and passed their table on the way to her own. Her cheeks were flushed and her eyes bright, and her breath came a little unevenly. As he resumed his seat Poirot seemed to have forgotten Tim's question. He murmured vaguely:

'I wonder if all young ladies with valuable jewels are as careless as Madame Doyle was?'

'It is true, then, that they were stolen?' asked Mrs Allerton.

'Who told you so, Madame?'

'Ferguson said so,' said Tim.

Poirot nodded gravely.

'It is quite true.'

'I suppose,' said Mrs Allerton nervously, 'that this will mean a lot of unpleasantness for all of us. Tim says it will.'

Her son scowled. But Poirot had turned to him.

'Ah! You have had previous experience, perhaps? You have been in a house where there was a robbery?'

'Never,' said Tim.

'Oh, yes, darling, you were at the Portarlingtons' that time — when that awful woman's diamonds were stolen.'

— Вы немного напутали, месье Пуаро. Она наша кузина, а с Линит она дружила.

— Ah, pardon — я ошибся. Ее имя часто попадается в светской хронике. Одно время я интересовался ею.

— С какой стати? — резко спросил Тим.

Оторвавшись от стула, Пуаро поклонился Жаклин де Бельфор, мимо них направлявшейся к своему столику. Ее щеки полыхали румянцем, глаза горели, она неровно дышала. Снова опустившись на стул, Пуаро, казалось, забыл вопрос Тима. Он проговорил едва слышно:

— Интересно, все ли молодые леди так же беспечны со своими драгоценностями, как мадам Дойл?

— Так это правда, что жемчуг украли? — спросила миссис Аллертон.

— Кто вам сказал, мадам?

— Фергюсон, — встрял Тим.

Пуаро строго кивнул:

— Совершенная правда.

— Вероятно, — волнуясь, сказала миссис Аллертон, — это повлечет массу неприятностей для всех нас. Тим так говорит.

Тим недобро взглянул на нее, но Пуаро уже повернулся к нему:

— А-а, вам, может, уже случалось сталкиваться с такими неприятностями? Вы бывали в доме, где произошло ограбление?

— Никогда не бывал, — сказал Тим.

— Ну как же, дорогой, ты был у Портарлингтона, когда украли бриллианты у той кошмарной женщины.

'You always get things hopelessly wrong, Mother. I was there when it was discovered that the diamonds she was wearing round her fat neck were only paste! The actual substitution was probably done months earlier. As a matter of fact, a lot a people said she'd had it done herself!'

'Joanna said so, I expect.'

'Joanna wasn't there.'

'But she knew them quite well. And it's very like her to make that kind of suggestion.'

'You're always down on Joanna, Mother.'

Poirot hastily changed the subject. He had it in mind to make a really big purchase at one of the Aswan shops. Some very attractive purple and gold material at one of the Indian merchants. There would, of course, be the duty to pay, but—

'They tell me that they can — how do you say — expedite it for me. And that the charges will not be too high. How think you, will it arrive all right?'

Mrs Allerton said that many people, so she had heard, had had things sent straight to England from the shops in question and that everything had arrived safely.

'*Bien*. Then I will do that. But the trouble one has, when one is abroad, if a parcel comes out from England! Have you had experience of that? Have you had any parcels arrive since you have been on your travels?'

Смерть на Ниле

— Мама, ты безнадежно путаешь все на свете. Я был там в тот вечер, когда обнаружилось, что на своей толстой шее она носила не бриллианты, а стразы[1]. А подменили их, может, год назад. Вообще говоря, многие утверждали, что она сама подменила.

— Наверное, Джоанна это утверждала.

— Джоанны там не было.

— Но она хорошо знакома с теми людьми, и строить такие предположения очень в ее духе.

— Мама, ты всегда вешаешь собак на Джоанну.

Пуаро поспешил сменить тему. Он, видите ли, задумал крупную покупку в одной асуанской лавочке. Купец-индус продавал очень привлекательную пурпурно-золотую парчу. Конечно, придется платить пошлину, однако...

— Мне говорят в лавке, что могут сами переправить посылку. И что расходы будут не очень велики. Как вы думаете, она благополучно дойдет?

Миссис Аллертон сказала, что, насколько она знает, подобные лавки часто отсылают вещи прямо в Англию, и все они благополучно доходят.

— Bien. Тогда я так и сделаю. Но когда ездишь с места на место, одна мысль продолжает беспокоить: возможно ли потом из Англии получить посылку? У вас не было такого опыта? Вы получали когда-нибудь посылки, находясь в разъездах?

---

[1] С т р а з — искусственный камень, блеском и игрой похожий на драгоценный. Назван по имени изобретателя.

'I don't think we have, have we, Tim? You get books sometimes, but of course there is never any trouble about them.'

'Ah, no, books are different.'

Dessert had been served. Now, without any previous warning, Colonel Race stood up and made his speech.

He touched on the circumstances of the crime and announced the theft of the pearls. A search of the boat was about to be instituted, and he would be obliged if all the passengers would remain in the saloon until this was completed. Then, after that, if the passengers agreed, as he was sure they would, they themselves would be kind enough to submit to a search.

Poirot slipped nimbly along to his side. There was a little buzz and hum all round them. Voices doubtful, indignant, excited...

Poirot reached Race's side and murmured something in his ear just as the latter was about to leave the dining saloon.

Race listened, nodded assent, and beckoned a steward. He said a few brief words to him; then, together with Poirot, he passed out on to the deck, closing the door behind him.

They stood for a minute or two by the rail. Race lit a cigarette.

'Not a bad idea of yours,' he said. 'We'll soon see if there's anything in it. I'll give 'em three minutes.'

The door of the dining saloon opened and the same steward to whom they had spoken came out. He saluted Race and said:

— Не думаю — ты как считаешь, Тим? Хотя книги ты иногда получал, но с книгами не бывает сложностей.

— Да, книги — это другое.

Подали десерт. Тогда-то, без предварительного уведомления, и встал полковник и сделал свое заявление.

Он приоткрыл обстоятельства преступления и объявил о краже жемчуга. Предстоит обыскать судно, и до окончания обыска пассажиров покорнейше просят оставаться в салоне. Затем, с любезного согласия пассажиров, они сами подвергнутся личному досмотру.

Пуаро встал и скользнул к полковнику. Вокруг стоял шум, гам. Раздавались неверящие, возмущенные, возбужденные голоса.

Пуаро задержал собиравшегося уходить Рейса и что-то шепнул ему.

Рейс выслушал, согласно кивнул и подозвал стюарда. Что-то коротко ему сказав, он вместе с Пуаро вышел на палубу и закрыл за собой дверь.

Минуту-другую они стояли у поручней. Рейс закурил.

— Это вы неплохо придумали, — сказал он. — Сейчас проверим, клюнут или нет. Я даю им три минуты.

Дверь отворилась, и вышел тот самый стюард. Кивнув Рейсу, он сказал:

'Quite right, sir. There's a lady who says it's urgent she should speak to you at once without delay.'

'Ah!' Race's face showed satisfaction. 'Who is it?'

'Miss Bowers, sir, the hospital nurse lady.'

A slight shade of surprise showed on Race's face. He said:

'Bring her to the smoking-room. Don't let anyone else leave.'

'No, sir — the other steward will attend to that.'

He went back into the dining room. Poirot and Race went to the smoking room.

'Bowers, eh?' muttered Race.

They had hardly got inside the smoking room before the steward reappeared with Miss Bowers. He ushered her in and left, shutting the door behind him.

'Well, Miss Bowers?' Colonel Race looked at her inquiringly. 'What's all this?'

Miss Bowers looked her usual composed, unhurried self. She displayed no particular emotion.

'You'll excuse me, Colonel Race,' she said, 'but under the circumstances I thought the best thing to do would be to speak to you at once'—she opened her neat black handbag—'and to return you these.'

She took out a string of pearls and laid them on the table.

— Все так и есть, сэр. Там одна дама настоятельно заявляет, что ей необходимо срочно переговорить с вами.

— Ага! — На лице Рейса выразилось удовлетворение. — Кто это?

— Мисс Бауэрз, сэр, сиделка.

По лицу Рейса скользнула тень удивления. Он сказал:

— Ведите ее в курительную. И пусть никто больше не выходит.

— Никто не выйдет, сэр: за этим проследит другой стюард.

И стюард вернулся в салон. Пуаро и Рейс направились в курительную.

— Каково! Бауэрз, — пробормотал Рейс.

Едва они вошли в курительную, как следом явились стюард и мисс Бауэрз. Доставив ее, стюард вышел и закрыл за собой дверь.

— Итак, мисс Бауэрз? — Полковник Рейс пытливо глядел на нее. — В чем дело?

Мисс Бауэрз, как всегда, была собранна и невозмутима. И никаких особых чувств не выказывала.

— Извините меня, полковник Рейс, — сказала она, — но в сложившихся обстоятельствах я сочла за лучшее сразу переговорить с вами, — она открыла черную сумочку, — и вернуть вам это.

Она вынула нитку жемчуга и выложила ее на стол.

Chapter 20

If Miss Bowers had been the kind of woman who enjoyed creating a sensation, she would have been richly repaid by the result of her action.

A look of utter astonishment passed over Colonel Race's face as he picked up the pearls from the table.

'This is most extraordinary,' he said. 'Will you kindly explain, Miss Bowers?'

'Of course. That's what I've come to do.' Miss Bowers settled herself comfortably in a chair. 'Naturally it was a little difficult for me to decide what it was best for me to do. The family would naturally be averse to scandal of any kind, and they trusted my discretion, but the circumstances are so very unusual that it really leaves me no choice. Of course, when you didn't find anything in the cabins, your next move would be a search of the passengers, and, if the pearls were then found in my possession, it would be rather an awkward situation and the truth would come out just the same.'

'And just what is the truth? Did you take these pearls from Mrs Doyle's cabin?'

'Oh, no, Colonel Race, of course not. Miss Van Schuyler did.'

'Miss Van Schuyler?'

'Yes. She can't help it, you know, but she does — er — take things. Especially jewellery. That's really why I'm always with her. It's not her health at all — it's this little idiosyncrasy. I keep on the alert, and fortunately there's never been any trouble since I've

Глава 20

Будь мисс Бауэрз любительницей производить сенсацию, достигнутый результат вознаградил бы ее сполна.

Величайшее изумление отразилось на лице полковника Рейса, когда его руки потянули жемчуг со стола.

— Чудеса, — сказал он. — Будьте любезны, объяснитесь, мисс Бауэрз.

— Конечно, за этим я и пришла. — Мисс Бауэрз удобно устроилась в кресле. — Разумеется, мне было не совсем просто решить, как лучше поступить. Любая огласка неприемлема для семейства Ван Шуйлеров, и они полагаются на мое благоразумие, но обстоятельства сложились таким необычным образом, что у меня практически нет выбора. Когда вы ничего не найдете в каютах, вы, конечно, устроите личный досмотр пассажиров, и когда в этом случае жемчуг найдут у меня, создастся совсем неловкое положение, и правда так или иначе выйдет наружу.

— Так какая же она, эта правда? Вы взяли жемчуг из каюты миссис Дойл?

— Ну конечно, нет, полковник Рейс. Взяла мисс Ван Шуйлер.

— Мисс Ван Шуйлер?

— Да. Понимаете, она не может удержаться и... берет чужие вещи. Особенно — драгоценности. Поэтому, собственно говоря, я всегда при ней. Только из-за этой ее слабости, а здоровье тут ни при чем. Я все время начеку, и сколько я с ней —

been with her. It just means being watchful, you know. And she always hides the things she takes in the same place — rolled up in a pair of stockings — so that it makes it very simple. I look each morning. Of course I'm a light sleeper, and I always sleep next door to her, and with the communicating door open if it's in a hotel, so that I usually hear. Then I go after her and persuade her to go back to bed. Of course it's been rather more difficult on a boat. But she doesn't usually do it at night. It's more just picking up things that she sees left about. Of course, pearls have a great attraction for her always.'

Miss Bowers ceased speaking.

Race asked: 'How did you discover they had been taken?'

'They were in her stockings this morning. I knew whose they were, of course. I've often noticed them. I went along to put them back, hoping that Mrs Doyle wasn't up yet and hadn't discovered her loss. But there was a steward standing there, and he told me about the murder and that no one could go in. So then, you see, I was in a regular quandary. But I still hoped to slip them back in the cabin later, before their absence had been noticed. I can assure you I've passed a very unpleasant morning wondering what was the best thing to do. You see, the Van Schuyler family is so *very* particular and exclusive. It would never do if this got into the newspapers. But that won't be necessary, will it?'

Miss Bowers really looked worried.

'That depends on circumstances,' said Colonel Race cautiously. 'But we shall do our best for you,

ни разу не было никаких неприятностей. Просто за ней надо следить в оба. Взятые вещи она всегда прячет в одно и то же место — в чулки, поэтому я не знаю никаких трудностей, каждое утро я просто проверяю. При этом у меня чуткий сон, я сплю в соседней комнате, дверь всегда открыта, если мы останавливаемся в отеле, и я обычно слышу. Я иду к ней и отвожу ее обратно в постель. На пароходе, естественно, добавились трудности. Впрочем, ночью она обычно этого не делает. По сути дела, она прихватывает то, что другие забыли. А к жемчугу у нее всегда была слабость.

Мисс Бауэрз смолкла.

— Как вы обнаружили, что его взяли? — спросил Рейс.

— Утром нашла его в чулке. Конечно, я узнала его. Я часто видела его на миссис Дойл. И я пошла положить его обратно, надеясь, что миссис Дойл еще не встала и не спохватилась. А там уже стоял стюард, он сказал, что произошло убийство и никому нельзя входить. Я оказалась в форменном затруднении. Впрочем, я еще надеялась как-нибудь подбросить его в каюту, прежде чем заметят его пропажу. Поверьте, у меня было очень неспокойное утро, я просто не представляла, как лучше поступить. Видите ли, семейство Ван Шуйлеров — люди особые, избранные. Никоим образом нельзя допустить, чтобы это происшествие попало в газеты. Но в этом и нет надобности, правда?

Мисс Бауэрз была серьезно встревожена.

— Это зависит от обстоятельств, — уклончиво сказал полковник Рейс. — Но мы, конечно, поста-

of course. What does Miss Van Schuyler say to this?'

'Oh, she'll deny it, of course. She always does. Says some wicked person has put it there. She never admits taking anything. That's why if you catch her in time she goes back to bed like a lamb. Says she just went out to look at the moon. Something like that.'

'Does Miss Robson know about this — er — failing?'

'No, she doesn't. Her mother knows, but she's a very simple kind of girl and her mother thought it best she should know nothing about it. I was quite equal to dealing with Miss Van Schuyler,' added the competent Miss Bowers.

'We have to thank you, Mademoiselle, for coming to us so promptly,' said Poirot.

Miss Bowers stood up.

'I'm sure I hope I acted for the best.'

'Be assured that you have.'

'You see, what with there being a murder as well—'

Colonel Race interrupted her. His voice was grave.

'Miss Bowers, I am going to ask you a question, and I want to impress upon you that it has got to be answered truthfully. Miss Van Schuyler is unhinged mentally to the extent of being a kleptomaniac. Has she also a tendency to homicidal mania?'

Miss Bowers' answer came immediately.

'Oh, dear me, no! Nothing of that kind. You can take my word for it absolutely. The old lady wouldn't hurt a fly.'

раемся пойти вам навстречу. А что говорит в таких случаях мисс Ван Шуйлер?

— Она будет отрицать, разумеется. Она всегда отрицает. Говорит: какой-то подлец подбросил. Она в жизни не признается, что взяла чужое. Поэтому, если ее вовремя перехватить, она, как овечка, послушно идет в постель. Объясняет, что вышла посмотреть на луну. Или еще что-нибудь.

— Мисс Робсон знает об этом... м-м... недостатке?

— Не знает. Знает ее мать, а дочь такая бесхитростная, что мать сочла за лучшее не говорить. Я вполне справлялась с мисс Ван Шуйлер, — заключила знающая свое дело мисс Бауэрз.

— Мы признательны вам, мадемуазель, что вы так своевременно пришли, — сказал Пуаро.

Мисс Бауэрз встала:

— Смею надеяться, я сделала как лучше.

— Будьте совершенно в этом уверены.

— Когда при этом еще случается убийство...

Полковник Рейс прервал ее. Его голос посуровел:

— Мисс Бауэрз, я должен задать вам вопрос и хочу, чтобы вы осознали, как важно ответить на него искренне. Мисс Ван Шуйлер страдает душевным расстройством в форме клептомании. Она не обнаруживает никаких признаков мании убийства?

Мисс Бауэрз отвечала незамедлительно:

— Господь с вами! Ничего похожего, поверьте мне! Старая дама не обидит и мухи.

The reply came with such positive assurance that there seemed nothing more to be said. Nevertheless Poirot did interpolate one mild inquiry.

'Does Miss Van Schuyler suffer at all from deafness?'

'As a matter of fact she does, Monsieur Poirot. Not so that you'd notice in any way, not if you were speaking to her, I mean. But quite often she doesn't hear you when you come into a room. Things like that.'

'Do you think she would have heard anyone moving about in Mrs Doyle's cabin, which is next door to her own?'

'Oh, I shouldn't think so — not for a minute. You see, the bunk is the other side of the cabin, not even against the partition wall. No, I don't think she would have heard anything.'

'Thank you, Miss Bowers.'

Race said: 'Perhaps you will now go back to the dining saloon and wait with the others?'

He opened the door for her and watched her go down the staircase and enter the saloon. Then he shut the door and came back to the table. Poirot had picked up the pearls.

'Well,' said Race grimly, 'that reaction came pretty quickly. That's a very cool-headed and astute young woman — perfectly capable of holding out on us still further if she thinks it suits her book. What about Miss Marie Van Schuyler now? I don't think we can eliminate her from the possible suspects. You know, she *might* have committed murder to get hold

В ее ответе прозвучало столько убежденности, что говорить, казалось, было уже не о чем. Тем не менее Пуаро без нажима задал свой вопрос:

— Мисс Ван Шуйлер страдает в какой-нибудь степени глухотой?

— Действительно страдает, месье Пуаро. Не так чтобы это было заметно, то есть в разговоре с ней вы бы этого не заметили. Зато она частенько не слышит, как входят в комнату. Или еще что-нибудь.

— Как вы думаете, она услышала бы движение в каюте миссис Дойл, это за стеной?

— Нет, не думаю. Ведь ее койка даже не у этой стены, а в другом углу каюты. Нет-нет, не думаю, чтобы она могла что-нибудь услышать.

— Благодарю вас, мисс Бауэрз.

— Вам, видимо, будет лучше вернуться в салон и ждать вместе с остальными, — сказал Рейс.

Открыв дверь, он проследил, как она спустилась по лестнице и вошла в салон. Потом закрыл дверь и вернулся к столу. Пуаро вертел в руках нитку жемчуга.

— Вот так, — объявил Рейс, — отличная реакция. У молодой женщины ясная и холодная голова, и, будь это в ее интересах, она бы нас и дальше вытерпела. Как же теперь быть с мисс Мари Ван Шуйлер? Не думаю, что ее можно исключить из списка возможных подозреваемых. Она *могла* совершить убийство, чтобы завладеть этим жемчугом. Мы не

of those jewels. We can't take the nurse's word for it. She's all out to do the best for the family.'

Poirot nodded in agreement. He was very busy with the pearls, running them through his fingers, holding them up to his eyes.

He said: 'We may take it, I think, that part of the old lady's story to us is true. She *did* look out of her cabin and she *did* see Rosalie Otterbourne. But I don't think she *heard* anything or anyone in Linnet Doyle's cabin. I think she was just peering out from *her* cabin preparatory to slipping along and purloining the pearls.'

'The Otterbourne girl was there, then?'

'Yes. Throwing her mother's secret cache of drink overboard.'

Colonel Race shook his head sympathetically.

'So that's it! Tough on a young 'un.'

'Yes, her life has not been very gay, *cette pauvre petite Rosalie.*'

'Well, I'm glad that's been cleared up. *She* didn't see or hear anything?'

'I asked her that. She responded — after a lapse of quite twenty seconds — that she saw nobody.'

'Oh?' Race looked alert.

'Yes, it is suggestive, that.'

Race said slowly:

'If Linnet Doyle was shot round about ten minutes past one, or indeed any time after the boat had quieted down, it has seemed amazing to me that no

можем верить сиделке на слово. Она будет из кожи лезть, защищая семейство Ван Шуйлеров.

Пуаро согласно кивнул. Его внимание было поглощено жемчугом: он перебирал зерна пальцами, подносил к глазам.

— Я думаю, можно остановиться на том, что часть рассказа старой леди была правдой, — сказал он. — Она действительно выглянула из своей каюты и действительно видела Розали Оттерборн. Однако я не думаю, что она слышала что-нибудь из каюты Линит Дойл. Она, я думаю, выглядывала из своей каюты, выжидая время, когда можно будет выскользнуть и взять жемчуг.

— Так девица Оттерборн точно была на палубе?

— Была. Она бросала в воду найденный у матери запас спиртного.

Полковник Рейс сочувственно покачал головой:

— Вот оно что. Не повезло девочке.

— Да, не очень веселая жизнь у cette pauvre petite Rosalie[1].

— Я рад, что тут прояснилось. Она-то ничего не видела, ничего не слышала?

— Я спросил. Прежде чем ответить, что она ничего не видела, она молчала целых двадцать секунд.

— Вот как? — насторожился Рейс.

— Да, это наводит на размышления.

Рейс неспешно рассуждал:

— Если Линит Дойл застрелили где-то в десять минут второго, а вообще говоря, в любое время после того, как пароход угомонился, меня не пере-

---

[1] Этой бедной крошки Розали *(фр.)*.

one heard the shot. I grant you that a little pistol like that wouldn't make much noise, but all the same the boat would be deadly quiet, and any noise, even a little pop, should have been heard. But I begin to understand better now. The cabin on the forward side of hers was unoccupied — since her husband was in Dr Bessner's cabin. The one aft was occupied by the Van Schuyler woman, who was deaf. That leaves only—'

He paused and looked expectantly at Poirot, who nodded.

'The cabin next to her on the other side of the boat. In other words — Pennington. We always seem to come back to Pennington.'

'We will come back to him presently with the kid gloves removed! Ah, yes, I am promising myself that pleasure.'

'In the meantime we'd better get on with our search of the boat. The pearls still make a convenient excuse, even though they have been returned — but Miss Bowers is not likely to advertise the fact.'

'Ah, these pearls!' Poirot held them up against the light once more. He stuck out his tongue and licked them — he even gingerly tried one of them between his teeth. Then, with a sigh, he threw them down on the table. 'Here are more complications, my friend,' he said. 'I am not an expert on precious stones, but I have had a good deal to do with them in my time and I am fairly certain of what I say. *These pearls are only a clever imitation.*'

стает удивлять, что никто не слышал выстрела. Я допускаю, что такой маленький револьвер не наделает большого шума, но все-таки: на пароходе стоит мертвая тишина, и любой звук, пусть даже легкий хлопок, будет слышен. Теперь я начинаю понимать. Следующая за миссис Дойл каюта пустовала, потому что ее муж был в каюте доктора Бесснера. Каюту с другой стороны занимает мисс Ван Шуйлер, а она туга на ухо. И тогда остается...

Он выжидающе смотрел на Пуаро; тот кивнул:

— Остается соседняя каюта по другому борту. Иначе говоря, остается Пеннингтон. Мы постоянно выходим на Пеннингтона.

— Мы скоро примемся за него, сняв лайковые перчатки. Да-да, я предвкушаю это приятное занятие.

— А пока, я думаю, займемся обыском судна. Жемчуг остается удобным предлогом, хотя его и вернули: мисс Бауэрз вряд ли будет трубить об этом.

— А-а, да, жемчуг. — Пуаро снова посмотрел нитку на свет. Он лизнул зерно, осторожно прикусил его — и, вздохнув, бросил нитку на стол. — У нас новые осложнения, мой друг, — сказал он. — Я не эксперт, но в свое время я имел дело с драгоценными камнями. И я знаю, что говорю. Этот жемчуг всего-навсего ловкая подделка.

Chapter 21

Colonel Race swore hastily.

'This damned case gets more and more involved.' He picked up the pearls. 'I suppose you've not made a mistake? They look all right to me.'

'They are a very good imitation — yes.'

'Now where does that lead us? I suppose Linnet Doyle didn't deliberately have an imitation made and bring it abroad with her for safety. Many women do.'

'I think, if that were so, her husband would know about it.'

'She may not have told him.'

Poirot shook his head in a dissatisfied manner.

'No, I do not think that is so. I was admiring Madame Doyle's pearls the first evening on the boat — their wonderful sheen and lustre. I am sure that she was wearing the genuine ones then.'

'That brings us up against two possibilities. First, that Miss Van Schuyler only stole the imitation string after the real ones had been stolen by someone else. Second, that the whole kleptomaniac story is a fabrication. Either Miss Bowers is a thief, and quickly invented the story and allayed suspicion by handing over the false pearls, or else that whole party is in it together. That is to say, they are a gang of clever jewel thieves masquerading as an exclusive American family.'

Глава 21

Полковник Рейс смачно выругался:

— Чертово дело — оно все больше запутывается. — Он поднял нитку жемчуга. — Надеюсь, вы не ошибаетесь? На мой взгляд, жемчуг как жемчуг.

— Очень хорошая подделка — да.

— Что же мы теперь имеем? Не думаю, чтобы Линит Дойл сама заказала эту подделку и ради безопасности взяла с собой за границу. Хотя многие так делают.

— Если так, ее муж, полагаю, знал бы об этом.

— Она могла не сказать ему.

Пуаро недовольно замотал головой:

— Нет-нет, не думаю, чтобы это было так. В первый же вечер на пароходе я восхищался жемчугом Линит Дойл, помню его замечательный переливистый блеск. Я уверен, что тогда на ней был настоящий жемчуг.

— Тут возможны два допущения. Первое: что мисс Ван Шуйлер похитила нитку поддельного жемчуга, а настоящий был похищен до нее кем-то другим. Второе допущение: что вся история о клептомании — вымысел. Либо мисс Бауэрз воровка, и тогда она на скорую руку сочиняет историю и снимает с себя подозрение, подсунув поддельный жемчуг; либо в деле участвует вся компания. Иначе говоря, они все одна шайка, промышляющая кражей драгоценностей, и только рядятся под избранное американское семейство.

'Yes,' Poirot murmured. 'It is difficult to say. But I will point out to you one thing — to make a perfect and exact copy of the pearls, clasp and all, good enough to stand a chance of deceiving Madame Doyle, is a highly skilled technical performance. It could not be done in a hurry. Whoever copied those pearls must have had a good opportunity of studying the original.'

Race rose to his feet.

'Useless to speculate about it any further now. Let's get on with the job. We've got to find the real pearls. And at the same time we'll keep our eyes open.'

They disposed of the cabins occupied on the lower deck.

That of Signor Richetti contained various archaeological works in different languages, a varied assortment of clothing, hair lotions of a highly scented kind and two personal letters — one from an archaeological expedition in Syria, and one from, apparently, a sister in Rome. His handkerchiefs were all of coloured silk.

They passed on to Ferguson's cabin. There was a sprinkling of communistic literature, a good many snapshots, Samuel Butler's *Erewhon* and a cheap edition of Pepys' *Diary*. His personal possessions were not many. Most of what outer clothing there was was torn and dirty; the underclothing, on the other hand, was of really good quality. The handkerchiefs were expensive linen ones.

— Да-а, — обронил Пуаро. — Трудно сказать. Но я бы хотел обратить ваше внимание на одну вещь: чтобы сделать совершенную копию нитки жемчуга, застежки и прочего и ввести в заблуждение миссис Дойл, требуется в высшей степени искусная работа. Это не делается в спешке. Тот, кто мастерил эту подделку, должен был иметь возможность хорошо изучить оригинал.

Рейс встал из-за стола.

— Рассуждать на эти темы сейчас бесполезно. Продолжим нашу работу. Нужно найти настоящий жемчуг. И при этом не проглядеть главное.

Сначала они решили разделаться с каютами на нижней палубе.

В каюте синьора Рикетти оказались археологические труды на нескольких языках, пестрый набор одежды, до невозможности пахучие жидкости для волос и два личных письма — одно из археологической экспедиции в Сирии, другое, судя по всему, — от сестры из Рима. Его носовые платки были из цветного шелка.

Пуаро и Рейс перешли в каюту Фергюсона. Там их глазам предстали россыпи коммунистической литературы, множество фотографий, «Едгин» Сэмюэла Батлера и дешевое издание дневника Пипса[1]. Личных вещей было немного. Большая часть верхней одежды была заношенная и грязная, зато нижнее белье было отличного качества, а носовые платки из дорогого полотна.

---

[1] «Е д г и н» — сатирическая дилогия английского писателя Сэмюэла Батлера (1835—1902). Перевертыш слова «нигде». Дневник — историко-литературный памятник Сэмюэла Пипса (1633—1703).

'Some interesting discrepancies,' murmured Poirot.

Race nodded.

'Rather odd that there are absolutely no personal papers, letters, etc.'

'Yes; that gives one to think. An odd young man, Monsieur Ferguson.'

He looked thoughtfully at a signet ring he held in his hand, before replacing it in the drawer where he had found it.

They went along to the cabin occupied by Louise Bourget. The maid had her meals after the other passengers, but Race had sent word that she was to be taken to join the others. A cabin steward met them.

'I'm sorry, sir,' he apologized, 'but I've not been able to find the young woman anywhere. I can't think where she can have got to.'

Race glanced inside the cabin. It was empty. They went up to the promenade deck and started on the starboard side. The first cabin was that occupied by James Fanthorp. Here all was in meticulous order. Mr Fanthorp travelled light, but all that he had was of good quality.

'No letters,' said Poirot thoughtfully. 'He is careful, our Mr Fanthorp, to destroy his correspondence.'

They passed on to Tim Allerton's cabin, next door.

There were evidences here of an Anglo-Catholic turn of mind — an exquisite little triptych, and a big rosary of intricately carved wood. Besides personal clothing, there was a half-completed manuscript, a

— Любопытные неувязки, — пробормотал Пуаро.

Рейс кивнул:

— Довольно странно, что нет решительно никаких бумаг, писем.

— Да, и это заставляет задуматься. Странный молодой человек, этот месье Фергюсон.

Он задумчиво повертел в пальцах кольцо-печатку, потом положил его на место в ящик стола.

Пошли дальше, к каюте Луизы Бурже. Горничная питалась после пассажиров, но Рейс распорядился, чтобы ее пригласили в салон вместе со всеми. Их встретил стюард.

— Прошу прощения, сэр, — сказал он, — но я нигде не могу отыскать девушку. Не представляю, куда она подевалась.

Рейс заглянул в каюту. Она была пуста. Они поднялись на верхнюю палубу и перешли на правый борт. Первую по ходу каюту занимал Джеймс Фанторп. В ней царил образцовый порядок. Мистер Фанторп путешествовал налегке, но то немногое, что он брал в дорогу, было хорошего качества.

— И никаких писем, — задумчиво сказал Пуаро. — Из осторожности наш мистер Фанторп уничтожает корреспонденцию.

Потом они прошли в соседнюю каюту, к Тиму Аллертону.

Тут наличествовали признаки католических склонностей. Тонкой работы маленький триптих, крупные резные четки. Кроме личных вещей, имелась правленая-переправленая, испещренная

good deal annotated and scribbled over, and a good collection of books, most of them recently published. There were also a quantity of letters thrown carelessly into a drawer. Poirot, never in the least scrupulous about reading other people's correspondence, glanced through them. He noted that amongst them there were no letters from Joanna Southwood. He picked up a tube of Seccotine, fingered it absently for a minute or two, then said:

'Let us pass on.'

'No Woolworth handkerchiefs,' reported Race, rapidly replacing the contents of a drawer.

Mrs Allerton's cabin was the next. It was exquisitely neat, and a faint old-fashioned smell of lavender hung about it. The two men's search was soon over. Race remarked as they left it:

'Nice woman, that.'

The next cabin was that which had been used as a dressing-room by Simon Doyle. His immediate necessities — pyjamas, toilet things, etc. — had been moved to Bessner's cabin, but the remainder of his possessions were still there — two good-sized leather suitcases and a kitbag. There were also some clothes in the wardrobe.

'We will look carefully here, my friend,' said Poirot, 'for it is possible that the thief hid the pearls here.'

'You think it is likely?'

'But yes, indeed. Consider! The thief, whoever he or she may be, must know that sooner or later a search will be made, and therefore a hiding place in

пометками рукопись и недурное собрание книг, в основном новинок. Изрядное количество писем было кое-как свалено в ящик стола. Не отличаясь похвальной щепетильностью в отношении чужой переписки, Пуаро быстро просмотрел письма. Он отметил, что писем от Джоанны Саутвуд среди них не было. Подобрав тюбик с клеем, он рассеянно повертел его, потом сказал:

— Пойдемте дальше.
— Носовых платков от Вулворта не обнаружено, — сообщил Рейс, возвращая содержимое в платяной шкаф.

Следующей была каюта миссис Аллертон. В каюте была безупречная чистота и порядок, витал несовременный запах лаванды. Мужчины скоро закончили осмотр. Выходя, Рейс заметил:
— Славная женщина.

Следующую каюту Саймон Дойл использовал как гардеробную. В каюту Бесснера перенесли все, что требовалось иметь под рукой: пижаму, туалетные принадлежности и прочее, — а здесь еще оставались два больших кожаных чемодана и саквояж. И кое-какие вещи в шкафу.

— Здесь, мой друг, мы должны все осмотреть внимательно, — сказал Пуаро, — поскольку весьма возможно, что похититель спрятал тут жемчуг.
— Вы считаете это возможным?
— Разумеется. Задумайтесь! Кто бы ни был похититель или похитительница, он должен предполагать, что рано или поздно будет устроен обыск,

his or her own cabin would be injudicious in the extreme. The public rooms present other difficulties. But here is a cabin belonging to a man *who cannot possibly visit it himself*. So that if the pearls are found here it tells us nothing at all.'

But the most meticulous search failed to reveal any trace of the missing necklace. Poirot murmured '*Zut!*' to himself and they emerged once more on the deck.

Linnet Doyle's cabin had been locked after the body was removed, but Race had the key with him. He unlocked the door and the two men stepped inside.

Except for the removal of the girl's body, the cabin was exactly as it had been that morning.

'Poirot,' said Race, 'if there's anything to be found here, for God's sake go ahead and find it. You can if anyone can — I know that.'

'This time you do not mean the pearls, *mon ami*?'

'No. The murder's the main thing. There may be something I overlooked this morning.'

Quietly, deftly, Poirot went about his search. He went down on his knees and scrutinized the floor inch by inch. He examined the bed. He went rapidly through the wardrobe and chest of drawers. He went through the wardrobe trunk and the two costly suitcases. He looked through the expensive gold-fitted dressing-case. Finally he turned his attention to the washstand. There were various creams, powders, face lotions. But the only thing that seemed to interest Poirot were two little bottles labelled Nailex.

и потому чрезвычайно неразумно устраивать тайник в своей собственной каюте. Гостиные представляют трудности другого рода. Но есть каюта, которую ее владелец не имеет никакой возможности посетить. И поэтому, если здесь будет обнаружен жемчуг, это нам не скажет решительно ничего.

Однако самый внимательный осмотр не обнаружил ни малейших следов исчезнувшего жемчуга. Пуаро буркнул под нос: «Zut!»[1], и они снова вышли на палубу.

После того как тело Линит Дойл вынесли из каюты, дверь заперли, но у Рейса был ключ. Он отпер каюту, и они вошли.

Тут все оставалось на своих местах, как утром, не было только тела погибшей.

— Пуаро, — сказал Рейс, — если здесь есть что искать, ищите, ради бога, и найдите. У вас получится, если это вообще мыслимая вещь.

— Вы сейчас не жемчуг имеете в виду, mon ami?

— Нет. Главное сейчас — убийца. Я мог проглядеть что-нибудь утром.

Пуаро производил осмотр спокойно и споро. Опустившись на колени, он методично, дюйм за дюймом, исследовал пол. Посмотрел под кровать. Он перетряс платяной шкаф. Перерыл сундук и два роскошных чемодана. Заглянул в дорогой, инкрустированный золотом несессер. Наконец он внимательно приник к умывальнику. Там были наставлены кремы, пудры, жидкости для лица,

---

[1] Эхма! (выражение досады, огорчения) *(фр.)*.

He picked them up at last and brought them to the dressing table. One, which bore the inscription Nailex Rose, was empty but for a drop or two of dark red fluid at the bottom. The other, the same size, but labelled Nailex Cardinal, was nearly full. Poirot uncorked first the empty, then the full one, and sniffed them both delicately.

An odour of pear drops billowed into the room. With a slight grimace he recorked them.

'Get anything?' asked Race.
Poirot replied by a French proverb: '*On no prend pas les mouches avec le vinaigre.*' Then he said with a sigh: 'My friend, we have not been fortunate. The murderer has not been obliging. He has not dropped for us the cuff link, the cigarette end, the cigar ash — or, in the case of the woman, the handkerchief, the lipstick, or the hair slide.'

'Only the bottle of nail polish?'
Poirot shrugged his shoulders.
'I must ask the maid. There is something — yes — a little curious there.'

'I wonder where the devil the girl's got to?' said Race.

They left the cabin, locking the door behind them, and passed on to that of Miss Van Schuyler. Here again were all the appurtenances of wealth, expensive toilet fittings, good luggage, a certain number of private letters and papers all perfectly in order.

лосьоны. Пуаро заинтересовали только два флакончика с лаком для ногтей. Повертев их, он вернулся с ними к туалетному столику. Один, с надписью «Роза», был пуст, на дне оставалась только капля-другая темно-красной жидкости. Другой такой же флакончик, с надписью «Кардинал», был едва почат. Пуаро вынул пробки из одного, из другого, осторожно понюхал.

По каюте распространился запах грушевых леденцов. Скривив рот, Пуаро закрыл флакончики пробкой.

— Нашли что-нибудь? — спросил Рейс.

— «On ne prend pas les mouches avec le vinaigre»[1], — ответил Пуаро французской пословицей. Вздохнув, он продолжал: — Удача не сопутствовала нам, мой друг. Убийца не пошел нам навстречу. Он не обронил запонки, окурка сигареты, сигарного пепла. А если это женщина, она не обронила ни платка, ни губной помады, ни расчески.

— Единственная зацепка — флакончик лака?

Пуаро пожал плечами:

— Надо спросить горничную. Что-то... да, что-то там настораживает.

— Куда, черт бы ее подрал, делась эта девица? — сказал Рейс.

Они вышли, заперли каюту и отправились к мисс Ван Шуйлер. И здесь были налицо все приметы благосостояния. Дорогие туалетные принадлежности, хороший багаж, пачки писем и документов — все в отменном порядке.

---

[1] «Мух на уксус не ловят» (*фр.*).

The next cabin was the double one occupied by Poirot, and beyond it that of Race.

'Hardly like to hide 'em in either of these,' said the Colonel.

Poirot demurred.

'It might be. Once, on the Orient Express, I investigated a murder. There was a little matter of a scarlet kimono. It had disappeared, and yet it must be on the train. I found it — where do you think? *In my own locked suitcase!* Ah! It was an impertinence, that!'

'Well, let's see if anybody has been impertinent with you or me this time.'

But the thief of the pearls had not been impertinent with Hercule Poirot or with Colonel Race.

Rounding the stern they made a very careful search of Miss Bowers' cabin but could find nothing of a suspicious nature. Her handkerchiefs were of plain linen with an initial.

The Otterbournes' cabin came next. Here, again, Poirot made a very meticulous search — but with no result.

The next cabin was Bessner's. Simon Doyle lay with an untasted tray of food beside him.

'Off my feed,' he said apologetically. He was looking feverish and very much worse than earlier in the day.

Poirot appreciated Bessner's anxiety to get him as swiftly as possible to hospital and skilled appliances.

The little Belgian explained what the two of them were doing, and Simon nodded approval. On learn-

Следующую двойную каюту занимал Пуаро, а рядом была каюта Рейса.

— У нас вряд ли что будут прятать, — сказал Рейс.

Пуаро не согласился:

— Как знать! Однажды я расследовал убийство в «Восточном экспрессе». Возникло недоразумение с красным кимоно. Оно исчезло, и при этом оно должно было находиться в поезде. Я обнаружил его — где бы вы думали? — в моем собственном запертом чемодане. Вот это была дерзость!

— Что же, посмотрим, способен ли кто-нибудь здесь на такую дерзость.

Однако похититель воздержался от дерзких выпадов против Пуаро или полковника Рейса.

Обогнув корму, они так же внимательно осмотрели каюту мисс Бауэрс и тоже не нашли ничего подозрительного. Ее носовые платки были из простого полотна с вышитым инициалом.

Следующей была каюта матери и дочери Оттерборн. И здесь Пуаро все тщательнейше осмотрел, и также безрезультатно.

Они вошли в каюту доктора Бесснера. Саймон Дойл лежал, рядом стоял поднос с нетронутой едой.

— Нет аппетита, — извиняющимся голосом сказал он. Его лихорадило, он выглядел гораздо хуже, чем утром.

Пуаро вполне оценил тревожное желание доктора Бесснера поскорее доставить пациента в больницу и обеспечить ему квалифицированный уход.

Бельгиец объяснил, чем они оба занимаются, и Саймон удовлетворенно кивнул. Узнав, что

ing that the pearls had been restored by Miss Bowers but proved to be merely imitation, he expressed the most complete astonishment.

'You are quite sure, Monsieur Doyle, that your wife did not have an imitation string which she brought abroad with her instead of the real ones?'

Simon shook his head decisively.

'Oh, no. I'm quite sure of that. Linnet loved those pearls and she wore 'em everywhere. They were insured against every possible risk, so I think that made her a bit careless.'

'Then we must continue our search.'
He started opening drawers. Race attacked a suitcase.

Simon stared.

'Look here, you surely don't suspect old Bessner pinched them?'

Poirot shrugged his shoulders.

'It might be so. After all, what do we know of Dr Bessner? Only what he himself gives out.'

'But he couldn't have hidden them in here without my seeing him.'

'He could not have hidden anything *today* without your having seen him. But we do not know when the substitution took place. He may have effected the exchange some days ago.'

'I never thought of that.'

But the search was unavailing.

жемчуг вернула мисс Бауэрз и тот оказался фальшивым, он выказал крайнее изумление.

— Вы твердо уверены, мистер Дойл, что у вашей жены не было нитки поддельного жемчуга, который она брала с собой за границу вместо подлинного?

Саймон убежденно кивнул:

— Нет-нет, я совершенно в этом уверен. Линит любила этот жемчуг и везде носила его. Нитка была застрахована от всех возможных неприятностей, из-за чего, я думаю, она и потеряла осторожность.

— В таком случае мы продолжим наш обыск.

Он принялся выдвигать ящики стола. Рейс занялся чемоданом.

Саймон недоуменно смотрел на них.

— Послушайте, вы подозреваете старину Бесснера?

Пуаро пожал плечами:

— Все возможно. В конце концов, что мы знаем о докторе Бесснере? Только то, что он сам о себе сказал.

— Он же не мог спрятать его здесь на моих глазах.

— Сегодня не мог, но мы не знаем, когда была сделана подмена. Он мог подменить жемчуг несколько дней назад.

— Об этом я не подумал.

Однако поиски оказались тщетными.

The next cabin was Pennington's. The two men spent some time in their search. In particular, Poirot and Race examined carefully a case full of legal and business documents, most of them requiring Linnet's signature.

Poirot shook his head gloomily.

'These seem all square and above board. You agree?'

'Absolutely. Still, the man isn't a born fool. If there *had* been a compromising document there — a power of attorney or something of that kind — he'd be pretty sure to have destroyed it first thing.'

'That is so, yes.'

Poirot lifted a heavy Colt revolver out of the top drawer of the chest of drawers, looked at it and put it back.

'So it seems there are still some people who travel with revolvers,' he murmured.

'Yes, a little suggestive, perhaps. Still, Linnet Doyle wasn't shot with a thing that size.' Race paused and then said, 'You know, I've thought of a possible answer to your point about the pistol being thrown overboard. Supposing that the actual murderer *did* leave it in Linnet Doyle's cabin, and that someone else — some second person — took it away and threw it into the river?'

'Yes, that is possible. I have thought of it. But it opens up a whole string of questions. Who was that second person? What interest had they in endeavouring to shield Jacqueline de Bellefort by taking away the pistol? What was the second person doing there? The only other person we know of who went

Следующей была каюта Пеннингтона. Пуаро и Рейс не пожалели времени на ее осмотр. Особенно тщательно они осмотрели портфель с юридическими документами и деловыми бумагами, большая часть которых требовала подписи Линит.

Пуаро уныло покачал головой:

— Кажется, тут все по правилам и честно. Согласны?

— Совершенно. Но он ведь не полный дурак. Если у него был какой-нибудь компрометирующий документ, например доверенность, он должен был уничтожить его.

— Да, это так.

Пуаро достал из верхнего ящика стола тяжелый «кольт», осмотрел его и положил обратно.

— Еще один путешествует с револьвером, — обронил он.

— Да, это, конечно, настораживает. Но все же Линит Дойл застрелили не из этой пушки. — Помолчав, Рейс продолжал: — Вы знаете, я обдумал ваш вопрос: зачем бросать револьвер за борт, — и вот возможный ответ. Что, если убийца действительно оставил револьвер в каюте Линит Дойл? А кто-то еще, совсем другое лицо, забрал его и выбросил в реку?

— Да, это возможно. Я думал об этом. Тогда выстраивается цепочка вопросов. Кто это другое лицо? Кому было выгодно пытаться выгородить Жаклин де Бельфор, выбросив этот револьвер? Чем оно вообще занималось, это другое лицо? Единственная, кто, мы знаем, заходила в каю-

into the cabin was Mademoiselle Van Schuyler. Was it conceivably Mademoiselle Van Schuyler who removed it? Why should *she* wish to shield Jacqueline de Bellefort? And yet — what other reason can there be for the removal of the pistol?'

Race suggested:

'She may have recognized the stole as hers, got the wind up, and thrown the whole bag of tricks over on that account.'

'The stole, perhaps, but would she have got rid of the pistol, too? Still, I agree that it is a possible solution. But it is always — *bon Dieu*, it is clumsy. And you still have not appreciated one point about the stole—'

As they emerged from Pennington's cabin Poirot suggested that Race should search the remaining cabins, those occupied by Jacqueline, Cornelia and two empty ones at the end, while he himself had a few words with Simon Doyle.

Accordingly he retraced his steps along the deck and re-entered Bessner's cabin.

Simon said:

'Look here, I've been thinking. I'm perfectly sure that these pearls were all right yesterday.'

'Why is that, Monsieur Doyle?'

'Because Linnet'—he winced as he uttered his wife's name—'was passing them through her hands just before dinner and talking about them. She knew something about pearls. I feel certain she'd have known if they were a fake.'

ту, — это мадемуазель Ван Шуйлер. Следует допустить, что револьвер забрала мадемуазель Ван Шуйлер. Зачем ей нужно было выгораживать Жаклин де Бельфор? И наконец: по какой еще причине могли забрать револьвер?

Рейс предположил:

— Она могла узнать свою накидку и уже по этой причине швырнуть за борт все хозяйство.

— Накидку — может быть. Но стала бы она освобождаться также от револьвера? Тем не менее я согласен: это возможное решение. Но как это громоздко — bon Dieu, как это громоздко. И вы пока не осознали одно обстоятельство, связанное с этой накидкой...

Когда они вышли от Пеннингтона, Пуаро предложил Рейсу одному осмотреть оставшиеся каюты — Жаклин, Корнелии и две пустовавшие у носа; самому же ему нужно переброситься парой слов с Саймоном Дойлом.

Он повернул назад и вошел в каюту Бесснера.

Саймон сказал:

— Знаете, я все время думал. Так вот, я совершенно уверен, что вчера с этим жемчугом все было в полном порядке.

— Почему вы так думаете, мистер Дойл?

— Потому что Линит, — он страдальчески сморщился, произнося имя жены, — она перед самым ужином перебирала нитку в руках и говорила о жемчуге. А уж она в этом разбиралась. Я уверен, подделку она бы отличила.

'They were a very good imitation, though. Tell me, was Madame Doyle in the habit of letting those pearls out of her hands? Did she ever lend them to a friend for instance?'

Simon flushed with slight embarrassment.

'You see, Monsieur Poirot, it's difficult for me to say ... I—I—well, you see, I hadn't known Linnet very long.'

'Ah, no, it was a quick romance — yours.'

Simon went on:

'And so — really — I shouldn't know a thing like that. But Linnet was awfully generous with her things. I should think she might have done.'

'She never, for instance'—Poirot's voice was very smooth—' she never, for instance, lent them to Mademoiselle de Bellefort?'

'What d' you mean?' Simon flushed brick-red, tried to sit up and, wincing, fell back. 'What are you getting at? That Jackie stole the pearls? She didn't. I'll swear she didn't. Jackie's as straight as a die. The mere idea of her being a thief is ridiculous — absolutely ridiculous.'

Poirot looked at him with gently twinkling eyes.

'Oh, la! la! la!' he said unexpectedly. 'That suggestion of mine, it has indeed stirred up the nest of hornets.'

Simon repeated doggedly, unmoved by Poirot's lighter note, 'Jackie's straight!'

Poirot remembered a girl's voice by the Nile in Aswan saying, 'I love Simon — and he loves me ...'

— Это была очень хорошая подделка. Скажите, мадам Дойл не случалось расставаться с этим жемчугом? Она не давала поносить его кому-нибудь из подруг?

Саймон от смущения стал пунцовым.

— Понимаете, месье, я затрудняюсь ответить. Ведь я мало времени знал Линит.

— У вас был быстрый роман.

Саймон продолжал:

— Поэтому я действительно не знаю ничего такого. Вообще Линит страшно легко относилась к своим вещам. Я думаю, она могла дать кому-нибудь поносить.

— Она не давала, — у Пуаро сделался совсем вкрадчивый голос, — не давала его, например, мадемуазель де Бельфор?

— Что вы хотите сказать? — Побагровев, Саймон попытался сесть и, страдальчески морщась, снова упал на подушки. — Куда вы клоните? Что Джеки украла этот жемчуг? Она не брала. Я поклянусь, что не брала. Джеки честная, как не знаю кто. Смешно подумать, что она могла украсть.

Пуаро, помаргивая, глядел на него.

— О-ля-ля! — вдруг выпалил он. — Своим предположением я растревожил осиное гнездо.

Не поддаваясь на его шутливый тон, Саймон упрямо повторил:

— Джеки — честный человек!

Пуаро вспомнил Асуан, Нил, голос девушки: «Я люблю Саймона, и он любит меня».

He had wondered which of the three statements he had heard that night was the true one. It seemed to him that it had turned out to be Jacqueline who had come closest to the truth.

The door opened and Race came in.

'Nothing,' he said brusquely. 'Well, we didn't expect it. I see the stewards coming along with their report as to the searching of the passengers.'

A steward and stewardess appeared in the doorway. The former spoke first.

'Nothing, sir.'

'Any of the gentlemen make any fuss?'

'Only the Italian gentleman, sir. He carried on a good deal. Said it was a dishonour — something of that kind. He'd got a gun on him, too.'

'What kind of a gun?'

'Mauser automatic .25, sir.'

'Italians are pretty hot tempered,' said Simon. 'Richetti got in no end of a stew at Wadi Halfa just because of a mistake over a telegram. He was darned rude to Linnet over it.'

Race turned to the stewardess. She was a big handsome-looking woman.

'Nothing on any of the ladies, sir. They made a good deal of fuss — except for Mrs Allerton, who was as nice as nice could be. Not a sign of the pearls. By the way, the young lady, Miss Rosalie Otterbourne, had a little pistol in her handbag.'

'What kind?'

Он задумался, в каком из трех заявлений, сделанных в ту ночь, заключалась правда, и вроде бы получалось, что ближе всех к ней подошла Жаклин.

Дверь открылась, вошел Рейс.

— Ничего, — бросил он. — Впрочем, мы ни на что и не рассчитывали. Я смотрю, идут стюарды, узнаем, что нашли у пассажиров.

Вошли стюард и горничная. Стюард заговорил первым:

— Ничего не нашли, сэр.

— Джентльмены вели себя спокойно?

— За исключением джентльмена из Италии, сэр. Он буквально рвал и метал, называл это позором. При нем тоже был револьвер.

— Какой марки?

— Маузер двадцать пятого калибра, автоматический, сэр.

— Итальянцы — очень вспыльчивый народ, — сказал Саймон. — В Вади-Хальфе Рикетти очень кипятился из-за простой накладки с телеграммой. Из-за нее он по-хамски вел себя с Линит.

Рейс повернулся к горничной, крупной, красивой женщине.

— При дамах ничего не найдено, сэр. Вели они себя все очень неспокойно. Все, кроме миссис Аллертон, та была просто молодец. Никаких следов жемчуга. Между прочим, у молодой дамы, мисс Розали Оттерборн, в сумочке лежит маленький револьвер.

— Какой?

'It was a very small one, sir, with a pearl handle. A kind of toy.'

Race stared.

'Devil take this case,' he muttered. 'I thought we'd got *her* cleared of suspicion, and now — Does every girl on this blinking boat carry around pearl-handled toy pistols?' He shot a question at the stewardess. 'Did she show any feeling over your finding it?'

The woman shook her head. 'I don't think she noticed. I had my back turned whilst I was going through the handbag.'

'Still, she must have known you'd come across it. Oh, well, it beats me. What about the maid?'

'We've looked all over the boat, sir. We can't find her anywhere.'

'What's this?' asked Simon.

'Mrs Doyle's maid — Louise Bourget. She's disappeared.'

'*Disappeared?*'

Race said thoughtfully: 'She might have stolen the pearls. She is the one person who had ample opportunity to get a replica made.'

'And then, when she found a search was being instituted, she threw herself overboard?' suggested Simon.

'Nonsense,' replied Race, irritably. 'A woman can't throw herself overboard in broad daylight, from a boat like this, without somebody realizing the fact. She's bound to be somewhere on board.'

— Очень маленький, сэр. С перламутровой рукояткой. Вроде «пугача».

Рейс изумленно уставился перед собой.

— Тут сам черт ногу сломит, — пробормотал он под нос. — Я уж думал, что мы вывели ее из-под подозрения, а тут... Что тут, на этом чертовом пароходе, у каждой девицы «пугач» с перламутровой ручкой? Как она реагировала, когда вы нашли его? — обратился он к горничной.

— Не думаю, что она заметила. Я стояла к ней спиной, когда осматривала сумочку.

— Все равно, она должна была понять, что вы его нашли. Ладно, у меня голова идет кругом от всего этого. Что слышно о горничной миссис Дойл?

— Мы искали ее по всему пароходу, сэр, и нигде не нашли.

— Что такое? — спросил Саймон.

— Речь идет о горничной миссис Дойл — Луизе Бурже. Она пропала.

— Пропала?

— Может, она и украла жемчуг? — раздумчиво сказал Рейс. — Она единственная имела реальную возможность подготовить дубликат.

— Может, она узнала, что будет обыск, и выбросилась за борт? — предположил Саймон.

— Чушь, — раздраженно ответил Рейс. — Как броситься в воду среди бела дня, да еще с такого суденышка — и никому не попасться на глаза? Она, безусловно, где-то на судне. — Он снова по-

He addressed the stewardess once more. 'When was she last seen?'

'About half an hour before the bell went for lunch, sir.'

'We'll have a look at her cabin anyway,' said Race. 'That may tell us something.'

He led the way to the deck below. Poirot followed him. They unlocked the door of the cabin and passed inside. Louise Bourget, whose trade it was to keep other people's belongings in order, had taken a holiday where her own were concerned. Odds and ends littered the top of the chest of drawers; a suitcase gaped open, with clothes hanging out of the side of it and preventing it shutting; under-clothing hung limply over the sides of the chairs.

As Poirot, with swift neat fingers, opened the drawers of the dressing chest, Race examined the suitcase.

Louise's shoes were lined along by the bed. One of them, a black patent leather, seemed to be resting at an extraordinary angle, almost unsupported. The appearance of it was so odd that it attracted Race's attention. He closed the suitcase and bent over the line of shoes. Then he uttered a sharp exclamation.

Poirot whirled round.

'Qu'est-ce qu'ily a?'

Race said grimly:

'She hasn't disappeared. *She's here — under the bed* ...'

вернулся к горничной. — Когда ее видели в последний раз?

— Примерно за полчаса до ленча, сэр.

— В общем, надо осмотреть ее каюту, — сказал Рейс. — Вдруг что и выяснится.

Он отправился на нижнюю палубу. Пуаро шел следом. Они отперли дверь и вошли в каюту. Призванная содержать хозяйские вещи в порядке, в собственном хозяйстве Луиза Бурже праздновала лентяя. На комоде лежали какие-то тряпки, чемодан прикусил платье и не закрывался, со стульев понуро свисало нижнее белье.

Пока Пуаро проворно и ловко разбирался в ящиках комода, Рейс осмотрел содержимое чемодана.

Из-под койки выставились туфли. Одна, из черной замши, торчала, казалось, без всякой поддержки. Это было так странно, что Рейс заинтересовался. Закрыв чемодан, он склонился над обувью — и тут же выкрикнул что-то.

Пуаро резко обернулся:
— Qu'est ce qu'il y a?[1]
Рейс сумрачно буркнул:
— Никуда она не пропала. Вот она — под кроватью.

---

[1] Что такое? *(фр.)*

Chapter 22

The body of a dead woman who in life had been Louise Bourget lay on the floor of her cabin. The two men bent over it. Race straightened himself first.

'Been dead close on an hour, I should say. We'll get Bessner on to it. Stabbed to the heart. Death pretty well instantaneous, I should imagine. She doesn't look pretty, does she?'

'No.'

Poirot shook his head with a slight shudder. The dark feline face was convulsed as though with surprise and fury, the lips drawn back from the teeth. Poirot bent again gently and picked up the right hand. Something just showed within the fingers. He detached it and held it out to Race — a little sliver of flimsy paper coloured a pale mauvish pink.

'You see what it is?'

'Money,' said Race.

'The corner of a thousand-franc note, I fancy.'

'Well, it's clear what happened,' said Race. 'She knew something — and she was blackmailing the murderer with her knowledge. We thought she wasn't being quite straight this morning.'

Poirot cried out:

'We have been idiots — fools! We should have known — then. What did she say? "What could I have seen or heard? I was on the deck below. Naturally, if I had been unable to sleep, if I had mounted the stairs, *then* perhaps I might have seen this assassin, this monster, enter or leave Madame's cabin,

Глава 22

Тело женщины, при жизни звавшейся Луизой Бурже, лежало на полу каюты. Мужчины склонились над ним. Рейс выпрямился первым.

— Думаю, она час как мертва. Надо звать Бесснера. Ударили ножом прямо в сердце. Смерть, скорее всего, наступила мгновенно. Скверно она выглядит, правда?

— Скверно.

Передернувшись, Пуаро покачал головой. На смуглой, по-кошачьи ощерившейся физиономии застыли изумление и ярость. Склонившись над телом, Пуаро поднял ее правую руку: что-то было зажато в пальцах. Он высвободил и передал Рейсу крошечный клочок радужной бумаги.

— Догадываетесь, что это такое?
— Банкнота, — сказал Рейс.
— Уголок тысячефранковой ассигнации, я полагаю.
— Теперь все ясно. Она что-то знала и стала шантажировать убийцу. То-то нам показалось утром, что она виляет.

— Полные идиоты, круглые дураки! — взорвался Пуаро. — Уже тогда надо было все понять. Как она сказала? «Что я могла увидеть или услышать? Я была внизу. Конечно, если бы мне не спалось и если бы я поднялась наверх, *тогда*, может быть, я бы увидела, как убийца, это чудовище, входит или выходит из каюты мадам, а так...» Да

but as it is—" Of course, that is what did happen! She did come up. She *did* see someone gliding into Linnet Doyle's cabin — or coming out of it. And, because of her greed, her insensate greed, she lies here—'

'And we are no nearer to knowing who killed her,' finished Race disgustedly.

Poirot shook his head.

'No, no. We know much more now. We know — we know almost everything. Only what we know seems incredible ... Yet it must be so. Only I do not see ... Pah! what a fool I was this morning! We felt — both of us felt — that she was keeping something back, and yet we never realized that logical reason — blackmail.'

'She must have demanded hush money straight away,' said Race. 'Demanded it with threats. The murderer was forced to accede to that request and paid her in French notes. Anything there?'

Poirot shook his head thoughtfully.

'I hardly think so. Many people take a reserve of money with them when travelling — sometimes five-pound notes, sometimes dollars, but very often French notes as well. Possibly the murderer paid her all he had in a mixture of currencies. Let us continue our reconstruction.'

'The murderer comes to her cabin, gives her the money, and then—'

'And then,' said Poirot, 'she counts it. Oh, yes, I know that class. She would count the money, and while she counted it she was completely off her guard. The murderer struck. Having done so successfully,

ясно же, что именно так все и произошло. Она таки поднялась наверх, она таки видела, как кто-то скользнул в каюту Линит Дойл — или выскользнул из нее. И вот она лежит тут из-за своей ненасытной алчности...

— И кто убил Линит Дойл, мы так и не знаем, — недовольно кончил Рейс.

Пуаро замотал головой:

— Ну нет, теперь мы знаем гораздо больше. Мы знаем... мы почти все знаем. Хотя то, что мы знаем, не умещается в сознании. Однако это так. Только я не могу понять — тьфу! — как же я утром мог быть таким дураком?! Мы же оба чувствовали: она что-то утаивает, и ответ напрашивался: она будет шантажировать.

— Видимо, она потребовала денег за свое молчание, — сказал Рейс, — стала угрожать. Убийца был вынужден принять ее условия и расплатился французскими банкнотами. Как вам такой вариант?

Пуаро задумчиво покачал головой:

— Вряд ли это так. Многие путешествуют, имея при себе деньги — пятифунтовыми бумажками, долларами, и частенько прихватывают еще французские банкноты. Возможно, убийца отдал ей все, что у него было, всю валюту сразу. Но продолжим восстанавливать картину.

— Убийца заходит к ней в каюту, отдает деньги и...

— И она начинает их считать, — подхватил Пуаро. — О, я знаю эту категорию людей. Она непременно пересчитает их, и пока она считала, она не береглась. Убийца ударил ножом. Сделав свое

he gathered up the money and fled — not noticing that the corner of one of the notes was torn.'

'We may get him that way,' suggested Race doubtfully.

'I doubt it,' said Poirot. 'He will examine those notes, and will probably notice the tear. Of course if he were of a parsimonious disposition he would not be able to bring himself to destroy a *mille* note — but I fear — I very much fear that his temperament is just the opposite.'

'How do you make that out?'

'Both this crime and the murder of Madame Doyle demanded certain qualities — courage, audacity, bold execution, lightning action; those qualities do not accord with a saving, prudent disposition.'

Race shook his head sadly.

'I'd better get Bessner down,' he said.

The stout doctor's examination did not take long. Accompanied by a good many *Ach*s and *So*s, he went to work.

'She has been dead not more than an hour,' he announced. 'Death it was very quick — at once.'

'And what weapon do you think was used?'

'Ach, it is interesting that. It was something very sharp, very thin, very delicate. I could show you the kind of thing.'

Back again in his cabin he opened a case and extracted a long, delicate, surgical knife.

'It was something like that, my friend — it was not a common table knife.'

дело, он подобрал деньги и убежал, не заметив, что у одной банкноты оторвался уголок.

— Может, мы его найдем по этой улике... — неуверенно предположил Рейс.

— Сомневаюсь, — сказал Пуаро. — Он проверит банкноты и найдет изъян. Конечно, будь он скуповат, ему не достанет духа уничтожить тысячефранковую банкноту. Боюсь, однако, и серьезно боюсь, что он человек противоположного склада.

— Из чего вы это заключаете?

— Убийство мадам Дойл, а теперь и это, требовали определенных качеств — смелости, больше того — дерзости, молниеносной реакции, и эти качества не вяжутся с натурой алчной, скаредной.

Рейс грустно покачал головой.

— Пойду за Беснером, — сказал он.

Ахая и охая, тучный доктор не затянул с осмотром.

— Она мертва не более часа, — объявил он. — Смерть очень быстро наступила — мгновенно.

— Как вы думаете, какое оружие использовалось?

— Ach, вот это интересно, да. Это было что-то острое и миниатюрное. Я покажу, на что это похоже.

Вернувшись с ними к себе в каюту, он открыл саквояж и извлек длинный тонкий скальпель.

— Что-то в этом роде, мой друг, там не был обычный столовый нож.

'I suppose,' suggested Race smoothly, 'that none of your own knives are — er — missing, Doctor?'

Bessner stared at him, then his face grew red with indignation.

'What is that you say? Do you think I—I, Carl Bessner — who so well-known is all over Austria — I with my clients, my highly born patients — I have killed a miserable little *femme de chambre*? Ah, but it is ridiculous — absurd, what you say! None of my knives are missing — not one, I tell you. They are all here, correct, in their places. You can see for yourself. And this insult to my profession I will not forget.'

Dr Bessner closed his case with a snap, flung it down and stamped out on to the deck.

'Whew!' said Simon. 'You've put the old boy's back up.'

Poirot shrugged his shoulders.

'It is regrettable.'

'You're on the wrong tack. Old Bessner's one of the best, even though he is very German.'

Dr Bessner reappeared suddenly.

'Will you be so kind as to leave me now my cabin? I have to do the dressing of my patient's leg.'

Miss Bowers had entered with him and stood, brisk and professional, waiting for the others to go.

Race and Poirot crept out meekly. Race muttered something and went off. Poirot turned to his left. He heard scraps of girlish conversation, a little laugh. Jacqueline and Rosalie were together in the latter's cabin.

— Надеюсь, — ровным голосом предположил Рейс, — что ваши скальпели, доктор, все на месте?

Багровея от негодования, Бесснер выкатил на него глаза:

— Что такое вы говорите? Вы смеете думать, что я... известный всей Австрии Карл Бесснер... моими клиниками и знатными пациентами... что я убил ничтожную femme de chambre?[1] Это смешно, абсурдно — то, что вы говорите. Все мои скальпели целы — все до одного. Вот они, все на своих местах. Можете сами убедиться. Вы оскорбили мое звание врача, и я не забуду этого.

Доктор Бесснер, щелкнув, закрыл саквояж, брякнул его на стул и топоча вышел на палубу.

— Ого! — сказал Саймон. — Рассердили вы старика.

Пуаро пожал плечами:

— Сожалею.

— Вы не там копаете. Старик Бесснер — классный парень, хотя и немчура.

Тут в каюту воротился Бесснер.

— Будьте любезны, освободите мою каюту. Я должен перебинтовать ногу моему пациенту.

Явившаяся с ним расторопная и ответственная мисс Бауэрз ждала, когда они выйдут.

Рейс и Пуаро стушевались и выскользнули из каюты. Что-то буркнув, Рейс ушел. Пуаро свернул налево. Он услышал девичий щебет, смех. В каюте Розали были она сама и Жаклин.

---

[1] Горничную *(фр.)*.

The door was open and the two girls were standing near it. As his shadow fell on them they looked up. He saw Rosalie Otterbourne smile at him for the first time — a shy welcoming smile — a little uncertain in its lines, as of one who does a new and unfamiliar thing.

'You talk the scandal, Mesdemoiselles?' he accused them.

'No, indeed,' said Rosalie. 'As a matter of fact we were just comparing lipsticks.'

Poirot smiled.

'*Les chiffons d'aujourd'hui*,' he murmured.

But there was something a little mechanical about his smile, and Jacqueline de Bellefort, quicker and more observant than Rosalie, saw it. She dropped the lipstick she was holding and came out upon the deck.

'Has something — what has happened now?'

'It is as you guess, Mademoiselle; something has happened.'

'What?' Rosalie came out too.

'Another death,' said Poirot.

Rosalie caught her breath sharply. Poirot was watching her narrowly. He saw alarm and something more — consternation — show for a minute or two in her eyes.

'Madame Doyle's maid has been killed,' he said bluntly.

'Killed?' cried Jacqueline. '*Killed*, do you say?'

Девушки стояли близко к открытой двери. Тень Пуаро упала на них, и они подняли глаза. Он впервые увидел улыбку Розали Оттерборн, застенчивую и приветливую, неуверенно, как все новое и непривычное, блуждавшую на лице.

— Сплетничаете, барышни? — укорил он их.

— Отнюдь нет, — сказала Розали. — Мы сравниваем нашу губную помаду.

Пуаро улыбнулся.

— ...les chiffons d'aujourd'hui[1], — промолвил он.

Не очень естественно он улыбнулся, и быстрее соображавшая, наблюдательная Жаклин де Бельфор сразу это отметила. Она бросила на стол губную помаду и вышла на палубу.

— Что... что-нибудь случилось?

— Вы правильно догадываетесь, мадемуазель, — случилось.

— Что случилось? — подошла к ним Розали.

— Случилась еще одна смерть, — сказал Пуаро.

Розали коротко вздохнула. Пуаро глянул на нее. В ее глазах мелькнула тревога — и страх как будто?

— Убита горничная мадам Дойл, — объявил он им.

— Убита? — вскричала Жаклин. — Вы говорите — *убита?*

---

[1] Помада нынче — вещь не менее важная, чем весь наряд *(фр.)*.

'Yes, that is what I said.' Though his answer was nominally to her, it was Rosalie whom he watched. It was Rosalie to whom he spoke as he went on. 'You see, this maid she saw something she was not intended to see. And so — she was silenced in case she should not hold her tongue.'

'What was it she saw?'

Again it was Jacqueline who asked, and again Poirot's answer was to Rosalie. It was an odd little threecornered scene.

'There is, I think, very little doubt what it was she saw,' said Poirot. 'She saw someone enter and leave Linnet Doyle's cabin on that fatal night.'

His ears were quick. He heard the sharp intake of breath and saw the eyelids flicker. Rosalie Otterbourne had reacted just as he intended she should.

'Did she say who it was she saw?' Rosalie asked.

Gently — regretfully — Poirot shook his head.

Footsteps pattered up the deck. It was Cornelia Robson, her eyes wide and startled.

'Oh, Jacqueline,' she cried, 'something awful has happened. Another dreadful thing!'

Jacqueline turned to her. The two moved a few steps forward. Almost unconsciously Poirot and Rosalie Otterbourne moved in the other direction.

Rosalie said sharply:

'Why do you look at me? What have you got in your mind?'

— Да, я именно это говорю. — Отвечая ей, он продолжал смотреть на Розали, и дальнейшие слова были обращены к ней: — Эта горничная, изволите знать, видела что-то такое, чего ей не полагалось видеть. И тогда, боясь, что она проболтается, ей навеки заткнули рот.

— Что же такое она видела?

Спросила опять Жаклин, и опять Пуаро ответил не ей, а Розали. Странная у них складывалась партия из трех участников.

— Я полагаю, не приходится гадать о том, что она видела, — сказал Пуаро. — В ту роковую ночь она видела, как кто-то вошел в каюту Линит Дойл — и потом вышел.

Он был начеку — и не упустил ни краткого вздоха, ни дрогнувших ресниц. Розали Оттерборн реагировала именно так, как, по его расчетам, ей и полагалось реагировать.

— Она сказала, кого она видела? — спросила Розали.

Пуаро скорбно покачал головой.

Рядом застучали каблучки. К ним шла, испуганно таращая глаза, Корнелия Робсон.

— Жаклин, — позвала она, — случилось нечто ужасное! Еще один кошмар!

Жаклин повернулась к ней, и они отошли. Пуаро и Розали Оттерборн, не сговариваясь, направили шаги в другую сторону.

— Почему вы все время смотрите на меня? — резко заговорила Розали. — Что вы надумали?

'That is two questions you ask me. I will ask you only one in return. *Why do you not tell me all the truth, Mademoiselle?*'

'I don't know what you mean. I told you — everything — this morning.'

'No, there were things you did not tell me. You did not tell me that you carry about in your handbag a small-calibre pistol with a pearl handle. You did not tell me all that you saw last night.'

She flushed.

Then she said sharply: 'It's quite untrue. I haven't got a revolver.'

'I did not say a revolver. I said a small pistol that you carry about in your handbag.'

She wheeled round, darted into her cabin and out again and thrust her grey leather handbag into his hands.

'You're talking nonsense. Look for yourself if you like.'

Poirot opened the bag. There was no pistol inside.

He handed the bag back to her, meeting her scornful triumphant glance.

'No,' he said pleasantly. 'It is not there.'

'You see. You're not always right, Monsieur Poirot. And you're wrong about that other ridiculous thing you said.'

'No, I do not think so.'

'You're infuriating!' She stamped an angry foot. 'You get an idea into your head and you go on and on and on about it.'

— Вы задали мне два вопроса. В ответ я спрошу у вас только одну вещь: почему вы не сказали мне всю правду, мадемуазель?

— Я не понимаю, о чем вы говорите. Я вам все рассказала еще утром.

— Нет, кое-чего вы мне не сказали. Вы не сказали, что носите с собой в сумочке мелкокалиберный револьвер с перламутровой рукояткой. И вы не рассказали всего, что видели прошлой ночью.

Она залилась краской.

— Это ложь, — отрезала она. — Никакого пистолета у меня нет.

— Я не сказал: пистолет. Я сказал, что в сумке вы носите маленький револьвер.

Развернувшись, она забежала к себе в каюту и тут же, выскочив, ткнула ему в руки серую кожаную сумочку.

— Вы несете околесицу. Смотрите, если вам хочется.

Пуаро открыл сумочку. Револьвера там не было.

Выдерживая ее неприязненный, торжествующий взгляд, он вернул ей сумочку.

— Да, — сказал он любезным тоном, — тут его нет.

— Вот именно. Вы не всегда правы, месье Пуаро. И другое ваше смехотворное утверждение — оно тоже несправедливо.

— Нет, не думаю.

— С вами можно сойти с ума! — Она гневно топнула ногой. — Вы что-то вбили себе в голову и носитесь с этим!

'Because I want you to tell me the truth.'

'What is the truth? You seem to know it better than I do.'

Poirot said: 'You want me to tell what it was you saw? If I am right, will you admit that I am right? I will tell you my little idea. I think that when you came round the stern of the boat you stopped involuntarily because you saw a man come out of a cabin about halfway down the deck — Linnet Doyle's cabin, as you realized next day. You saw him come out, close the door behind him, and walk away from you down the deck and — perhaps — enter *one of the two end cabins*. Now, then, am I right, Mademoiselle?'

She did not answer.

Poirot said: 'Perhaps you think it is wiser not to speak. Perhaps you are afraid that if you do, you too will be killed.'

For a moment he thought she had risen to the easy bait — that the accusation against her courage would succeed where more subtle arguments would have failed.

Her lips opened — trembled — then:

'I saw no one,' said Rosalie Otterbourne.

Chapter 23

Miss Bowers came out of Dr Bessner's cabin, smoothing her cuffs over her wrists.

Jacqueline left Cornelia abruptly and accosted the hospital nurse.

— Потому что я хочу, чтобы вы сказали мне правду.

— Какую правду?! Такое впечатление, что вы знаете ее лучше меня самой.

— Хотите, я скажу, что вы видели? — сказал Пуаро. — Если я прав, вы подтвердите мою правду? Я думаю, что, огибая корму, вы придержали шаг, поскольку из каюты ближе к центру — наутро вы узнали, что это была каюта Линит Дойл, — вышел мужчина. Вы видели, как он вышел, закрыл за собой дверь и пошел дальше — может, вошел в какую-нибудь каюту на другом конце. Что скажете, мадемуазель, я прав?

Она молчала.

— Вы, наверное, думаете, что разумнее промолчать, — сказал Пуаро. — Вы, наверное, боитесь, что, если вы скажете, вас тоже убьют.

Ему показалось, что она клюнула на приманку, что обвинение в трусости проймет ее сильнее увещеваний.

Разомкнув задрожавшие губы, Розали Оттерборн сказала:

— Я никого не видела.

Глава 23

Оправляя манжеты, мисс Бауэрз вышла из каюты доктора Бесснера.

Жаклин тут же покинула Корнелию и заговорила с сиделкой.

'How is he?' she demanded.

Poirot came up in time to hear the answer. Miss Bowers was looking rather worried.

'Things aren't going too badly,' she said.

Jacqueline cried: 'You mean, he's worse?'

'Well, I must say I shall be relieved when we get in and can get a proper X-ray done and the whole thing cleaned up under an anaesthetic. When do you think we shall get to Shellal, Monsieur Poirot?'

'Tomorrow morning.'

Miss Bowers pursed her lips and shook her head.

'It's very unfortunate. We are doing all we can, but there's always such a danger of septicæmia.'

Jacqueline caught Miss Bowers' arm and shook it.

'Is he going to die? Is he going to die?'

'Dear me, no, Miss de Bellefort. That is, I hope not, I'm sure. The wound in itself isn't dangerous, but there's no doubt it ought to be X-rayed as soon as possible. And then, of course, poor Mr Doyle ought to have been kept absolutely quiet today. He's had far too much worry and excitement. No wonder his temperature is rising. What with the shock of his wife's death, and one thing and another—'

Jacqueline relinquished her grasp of the nurse's arm and turned away. She stood leaning over the side, her back to the other two.

'What I say is, we've got to hope for the best always,' said Miss Bowers. 'Of course Mr Doyle has a very strong constitution — one can see that — probably never had a day's illness in his life. So that's in

— Как он? — спросила она.

Подоспевший Пуаро услышал ответ. Выглядела мисс Бауэрз встревоженно.

— Не то чтобы очень плохо, — сказала она.

— Ему хуже, значит? — воскликнула Жаклин.

— Что говорить, скорее бы добраться до места, сделать рентген и с обезболиванием почистить рану. Когда, вы думаете, мы будем в Шелале, месье Пуаро?

— Завтра утром.

Поджав губы, мисс Бауэрз покачала головой:

— Как нескладно получается! Мы делаем все, что в наших силах, но опасность сепсиса[1] остается.

Жаклин вцепилась в ее руку:

— Он умрет? Умрет?

— Что вы, мисс де Бельфор! Надеюсь — уверена, что нет. Сама по себе рана неопасна, но, конечно, надо поскорее сделать рентген. И, конечно, мистеру Дойлу нужен сегодня абсолютный покой. Он переволновался, перевозбудился. Ничего странного, что подскочила температура. Перенести смерть жены, да еще эти треволения...

Жаклин отпустила ее руку и отвернулась. Привалившись к бортику, она стояла спиной к ним.

— Нужно всегда надеяться на лучшее, — продолжала мисс Бауэрз. — У мистера Дойла сильный организм, это видно, он, может, слова такого не знает: болеть. Так что это в его пользу. Но и за-

---
[1] С е п с и с — тяжелое инфекционное заболевание, развивающееся вследствие заражения крови.

his favour. But there's no denying that this rise in temperature is a nasty sign and—'

She shook her head, adjusted her cuffs once more, and moved briskly away.

Jacqueline turned and walked gropingly, blinded by tears, towards her cabin. A hand below her elbow steadied and guided her. She looked up through the tears to find Poirot by her side. She leaned on him a little and he guided her through the cabin door.

She sank down on the bed and the tears came more freely, punctuated by great shuddering sobs.

'He'll die! He'll die! I know he'll die ... And I shall have killed him. Yes, I shall have killed him ...'

Poirot shrugged his shoulders. He shook his head a little, sadly.

'Mademoiselle, what is done is done. One cannot take back the accomplished action. It is too late to regret.'

She cried out more vehemently:

'I shall have killed him! And I love him so ... I love him so.'

Poirot sighed.

'Too much ...'

It had been his thought long ago in the restaurant of M. Blondin. It was his thought again now.

He said, hesitating a little:

'Do not, at all events, go by what Miss Bowers says. Hospital nurses — me, I find them always gloomy! The night nurse, always, she is astonished to find her patient alive in the evening; the day nurse, always, she is surprised to find him alive in the morning! They know too much, you see, of the

крывать глаза на такой скверный признак, как поднявшаяся температура...

Она затрясла головой, снова оправила манжеты и быстро ушла.

От слез ничего не видя перед собой, Жаклин побрела к своей каюте. Ее поддержала и повела ухватившая за локоть рука. Она подняла глаза: это был Пуаро. Приникнув к нему, она дала увести себя в каюту.

Там она опустилась на койку и, не сдерживаясь, бурно зарыдала:

— Он умрет! Умрет! Попомните меня: умрет... И умрет от моей руки. Да-да, от моей руки...

Пуаро пожал плечами. Потом скорбно уронил голову.

— Что сделано, то сделано, мадемуазель. Сделанного не вернуть. Поздно теперь убиваться.

Она отчаянно выкрикнула:

— Он умрет от моей руки! А я так его люблю... Так люблю!

Пуаро вздохнул:

— Даже слишком.

Давно уже, с того вечера в ресторане месье Блондена, он жил с этой мыслью.

Сейчас, запинаясь, он говорил:

— Ни в коем случае не поддавайтесь тому, что говорит мисс Бауэрз. Сиделки — я их знаю, — они всегда такие мрачные! Ночная сиделка — обязательно! — удивится, что больной дожил до вечера; дневная — обязательно! — удивится, что он протянул до утра. Понимаете, они многое виде-

possibilities that may arise. When one is motoring one might easily say to oneself: "If a car came out from that cross-road — or if that lorry backed suddenly — or if the wheel came off the car that is approaching — or if a dog jumped off the hedge on to my driving arm — *eh bien*, I should probably be killed!" But one assumes — and usually rightly — that none of these things *will* happen, and that one will get to one's journey's end. But if, of course, one has been in an accident, or seen one or more accidents, then one is inclined to take the opposite point of view.'

Jacqueline asked, half smiling through her tears:

'Are you trying to console me, Monsieur Poirot?'

'The *bon Dieu* knows what I am trying to do! You should not have come on this journey.'

'No — I wish I hadn't. It's been — so awful. But — it will be soon over now.'

'*Mais oui — mais oui.*'

'And Simon will go to the hospital and they'll give the proper treatment and everything will be all right.'

'You speak like the child! *And they lived happily ever afterwards*. That is it, is it not?'

She flushed suddenly scarlet.

'Monsieur Poirot, I never meant — never—'

'It is too soon to think of such a thing! That is the proper hypocritical thing to say, is it not? But you, of all people, Mademoiselle Jacqueline, should be able to admit facts even if they do not sound very decorous. *Le roi est mort — vive le roi!* The sun has gone and the moon rises. That is so, is it not?'

ли и всего опасаются. Когда человек ведет автомобиль, у него в голове могут мелькать такие мысли: «Если на тот перекресток вывернется из-за угла автомобиль... если у встречной машины отвалится колесо... если из кустов мне на руки прыгнет собака — eh bien, я, скорее всего, погибну!» Но человек внушает себе — и правильно делает, — что ничего подобного не случится и он благополучно доберется до нужного места. Вот если он побывал в аварии или ему приходилось видеть, как в нее попадали другие, он, конечно, будет держаться противоположной точки зрения.

Пытаясь улыбнуться сквозь слезы, Жаклин спросила:

— Вы стараетесь успокоить меня, месье Пуаро?

— Bon Dieu знает, что я стараюсь сделать! Не надо было вам ехать в это путешествие.

— Я сама жалею, что поехала. Все было так страшно. Но... скоро все кончится.

— Mais oui — mais oui.

— Саймона положат в больницу, наладят за ним уход — и все будет замечательно.

— Вы рассуждаете как ребенок: «И стали они жить-поживать...»

Она густо покраснела.

— Поверьте, месье Пуаро, я не имела в виду...

— «Об этом не время думать». А вы не слышите лицемерия в этих словах? Ведь в вас частица романской крови, мадемуазель. Вы примете действительность и без прикрас. Le roi est mort — vive le roi![1] Солнце зашло — и вышла луна. Ведь так?

---
[1] Король умер — да здравствует король! *(фр.)*

'You don't understand. He's just sorry for me — awfully sorry for me, because he knows how terrible it is for me to know I've hurt him so badly.'

He looked at her half mockingly, half with some other emotion. He murmured softly under his breath words in French:

> *'La vie est vaine.*
> *Un peu d'amour,*
> *Un peu de haine,*
> *Et puis bonjour.*
>
> *La vie est brève.*
> *Un peu d'espoir,*
> *Un peu de rêve,*
> *Et puis bonsoir.'*

He went out again onto the deck. Colonel Race was striding along the deck and hailed him at once.

'Poirot. Good man! I want you. I've got an idea.'

Thrusting his arm through Poirot's he walked him up the deck.

'Just a chance remark of Doyle's. I hardly noticed it at the time. Something about a telegram.'

'*Tiens — c'est vrai.*'

'Nothing in it, perhaps, but one can't leave any avenue unexplored. Damn it all, man, two murders and we're still in the dark.'

— Вы заблуждаетесь. Просто он жалеет меня, страшно жалеет, потому что знает, каково мне жить с мыслью, что я причинила ему столько зла.

Он взглянул на нее насмешливо — и с каким-то еще чувством. Чуть слышно он бормотал себе под нос:

> La vie est vaine.
> Un peu d'amour,
> Un peu de haine,
> Et puis bonjour.
>
> La vie est brève.
> Un peu d'espoir,
> Un peu de rêve,
> Et puis bonsoir[1].

Он вернулся на палубу. Там уже вышагивал полковник Рейс, сразу его окликнувший:

— Пуаро! Отлично. Вы-то мне и нужны. У меня появилась одна мысль.

Взяв Пуаро под руку, он увлек его за собой.

— Дойл обронил слова, на которые я тогда не обратил внимания, — что-то насчет телеграммы.

— Tiens, c'est vrai[2].

— Может, там пусто, но не бросать же на полпути. Ведь два убийства, дружище, а мы все еще бродим впотьмах.

---

[1] Нелепа жизнь. Жизнь коротка.
Любви немного, Глоток надежды,
Немного лжи, Мечты бокал,
И сон до срока. И смежи вежды.
Леон Монтенекен,
бельгийский поэт XIX века

[2] Да-да, конечно *(фр.)*.

Poirot shook his head.

'No, not in the dark. In the light.'

Race looked at him curiously.

'You have an idea?'

'It is more than an idea now. *I am sure.*'

'Since — when?'

'Since the death of the maid, Louise Bourget.'

'Damned if I see it!'

'My friend, it is so clear — so clear. Only — there are difficulties! Embarrassments — impediments! See you, around a person like Linnet Doyle there is so much — so many conflicting hates and jealousies and envies and meannesses. It is like a cloud of flies — buzzing, buzzing...'

'But you think you know?' The other looked at him curiously. 'You wouldn't say so unless you were sure. Can't say I've any real light, myself. I've suspicions, of course ...'

Poirot stopped. He laid an impressive hand on Race's arm.

'You are a great man, *mon Colonel* ... You do not say: "Tell me. What is it that you think?" You know that if I could speak now I would. But there is much to be cleared away first. But think, think for a moment along the lines that I shall indicate. There are certain points ... There is the statement of Mademoiselle de Bellefort that someone overheard our conversation that night in the garden at Aswan. There is the statement of Monsieur Tim Allerton as

Пуаро замотал головой:

— Не впотьмах. Уже светло.

Рейс заинтересованно взглянул на него:

— Есть какое-нибудь соображение?

— Уже не соображение: уверенность.

— С какого же времени?

— Со смерти горничной, Луизы Бурже.

— Ни черта не понимаю!

— Между тем все ясно, мой друг, совершенно ясно. Но какие трудности, шероховатости, осложнения! Над такими людьми, как Линит Дойл, со всех сторон схлестываются ненависть и зависть, злоба и алчность. Словно туча мух — и гудят, гудят...

— Но вы думаете, что *знаете!* — Собеседник смотрел на него с любопытством. — Без уверенности вы не скажете. А я, честно говоря, ничего впереди не вижу. Какие-то подозрения, конечно, есть...

Пуаро встал и выразительно сжал руку Рейса.

— Вы великий человек, mon Colonel...[1] Вы не говорите мне: «Скажите, о чем вы сейчас думаете?» Вы знаете, что, если бы я мог сказать, я бы сказал это. Но еще многое надо прояснить. Поразмыслите, однако, в направлении, которое я укажу. Там кое-что есть... Есть заявление мадемуазель де Бельфор о том, что кто-то подслушивал наш с ней ночной разговор в Асуане. Есть заявление месье Тима Аллертона относительно того, что́

---

[1] Мой полковник *(фр.)*.

to what he heard and did on the night of the crime. There are Louise Bourget's significant answers to our questions this morning. There is the fact that Madame Allerton drinks water, that her son drinks whisky and soda and that I drink wine. Add to that the fact of two bottles of nail polish and the proverb I quoted. And finally we come to the crux of the whole business, the fact that the pistol was wrapped up in a cheap handkerchief and a velvet stole and thrown overboard ...'

Race was silent a minute or two, then he shook his head.

'No,' he said. 'I don't see it. Mind, I've got a faint idea what you're driving at. But as far as I can see it doesn't work.'

'But yes — but yes — you are seeing only half the truth. And remember this — we must start again from the beginning, since our first conception was entirely wrong.'

Race made a slight grimace.

'I'm used to that. It often seems to me that's all detective work is, wiping out your false starts and beginning again.'

'Yes, it is very true, that. And it is just what some people will not do. They conceive a certain theory, and everything has to fit into that theory. If one little fact will not fit it, they throw it aside. But it is always the facts *that will not fit in* that are significant. All along I have realized *the significance of that pistol being removed from the scene of the crime*. I knew that it meant something — but what that something was I only realized one little half hour ago.'

он слышал и чтó делал в злосчастную ночь. Есть знаменательные ответы Луизы Бурже на наши вопросы сегодня утром. Есть то обстоятельство, что мадам Аллертон пьет воду, ее сын — виски с содовой, а я — вино. Прибавьте к этому два пузырька с лаком для ногтей и пословицу, которую я тогда вспомнил. Теперь мы подходим к самому загадочному в этой истории — к тому, что револьвер завернули в простой носовой платок, потом в бархатную накидку и выбросили за борт...

С минуту помолчав, Рейс покачал головой.

— Нет, — сказал он, — не улавливаю. Смутно понимаю, к чему вы меня подталкиваете, но ухватить не могу.

— Ну да, да. Вы видите лишь половину истины. И запомните: мы должны все начать сначала, поскольку наше первое представление было ошибочным.

Рейс скривился:

— Дело привычное. Работа детектива, думаю я частенько, в том и состоит, что бракуешь начатое — и начинаешь сначала.

— Верно, верно. А некоторые не понимают этого. Придумывают теорию — и к ней все подстраивают. Если какой-нибудь незначительный факт не подходит, они его отбрасывают. При этом важны как раз неподходящие факты. Мне все время казалось важным то обстоятельство, что с места преступления пропал револьвер. Я понимал, что это не случайно, но вполне осознал это лишь полчаса назад.

'And I still don't see it!'

'But you will! Only reflect along the lines I indicated. And now let us clear up this matter of a telegram. That is, if the Herr Doktor will admit us.'

Dr Bessner was still in a very bad humour. In answer to their knock he disclosed a scowling face.

'What is it? Once more you wish to see my patient? But I tell you it is not wise. He has fever. He has had more than enough excitement today.'

'Just one question,' said Race. 'Nothing more, I assure you.'

With an unwilling grunt the doctor moved aside and the two men entered the cabin. Dr Bessner, growling to himself, pushed past them.

'I return in three minutes,' he said. 'And then — positively — you go!'

They heard him stumping down the deck. Simon Doyle looked from one to the other of them inquiringly.

'Yes,' he said, 'what is it?'

'A very little thing,' Race replied. 'Just now, when the stewards were reporting to me, they mentioned that Signor Richetti had been particularly troublesome. You said that that didn't surprise you, as you knew he had a bad temper, and that he had been rude to your wife over some matter of a telegram. Now can you tell me about the incident?'

'Easily. It was at Wadi Halfa. We'd just come back from the Second Cataract. Linnet thought she saw a telegram for her sticking up on the board. She'd for-

— А я до сих пор не понимаю.

— Поймете! Вы, главное, думайте в том направлении, что я подсказал. А теперь давайте разбираться с телеграммой. Если, конечно, не будет возражать герр доктор.

Доктор Бесснер еще не остыл. Открыв на стук, он нахмурился:

— В чем дело? Вы опять хотите видеть моего пациента? Это неразумно, говорю вам. У него жар. Он возбудился сегодня более чем достаточно.

— Мы зададим только один вопрос, — сказал Рейс, — только один, обещаю вам.

С недовольным ворчанием доктор отступил, и они вошли, сам же он, брюзжа под нос, протиснулся в дверь.

— Я вернусь через три минуты, — сказал он, — и тогда вы уйдете — категорически!

И его тяжелая поступь стихла на палубе. Саймон Дойл переводил вопросительный взгляд с одного на другого.

— Что-нибудь случилось? — спросил он.

— Ничего особенного, — ответил Рейс. — Когда стюарды представляли мне отчет, они обмолвились, что громче всех скандалил синьор Рикетти. Вы же сказали, что вас это не удивляет, поскольку вы знаете, какой у него скверный характер: в связи с какой-то телеграммой он нахамил вашей жене. Вы не могли бы сейчас рассказать об этом случае?

— Охотно. Это было в Вади-Хальфе. Мы вернулись со Второго порога. Линит показалось, что в почте на борту она увидела телеграмму на свое

gotten, you see, that she wasn't called Ridgeway any longer, and Richetti and Ridgeway do look rather alike when written in an atrocious handwriting. So she tore it open, couldn't make head or tail of it, and was puzzling over it when this fellow Richetti came along, fairly tore it out of her hand and gibbered with rage. She went after him to apologize and he was frightfully rude to her about it.'

Race drew a deep breath.

'And do you know at all, Mr Doyle, what was in that telegram?'

'Yes. Linnet read part of it out aloud. It said—'

He paused. There was a commotion outside. A highpitched voice was rapidly approaching.

'Where are Monsieur Poirot and Colonel Race? I must see them *immediately*! It is most important. I have vital information. I — Are they with Mr Doyle?'

Bessner had not closed the door. Only the curtain hung across the open doorway. Mrs Otterbourne swept it to one side and entered like a tornado. Her face was suffused with colour, her gait slightly unsteady, her command of words not quite under her control.

'Mr Doyle,' she said dramatically, 'I know who killed your wife!'

'What?'

Simon stared at her. So did the other two.

Mrs Otterbourne swept all three of them with a triumphant glance. She was happy — superbly +happy.

имя. Она, понимаете, совсем забыла, что ее фамилия больше не Риджуэй, а Рикетти, и Риджуэй, если их написать куриной лапой, довольно похожи между собой. Она надорвала телеграмму, таращится в нее, ничего не понимая, и тут налетает этот Рикетти, буквально вырывает телеграмму и бешено орет. Она пошла за ним извиняться, а он ей нахамил.

Рейс глубоко вздохнул.

— А что было в телеграмме, мистер Дойл, не знаете?

— Знаю, Линит кое-что успела прочесть вслух. Там...

Он смолк. Снаружи донесся шум. К каюте приближался пронзительно кричавший голос:

— Где месье Пуаро и полковник Рейс? Мне нужно немедленно видеть их! Это чрезвычайно важно. У меня для них ценная информация. Я... Они у мистера Дойла?

Бесснер не прикрыл за собой дверь, портьера преграждала доступ в каюту. Миссис Оттерборн откинула ее в сторону и влетела, как смерч. Она разрумянилась, не очень твердо держалась на ногах и плохо ворочала языком.

— Мистер Дойл, — сказала она сценическим голосом, — я знаю, кто убил вашу жену!

— Что?!

Саймон смотрел на нее во все глаза — как и оба его посетителя.

Миссис Оттерборн обвела всю троицу победным взглядом. Она была счастлива — безгранично счастлива.

'Yes,' she said. 'My theories are completely vindicated. The deep, primeval, primordial urges — it may appear impossible — fantastic — but it is the truth!'

Race said sharply:

'Do I understand that you have evidence in your possession to show who killed Mrs Doyle?'

Mrs Otterbourne sat down in a chair and leaned forward, nodding her head vigorously.

'Certainly I have. You will agree, will you not, that *whoever killed Louise Bourget also killed Linnet Doyle* — that the two crimes were committed by one and the same hand?'

'Yes, yes,' said Simon impatiently. 'Of course. That stands to reason. Go on.'

'Then my assertion holds. I know who killed Louise Bourget — therefore I know who killed Linnet Doyle.'

'You mean, you have a theory as to who killed Louise Bourget,' suggested Race sceptically.

Mrs Otterbourne turned on him like a tiger.

'No, I have exact knowledge. I *saw* the person with my own eyes.'

Simon, fevered, shouted out:

'For God's sake, start at the beginning. You know the person who killed Louise Bourget, you say.'

Mrs Otterbourne nodded.

'I will tell you exactly what occurred.'

Yes, she was very happy — no doubt of it! This was her moment — her triumph! What of it if her books were failing to sell, if the stupid public that

— Да, — сказала она, — мои теории полностью подтвердились. Пусть говорят: немыслимо, фантастично, но глубинные, первобытные импульсы — это реальность.

Рейс оборвал ее:

— Нужно ли понимать, что вы располагаете доказательствами, которые уличают убийцу миссис Дойл?

Миссис Оттерборн уселась в кресло и, подавшись вперед, решительно затрясла головой:

— Да, располагаю. Вы же не станете отрицать, что убийца Луизы Бурже убил также Линит Дойл? Что оба преступления совершил один человек?

— Конечно, — заторопил ее Саймон, — это резонно. Продолжайте.

— Тогда мое утверждение остается в силе, я знаю, кто убил Луизу Бурже, — значит, я знаю, кто убил Линит Дойл.

— То есть *вы теоретически* знаете, кто убил Луизу Бурже, — недоверчиво заключил Рейс.

Миссис Оттерборн взвилась:

— Я *точно* знаю! Своими глазами видела!

Саймон возбужденно закричал:

— Ради бога, рассказывайте по порядку! Вы, говорите, видели, кто убил Луизу Бурже?

Миссис Оттерборн кивнула:

— Я расскажу, как все это было.

Она буквально светилась от счастья. То была минута ее торжества. Пусть ее книги плохо расходятся, пусть жадно поглощавшая их публика

once had bought them and devoured them voraciously now turned to newer favourites? Salome Otterbourne would once again be notorious. Her name would be in all the papers. She would be principal witness for the prosecution at the trial.

She took a deep breath and opened her mouth.

'It was when I went down to lunch. I hardly felt like eating — all the horror of the recent tragedy — Well, I needn't go into that. 'Halfway down I remembered that I had — er — left something in my cabin. I told Rosalie to go on without me. She did.'

Mrs Otterbourne paused a minute.

The curtain across the door moved slightly as though lifted by the wind, but none of the three men noticed it.

'I — er—' Mrs Otterbourne paused. Thin ice to skate over here, but it must be done somehow. 'I — er — had an arrangement with one of the — er — personnel of the ship. He was to — er — get me something I needed, but I did not wish my daughter to know of it. She is inclined to be tiresome in certain ways—'

Not too good, this, but she could think of something that sounded better before it came to telling the story in court.

Race's eyebrows lifted as his eyes asked a question of Poirot. Poirot gave an infinitesimal nod. His lips formed the word: 'Drink.'

The curtain across the door moved again. Between it and the door itself something showed with a faint steelblue gleam.

Mrs Otterbourne continued.

предпочла ей новых любимцев — Саломея Оттерборн снова будет в центре внимания. Ее имя попадет во все газеты. Она будет главной свидетельницей на судебном процессе.

Она набрала воздуху в легкие и отверзла уста:
— Это случилось, когда я шла на ленч. Мне совсем не хотелось есть — после всех ужасов, — впрочем, не вам объяснять. На полпути я вспомнила, что... м-м... забыла кое-что в каюте. Я велела Розали идти пока одной.
Миссис Оттерборн смолкла.
Портьера на двери шевельнулась, словно от сквозняка, но слушавшие этого не заметили.

— У меня... — Миссис Оттерборн замялась. Обозначились подводные камни, которые надо было миновать. — У меня была договоренность... с одним членом экипажа. Он должен был передать мне... одну вещь, но я не хотела, чтобы дочь знала об этом. Она не переносит... некоторые вещи...

Не очень гладкая история, но до суда есть время придумать что-нибудь получше.

Рейс перевел взгляд на Пуаро и вопросительно поднял брови. Тот чуть заметно кивнул и беззвучно, одними губами, сказал: виски.
Снова шевельнулась портьера. В щели между ней и косяком что-то тускло, матово отливало.

Миссис Оттерборн продолжала:

'The arrangement was that I should go round to the stern on the deck below this, and there I should find the man waiting for me. As I went along the deck a cabin door opened and somebody looked out. It was this girl — Louise Bourget or whatever her name is. She seemed to be expecting someone. When she saw it was me, she looked disappointed and went abruptly inside again. I didn't think anything of it, of course. I went along just as I had said I would and got the — the stuff from the man. I paid him and — er — just had a word with him. Then I started back. Just as I came around the corner I saw someone knock on the maid's door and go into the cabin.'

Race said: 'And that person was—?'

Bang!

The noise of the explosion filled the cabin. There was an acrid sour smell of smoke. Mrs Otterbourne turned slowly sideways, as though in supreme inquiry, then her body slumped forward and she fell to the ground with a crash. From just behind her ear the blood flowed from a round neat hole.

There was a moment's stupefied silence. Then both the able-bodied men jumped to their feet. The woman's body hindered their movements a little. Race bent over her while Poirot made a catlike jump for the door and the deck.

The deck was empty. On the ground just in front of the sill lay a big Colt revolver.

Poirot glanced in both directions. The deck was empty. He then sprinted towards the stern. As he rounded the corner he ran into Tim Allerton, who was coming full tilt from the opposite direction.

— С тем человеком мы договорились встретиться на средней палубе, на корме. Я шла по нашей палубе, когда в одной каюте открылась дверь и выглянула эта самая девушка — Луиза Бурже, вы говорите, ее звали? Видимо, она кого-то ждала. Увидев меня, она скроила разочарованную гримасу и быстро захлопнула дверь. Но я тогда об этом не задумалась. Я пришла в назначенное место, взяла... что принес тот человек, расплатилась, обменялась с ним парой слов. И пошла к себе. На нашей палубе я выхожу с кормы и вижу, как в дверь этой горничной стучит и входит...

— Кто? — сказал Рейс.

Бах!

Грохот выстрела наполнил каюту. Едко запахло пороховой гарью. Миссис Оттерборн медленно, как на обследовании, повернулась боком, грузно подалась вперед и свалилась на пол. Из дырочки за ухом струилась кровь.

На минуту все оторопели. Потом оба дееспособных мужчины вскочили на ноги. Тело загораживало им проход. Рейс склонился над ним, а Пуаро, как кошка, прыгнул к двери и выбежал на палубу.

Никого. На полу, у порожка, лежал большой «кольт».

Пуаро глянул в обе стороны. Никого! Он побежал к корме. Он уже сворачивал, когда, спеша с того борта, на него налетел Тим Аллертон.

'What the devil was that?' cried Tim breathlessly.

Poirot said sharply: 'Did you meet anyone on your way here?'

'Meet anyone? No.'

'Then come with me.' He took the young man by the arm and retraced his steps. A little crowd had assembled by now. Rosalie, Jacqueline, and Cornelia had rushed out of their cabins. More people were coming along the deck from the saloon — Ferguson, Jim Fanthorp and Mrs Allerton.

Race stood by the revolver. Poirot turned his head and said sharply to Tim Allerton:

'Got any gloves in your pocket?'

Tim fumbled.

'Yes, I have.'

Poirot seized them from him, put them on, and bent to examine the revolver. Race did the same. The others watched breathlessly.

Race said: 'He didn't go the other way. Fanthorp and Ferguson were sitting on this deck lounge; they'd have seen him.'

Poirot responded, 'And Mr Allerton would have met him if he'd gone aft.'

Race said, pointing to the revolver:

'Rather fancy we've seen this not so very long ago. Must make sure, though.'

He knocked on the door of Pennington's cabin. There was no answer. The cabin was empty. Race strode to the right-hand drawer of the chest and jerked it open. The revolver was gone.

'Settles that,' said Race. 'Now then, where's Pennington himself?'

— Что, к черту, случилось? — выдохнул Тим.
— Вам никто не встретился? — резко выкрикнул Пуаро.
— Мне? Никто.
— Тогда идемте со мной. — Он взял молодого человека под руку и зашагал обратно. Там уже собрались люди. Из своих кают прибежали Розали, Жаклин и Корнелия. Со стороны салона шли Фергюсон, Джим Фанторп и миссис Аллертон.

Над «кольтом» стоял Рейс. Повернувшись к Тиму Аллертону, Пуаро резко спросил:
— У вас есть перчатки?
Тот порылся в карманах:
— Есть.
Пуаро выхватил их, надел и нагнулся к «кольту». Рядом опустился на корточки Рейс. Публика затаила дыхание.
— В ту сторону он не уходил, — сказал Рейс. — Фанторп и Фергюсон сидели в гостиной — они бы видели.
— А мистер Аллертон встретил бы его, если бы он побежал на корму, — ответил Пуаро.
Указывая на «кольт», Рейс сказал:
— Занятно, что совсем недавно мы его видели. Впрочем, это надо проверить.
Он постучал в каюту Пеннингтона. Оттуда не ответили. В каюте никого не было. Рейс прошел к комоду и открыл правый ящик. Пусто.

— Ясно, — сказал Рейс. — Где же сам Пеннингтон?

They went out again on deck. Mrs Allerton had joined the group. Poirot moved swiftly over to her.

'Madame, take Miss Otterbourne with you and look after her. Her mother has been'—he consulted Race with an eye and Race nodded—'killed.'

Dr Bessner came bustling along.

'*Gott im Himmel!* What is there now?'

They made way for him. Race indicated the cabin. Bessner went inside.

'*Find Pennington*,' said Race. 'Any fingerprints on that revolver?'

'None,' said Poirot.

They found Pennington on the deck below. He was sitting in the little drawing-room writing letters. He lifted a handsome, clean-shaven face.

'Anything new?' he asked.

'Didn't you hear a shot?'

'Why — now you mention it — I believe I did hear a kind of a bang. But I never dreamed — Who's been shot?'

'Mrs Otterbourne.'

'*Mrs Otterbourne?*' Pennington sounded quite astounded. 'Well, you do surprise me. Mrs Otterbourne.' He shook his head. 'I can't see that at all.' He lowered his voice. 'Strikes me, gentlemen, we've got a homicidal maniac aboard. We ought to organize a defence system.'

'Mr Pennington,' said Race, 'how long have you been in this room?'

Снова они вышли на палубу. Увидев в группе толпившихся миссис Аллертон, Пуаро сразу направился к ней.

— Мадам, заберите к себе мисс Оттерборн, приглядите за ней. Ее мать, — он взглядом спросил Рейса, тот кивнул, — убили.

К ним спешно шел доктор Бесснер.

— Gott in Himmel! Что тут теперь?

Его пропустили. Рейс показал на дверь. Бесснер вошел.

— Ищем Пеннингтона, — сказал Рейс. — Отпечатки есть на «кольте»?

— Нет, — сказал Пуаро.

Они нашли Пеннингтона на средней палубе. Тот уединился в маленькой гостиной — писал письма. Навстречу вошедшим он обернул красивое, чисто выбритое лицо.

— Что-нибудь стряслось? — спросил он.

— Вы не слышали выстрела?

— Погодите... теперь я вспоминаю, что вроде бы слышал какой-то грохот. Но мне в голову не пришло... Кого теперь?..

— Миссис Оттерборн.

— Миссис Оттерборн? — В его голосе прозвучало неприкрытое удивление. — Вы меня поражаете. Миссис Оттерборн! — Он покрутил головой. — Отказываюсь понимать. — Он понизил голос: — Сдается мне, джентльмены, что на судне находится маньяк-убийца. Надо придумать, как защищаться.

— Мистер Пеннингтон, — сказал Рейс, — сколько времени вы в этой комнате?

'Why, let me see.' Mr Pennington gently rubbed his chin. 'I should say a matter of twenty minutes or so.'

'And you haven't left it?'

'Why no — certainly not.'

He looked inquiringly at the two men.

'You see, Mr Pennington,' said Race, 'Mrs Otterbourne was shot with your revolver.'

Chapter 24

Mr Pennington was shocked. Mr Pennington could hardly believe it.

'Why, gentlemen,' he said, 'this is a very serious matter. Very serious indeed.'

'Extremely serious for you, Mr Pennington.'

'For me?' Pennington's eyebrows rose in startled surprise. 'But, my dear sir, I was sitting quietly writing in here when that shot was fired.'

'You have, perhaps, a witness to prove that?'

Pennington shook his head.

'Why, no — I wouldn't say that. But it's clearly impossible that I should have gone to the deck above, shot this poor woman (and why should I shoot her anyway?) and come down again with no one seeing me. There are always plenty of people on the deck lounge this time of day.'

'How do you account for your pistol being used?'

— Дайте подумать. — Он потер подбородок. — Минут двадцать, наверное.

— Вы никуда не выходили?
— Нет, никуда.
Он вопросительно смотрел на них.
— Видите ли, мистер Пеннингтон, — сказал Рейс, — миссис Оттерборн застрелили из вашего пистолета.

Глава 24

Мистер Пеннингтон был потрясен. Мистер Пеннингтон был не в силах этому поверить.
— Позвольте, джентльмены, — сказал он, — это очень серьезное дело. Очень серьезное.
— Чрезвычайно серьезное для вас, мистер Пеннингтон.
— Для меня? — У него встревоженно полезли вверх брови. — Но, уважаемый сэр, когда там стреляли, я тут спокойно писал свои письма.
— У вас и свидетель есть?
Пеннингтон помотал головой:
— Откуда? Наверное, нет. Но ведь это невозможная вещь, чтобы я поднялся на палубу, застрелил эту бедную женщину (непонятно зачем) и спустился вниз, никем не замеченный. В это время множество людей отдыхают в шезлонгах.

— А как вы объясните, что стреляли из вашего пистолета?

'Well — I'm afraid I may be to blame there. Quite soon after getting aboard there was a conversation in the saloon one evening, I remember, about firearms, and I mentioned then that I always carried a revolver with me when I travel.'

'Who was there?'

'Well, I can't remember exactly. Most people, I think. Quite a crowd, anyway.' He shook his head gently. 'Why, yes,' he said. 'I am certainly to blame there.' He went on: 'First Linnet, then Linnet's maid, and now Mrs Otterbourne. There seems no reason in it all!'

'There *was* reason,' said Race.

'There was?'

'Yes. Mrs Otterbourne was on the point of telling us that she had seen a certain person go into Louise's cabin. Before she could name that person she was shot dead.'

Andrew Pennington passed a fine silk handkerchief over his brow.

'All this is terrible,' he murmured.

Poirot said: 'Monsieur Pennington, I would like to discuss certain aspects of the case with you. Will you come to my cabin in half an hour's time?'

'I should be delighted.'

Pennington did not sound delighted. He did not look delighted either. Race and Poirot exchanged glances and then abruptly left the room.

'Cunning old devil,' said Race, 'but he's afraid. Eh?'

Poirot nodded.

— Вот тут, боюсь, я заслуживаю порицания. Как-то в первые дни, в салоне, помнится, зашел разговор об оружии, и я ляпнул, что всегда путешествую с пистолетом.

— Кто был тогда в салоне?
— Сейчас точно не вспомню. Много народу было. Чуть ли не все. — Он грустно покачал головой. — Да, — сказал он, — тут я определенно дал маху. — Он продолжал: — Сначала Линит, потом горничная Линит, теперь миссис Оттерборн — и без всякой причины.

— Причина была, — сказал Рейс.
— Правда?
— Конечно. Миссис Оттерборн собиралась рассказать, как видела кого-то входящим в каюту Луизы. Ей оставалось назвать только имя, и тут ее пристрелили.

Эндрю Пеннингтон промокнул шелковым платком лоб.

— Какой ужас, — обронил он.
— Месье Пеннингтон, — сказал Пуаро, — в связи с этим делом я хотел бы кое-что обсудить с вами. Вас не затруднит подойти ко мне через полчаса?

— С большим удовольствием.

Ни голосом, ни видом он, впрочем, не выразил никакого удовольствия. Рейс и Пуаро переглянулись и быстро вышли.

— Хитрый черт, — сказал Рейс. — А ведь испугался!

Пуаро кивнул:

'Yes, he is not happy, our Monsieur Pennington.'

As they reached the promenade deck again, Mrs Allerton came out of her cabin and, seeing Poirot, beckoned him imperiously.

'Madame?'

'That poor child! Tell me, Monsieur Poirot, is there a double cabin somewhere that I could share with her? She oughtn't to go back to the one she shared with her mother, and mine is only a single one.'

'That can be arranged, Madame. It is very good of you.'

'It's mere decency. Besides, I'm very fond of the girl. I've always liked her.'

'Is she very — upset?'

'Terribly. She seems to have been absolutely devoted to that odious woman. That is what is so pathetic about it all. Tim says he believes she drank. Is that true?'

Poirot nodded.

'Oh, well, poor woman — one must not judge her, I suppose, but that girl must have had a terrible life.'

'She did, Madame. She is very proud and she was very loyal.'

'Yes, I like that — loyalty, I mean. It's out of fashion nowadays. She's an odd character, that girl — proud, reserved, stubborn, and terribly warm-hearted underneath, I fancy.'

'I see that I have given her into good hands, Madame.'

'Yes, don't worry. I'll look after her. She's inclined to cling to me in the most pathetic fashion.'

— Да, у него нерадостно на душе, у нашего месье Пеннингтона.

Когда они поднялись на верхнюю палубу, из своей каюты вышла миссис Аллертон и кивком головы позвала Пуаро.

— Мадам?

— Бедное дитя! Скажите, месье Пуаро, здесь нет двойной каюты, чтобы я была при ней? Ей не надо возвращаться к себе, где она была с матерью, а у меня только одна койка.

— Это можно устроить, мадам. Вы очень добры.

— Да ничего особенного, тем более я к ней так привязалась. Она мне всегда нравилась.

— Она очень расстроена?

— Ужасно. Похоже, она всей душой была предана этой малоприятной женщине. Об этом нельзя думать без слез. Тим считает, что она пила. Это правда?

Пуаро кивнул.

— Бедняга. Не нам ее судить, но жизнь у девочки, наверное, была несладкая.

— Несладкая, мадам. Она — гордый и очень верный человек.

— Вот это я ценю — верность. Сегодня она не в чести. Трудный характер у девочки. Гордая, замкнутая, упрямая — и вместе с тем такая отзывчивая, по-моему.

— Я вижу, что передал ее в хорошие руки, мадам.

— Да, не тревожьтесь. Я за ней пригляжу. Она так трогательно тянется ко мне.

Mrs Allerton went back into the cabin. Poirot returned to the scene of the tragedy. Cornelia was still standing on the deck, her eyes wide. She said:

'I don't understand, Monsieur Poirot. How did the person who shot her get away without our seeing him?'

'Yes, how?' echoed Jacqueline.

'Ah,' said Poirot, 'it was not quite such a disappearing trick as you think, Mademoiselle. There were three distinct ways the murderer might have gone.'

Jacqueline looked puzzled. She said, *'Three?'*

'He might have gone to the right, or he might have gone to the left, but I don't see any other way,' puzzled Cornelia.

Jacqueline too frowned. Then her brow cleared.

She said: 'Of course. He could move in two directions on one plane — *but he could go at right angles to that plane too*. That is, he couldn't go *up* very well, but he could go *down*.'

Poirot smiled.

'You have brains, Mademoiselle.'

Cornelia said: 'I know I'm just a plain mutt, but I still don't see.'

Jacqueline said:

'Monsieur Poirot means, darling, that he could swing himself over the rail and down on to the deck below.'

'My!' gasped Cornelia. 'I never thought of that. He'd have to be mighty quick about it, though. I suppose he could just do it?'

Миссис Аллертон вернулась к себе в каюту. Пуаро отправился на место трагедии. Таращившая глаза Корнелия еще была там. Она сказала:

— Месье Пуаро, каким образом никто из нас не видел сбегавшего убийцу?

— В самом деле, — подхватила Жаклин.

— Ах, — сказал Пуаро, — это совсем не фокус с исчезновением, как вам представляется, мадемуазель. Убийца имел три возможности уйти.

— Три? — удивилась Жаклин.

— Он мог уйти либо в правую сторону, либо в левую, а третьего пути я не вижу, — терялась Корнелия.

И Жаклин нахмурила брови. Потом ее лицо прояснилось.

— Ну конечно, — сказала она, — он мог уйти в обе стороны по горизонтали, но ведь есть еще вертикаль. Если вверх уйти трудно, то вниз — пожалуйста.

Пуаро улыбнулся:

— Вы умница, мадемуазель.

— Я, конечно, полная тупица и ничего не понимаю, — сказала Корнелия.

Жаклин пояснила:

— Дорогая, месье Пуаро считает, что он мог перемахнуть через поручень и спрыгнуть на среднюю палубу.

— Господи! — задохнулась Корнелия. — Мне это в голову не пришло. Но какое же нужно проворство для этого! Видимо, он так и сделал?

'He could do it easily enough,' said Tim Allerton. 'Remember, there's always a minute of shock after a thing like this. One hears a shot and one's too paralysed to move for a second or two.'

'That was your experience, Monsieur Allerton?'

'Yes, it was. I just stood like a dummy for quite five seconds. Then I fairly sprinted round the deck.'

Race came out of Bessner's cabin and said authoritatively:

'Would you mind all clearing off? We want to bring out the body.'

Everyone moved away obediently. Poirot went with them. Cornelia said to him with sad earnestness:

'I'll never forget this trip as long as I live. Three deaths ... It's just like living in a nightmare.'

Ferguson overheard her. He said aggressively:

'That's because you're over-civilized. You should look on death as the Chinese do. It's a mere incident — hardly noticeable.'

Cornelia said: 'That's all very well — they're not educated, poor creatures.'

'No, and a good thing too. Education has devitalized the white races. Look at America — goes in for an orgy of culture. Simply disgusting.'

'I think you're talking nonsense,' said Cornelia, flushing. 'I attend lectures every winter on Greek Art and the Renaissance, and I went to some on famous Women of History.'

— Вполне мог, — сказал Тим Аллертон. — В такие минуты, не забывайте, люди переживают потрясение, стресс. После выстрела на них находит столбняк.

— С вами именно так и было, месье Аллертон?

— Именно так. Я встал как вкопанный, потом уже побежал к корме.

Из каюты Бесснера вышел Рейс и начальственным голосом сказал:

— Соблаговолите разойтись, нам надо вынести тело.

Все тут же разошлись. Пуаро тоже отошел в сторону. Корнелия с грустной убежденностью сказала ему:

— Я до конца дней буду помнить это путешествие. Три смерти!.. Как в кошмарном сне.

Ее услышал Фергюсон.

— Это вас культура заела, — резко бросил он. — Учитесь у Востока принимать смерть: эпизод, не заслуживающий внимания.

— Пусть себе, — сказала Корнелия. — Они непросвещенные. Их жаль.

— И хорошо, что непросвещенные. Просвещение обескровило белую расу. Посмотрите на Америку — они же свихнулись на культуре. Гадость какая.

— По-моему, вы говорите чушь, — залилась краской Корнелия. — Я каждую зиму хожу на лекции по греческому искусству, Ренессансу[1] и про знаменитых исторических деятельниц слушала цикл.

---
[1] Ренессанс — период подъема, расцвета в культурном и духовном развитии стран Западной и Центральной Европы.

Mr Ferguson groaned in agony.

'Greek Art! Renaissance! Famous Women of History! It makes me quite sick to hear you. It's the *future* that matters, woman, not the past. Three women are dead on this boat — well, what of it? They're no loss! Linnet Doyle and her money! The French maid — a domestic parasite. Mrs Otterbourne — a useless fool of a woman. Do you think anyone really cares whether they're dead or not? *I* don't. I think it's a damned good thing!'

'Then you're wrong!' Cornelia blazed out at him. 'And it makes me sick to hear you talk and talk, as though nobody mattered but *you*. I didn't like Mrs Otterbourne much, but her daughter was ever so fond of her and she's all broken up over her mother's death. I don't know much about the French maid, but I expect somebody was fond of her somewhere; and as for Linnet Doyle — well, apart from everything else, she was just lovely! She was so beautiful when she came into a room that it made a lump come in your throat. I'm homely myself, and that makes me appreciate beauty a lot more. She was as beautiful — just as a woman — as anything in Greek Art. And when anything beautiful's dead, it's a loss to the world. So there!'

Mr Ferguson stepped back a pace. He caught hold of his hair with both hands and tugged at it vehemently.

'I give it up,' he said. 'You're unbelievable. Just haven't got a bit of natural female spite in you anywhere.' He turned to Poirot. 'Do you know, sir, that Cornelia's father was practically ruined by Linnet

Мистер Фергюсон яростно застонал:

— Греческое искусство! Ренессанс! Исторические деятельницы! Тошно слушать! Только будущее, девушка, имеет значение, не прошлое. Три покойницы на борту — ну и что? Велика потеря! Линит Дойл с ее деньгами, тунеядка горничная, бессмысленная дурища миссис Оттерборн. Неужели вы думаете, что кому-то интересно, живы они или нет? *Мне* — неинтересно. Я считаю: и слава богу!

— И неправильно считаете, — вскипела Корнелия. — Противно слушать, как вы говорите, говорите — и все о себе, о себе. Я недолюбливала миссис Оттерборн, но ее дочь обожала ее, смерть матери сломила несчастную. Я ничего не знаю про горничную-француженку, но кто-то ее, наверное, тоже любил. А что касается Линит Дойл, то, не говоря о всем прочем, она была прекрасна. Она была такая красивая, что, когда входила в комнату, дыхание перехватывало. Я дурнушка и тем более ценю красоту. Она была такая красивая — чисто по-женски, — что только в греческом искусстве найдется с чем ее сравнить. Когда погибает красота, это потеря для всех. Вот так.

Мистер Фергюсон отпрянул назад. Он вцепился себе в волосы и яростно рванул их.

— Все, сдаюсь, — сказал он. — Вы невозможны. Вы даже не можете по-женски затаить обиду. — Он повернулся к Пуаро: — Известно ли вам, сэр, что родитель Линит Риджуэй фактически по-

Ridgeway's old man? But does the girl gnash her teeth when she sees the heiress sailing about in pearls and Paris models? No, she just bleats out, "Isn't she beautiful?" like a blessed baa lamb. I don't believe she even felt sore at her.'

Cornelia flushed.

'I did — just for a minute. Poppa kind of died of discouragement, you know, because he hadn't made good.'

'Felt sore for a minute! I ask you.'

Cornelia flashed round on him. 'Well, didn't you say just now it was the future that mattered, not the past? All that was in the past, wasn't it? It's over.'

'Got me there,' said Ferguson. 'Cornelia Robson, you're the only nice woman I've ever come across. Will you marry me?'

'Don't be absurd.'

'It's a genuine proposal — even if it is made in the presence of Old Man Sleuth. Anyway, you're a witness, Monsieur Poirot. I've deliberately offered marriage to this female — against all my principles, because I don't believe in legal contracts between the sexes; but I don't think she'd stand for anything else, so marriage it shall be. Come on, Cornelia, say yes.'

'I think you're utterly ridiculous,' said Cornelia, flushing.

'Why won't you marry me?'

'You're not serious,' said Cornelia.

'Do you mean not serious in proposing or do you mean not serious in character?'

губил отца Корнелии? И что же, она скрипит зубами, видя, как наследница в жемчугах и парижских туалетах плывет по Нилу? Как бы не так! Подобно сказочной овечке, она блаженно блеет: «Какая красивая!» Не думаю, чтобы она хоть чуть сердилась на нее.

Корнелия покраснела.

— Да нет, сердилась немного. Папа умер, потому что разуверился во всем — у него ничего не получалось.

— Изволите видеть: немного сердилась.

— А не вы ли сейчас твердили, что будущее важнее прошлого? — вскипела Корнелия. — То было в прошлом, с ним покончено.

— Опять сдаюсь, — сказал Фергюсон. — Корнелия Робсон, я впервые встречаю такую замечательную женщину. Вы не пойдете за меня замуж?

— Не говорите чушь.

— Хотя при сем присутствует почтенный сыщик, предложение мое — искреннее. Кстати, будьте свидетелем, месье Пуаро. Я ответственно предлагаю этой женщине замужество, поступаясь, прошу заметить, своими принципами, поскольку ни во что не ставлю брачные узы; другого рода договоренностей она не примет, поэтому пусть будет замужество. Прошу вас, Корнелия, скажите «да».

— Не выставляйте себя на посмешище, — краснея, сказала Корнелия.

— Да почему же вы не хотите за меня замуж?

— Потому что несерьезно.

— Что несерьезно? Мое предложение или я сам?

'Both, but I really meant character. You laugh at all sorts of serious things. Education and Culture — and — and Death. You wouldn't be *reliable*.'

She broke off, flushed again, and hurried along into her cabin.

Ferguson stared after her.

'Damn the girl! I believe she really means it. She wants a man to be reliable. *Reliable* — ye gods!' He paused and then said curiously, 'What's the matter with you, Monsieur Poirot? You seem very deep in thought.'

Poirot roused himself with a start.

'I reflect, that is all. I reflect.'

'Meditation on Death. Death, the Recurring Decimal, by Hercule Poirot. One of his well-known monographs.'

'Monsieur Ferguson,' said Poirot, 'you are a very impertinent young man.'

'You must excuse me. I like attacking established institutions.'

'And I — am an established institution?'

'Precisely. What do you think of that girl?'

'Of Miss Robson?'

'Yes.'

'I think that she has a great deal of character.'

'You're right. She's got spirit. She looks meek, but she isn't. She's got guts. She's — oh, damn it, I want that girl. It mightn't be a bad move if I tackled the old lady. If I could once get her thoroughly against me, it might cut some ice with Cornelia.'

— И то и другое, хотя больше вы сами. Для вас нет ничего святого. Вы смеетесь над просвещением, над культурой — даже над смертью. На вас нельзя будет *положиться*.

Она оборвала себя, снова покраснела и убежала к себе в каюту.

Фергюсон проводил ее взглядом.

— Ну и девица! Главное, она говорит правду. Ей нужен положительный человек. На которого можно положиться — мой бог! — Помолчав, он заинтересованно спросил: — Что с вами, месье Пуаро? Вы о чем-то глубоко задумались.

Пуаро тряхнул головой:

— Я думаю — только и всего.

— «Мысли о Смерти». «Смерть, или Дурная бесконечность». Сочинение Эркюля Пуаро. Нашумевшая монография.

— Месье Фергюсон, — продолжал Пуаро, — вы очень нахальный юноша.

— Будьте снисходительны. Я люблю нападать на признанные институты.

— А я, по-вашему, признанный институт?

— Безусловно. Как вы находите эту девушку?

— Мисс Робсон?

— Да.

— Я думаю, она девушка с характером.

— Совершенно верно. Решительная девушка. На вид кроткая овечка, а на поверку — кремень. Она... Черт! Я хочу эту девушку. Нелишне, по-моему, подразнить старуху. Если по-серьезному настроить ее против себя, Корнелии это может понравиться.

He wheeled and went into the observation saloon. Miss Van Schuyler was seated in her usual corner. She looked even more arrogant than usual. She was knitting. Ferguson strode up to her. Hercule Poirot, entering unobtrusively, took a seat a discreet distance away and appeared to be absorbed in a magazine.

'Good afternoon, Miss Van Schuyler.'

Miss Van Schuyler raised her eyes for a bare second, dropped them again and murmured frigidly,

'Er — good afternoon.'

'Look here, Miss Van Schuyler, I want to talk to you about something pretty important. It's just this. I want to marry your cousin.'

Miss Van Schuyler's ball of wool dropped on to the ground and ran wildly across the saloon.

She said in a venomous tone:

'You must be out of your senses, young man.'

'Not at all. I'm determined to marry her. I've asked her to marry me!'

Miss Van Schuyler surveyed him coldly, with the kind of speculative interest she might have accorded to an odd sort of beetle.

'Indeed? And I presume she sent you about your business.'

'She refused me.'

'Naturally.'

'Not "naturally" at all. I'm going to go on asking her till she agrees.'

Он развернулся и пошел в салон. В углу, на своем обычном месте, сидела мисс Ван Шуйлер. Высокомерия в ней сегодня было больше обычного. Она вязала. Фергюсон решительным шагом направился в ее угол. За ним, не привлекая внимания, вошел Эркюль Пуаро и сел в благоразумной отдаленности, уткнувшись в журнал.

— Добрый день, мисс Ван Шуйлер.

Мисс Ван Шуйлер подняла глаза, немедленно их опустила и холодно обронила:

— М-м-м... Добрый день.

— Послушайте, мисс Ван Шуйлер, мне надо переговорить с вами на крайне важную тему. Дело, собственно, вот в чем. Я хочу жениться на вашей кузине.

Мисс Ван Шуйлер уронила моток, и тот укатился к стене.

Она язвительно процедила:

— Вы не в своем уме, молодой человек.

— Отнюдь нет. Я решительно настроен жениться на ней. Я сделал ей предложение.

Мисс Ван Шуйлер оглядела его с холодным интересом, какого заслуживает диковинный жук.

— В самом деле? Я полагаю, она дала вам от ворот поворот.

— Она отказала мне.

— Естественно.

— Ничуть не «естественно». Я буду просить ее руки до тех пор, пока она не согласится.

'I can assure you, sir, that I shall take steps to see that my young cousin is not subjected to any such persecution,' said Miss Van Schuyler in a biting tone.

'What have you got against me?'

Miss Van Schuyler merely raised her eyebrows and gave a vehement tug to her wool, preparatory to regaining it and closing the interview.

'Come now,' persisted Mr Ferguson, 'what have you got against me?'

'I should think that was quite obvious, Mr — er — I don't know your name.'

'Ferguson.'

'Mr Ferguson.' Miss Van Schuyler uttered the name with definite distaste. 'Any such idea is quite out of the question.'

'You mean,' said Ferguson, 'that I'm not good enough for her?'

'I should think that would have been obvious to you.'

'In what way am I not good enough?'

Miss Van Schuyler again did not answer.

'I've got two legs, two arms, good health, and quite reasonable brains. What's wrong with that?'

'There is such a thing as social position, Mr Ferguson.'

'Social position is bunk!'

— Уверяю вас, сэр, что смогу оградить мою юную кузину от приставаний этого рода, — отрезала мисс Ван Шуйлер.

— А что вы имеете против меня? — наседал мистер Фергюсон.

В ответ мисс Ван Шуйлер чуть подняла брови и затеребила нитку, намереваясь подтянуть к себе клубок и прекратить разговор.

— Нет, правда, — настаивал Фергюсон, — что вы имеете против меня?

— Я полагаю, ответ ясен, мистер... извините...

— Фергюсон.

— ...мистер Фергюсон. — Мисс Ван Шуйлер с отчетливым неудовольствием произнесла его имя. — Выбросьте эти мысли из головы.

— Иначе говоря, я ей не подхожу?

— Вы сами должны это понимать.

— А в каком смысле я ей не подхожу?

Снова мисс Ван Шуйлер не удостоила его ответом.

— У меня две руки, две ноги, хорошее здоровье и вполне нормальные мозги. В чем, собственно, дело?

— Есть еще такая вещь, как положение в обществе, мистер Фергюсон.

— Чихать на положение в обществе.

The door swung open and Cornelia came in. She stopped dead on seeing her redoubtable Cousin Marie in conversation with her would-be suitor.

The outrageous Mr Ferguson turned his head, grinned broadly and called out:

'Come along, Cornelia. I'm asking for your hand in marriage in the best conventional manner.'

'Cornelia,' said Miss Van Schuyler, and her voice was truly awful in quality, *'have you encouraged this young man?'*

'I — no, of course not — at least — not exactly — I mean—'

'What do you mean?'

'She hasn't encouraged me,' said Mr Ferguson helpfully. 'I've done it all. She hasn't actually pushed me in the face, because she's got too kind a heart. Cornelia, your cousin says I'm not good enough for you. That, of course, is true, but not in the way she means it. My moral nature certainly doesn't equal yours, but her point is that I'm hopelessly below you socially.'

'That I think, is equally obvious to Cornelia,' said Miss Van Schuyler.

'Is it?' Mr Ferguson looked at her searchingly. 'Is that why you won't marry me?'

'No, it isn't.' Cornelia flushed. 'If — if I liked you, I'd marry you no matter who you were.'

'But you don't like me?'

Распахнулась дверь, и вошла Корнелия. При виде грозной кузины Мари, беседующей с ее нежданным поклонником, она застыла на пороге.

Разошедшийся Фергюсон обернулся и с широкой улыбкой позвал ее:

— Подходите, Корнелия. Я тут самым светским образом прошу вашей руки.

— Корнелия, — страшным голосом проскрежетала мисс Ван Шуйлер, — *ты поощряла этого молодого человека?*

— Нет, конечно... во всяком случае... не то чтобы... то есть...

— Что «то есть»?

— Она меня не поощряла, — пришел на помощь Фергюсон. — Я сам решился. Только по доброте сердечной она не съездила мне по физиономии... Корнелия, ваша кузина говорит, что я вам не подхожу. Это, разумеется, так, но не в том смысле, какой она вкладывает в это. В нравственном отношении мне далеко до вас, но она-то считает, что и в социальном плане я вам не пара.

— Точно так же думает и Корнелия, я полагаю, — сказала мисс Ван Шуйлер.

— Это правда? — Мистер Фергюсон испытующе посмотрел на Корнелию. — Вы из-за этого не хотите выходить за меня?

— Нет, не из-за этого. — Корнелия покраснела. — Если бы вы мне нравились, я бы пошла за вас.

— Я вам не нравлюсь?

'I—I think you're just outrageous. The way you say things ... The *things* you say... I—I've never met anyone the least like you. I—'

Tears threatened to overcome her. She rushed from the room.

'On the whole,' said Mr Ferguson, 'that's not too bad for a start.' He leaned back in his chair, gazed at the ceiling, whistled, crossed his disreputable knees and remarked, 'I'll be calling you Cousin yet.'

Miss Van Schuyler trembled with rage.

'Leave this room at once, sir, or I'll ring for the steward.'

'I've paid for my ticket,' said Mr Ferguson. 'They can't possibly turn me out of the public lounge. But I'll humour you.' He sang softly, 'Yo ho ho, and a bottle of rum.' Rising, he sauntered nonchalantly to the door and passed out.

Choking with anger Miss Van Schuyler struggled to her feet. Poirot, discreetly emerging from retirement behind his magazine, sprang up and retrieved the ball of wool.

'Thank you, Monsieur Poirot. If you would send Miss Bowers to me — I feel quite upset — that insolent young man.'

'Rather eccentric, I'm afraid,' said Poirot. 'Most of that family are. Spoilt, of course. Always inclined to tilt at windmills.' He added carelessly, 'You recognized him, I suppose?'

— Вы... жестокий. Вы *такое* говорите... и так беспардонно... Я впервые встречаю такого человека.

На глазах у нее вскипели слезы. Она выбежала на палубу.

— Вообще говоря, — заключил мистер Фергюсон, — для начала неплохо. — Он откинулся на спинку стула, оглядел потолок, посвистел, скрестил ноги в немыслимых брюках и сообщил: — Теперь я буду звать вас кузиной.

Мисс Ван Шуйлер трясло от ярости.

— Извольте выйти отсюда, сэр, иначе я позвоню стюарду.

— Я оплатил свой проезд. Не представляю, как меня можно выставить из места общего пользования. Но я уступаю вам. — Напевая под нос «Йо-хо-хо и бутылка рому»[1], он встал, развинченной походкой прошел к двери и вышел.

Задыхаясь от гнева, мисс Ван Шуйлер выбиралась из кресла. Осторожно отложив ненужный больше журнал, Пуаро вскочил и принес ей клубок шерсти.

— Благодарю вас, месье Пуаро. Не откажите в любезности послать ко мне мисс Бауэрз — я в совершенном расстройстве. Этот наглый молодой человек...

— Да, весьма эксцентричен, — согласился Пуаро. — У них вся семья такая. Избалован, конечно, любит помахать кулаками. — И как бы между прочим добавил: — Вы, конечно, его узнали?

---

[1] Песня пиратов из знаменитого романа Роберта Льюиса Стивенсона «Остров сокровищ».

'Recognized him?'

'Calls himself Ferguson and won't use his title because of his advanced ideas.'

'His *title*?' Miss Van Schuyler's tone was sharp.

'Yes, that's young Lord Dawlish. Rolling in money, of course, but he became a communist when he was at Oxford.'

Miss Van Schuyler, her face a battleground of contradictory emotions, said:

'How long have you known this, Monsieur Poirot?'

Poirot shrugged his shoulders.

'There was a picture in one of these papers — I noticed the resemblance. Then I found a signet ring with a coat of arms on it. Oh, there's no doubt about it, I assure you.'

He quite enjoyed reading the conflicting expressions that succeeded each other on Miss Van Schuyler's face. Finally, with a gracious inclination of the head, she said,

'I am very much obliged to you, Monsieur Poirot.'

Poirot looked after her and smiled as she went out of the saloon. Then he sat down and his face grew grave once more. He was following out a train of thought in his mind. From time to time he nodded his head.

'*Mais oui*,' he said at last. 'It all fits in.'

— Кого узнала?

— Из-за своих прогрессивных взглядов он пренебрегает титулом и называет себя Фергюсоном.

— Титулом? — пронзительно вскрикнула мисс Ван Шуйлер.

— Да, это же молодой лорд Долиш. Денежный мешок, но в Оксфорде успел заделаться коммунистом.

Выражая лицом полную сумятицу чувств, мисс Ван Шуйлер спросила:

— Вы давно это знаете, месье Пуаро?

Пуаро пожал плечами:

— Видел на днях фотографию в газете, очень похож на себя. Во время обыска обнаружил печатку с гербом. Нет, тут нет сомнений, уверяю вас.

Ему доставило большое удовольствие наблюдать смену выражений на лице мисс Ван Шуйлер. Наконец она милостиво кивнула ему и произнесла:

— Весьма признательна вам, месье Пуаро.

Пуаро, улыбаясь, проводил ее взглядом. Когда она вышла из салона, он опустился в кресло и лицо его снова омрачилось. Он сидел, перебирая мысли, и время от времени кивал.

— Mais oui, — сказал он наконец. — Все сходится.

Chapter 25

Race found him still sitting there.

'Well, Poirot, what about it? Pennington's due in ten minutes. I'm leaving this in your hands.'

Poirot rose quickly to his feet.

'First, get hold of young Fanthorp.'

'Fanthorp?' Race looked surprised.

'Yes. Bring him to my cabin.'

Race nodded and went off. Poirot went along to his cabin. Race arrived with young Fanthorp a minute or two afterward.

Poirot indicated chairs and offered cigarettes.

'Now, Monsieur Fanthorp,' he said, 'to our business! I perceive that you wear the same tie that my friend Hastings wears.'

Jim Fanthorp looked down at his neckwear with some bewilderment.

'It's an O.E. tie,' he said.

'Exactly. You must understand that, though I am a foreigner, I know something of the English point of view. I know, for instance, that there are "things which are done" and "things which are not done".'

Jim Fanthorp grinned.

'We don't say that sort of thing much nowadays, sir.'

'Perhaps not, but the custom, it still remains. The Old School Tie is the Old School Tie, and there are certain things (I know this from experience) that the Old School Tie does not do! One of those things,

Глава 25

В салоне его и нашел Рейс.

— Что будем делать, Пуаро? Через десять минут явится Пеннингтон. Поручаю его вашим заботам.

Пуаро быстро поднялся.

— Сначала доставьте мне Фанторпа.

— Фанторпа? — У Рейса был удивленный вид.

— Да, приведите его ко мне.

Рейс кивнул и вышел. Пуаро прошел в свою каюту, куда вскоре подошли Рейс и Фанторп.

Пуаро указал на стул, предложил сигарету.

— Итак, мистер Фанторп, — сказал он, — к делу. Вы, я вижу, носите такой же галстук, как и мой друг Гастингс.

Джим Фанторп озадаченно скосил глаза на галстук.

— Это галстук выпускника Итона, — сказал он.

— Вот именно. Примите к сведению, что я отчасти знаю английские порядки, хотя я и иностранец. Я знаю, например, что существуют такие вещи: «что следует делать» и «чего не следует делать».

Здесь Джим Фанторп усмехнулся:

— Теперь нечасто услышишь подобные слова, сэр.

— Возможно, однако сама заповедь остается в силе. Выпускник старой школы — это выпускник старой школы, и я по собственному опыту знаю, что он отлично помнит, «чего не следует де-

Monsieur Fanthorp, is to butt into a private conversation unasked when one does not know the people who are conducting it.'

Fanthorp stared. Poirot went on:

'But the other day, Monsieur Fanthorp, *that is exactly what you did do*. Certain persons were quietly transacting some private business in the observation saloon. You strolled near them, obviously in order to overhear what it was that was in progress, and presently you actually turned round and congratulated a lady — Madame Simon Doyle — on the soundness of her business methods.'

Jim Fanthorp's face got very red. Poirot swept on, not waiting for a comment.

'Now that, Monsieur Fanthorp, was not at all the behaviour of one who wears a tie similar to that worn by my friend Hastings! Hastings is all delicacy, would die of shame before he did such a thing! Therefore, taking that action of yours in conjunction with the fact that you are a very young man to be able to afford an expensive holiday, that you are a member of a country solicitor's firm and therefore probably not extravagantly well off, and that you show no signs of recent illness such as might necessitate a prolonged visit abroad, I ask myself — and am now asking you — *what is the reason for your presence on this boat?*'

Jim Fanthorp jerked his head back.

'I decline to give you any information whatever, Monsieur Poirot. I really think you must be mad.'

лать». Не следует, например, без спросу встревать в разговор, который ведут незнакомые ему люди.

Фанторп озадаченно смотрел на него. Пуаро продолжал:

— А на днях, месье Фанторп, вы именно это сделали. Группа лиц вполголоса обсуждала свои дела в салоне. Вы слонялись неподалеку с очевидным намерением подслушать, о чем они говорят. А потом вы просто повернулись к ним и отвесили даме комплимент — это была мадам Саймон Дойл — по поводу ее благоразумного отношения к делам.

Джим Фанторп густо покраснел. Не оставляя ему времени возразить, Пуаро повел речь дальше:

— Согласитесь, Фанторп: так не поведет себя человек с галстуком, какой на моем друге Гастингсе. Гастингс — сама деликатность, он скорее умрет от стыда, чем сделает такое. Я связываю ваш поступок с тем, что вы слишком молоды для дорогостоящего путешествия, что вы работаете в сельской юридической конторе и вряд ли крепко стоите на ногах и что, наконец, вы не выказываете признаков заболевания, из-за которого было бы необходимо столь продолжительное зарубежное путешествие, — я связываю все это воедино и не могу не задаться вопросом, а теперь задаю его вам: по какой, собственно говоря, причине вы находитесь на борту этого судна?

Джим Фанторп резко вскинул голову:

— Я отказываюсь сообщать вам что бы то ни было, месье Пуаро. Я считаю, что вы просто сошли с ума.

'I am not mad. I am very, very sane. Where is your firm? In Northampton; that is not very far from Wode Hall. What conversation did you try to overhear? One concerning legal documents. What was the object of your remark — a remark which you uttered with obvious embarrassment and malaise? Your object was *to prevent Madame Doyle from signing any document unread.*'

He paused.

'On this boat we have had a murder, and following that murder two other murders in rapid succession. If I further give you the information that the weapon which killed Madame Otterbourne was *a revolver owned by Monsieur Andrew Pennington*, then perhaps you will realize that it is actually your duty to tell us all you can.'

Jim Fanthorp was silent for some minutes. At last he said:

'You have rather an odd way of going about things, Monsieur Poirot, but I appreciate the points you have made. The trouble is that I have no exact information to lay before you.'

'You mean that it is a case, merely, of suspicion.'

'Yes.'

'And therefore you think it injudicious to speak? That may be true, legally speaking. But this is not a court of law. Colonel Race and myself are endeavouring to track down a murderer. Anything that can help us to do so may be valuable.'

Again Jim Fanthorp reflected. Then he said:

'Very well. What is it you want to know?'

'Why did you come on this trip?'

— Нет, я не сошел с ума. Я в полном здравии рассудка. Где находится ваша контора — в Нортгемптоне? Это не очень далеко от Вуд-Холла. Какой разговор вы хотели подслушать? Разговор шел о юридических документах. С какой целью вы сделали ваше сумбурное и лихорадочное заявление? Вашей целью было помешать мадам Дойл подписывать документы, не читая.

Он помолчал.

— На этом пароходе произошло убийство. За ним очень скоро последовали еще два. Если я добавлю к этому, что миссис Оттерборн была застрелена из пистолета месье Эндрю Пеннингтона, вы, может быть, поймете, что ваш прямой долг — сказать нам все, что вам есть сказать.

Несколько минут Джим Фанторп хранил молчание. Потом он заговорил:

— Вы ходите вокруг да около, месье Пуаро. Но я проникся серьезностью ваших замечаний. Беда в том, что я не могу сообщить вам ничего конкретного.

— Иначе говоря, у вас есть только подозрения.

— Да.

— И делиться ими, вы считаете, неразумно? По букве закона, может, так оно и есть, но мы не в судебном заседании. Мы с полковником Рейсом пытаемся выйти на убийцу. Тут ценно все, что может помочь нам.

Джим Фанторп снова задумался, потом сказал:

— Ладно. Что вас интересует?

— Зачем вы отправились в эту поездку?

'My uncle, Mr Carmichael, Mrs Doyle's English solicitor, sent me. He handled a good many of her affairs. In this way, he was often in correspondence with Mr Andrew Pennington, who was Mrs Doyle's American trustee. Several small incidents (I cannot enumerate them all) made my uncle suspicious that all was not quite as it should be.'

'In plain language,' said Race, 'your uncle suspected that Pennington was a crook?'

Jim Fanthorp nodded, a faint smile on his face.

'You put it rather more bluntly than I should, but the main idea is correct. Various excuses made by Pennington, certain plausible explanations of the disposal of funds, aroused my uncle's distrust. While these suspicions of his were still nebulous, Miss Ridgeway married unexpectedly and went off on her honeymoon to Egypt. Her marriage relieved my uncle's mind, as he knew that on her return to England the estate would have to be formally settled and handed over.

'However, in a letter she wrote him from Cairo, she mentioned casually that she had unexpectedly run across Andrew Pennington. My uncle's suspicions became acute. He felt sure that Pennington, perhaps by now in a desperate position, was going to try and obtain signatures from her which would cover his own defalcations. Since my uncle had no definite evidence to lay before her, he was in a most difficult position. The only thing he could think of was to send me out here, travelling by air, with instruction to discover what was in the wind. I was to

— Меня послал дядюшка, мистер Кармайкл, он английский стряпчий миссис Дойл. Через его руки прошло множество ее дел. В этом качестве он регулярно переписывался с мистером Эндрю Пеннингтоном, американским опекуном миссис Дойл. Некоторые обстоятельства — я не стану их перечислять — насторожили дядю.

— Попросту говоря, ваш дядя заподозрил Пеннингтона в мошенничестве?

Сдержанно улыбнувшись, Джим Фанторп кивнул:

— Вы чуть огрубили мою мысль, но в целом — да. Многочисленные разъяснения Пеннингтона, благовидные предлоги для перемещения денежных средств — все это вызывало у дяди недоверие. Узнав о скоропалительном замужестве мисс Риджуэй и медовом месяце в Египте, дядя наконец свободно вздохнул. Он понимал, что, когда она вернется в Англию, наследство обревизуют, чтобы перевести на нее.

Тут она шлет ему письмо из Каира и между прочим сообщает, что неожиданно встретила Эндрю Пеннингтона. Дядины подозрения укрепились. Он подумал: если Пеннингтон загнал себя в угол, то он постарается получить от нее подписи и скрыть растрату. Не располагая определенными доказательствами, дядя попал в трудное положение. Единственное, что он мог придумать, — это послать меня сюда самолетом — посмотреть, что вообще происходит. Я должен был смотреть во все глаза и в случае необходимости незамедлительно

keep my eyes open and act summarily if necessary — a most unpleasant mission, I can assure you. As a matter of fact, on the occasion you mention I had to behave more or less as a cad! It was awkward, but on the whole I was satisfied with the result.'

'You mean you put Madame Doyle on her guard?' asked Race.

'Not so much that, but I think I put the wind up Pennington. I felt convinced he wouldn't try any more funny business for some time, and by then I hoped to have got intimate enough with Mr and Mrs Doyle to convey some kind of a warning. As a matter of fact I hoped to do so through Doyle. Mrs Doyle was so attached to Mr Pennington that it would have been a bit awkward to suggest things to her about him. It would have been easier for me to approach the husband.'

Race nodded.

Poirot asked,

'Will you give me a candid opinion on one point, Monsieur Fanthorp? If you were engaged in putting a swindle over, would you choose Madame Doyle or Monsieur Doyle as a victim?'

Fanthorp smiled faintly.

'Mr Doyle, every time. Linnet Doyle was very shrewd in business matters. Her husband, I should fancy, is one of those trustful fellows who know nothing of business and are always ready to "sign on the dotted line" as he himself put it.'

'I agree,' said Poirot. He looked at Race. '*And there's your motive.*'

действовать — крайне неприятная миссия, смею вас уверить. В том случае, что вы упомянули, я хамски повел себя. Очень неприятно, но в целом я доволен результатом.

— Вы хотите сказать, что предостерегли мадам Дойл? — спросил Рейс.
— Вряд ли предостерег, но точно нагнал страху на Пеннингтона. Я был уверен, что он на время прекратит свои фокусы, а я между тем сойдусь ближе с супругами Дойл и как-нибудь смогу их остеречь. Вообще говоря, я рассчитывал на мистера Дойла. Миссис Дойл так привязана к Пеннингтону, что вбивать клин между ними было бы не совсем правильно. Проще действовать через мужа.

Рейс кивнул.
Пуаро сказал:
— Не откажите в откровенности по одному вопросу, месье Фанторп. Если бы вам пришлось обманывать, кого вы избрали бы своей жертвой — мадам Дойл или месье Дойла?

Фанторп бегло улыбнулся:
— Какой может быть разговор? Мистера Дойла. Линит Дойл отлично разбиралась в делах. А ее муж представляется мне доверчивым парнем, который ничего не смыслит в делах и легко подмахнет там, где оставлен прочерк, — это его собственные слова.
— Я согласен с вами, — сказал Пуаро. Он поднял глаза на Рейса: — Вот вам и мотив.

Jim Fanthorp said: 'But this is all pure conjecture. It isn't *evidence*.' Poirot said easily:

'Ah, bah! we will get evidence!'

'How?'

'Possibly from Mr Pennington himself.'

Fanthorp looked doubtful.

'I wonder. I very much wonder.'

Race glanced at his watch.

'He's about due now.'

Jim Fanthorp was quick to take the hint. He left them.

Two minutes later Andrew Pennington made his appearance. His manner was all smiling urbanity. Only the taut line of his jaw and the wariness of his eyes betrayed the fact that a thoroughly experienced fighter was on his guard.

He sat down and looked at them inquiringly.

'We asked you to come here, Monsieur Pennington,' began Poirot, 'because it is fairly obvious that you have a very special and immediate interest in the case.'

Pennington raised his eyebrows slightly.

'Is that so?'

Poirot said gently: 'Surely. You have known Linnet Ridgeway, I understand, since she was quite a child.'

'Oh! that—' His face altered, became less alert. 'I beg pardon, I didn't quite get you. Yes, as I told you this morning, I've known Linnet since she was a cute little thing in pinafores.'

— Но все это только домыслы. Это же не доказательства, — сказал Джим Фанторп.

— Ах, у нас будут доказательства, — отмахнулся Пуаро.

— Откуда?

— Возможно, от самого мистера Пеннингтона.

Фанторп скроил недоверчивую мину:

— Сомневаюсь. Очень сомневаюсь.

Рейс взглянул на часы:

— Пора бы ему подойти.

Джим Фанторп понял намек и оставил их.

Через пару минут явился Эндрю Пеннингтон — предупредительный, светский. Только поджатая линия рта и настороженный взгляд свидетельствовали о том, что старый боец готов к схватке.

Он сел и вопросительно взглянул на них.

— Мы просили прийти вас, месье Пеннингтон, — начал Пуаро, — поскольку очевидно, что это дело касается вас близко и совершенно особенным образом.

Пеннингтон чуть поднял брови:

— Вы так ставите вопрос?

— Ну конечно, — продолжал Пуаро ровным голосом. — Вы знали Линит Риджуэй, как я понимаю, еще ребенком.

— А-а, это... — Тревога слетела с его лица. — Прошу прощения, я не сразу понял. Да, я говорил вам утром, что знал Линит совсем малявкой в слюнявчике.

'You were on terms of close intimacy with her father?'

'That's so. Melhuish Ridgeway and I were very close — very close.'

'You were so intimately associated that on his death he appointed you business guardian to his daughter and trustee to the vast fortune she inherited?'

'Why, roughly, that is so.' The wariness was back again. The note was more cautious. 'I was not the only trustee, naturally — others were associated with me.'

'Who have since died?'

'Two of them are dead. The other, Mr Sterndale Rockford, is alive.'

'Your partner?'

'Yes.'

'Mademoiselle Ridgeway, I understand, was not yet of age when she married?'

'She would have been twenty-one next July.'

'And in the normal course of events she would have come into control of her fortune then?'

'Yes.'

'But her marriage precipitated matters?'

Pennington's jaw hardened. He shot out his chin at them aggressively.

'You'll pardon me, gentlemen, but what exact business is all this of yours?'

'If you dislike answering the question—'

'There's no dislike about it. I don't mind what you ask me. But I don't see the relevance of all this.'

— У вас были близкие отношения с ее отцом?

— Именно так. С Мелишем Риджуэем мы были в самых близких отношениях.

— Настолько близких, что по завещанию он приставил вас к делам своей дочери и назначил опекуном весьма обширного состояния.

— В общих чертах — да. — Он снова насторожился. Стал сдержаннее в словах. — Я был не единственным опекуном, естественно. Были и другие.

— Кто-нибудь из них уже умер?

— Двое. Третий, мистер Стерндейл Рокфорд, здравствует.

— Это ваш компаньон?

— Да.

— Как я понимаю, к моменту замужества мадемуазель Риджуэй не достигла совершеннолетия.

— В июле ей бы исполнился двадцать один год.

— И в этом случае она естественным образом вступила бы во владение наследством?

— Да.

— А женитьба поторопила эти обстоятельства, да?

У Пеннингтона напрягся рот. Он воинственно вскинул подбородок.

— Извините, джентльмены, но какое дело вам до всего этого?

— Если вам не хочется отвечать на вопрос...

— Да пожалуйста, я не возражаю — спрашивайте. Только я не вижу смысла во всем этом.

'Oh, but surely, Monsieur Pennington'—Poirot leaned forward, his eyes green and catlike—'there is the question of motive. In considering that, financial considerations must always be taken into account.'

Pennington said sullenly:
'By Ridgeway's will, Linnet got control of her dough when she was twenty-one or when she married.'

'No conditions of any kind?'
'No conditions.'
'And it is a matter, I am credibly assured, of millions.'
'Millions it is.'
Poirot said softly: 'Your responsibility, Mr Pennington, and that of your partner, has been a very grave one.'
Pennington said curtly: 'We're used to responsibility. Doesn't worry us any.'
'I wonder.'
Something in his tone flicked the other man on the raw.
He asked angrily: 'What the devil do you mean?'

Poirot replied with an air of engaging frankness.
'I was wondering, Mr Pennington, whether Linnet Ridgeway's sudden marriage caused any — consternation in your office?'
'Consternation?'
'That was the word I used.'
'What the hell are you driving at?'

— Ну как же, месье Пеннингтон... — Пуаро наклонился вперед и сверкнул своими зелеными кошачьими глазами. — Встает вопрос о мотивах убийства. В этом случае всегда принимаются в расчет финансовые аспекты.

Пеннингтон нехотя сказал:

— По завещанию Риджуэя Линит получала право распоряжаться своим капиталом по достижении двадцати одного года или выйдя замуж.

— Без каких-либо оговорок?

— Без оговорок.

— А речь идет, меня заверяют, о миллионах?

— Да, о миллионах.

— Большая ответственность лежала на вас и вашем компаньоне, мистер Пеннингтон, — сказал негромко Пуаро.

— Нам не привыкать к ответственности, — огрызнулся тот. — Она нас не страшит.

— Интересно.

Что-то в тоне Пуаро задело собеседника.

— Что, к черту, вы имеете в виду? — вскинулся он.

С подкупающей прямотой Пуаро ответил:

— Интересно знать, мистер Пеннингтон: неожиданное замужество Линит Риджуэй — оно не внесло... м-м... переполоха в ваши дела?

— Переполоха?

— Я именно так сказал.

— Чего вы добиваетесь, черт возьми?

'Something quite simple. Are Linnet Doyle's affairs in the perfect order they should be?'

Pennington rose to his feet.
'That's enough. I'm through.' He made for the door.
'But you will answer my question first?'
Pennington snapped: 'They're in perfect order.'

'You were not so alarmed when the news of Linnet Ridgeway's marriage reached you that you rushed over to Europe by the first boat and staged an apparently fortuitous meeting in Egypt?'
Pennington came back towards them. He had himself under control once more.
'What you are saying is absolute balderdash! I didn't even know that Linnet was married till I met her in Cairo. I was utterly astonished. Her letter must have missed me by a day in New York. It was forwarded and I got it about a week later.'

'You came over by the *Carmanic*, I think you said.'
'That's right.'
'And the letter reached New York after the *Carmanic* sailed?'
'How many times have I got to repeat it?'
'It is strange,' said Poirot.
'What's strange?'
'That on your luggage there are no labels of the *Carmanic*. The only recent labels of transatlantic sailing are the *Normandie*. The *Normandie*, I remember, sailed two days after the *Carmanic*.'

— Узнать одну простую вещь. Находятся ли дела Линит Дойл в том превосходном порядке, в котором им надлежит быть.

Пеннингтон встал.

— Довольно. Мне надоело. — Он направился к двери.

— Но вы все-таки ответите на мой вопрос?

— Ее дела находятся в превосходном порядке, — выпалил Пеннингтон.

— То есть замужество Линит Риджуэй не встревожило вас до такой степени, чтобы кинуться в Европу на первом же пароходе и потом инсценировать неожиданную встречу в Египте?

Пеннингтон вернулся к столу. Он снова взял себя в руки.

— Вы говорите совершенный вздор. До встречи в Каире я даже не знал, что Линит вышла замуж. Я был безмерно удивлен. Должно быть, я на день разминулся с ее письмом. Его потом отправили из Нью-Йорка за мной следом, я получил его неделей позже.

— Вы плыли, говорите, на «Карманике»?

— Совершенно верно.

— И письмо пришло в Нью-Йорк, когда «Карманик» уже отплыл?

— Сколько раз это можно повторять?

— Странно, — сказал Пуаро.

— Что тут странного?

— Странно, что на вашем багаже нет наклеек «Карманика». Последним из трансатлантических лайнеров у вас отметилась «Нормандия», а «Нормандия», сколько я помню, отплыла двумя днями позже «Карманика».

For a moment the other was at a loss. His eyes wavered.

Colonel Race weighed in with telling effect.

'Come now, Mr Pennington,' he said. 'We've several reasons for believing that you came over on the *Normandie* and not by the *Carmanic*, as you said. In that case, *you received Mrs Doyle's letter before you left New York*. It's no good denying it, for it's the easiest thing in the world to check up the steamship companies.'

Andrew Pennington felt absent-mindedly for a chair and sat down. His face was impassive — a poker face. Behind that mask his agile brain looked ahead to the next move.

'I'll have to hand it to you, gentlemen. You've been too smart for me. But I had my reasons for acting as I did.'

'No doubt.' Race's tone was curt.

'If I give them to you, it must be understood I do so in confidence.'

'I think you can trust us to behave fittingly. Naturally I cannot give assurances blindly.'

'Well—' Pennington sighed. 'I'll come clean. There was some monkey business going on in England. It worried me. I couldn't do much about it by letter. The only thing was to come over and see for myself.'

'What do you mean by monkey business?'

'I'd good reason to believe that Linnet was being swindled.'

'By whom?'

Собеседник растерялся. У него забегали глаза.

Со своей стороны добавил полковник Рейс.
— Полно, мистер Пеннингтон, — вступил он. — У нас есть все основания полагать, что вы плыли на «Нормандии», а не на «Карманике», как вы говорите. В этом случае вы получили письмо миссис Дойл еще в Нью-Йорке. Не запирайтесь, ведь это самое простое дело — справиться в пароходных компаниях.

Пеннингтон невидяще нащупал стул и сел. Его лицо стало безжизненной маской, но живой ум лихорадочно искал выхода.

— Ваша взяла, джентльмены, — сказал он. — Не мне тягаться с вами. У меня были причины вести себя подобным образом.

— Не сомневаемся, — вставил Рейс.

— Я открою их при условии, что это останется между нами.

— Можете не сомневаться, что мы поведем себя должным образом. Но заведомо я ничего не могу обещать.

— Ладно, — вздохнул Пеннингтон. — Скажу начистоту. В Англии затеялись скверные дела. Я забеспокоился. От переписки какой толк? Выход один: ехать и смотреть самому.

— Что вы называете скверными делами?

— У меня появились основания думать, что Линит обманывают.

— Кто же?

'Her Britisher lawyer. Now that's not the kind of accusation you can fling around anyhow. I made up my mind to come over right away and see into matters myself.'

'That does great credit to your vigilance, I am sure. But why the little deception about not having received the letter?'

'Well, I ask you—' Pennington spread out his hands. 'You can't butt in on a honeymoon couple without more or less coming down to brass tacks and giving your reasons. I thought it best to make the meeting accidental. Besides, I didn't know anything about the husband. He might have been mixed up in the racket for all I knew.'

'In fact all your actions were actuated by pure disinterestedness,' said Colonel Race dryly.

'You've said it, Colonel.'

There was a pause. Race glanced at Poirot. The little man leant forward.

'Monsieur Pennington, we do not believe a word of your story.'

'The hell you don't! And what the hell do you believe?'

'We believe that Linnet Ridgeway's unexpected marriage put you in a financial quandary. That you came over posthaste to try and find some way out of the mess you were in — that is to say, some way of gaining time. That, with that end in view, you endeavoured to obtain Madame Doyle's signature to certain documents and failed. That on the journey up the Nile, when walking along the cliff top at Abu

— Ее английский адвокат. Такими обвинениями так просто не бросаются. Я решил поехать туда и самолично во всем разобраться.

— Это заслуживает всяческих похвал, но к чему этот маленький обман с письмом, которое вы будто бы не получали?

— А что было делать? — Пеннингтон развел руками. — Как свалиться молодоженам на голову и не открыть своих карт? Я подумал, что лучше будет разыграть случайную встречу. Потом, я ничего не знал про ее мужа. Он вполне мог участвовать в этом мошенничестве.

— Ваши действия, таким образом, были продиктованы самыми бескорыстными побуждениями, — сухо сказал полковник Рейс.

— Правильно, полковник.

Помолчали. Рейс бросил взгляд на Пуаро. Тот подался вперед.

— Месье Пеннингтон, — сказал он, — мы не верим ни единому вашему слову.

— И черт с вами. Чему вы, интересно, поверите?

— Мы поверим тому, что замужество Линит поставило вас в затруднительное финансовое положение; что вы самым срочным образом стали искать способ выбраться из своих неприятностей — выиграть время, другими словами; что с этой целью вы старались заполучить от мадам Дойл подпись на неких документах — и потерпели неудачу; что, прогуливаясь по вершине утеса

Simbel, you dislodged a boulder which fell and only very narrowly missed its object—'

'You're crazy.'

'We believe that the same kind of circumstances occurred on the return journey. That is to say, an opportunity presented itself of putting Madame Doyle out of the way *at the moment when her death would be almost certainly ascribed to the action of another person.* We not only believe, but *know*, that it was your revolver which killed a woman who was about to reveal to us the name of the person who she had reason to believe killed both Linnet Doyle and the maid Louise—'

'Hell!' The forcible ejaculation broke forth and interrupted Poirot's stream of eloquence. 'What are you getting at? Are you crazy? What motive had I to kill Linnet? I wouldn't get her money — that goes to her husband. Why don't you pick on him? *He's* the one to benefit — not me.'

Race said coldly:

'Doyle never left the lounge on the night of the tragedy till he was shot at and wounded in the leg. The impossibility of his walking a step after that is attested to by a doctor and a nurse — both independent and reliable witnesses. Simon Doyle could not have killed his wife. He could not have killed Louise Bourget. He most definitely did not kill Mrs Otterbourne! You know that as well as we do.'

'I know he didn't kill her.' Pennington sounded a little calmer. 'All I say is, why pick on me when I don't benefit by her death?'

в Абу-Симбеле, вы раскачали и столкнули вниз валун, который чудом не прихлопнул кого надо.

— Вы сошли с ума.

— Мы поверим тому, что на обратном пути сложились сходные обстоятельства, — другими словами, представилась возможность устранить мадам Дойл в такой момент, что ее смерть наверняка припишут кое-кому другому. И мы уже не просто уверены — мы *знаем*, что из вашего револьвера была убита женщина, готовая назвать имя человека, которого она обоснованно считала убийцей и Линит Дойл, и горничной Луизы.

— Дьявольщина! — Зычный выкрик Пеннингтона прервал поток красноречия Пуаро. — Чего вы добиваетесь? Вы совсем сошли с ума? Какие у меня могут быть мотивы? Ведь я не получу денег Линит, они отойдут ее мужу. Почему вы к нему не вяжетесь? Он от этого выигрывает, не я.

Рейс холодно ответил:

— В тот вечер Дойл безвыходно сидел в салоне, пока ему самому не прострелили ногу. То, что после этого он не мог сделать и шагу, подтверждают доктор и сиделка — свидетели незаинтересованные и заслуживающие доверия. Саймон Дойл не мог убить свою жену. Он не мог убить Луизу Бурже, и ясно как божий день, что он не убивал миссис Оттерборн. Вы знаете это не хуже нас.

— Я знаю, что он не убивал Линит. — Пеннингтон держался уже спокойнее. — Я только спрашиваю, зачем вязаться ко мне, когда я ничего не выигрываю от ее смерти.

623

'But, my dear sir,' Poirot's voice came soft as a purring cat, 'that is rather a matter of opinion. Madame Doyle was a keen woman of business, fully conversant with her own affairs and very quick to spot any irregularity. As soon as she took up the control of her property, which she would have done on her return to England, her suspicions were bound to be aroused. But now that she is dead and that her husband, as you have just pointed out, inherits, *the whole thing is different*. Simon Doyle knows nothing whatever of his wife's affairs except that she was a rich woman. He is of a simple, trusting disposition. You will find it easy to place complicated statements before him, to involve the real issue in a net of figures, and to delay settlement with pleas of legal formalities and the recent depression. *I think that it makes a very considerable difference to you whether you deal with the husband or the wife.*'

Pennington shrugged his shoulders.

'Your ideas are — fantastic.'

'Time will show.'

'What did you say?'

'I said, "Time will show!" This is a matter of three deaths — three murders. The law will demand the most searching investigation into the condition of Madame Doyle's estate.'

He saw the sudden sag in the other's shoulders and knew that he had won. Jim Fanthorp's suspicions were well founded.

Poirot went on:

— С этим, любезнейший, — мурлычущим голосом завел Пуаро, — можно поспорить. Линит была проницательнейшей деловой дамой. Она досконально знала свое хозяйство и быстро находила любой непорядок. Получив доступ к своей собственности, для чего ей всего-навсего надо было вернуться в Англию, она бы сразу заподозрила неладное. Но тут она умирает, ее состояние, как вы только что заметили, наследует ее муж — и это существенно меняет картину. Сверх того, что его жена была богатой женщиной, Саймон Дойл не имеет никакого представления о ее делах. У него простой, доверчивый характер. Легче легкого подсунуть ему запутанные отчеты, скрыть реальный итог в столбцах цифр и отсрочить имущественные распоряжения, сославшись на юридические формальности и недавний кризис. Я думаю, что для вас имеет громадное значение, с кем иметь дело — с мужем или женой.

Пеннингтон пожал плечами:

— Ваши мысли бредовые.

— Время покажет.

— Что вы сказали?

— Я сказал: время покажет. Речь идет о трех смертях. О трех убийствах! Закон потребует тщательнейшим образом вникнуть в состояние дел мадам Дойл.

Он увидел, как у его vis-à-vis[1] опали плечи, и понял, что победил. Подозрения Джима Фанторпа были выстроены не на песке.

Пуаро продолжал:

---

[1] Собеседника *(фр.)*.

'You've played — and lost. Useless to go on bluffing.'

Pennington muttered: 'You don't understand — it's all square enough really. It's been this damned slump — Wall Street's been crazy. But I'd staged a comeback. With luck everything will be O.K. by the middle of June.'

With shaking hands he took a cigarette, tried to light it — failed.

'I suppose,' mused Poirot, 'that the boulder was a sudden temptation. You thought nobody saw you.'

'That was an accident — I swear it was an accident.' The man leaned forward, his face working, his eyes terrified. 'I stumbled and fell against it. I swear it was an accident .. .'

The two men said nothing.

Pennington suddenly pulled himself together. He was still a wreck of a man but his fighting spirit had returned in a certain measure. He moved towards the door.

'You can't pin that on me, gentlemen. It was an accident. And it wasn't I who shot her! D'you hear? You can't pin that on me either — and you never will.'

He went out.

Chapter 26

As the door closed behind him, Race gave a deep sigh.

'We got more than I thought we should. Admis-

— Игра проиграна. Блефовать бесполезно.

— Вам не понять, — пробормотал Пеннингтон. — Никакой аферы тут нет. Это кризис виноват, на Уолл-стрит совсем ума решились. Но я подстраховался. В июне, даст бог, все будет о'кей.

Трясущимися пальцами он взял сигарету, но так и не раскурил ее.

— Вероятно, — в задумчивости протянул Пуаро, — камень просто ввел вас в искушение. Вы полагали, что вас никто не видит.

— Случайность! — вскричал Пеннингтон. — Уверяю вас, это была случайность! — Он тянул к ним подергивающееся лицо со стылыми от ужаса глазами. — Я споткнулся и упал на него. Говорю вам, это была случайность.

Те двое не отвечали.

И снова Пеннингтон взял себя в руки. Сломленный человек, он не желал складывать оружие. Поднявшись, он направился к двери.

— Вы не пришьете мне этого, джентльмены. Это была случайность. И не я стрелял в нее, слышите? Этого вы тоже мне не пришьете.

Он вышел.

Глава 26

Когда за Пеннингтоном закрылась дверь, Рейс глубоко вздохнул:

— Мы продвинулись дальше, чем я рассчиты-

sion of fraud. Admission of attempted murder. Further than that it's impossible to go. A man will confess, more or less, to attempted murder, but you won't get him to confess to the real thing.'

'Sometimes it can be done,' said Poirot. His eyes were dreamy — catlike.

Race looked at him curiously.

'Got a plan?'

Poirot nodded. Then he said, ticking off the items on his fingers:

'The garden at Aswan. Mr Allerton's statement. The two bottles of nail polish. My bottle of wine. The velvet stole. The stained handkerchief. The pistol that was left on the scene of the crime. The death of Louise. The death of Madame Otterbourne ... Yes, it's all there. *Pennington didn't do it, Race!*'

'What?' Race was startled.

'*Pennington didn't do it.* He had the motive, yes. He had the *will* to do it, yes. He got as far as *attempting* to do it. *Mais c'est tout*. Something was wanted for this crime *that Pennington hasn't got!* This is a crime that needed audacity, swift and faultless execution, courage, indifference to danger, and a resourceful, calculating brain. *Pennington hasn't got those attributes*. He couldn't do a crime unless he knew it to be safe. This crime wasn't safe! It hung on a razor edge. It needed boldness. Pennington isn't bold. He's only astute.'

вал. Признание в мошенничестве, признание в покушении на жизнь. На большее и надеяться не приходится. Если в покушении человек как-то сознается, то мокрое дело он никогда на себя не возьмет.

— Бывает, что возьмет, — сказал Пуаро. Его глаза, как у кошки, подернулись дымкой.

Рейс с любопытством взглянул на него:

— У вас есть план?

Пуаро кивнул. Он зажимал пальцы:

— Парк в Асуане. Заявление мистера Аллертона. Два флакона с лаком для ногтей. Моя бутылка вина. Бархатная накидка. Носовой платок в пятнах. Револьвер, оставленный на месте преступления. Смерть Луизы. Смерть мадам Оттерборн... Да, одно к одному. Пеннингтон никого не убивал, Рейс.

— Как! — поразился Рейс.

— Не убивал. Да, у него были мотивы. Да, у него было *желание*. Он даже предпринял *попытку*. Mais c'est tout[1]. Для этого преступления требовалось нечто такое, чего у Пеннингтона нет. Для такого преступления нужны дерзость, безошибочное и быстрое исполнение, храбрость, безразличие к опасности и при всем том находчивый и сметливый ум. Всех этих качеств Пеннингтон лишен. Он пойдет на преступление, если будет знать, что ничем не рискует. А наш преступник очень и очень рисковал. Он ходил по краю пропасти. Тут нужно быть смелым человеком. Пеннингтон не смелый, а просто хитрец.

---

[1] Но это всё (*фр.*).

Race looked at him with the respect one able man gives to another.

'You've got it all well taped,' he said.

'I think so, yes. There are one or two things — that telegram for instance, that Linnet Doyle read. I should like to get that cleared up.'

'By Jove, we forgot to ask Doyle. He was telling us when poor old Ma Otterbourne came along. We'll ask him again.'

'Presently. First, I have someone else to whom I wish to speak.'

'Who's that?'

'Tim Allerton.'

Race raised his eyebrows.

'Allerton? Well, we'll get him here.'

He pressed a bell and sent the steward with a message.

Tim Allerton entered with a questioning look.

'Steward said you wanted to see me?'

'That is right, Monsieur Allerton. Sit down.'

Tim sat. His face was attentive but very slightly bored.

'Anything I can do?' His tone was polite but not enthusiastic.

Poirot said: 'In a sense, perhaps. What I really require is for you to listen.'

Tim's eyebrows rose in polite surprise.

'Certainly. I'm the world's best listener. Can be relied on to say "Oo-er!" at the right moments.'

Рейс смотрел на него с профессиональным уважением.

— Вы отлично разложили все по полочкам, — сказал он.

— Пожалуй, да. Кое-что нужно еще добрать. Например, телеграмма, которую читала Линит Дойл. Хотелось бы это прояснить.

— Господи, мы же забыли спросить Дойла! Он заговорил о ней, когда прибежала эта несчастная мамаша Оттерборн. Надо опять спросить.

— Это потом. Прежде мне хочется поговорить кое с кем.

— С кем же?

— С Тимом Аллертоном.

Рейс поднял брови:

— Хорошо, давайте вызовем его сюда.

Он нажал звонок и отдал распоряжение стюарду.

С вопросительным видом вошел Тим Аллертон.

— Стюард говорит, вы хотели меня видеть?

— Именно так, месье. Садитесь.

Тим сел. Его скучающее лицо выразило внимание.

— От меня что-нибудь требуется? — У него вежливый, прохладный голос.

— В известном смысле. Мне нужно, чтобы вы меня выслушали.

У Тима удивленно поползли вверх брови.

— Извольте. Другого такого благодарного слушателя нет на всем белом свете. Будьте уверены, что в нужный момент я буду говорить «Ух ты!».

'That is very satisfactory. "Oo-er!" will be very expressive. *Eh bien*, let us commence. When I met you and your mother at Aswan, Monsieur Allerton, I was attracted to your company very strongly. To begin with, I thought your mother was one of the most charming people I had ever met—'

The weary face flickered for a moment — a shade of expression came into it.

'She is — unique,' he said.

'But the second thing that interested me was your mention of a certain lady.'

'Really?'

'Yes, a Mademoiselle Joanna Southwood. You see, I had recently been hearing that name.' He paused and went on. 'For the last three years there have been certain jewel robberies that have been worrying Scotland Yard a good deal. They are what may be described as society robberies. The method is usually the same — the substitution of an imitation piece of jewellery for an original. My friend, Chief Inspector Japp, came to the conclusion that the robberies were not the work of one person, but of two people working in with each other very cleverly. He was convinced, from the considerable inside knowledge displayed, that the robberies were the work of people in a good social position. And finally his attention became riveted on Mademoiselle Joanna Southwood.

'Every one of the victims had been either a friend or acquaintance of hers, and in each case she had either handled or been lent the piece of jewellery in question. Also, her style of living was far in excess of her income. On the other hand it was quite clear

— Совсем хорошо. «Ух ты!» нам очень подойдет. Eh bien. Приступим. Когда я встретил вас с матушкой в Асуане, месье Аллертон, меня чрезвычайно привлекло ваше общество. Прежде всего, я не встречал человека очаровательнее вашей матушки.

Скучающее лицо дрогнуло, осветилось теплым чувством.

— Она — особенная, — сказал Тим.

— И еще одно обстоятельство потянуло меня к вам: вы упомянули некую даму.

— В самом деле?

— Да. Вы упомянули мадемуазель Джоанну Саутвуд. Не так давно я слышал это имя, — продолжал он. — Уже три года Скотленд-Ярд изрядно беспокоят особого рода кражи драгоценностей. Их можно назвать «салонными кражами». Способ всегда один: оригинал заменяют подделкой. Главный инспектор Джепп — он мой приятель — пришел к заключению, что эти кражи совершает не одиночка, а превосходно сработавшаяся пара. На основании множества косвенных данных он уверился в том, что эта пара принадлежит к хорошему обществу. В конечном счете его внимание сосредоточилось на мадемуазель Джоанне Саутвуд.

Всякий раз жертва доводилась ей подругой или хорошей знакомой. Всякий раз искомую драгоценность она хоть однажды держала в руках или ей давали ее поносить. К тому же ее образ жизни значительно превосходил ее доходы. Однако

that the actual robbery — that is to say the substitution — had *not* been accomplished by her. In some cases she had been out of England during the period when the jewellery must have been replaced.

'So gradually a little picture grew up in Chief Inspector Japp's mind. Mademoiselle Southwood was at one time associated with a Guild of Modern Jewellery. He suspected that she handled the jewels in question, made accurate drawings of them, got them copied by some humble but dishonest working jeweller and that the third part of the operation was the successful substitution by another person — somebody who could have been proved never to have handled the jewels and never to have had anything to do with copies or imitations of precious stones. Of the identity of this other person Japp was ignorant.

'Certain things that fell from you in conversation interested me. A ring that disappeared when you were in Majorca, the fact that you had been in a house party where one of these fake substitutions had occurred, your close association with Mademoiselle Southwood. There was also the fact that you obviously resented my presence and tried to get your mother to be less friendly towards me. That might, of course, have been just personal dislike, but I thought not. You were too anxious to try and hide your distaste under a genial manner.

'*Eh bien* — after the murder of Linnet Doyle it is discovered that her pearls are missing. You comprehend, at once I think of you! But I am not quite

всякий раз было ясно, что сама кража, точнее сказать — подмена, не была делом ее рук. Ее попросту не оказывалось в Англии, когда драгоценность заменяли подделкой.

Постепенно в голове главного инспектора Джеппа сложилась примерно такая картина. В свое время мадемуазель Саутвуд была связана с Гильдией современных ювелиров. Получая на руки драгоценности, она тщательно зарисовывала их, и какой-нибудь потерявший совесть ювелир делал по ее рисункам копии, которыми на третьем этапе, по догадке Джеппа, ее напарник по «салонным кражам» заменял подлинные образцы. Он никогда прежде не брал в руки драгоценности, что всегда можно было доказать, как и то, что он никогда не имел отношения к фальшивкам и подделкам драгоценных камней. Личность этого напарника Джеппу не удалось установить.

В вашем разговоре меня заинтересовали некоторые обмолвки. Пропавшее при вас кольцо на Майорке; ваше присутствие на приеме, где обнаружилось, что подлинные драгоценности заменены на поддельные; ваша близкая дружба с мадемуазель Саутвуд. Имело значение и то, что вам явно было не по душе мое присутствие и вы всячески старались настроить против меня вашу матушку. Это, конечно, можно было объяснить простой неприязнью, но я отвел эту мысль. Уж очень старательно вы прятали эту неприязнь под маской радушия.

Eh bien. Убивают Линит Дойл, и обнаруживается, что пропал ее жемчуг. Как вы понимаете, я сразу думаю на вас, но уверенности у меня нет.

satisfied. For if you are working, as I suspect, with Mademoiselle Southwood (who was an intimate friend of Madame Doyle's), then substitution would be the method employed — not barefaced theft. But then, the pearls quite unexpectedly are returned, and what do I discover? That they are not genuine, but *imitation*.

'I know then who the real thief is. It was the imitation string which was stolen and returned — an imitation which you had previously substituted for the real necklace.'

He looked at the young man in front of him. Tim was white under his tan. He was not so good a fighter as Pennington — his stamina was bad. He said, with an effort to sustain his mocking manner:

'Indeed? And if so, what did I do with them?'

'That I know also.'

The young man's face changed — broke up. Poirot went on slowly.

'There is only one place where they can be. I have reflected, and my reason tells me that that is so. Those pearls, Monsieur Allerton, are concealed in a rosary that hangs in your cabin. The beads of it are very elaborately carved. I think you had it made specially. Those beads unscrew, though you would never think so to look at them. Inside each is a pearl, stuck with Seccotine. Most police searchers respect religious symbols unless there is something obviously queer about them. You counted on that. I endeavoured to find out how Mademoiselle Southwood sent

Ведь если вы, как я полагаю, работаете с мадемуазель Саутвуд, близкой подругой мадам Дойл, то должна иметь место подмена, а не наглая кража. Вдруг жемчуг возвращают — и что же я вижу? Что он не настоящий, это подделка.

И тогда я понимаю, кто тут истинный вор. Украли и вернули поддельную нитку, которой вы еще раньше заменили настоящее ожерелье.

Пуаро взглянул на сидящего против него молодого человека. Загар не мог скрыть, как он побледнел. Боец он был неважный, не то что цепкий Пеннингтон. Выдерживая роль пересмешника, Тим сказал:

— В самом деле? Куда же я его дел в таком случае?

— Это я тоже знаю.

У Тима сразу опало, увяло лицо. Пуаро размеренно продолжал:

— Ожерелье может находиться только в одном месте. Я долго размышлял, и мой рассудок ручается в правоте. Жемчужины, месье Аллертон, спрятаны в четках, что висят у вас в каюте. Их бусины очень искусно вырезаны — я думаю, их делали по вашему заказу. Бусины разымаются на половинки — по их виду не догадаешься, — и внутри каждой в клею лежит жемчужина. При обыске полиция обычно уважительно относится к религиозным символам, если не усмотрит в них ничего подозрительного. И вы это учли. Я пы-

the imitation necklace out to you. She must have done so, since you came here from Majorca on hearing that Madame Doyle would be here for her honeymoon. My theory is that it was sent in a book — a square hole being cut out of the pages in the middle. A book goes with the ends open and is practically never opened in the post.'

There was a pause — a long pause. Then Tim said quietly:

'You win! It's been a good game, but it's over at last. There's nothing for it now, I suppose, but to take my medicine.'

Poirot nodded gently.

'Do you realize that you were seen that night?'

'Seen?' Tim started.

'Yes, on the night that Linnet Doyle died, someone saw you leave her cabin just after one in the morning.'

Tim said: 'Look here — you aren't thinking ... it wasn't I who killed her! I'll swear that! I've been in the most awful stew. To have chosen that night of all others ... God, it's been awful!'

Poirot said: 'Yes, you must have had uneasy moments. But, now that the truth has come out, you may be able to help us. Was Madame Doyle alive or dead when you stole the pearls?'

Tim said hoarsely:

'I don't know — Honest to God, Monsieur Poirot, I don't know! I'd found out where she put them at night — on the little table by the bed. I crept in, felt

тался выяснить, каким образом мадемуазель Саутвуд переслала вам поддельное ожерелье. Она непременно должна была это сделать, поскольку вы приехали сюда с Майорки, услышав, что здесь будет проводить свой медовый месяц мадам Дойл. Я мыслю так: ожерелье прислали в книге, в страницах вырезав квадратную нишу. Обрезы книги видны, а под обложку на почте никто не заглянет.

Настало долгое молчание. Потом Тим ровным голосом сказал:

— Вы победили. Покуролесил — и хватит. Пора расхлебывать эту кашу.

Пуаро чуть заметно кивнул:
— А вы знаете, что вас видели в ту ночь?
— Меня видели? — вздрогнул Тим.
— Да, в ту ночь, когда погибла Линит Дойл, один человек видел, как вы уходили от нее после часа ночи.

Тим сказал:
— Слушайте, вы же не думаете... Это не я ее убил, клянусь вам! Я места себе не нахожу. Надо же было выбрать именно ту ночь! Это просто ужас какой-то.

— Да, — сказал Пуаро, — вам пришлось понервничать. Зато теперь, когда правда вышла наружу, вы можете нам помочь. Когда вы брали ее жемчуг, мадам Дойл была жива или мертва?

— Не знаю, — хрипло выдавил Тим. — Ей-богу, не знаю, месье Пуаро. Я заранее выяснил, куда она кладет его на ночь, — на столик у изголовья. Я прокрался в каюту, ощупал столик, за-

very softly on the table and grabbed 'em, put down the others and crept out again. I assumed, of course, that she was asleep.'

'Did you hear her breathing? Surely you would have listened for that?'

Tim thought earnestly.

'It was very still — very still indeed. No, I can't remember actually hearing her breathe ...'

'Was there any smell of smoke lingering in the air, as there would have been if a firearm had been discharged recently?'

'I don't think so. I don't remember it.'

Poirot sighed.

'Then we are no further.'

Tim asked curiously,

'Who was it saw me?'

'Rosalie Otterbourne. She came round from the other side of the boat and saw you leave Linnet Doyle's cabin and go to your own.'

'So it was she who told you.'

Poirot said gently,

'Excuse me — she did not tell me.'

'But then, how do you know?'

'Because I am Hercule Poirot! *I do not need to be told*. When I taxed her with it, do you know what she said? She said, "*I saw nobody*." And she lied.'

'But why?'

Poirot said in a detached voice:

'Perhaps because she thought the man she saw was the murderer. It looked like that, you know.'

брал жемчуг, положил поддельный и выскользнул наружу. Естественно, я думал, что она спит.

— Вы слышали ее дыхание? Вы же наверняка прислушивались.

Тим добросовестно задумался.

— Было очень тихо — действительно, очень тихо, но чтобы слышать ее дыхание... нет, не помню.

— Не пахло гарью, как после недавнего выстрела из пистолета?

— Не думаю. Не помню.

Пуаро вздохнул:

— Значит, мы не продвинулись.

Тим заинтересованно спросил:

— А кто меня видел?

— Розали Оттерборн. Она шла с другого борта и видела, как вы вышли из каюты Линит Дойл и прошли к себе.

— Так это она вам сказала.

Пуаро тихо возразил:

— Извините. Она мне ничего не говорила.

— Тогда как же вы узнали?

— Не зря же я Эркюль Пуаро! Я не нуждаюсь в том, чтобы мне рассказывали. Когда я оказал на нее давление, знаете, что она сказала? Она сказала: «Я никого не видела». Она солгала мне.

— Почему же она не призналась?

Пуаро бесстрастным голосом сказал:

— Возможно, потому, что считала убийцей того, кого она увидела тогда. Согласитесь, это было похоже на правду.

'That seems to me all the more reason for telling you.'

Poirot shrugged his shoulders.

'She did not think so, it seems.'

Tim said, a queer note in his voice:

'She's an extraordinary sort of a girl. She must have been through a pretty rough time with that mother of hers.'

'Yes, life has not been easy for her.'

'Poor kid,' Tim muttered. Then he looked towards Race. 'Well, sir, where do we go from here? I admit taking the pearls from Linnet's cabin, and you'll find them just where you say they are. I'm guilty all right. But as far as Miss Southwood is concerned, I'm not admitting anything. You've no evidence whatever against her. How I got hold of the fake necklace is my own business.'

Poirot murmured: 'A very correct attitude.'

Tim said with a flash of humour:

'Always the gentleman!' He added: 'Perhaps you can imagine how annoying it was to me to find my mother cottoning on to you! I'm not a sufficiently hardened criminal to enjoy sitting cheek by jowl with a successful detective just before bringing off a rather risky coup! Some people might get a kick out of it. I didn't. Frankly, it gave me cold feet.'

'But it did not deter you from making your attempt?'

Tim shrugged his shoulders.

'I couldn't funk it to that extent. The exchange had to be made sometime and I'd got a unique oppor-

— Тем больше, по-моему, оснований рассказать вам.

Пуаро пожал плечами:

— Значит, она думала иначе.

Дрогнувшим голосом Тим сказал:

— Удивительная девушка. Много, наверное, натерпелась она от своей матери.

— Да, жизнь была неласкова к ней.

— Бедная, — обронил Тим и поднял глаза на Рейса. — Что будем делать, сэр? Я признаюсь в том, что забрал из каюты Линит нитку жемчуга, вы найдете ее там, где было сказано. Я виновен в полной мере. Что же касается мисс Саутвуд, то тут я ничего не признаю. Против нее нет никаких доказательств. Это мое личное дело, где я раздобыл фальшивое ожерелье.

— Очень правильная позиция, — пробормотал Пуаро.

Тим, кривляясь, сказал:

— Джентльмен есть джентльмен! Теперь вообразите мои муки, когда матушка начала обхаживать вас. Не настолько же я закоренелый злодей, чтобы накануне весьма рискованного предприятия безмятежно сидеть бок о бок с удачливым детективом! Кому-то, может, это по вкусу, но мне — нет. Честно говоря, я сидел и обливался холодным потом.

— Однако это не удержало вас.

Тим пожал плечами:

— До такой степени я не дал себе распуститься. Когда-то надо было подменить ожерелье, а на

tunity on this boat — a cabin only two doors off, and Linnet herself so preoccupied with her own troubles that she wasn't likely to detect the change.'

'I wonder if that was so—'
Tim looked up sharply.
'What do you mean?'
Poirot pressed the bell.
'I am going to ask Miss Otterbourne if she will come here for a minute.'

Tim frowned but said nothing. A steward came, received the order and went away with the message.

Rosalie came after a few minutes. Her eyes, reddened with recent weeping, widened a little at seeing Tim, but her old attitude of suspicion and defiance seemed entirely absent. She sat down and with a new docility looked from Race to Poirot.

'We're very sorry to bother you, Miss Otterbourne,' said Race gently. He was slightly annoyed with Poirot.

The girl said in a low voice: 'It doesn't matter.'
Poirot said: 'It is necessary to clear up one or two points. When I asked you whether you saw anyone on the starboard deck at 1.10 this morning, your answer was that you saw nobody. Fortunately I have been able to arrive at the truth without your help. Monsieur Allerton has admitted that he was in Linnet Doyle's cabin last night.'

She flashed a swift glance at Tim. Tim, his face grim and set, gave a curt nod.

'The time is correct, Monsieur Allerton?'
Allerton replied, 'Quite correct.'

пароходе представилась редкая возможность: ее каюта третья от меня, и сама Линит настолько погружена в собственные заботы, что вряд ли заметит подмену.

— Сомневаюсь, что все так и было.

Тим внимательно взглянул на него:

— Что вы хотите сказать?

Пуаро нажал кнопку звонка.

— Я бы хотел пригласить сюда мисс Оттерборн.

Тим нахмурился и ничего не сказал. Пришел стюард, выслушал распоряжение и удалился.

Через несколько минут явилась Розали. При виде Тима ее покрасневшие от недавних слез глаза округлились; в ней не было и следа былого недовольства, колючести. Она села и с новообретенной кротостью перевела взгляд с Рейса на Пуаро.

— Извините, что пришлось вас потревожить, мисс Оттерборн, — негромко сказал Рейс. Он был не очень доволен настойчивостью Пуаро.

— Ничего, — в тон ему сказала девушка.

— Нужно прояснить немногие моменты, — сказал Пуаро. — Когда я спросил вас, не видели ли вы кого-нибудь на палубе с правого борта в десять минут второго, вы ответили, что никого не видели. К счастью, я дознался до правды без вашей помощи. Месье Аллертон признался, что ночью был в каюте Линит Дойл.

Она бросила взгляд на убитое, каменное лицо Тима; тот коротко кивнул.

— Я правильно назвал время, месье Аллертон?

— Совершенно правильно, — ответил Аллертон.

Rosalie was staring at him. Her lips trembled — fell apart...

'But you didn't — you didn't—'

He said quickly:

'No, I didn't kill her. I'm a thief, not a murderer. It's all going to come out, so you might as well know. I was after her pearls.'

Poirot said, 'Mr Allerton's story is that he went to her cabin last night and exchanged a string of fake pearls for the real ones.'

'Did you?' asked Rosalie. Her eyes, grave, sad, childlike, questioned his.

'Yes,' said Tim.

There was a pause. Colonel Race shifted restlessly.

Poirot said in a curious voice:

'That, as I say, is Monsieur Allerton's story, partially confirmed by your evidence. That is to say, there is evidence that he did visit Linnet Doyle's cabin last night, *but there is no evidence to show why he did so.*'

Tim stared at him.

'But you know!'

'What do I know?'

'Well — you know I've got the pearls.'

'*Mais oui — mais oui!* I know you have the pearls, *but I do not know when you got them*. It may have been *before* last night ... You said just now that Linnet Doyle would not have noticed the substitution. I am not so sure of that. Supposing she *did* notice it ... Supposing, even, she knew who did it ... Sup-

Розали не сводила с него глаз. У нее дрожали помертвелые губы.

— Но вы не...

Он ответил сразу:

— Нет-нет, я не убивал. Я вор, а не убийца. Все равно об этом скоро все узнают. Я охотился за ее жемчугом.

— По словам мистера Аллертона, прошлой ночью он вошел в ее каюту и подменил жемчужное ожерелье подделкой, — вмешался Пуаро.

— Правда? — спросила Розали. Ее грустные, младенчески беззащитные глаза вопрошающе смотрели на него.

— Да, — сказал Тим.

Все молчали. Полковник Рейс смущенно ерзнул на стуле.

Пуаро продолжал фальшивым голосом:

— Это, повторяю, версия самого месье Аллертона, которую частично подтверждает ваше свидетельство. Иначе говоря, доказано, что прошлой ночью он был в каюте Линит Дойл, но нет никаких доказательств того, что он там делал.

Тим изумленно выкатил на него глаза:

— Но вы же знаете!

— Что я знаю?

— Что я взял жемчуг.

— Mais oui — mais oui. Я знаю, что жемчуг у вас, но я не знаю, когда вы его взяли. Может статься, что вы его взяли не прошлой ночью, а *раньше*. Вы сказали, что Линит Дойл вряд ли бы заметила подмену. Я отнюдь не уверен в этом. Допустим, она ее заметила. Допустим далее, что она

posing that last night she threatened to expose the whole business, and that you knew she meant to do so ... and supposing that you overheard the scene in the saloon between Jacqueline de Bellefort and Simon Doyle and, as soon as the saloon was empty, you slipped in and secured the pistol, and then, an hour later, when the boat had quieted down, you crept along to Linnet Doyle's cabin and made quite sure that no exposure would come ...'

'My God!' said Tim. Out of his ashen face, two tortured, agonized eyes gazed dumbly at Hercule Poirot.

The latter went on:

'But somebody else saw you — the girl Louise. The next day she came to you and blackmailed you. You must pay her handsomely or she would tell what she knew. You realized that to submit to blackmail would be the beginning of the end. You pretended to agree, made an appointment to come to her cabin just before lunch with the money. Then, when she was counting the notes, you stabbed her.

'But again luck was against you. Somebody saw you go to her cabin—'he half turned to Rosalie. 'Your mother. Once again you had to act — dangerously, foolhardily — but it was the only chance. You had heard Pennington talk about his revolver. You rushed into his cabin, got hold of it, listened outside Dr Bessner's cabin door and shot Madame Otterbourne before she could reveal your name—'

'No-o!' cried Rosalie. 'He didn't! He didn't!'

знала, кто подменил жемчуг. Допустим, что вчера вечером она грозила разоблачением, и вы поняли, что она не преминет это сделать. Допустим также, что вы слышали с палубы ссору между Жаклин де Бельфор и Саймоном Дойлом и, когда салон опустел, вошли и забрали пистолет, а час спустя, когда пароход утих, пробрались в каюту Линит Дойл и сделали так, чтобы никакое разоблачение вам более не грозило.

— Боже мой! — сказал Тим. На его пепельном лице в немом ужасе стыли глаза, уставленные на Эркюля Пуаро.

Тот продолжал:

— Но один человек видел вас — горничная Луиза. Утром она явилась к вам и стала шантажировать. Она назначила большую цену за свое молчание. Вы поняли, что если поддаться шантажу, то это будет началом конца. Вы притворно согласились, обещали перед ленчем прийти к ней в каюту с деньгами. И когда она считала банкноты, вы ее закололи.

Но опять удача изменила вам. Когда вы шли к горничной, вас видели, — Пуаро повернулся к Розали, — ваша матушка его видела. Снова вам приходится действовать очертя голову — выбора у вас нет. Раньше вы слышали, как Пеннингтон рассказывал о своем пистолете. Вы бросаетесь в его каюту, берете из стола пистолет, подслушиваете у каюты доктора Бесснера, и когда мадам Оттерборн готова произнести ваше имя, вы стреляете в нее.

— Нет! — вскричала Розали. — Это не он!

'After that, you did *the only thing you could do* — rushed round the stern. And when I rushed after you, you had turned and pretended to be coming in the *opposite* direction. You had handled the revolver in gloves; those gloves *were in your pocket when I asked for them* .. .'

Tim said, 'Before God, I swear it isn't true — not a word of it.' But his voice, ill assured and trembling, failed to convince.

It was then that Rosalie Otterbourne surprised them.

'Of course it isn't true! And Monsieur Poirot knows it isn't! He's saying it for some reason of his own.'

Poirot looked at her. A faint smile came to his lips. He spread out his hands in token surrender.

'Mademoiselle is too clever ... But you agree — it was a good case?'

'What the devil—' Tim began with rising anger, but Poirot held up a hand.

'There is a very good case against you, Monsieur Allerton. I wanted you to realize that. Now I will tell you something more pleasant. I have not yet examined that rosary in your cabin. It may be that, when I do, *I shall find nothing there*. And then, since Mademoiselle Otterbourne sticks to it that she saw no one on the deck last night — *eh bien*, there is no case against you at all. The pearls were taken by a kleptomaniac who has since returned them. They are in a little box on the table by the door, if you would like to examine them with Mademoiselle.'

— После этого вы сделали единственное, что могли сделать: побежали на корму. Когда я бросился за вами, вы уже развернулись и сделали вид, что идете с противоположной стороны. Пистолет вы брали перчатками: они были у вас в кармане, когда я спросил их...

— Клянусь богом, это неправда, — сказал Тим. — В этом нет ни слова правды. — Его подавленный голос звучал неубедительно.

Тут всех удивила Розали Оттерборн.

— Конечно, неправда! Месье Пуаро прекрасно это знает! Он говорит так с какой-то целью.

Пуаро поднял на нее глаза. Слабая улыбка тронула его губы. Признавая свое поражение, он поднял руки:

— Вы умница, мадемуазель. Но, согласитесь, улики — одна к одной!

— Какого дьявола... — начал закипать Тим, но Пуаро остановил его движением руки:

— Против вас очень сильные улики, месье Аллертон. Я хочу, чтобы вы осознали это. Теперь я вам скажу кое-что более приятное. Я ведь еще не обследовал ваши четки. Может так случиться, что, разобрав их, я ничего в них не найду. Поскольку мадемуазель Оттерборн стоит на том, что прошлой ночью никого не видела на палубе, eh bien, против вас нет никаких свидетельств. Жемчужное ожерелье взяла и уже вернула клептоманка, оно в той коробочке на столе, у двери, вы можете посмотреть, если интересно.

Tim got up. He stood for a moment unable to speak. When he did, his words seemed inadequate, but it is possible that they satisfied his listeners.

'Thanks!' he said. 'You won't have to give me another chance!'

He held the door open for the girl; she passed out and, picking up the little cardboard box, he followed her. Side by side they went. Tim opened the box, took out the sham string of pearls and hurled it far from him into the Nile.

'There!' he said. 'That's gone. When I return the box to Poirot the real string will be in it. What a damned fool I've been!'

Rosalie said in a low voice:

'Why did you come to do it in the first place?'

'How did I come to start, do you mean? Oh, I don't know. Boredom — laziness — the fun of the thing. Such a much more attractive way of earning a living than just pegging away at a job. Sounds pretty sordid to you, I expect, but you know there was an attraction about it — mainly the risk, I suppose.'

'I think I understand.'

'Yes, but you wouldn't ever do it.'

Rosalie considered for a moment or two, her grave young head bent.

'No,' she said simply. 'I wouldn't.'

He said:

'Oh, my dear — you're so lovely ... so utterly lovely. Why wouldn't you say you'd seen me last night?'

Rosalie said: 'I thought — they might suspect you.'

'Did you suspect me?'

Тим встал. С минуту он безмолвствовал. Последовавшие слова могли показаться странными, но, может, они удовлетворили его собеседников.

— Спасибо, — сказал он. — Вы не раскаетесь.

Он придержал дверь, пока выходила девушка, и, прихватив картонную коробочку, тоже вышел. Они шли рядом. Тим открыл коробку, достал нитку фальшивого жемчуга и, размахнувшись, далеко швырнул ее в нильские воды.

— Вот так, — сказал он. — Кончено. Когда я верну коробочку Пуаро, в ней будет настоящий жемчуг. Каким же дураком я был!

Розали тихо спросила:

— Как случилось, что вы это сделали?

— Как я этим занялся, вы хотите сказать? Ну, не знаю. От скуки, от лени, ради интереса. Интереснее же так зарабатывать, чем таскаться на службу. Вы, конечно, содрогаетесь от омерзения, но тут есть своя прелесть — риск хотя бы.

— Это я понимаю.
— Да, но сами-то вы так никогда не сделаете.

С минуту Розали раздумывала, склонив невеселую голову.

— Да, я бы так не сделала.

Он сказал:

— Ах, моя дорогая... такая славная. Почему вы не сказали, что видели меня той ночью?

— Я подумала: они будут вас подозревать, — сказала Розали.

— А вы меня подозревали?

'No. I couldn't believe that you'd kill anyone.'

'No. I'm not the strong stuff murderers are made of. I'm only a miserable sneak-thief.'

She put out a timid hand and touched his arm.

'Don't say that ...'

He caught her hand in his.

'Rosalie, would you — you know what I mean? Or would you always despise me and throw it in my teeth?'

She smiled faintly.

'There are things you could throw in my teeth, too ...'

'Rosalie — darling ...'

But she held back a minute longer.

'This — Joanna—'

Tim gave a sudden shout.

'Joanna? You're as bad as Mother. I don't care a damn about Joanna. She's got a face like a horse and a predatory eye. A most unattractive female.'

Presently Rosalie said:

'Your mother need never know about you.'

Tim said thoughtfully: 'I'm not sure.' 'I think I shall tell her. Mother's got plenty of stuffing, you know. She can stand up to things. Yes, I think I shall shatter her maternal illusions about me. She'll be so relieved to know that my relations with Joanna were purely of a business nature that she'll forgive me everything else.'

They had come to Mrs Allerton's cabin and Tim knocked firmly on the door. It opened and Mrs Allerton stood on the threshold.

— Нет, я и вообразить не могла, что вы можете кого-то убить.

— Да, для убийцы я жидковат. Я просто жалкий воришка.

Она робко коснулась его руки:

— Не говорите так.

Он сжал ее руку:

— Розали, вы не согласитесь... или вы всю жизнь будете помнить и презирать меня?

Она слабо улыбнулась:

— Вы мне тоже можете кое-что припомнить.

— Дорогая...

Она еще не выговорилась.

— А как же... ваша Джоанна...

Тим издал отчаянный вопль:

— Джоанна?! Вы прямо вторая матушка! Плевать мне на Джоанну с ее лошадиной челюстью и вороватым глазом. Жуткая женщина.

Через некоторое время Розали сказала:

— Вашей маме не надо знать.

— Не уверен, — протянул Тим, — наверное, я скажу ей. Мама у меня не робкого десятка. Она перенесет. Да, лучше я развею ее родительские иллюзии. Она с таким облегчением узнает, что мои отношения с Джоанной были чисто деловыми, что простит все остальное.

Они подошли к каюте миссис Аллертон, и Тим постучал. Дверь открылась, на пороге стояла миссис Аллертон.

'Rosalie and I—' began Tim. He paused.

'Oh, my dears,' said Mrs Allerton. She folded Rosalie in her arms. 'My dear, dear child ... I always hoped — but Tim was so tiresome, and pretended he didn't like you. But of course I saw through *that!*'

Rosalie said in a broken voice:

'You've been so sweet to me — always. I used to wish — to wish—'

She broke off and sobbed happily on Mrs Allerton's shoulder.

Chapter 27

As the door closed behind Tim and Rosalie, Poirot looked somewhat apologetically at Colonel Race. The Colonel was looking rather grim.

'You will consent to my little arrangement, yes?' Poirot pleaded. 'It is irregular — I know it is irregular, yes — but I have a high regard for human happiness.'

'You've none for mine,' said Race.

'That *jeune fille*. I have a tenderness towards her, and she loves that young man. It will be an excellent match — she has the stiffening he needs, the mother likes her — everything is thoroughly suitable.'

'In fact the marriage has been arranged by heaven and Hercule Poirot. All I have to do is to compound a felony.'

— Мы с Розали, — начал Тим — и смолк.

— Дорогие вы мои, — сказала миссис Аллертон, принимая Розали в объятия. — Милое дитя... Я не теряла надежды... С Тимом так трудно, да еще он притворялся, что вы ему не нравитесь. Но меня не проведешь!

Розали сказала дрогнувшим голосом:

— Вы были так добры ко мне. Мне так хотелось, чтобы...

И она счастливо зарыдала на плече у миссис Аллертон.

Глава 27

Когда за Тимом и Розали закрылась дверь, Пуаро бросил на полковника виноватый взгляд. Тот хмурился.

— Вы не возражаете, как я все устроил? — просящим тоном обратился к нему Пуаро. — Это непорядок, я знаю, но я высоко ставлю человеческое счастье.

— Мои чувства вы ни во что не ставите, — сказал Рейс.

— Эта jeune fille — я питаю к ней нежность. А как она любит своего молодого человека. Это будет замечательная пара. В ней есть твердость, которой ему недостает; его матушка ее любит. Все очень хорошо подобралось.

— Об этом браке, можно сказать, позаботились небеса и Эркюль Пуаро. Мне остается только отказаться от возбуждения уголовного дела.

'But, *mon ami*, I told you, it was all conjecture on my part.'

Race grinned suddenly.

'It's all right by me,' he said. 'I'm not a damned policeman, thank God! I dare say the young fool will go straight enough now. The girl's straight all right. No, what I'm complaining of is your treatment of *me*! I'm a patient man — but there are limits to patience! *Do* you know who committed the three murders on this boat or *don't* you?'

'I do.'

'Then why all this beating about the bush?'

'You think that I am just amusing myself with side issues? And it annoys you? But it is not that. Once I went professionally to an archæological expedition — and I learnt something there. In the course of an excavation, when something comes up out of the ground, everything is cleared away very carefully all around it. You take away the loose earth, and you scrape here and there with a knife until finally your object is there, all alone, ready to be drawn and photographed with no extraneous matter confusing it. That is what I have been seeking to do — clear away the extraneous matter so that we can see the truth — the naked shining truth.'

'Good,' said Race. 'Let's have this naked shining truth. It wasn't Pennington. It wasn't young Allerton. I presume it wasn't Fleetwood. Let's hear who it was for a change.'

'My friend, I am just about to tell you.'

— Но, mon ami, я же сказал, что это были только мои предположения.

Рейс расцвел улыбкой.

— Я не в претензии, — сказал он. — Не полицейский же я, прости господи! Этот юный балбес, надеюсь, уже не собьется с пути. Девушка ему досталась правильная. А не нравится мне, как вы обращаетесь со мной. Я терпеливый человек, но всему есть предел. Знаете вы, кто совершил эти три убийства на пароходе? Или не знаете?

— Знаю.

— Зачем тогда ходить вокруг да около?

— Вы думаете, мне нравится размениваться на мелочи? Это вас беспокоит? Но это все не мелочи. Однажды я работал в археологической экспедиции — и вот чему я там выучился. Во время раскопок, когда из грунта извлекают какой-то предмет, его тщательно расчищают, удаляют землю, тут и там подскабливают ножом, чтобы находка предстала в своем истинном виде и ее можно было зарисовать и сфотографировать без привходящих обстоятельств. Именно этим я и занимался — удалял привходящие обстоятельства, дабы мы могли увидеть истину — нагую, неотразимую истину.

— Прекрасно, — сказал Рейс. — Представьте же нам эту нагую, неотразимую истину. Пеннингтон не убивал. Молодой Аллертон тоже. Вероятно, не убивал и Флитвуд. Скажите ради интереса, кто это сделал.

— Мой друг, я как раз собираюсь сказать.

There was a knock on the door. Race uttered a muffled curse. It was Dr Bessner and Cornelia. The latter was looking upset.

'Oh, Colonel Race,' she exclaimed, 'Miss Bowers has just told me about Cousin Marie. It's been the most dreadful shock. She said she couldn't bear the responsibility all by herself any longer, and that I'd better know as I was one of the family. I just couldn't believe it at first, but Dr Bessner here has been just wonderful.'

'No, no,' protested the doctor modestly.

'He's been so kind, explaining it all, and how people really can't help it. He's had kleptomaniacs in his clinic. And he's explained to me how it's very often due to a deep-seated neurosis.' Cornelia repeated the words with awe. 'It's planted very deeply in the subconscious — sometimes it's just some little thing that happened when you were a child. And he's cured people by getting them to think back and remember what that little thing was.' Cornelia paused, drew a deep breath, and started off again. 'But it's worrying me dreadfully in case it all gets out. It would be too, too terrible in New York. Why, all the tabloids would have it. Cousin Marie and Mother and everybody — they'd never hold up their heads again.'

Race sighed.

'That's all right,' he said. 'This is Hush Hush House.'

'I beg your pardon, Colonel Race?'

'What I was endeavouring to say was that anything short of murder is being hushed up.'

В дверь постучали. Рейс глухо чертыхнулся. Вошли доктор Бесснер и Корнелия. У девушки был расстроенный вид.

— Ах, полковник Рейс! — воскликнула она. — Мисс Бауэрз только что рассказала мне о кузине Мари. Для меня это такой удар! Она сказала, что не может больше нести ответственность одна и что я — как член семьи — тоже должна знать. Сначала я не могла этому поверить, но доктор Бесснер такой замечательный умница...

— Ну-ну, — заскромничал доктор.

— Он так хорошо все объяснил, что эти несчастные не могут удержаться. У него в клинике были клептоманы. Он говорит, что часто это происходит из-за глубоко укоренившегося невроза. — Корнелия с благоговением выговаривала эти слова. — Болезнь коренится глубоко в подсознании; иногда это сущая мелочь, случившаяся в раннем детстве. Он вылечивал их тем, что заставлял вспоминать и припоминать, какая это была мелочь. — Корнелия перевела дух и погнала дальше: — Меня страшно беспокоит, что это все может выйти наружу. Ужасно подумать, если это дойдет до Нью-Йорка. Это же попадет во все газеты, мы же все сгорим от стыда: кузина Мари, мама.

Рейс вздохнул.

— Не тревожьтесь, — сказал он. — На этом будет гриф «Совершенно секретно».

— Простите, полковник Рейс?

— Я хочу сказать, что только убийству будет дана огласка.

'Oh!' Cornelia clasped her hands. 'I'm *so* relieved. I've just been worrying and worrying.'

'You have the heart too tender,' said Dr Bessner, and patted her benevolently on the shoulder. He said to the others: 'She has a very sensitive and beautiful nature.'

'Oh, I haven't really. You're too kind.'

Poirot murmured, 'Have you seen any more of Mr Ferguson?'

Cornelia blushed.

'No — but Cousin Marie's been talking about him.'

'It seems the young man is highly born,' said Dr Bessner. 'I must confess he does not look it. His clothes are terrible. Not for a moment does he appear a wellbred man.'

'And what do you think, Mademoiselle?'

'I think he must be just plain crazy,' said Cornelia.

Poirot turned to the doctor.

'How is your patient?'

'Ach, he is going on splendidly. I have just reassured the Fräulein de Bellefort. Would you believe it, I found her in despair. Just because the fellow had a bit of a temperature this afternoon! But what could be more natural? It is amazing that he is not in a high fever now. But no, he is like some of our peasants; he has a magnificent constitution, the constitution of an ox. I have seen them with deep wounds that they hardly notice. It is the same with Mr Doyle. His pulse is steady, his temperature only

— Ой, — Корнелия всплеснула руками, — как хорошо! Я совершенно извелась.

— У вас слишком доброе сердце, — сказал Бесснер и покровительственно похлопал ее по плечу. Рейсу и Пуаро он объяснил: — У нее очень впечатлительная и гармоничная природа.

— Ой, что вы! Вы очень добры.

— Не видели больше мистера Фергюсона? — тихо спросил Пуаро.

Корнелия залилась краской.

— Нет, зато кузина Мари говорит о нем постоянно.

— Похоже, молодой человек благородного происхождения, — сказал доктор Бесснер. — По его внешности, признаюсь, этого нельзя сказать. Он ужасно одет и совсем не похож на воспитанного человека.

— А вы что скажете, мадемуазель?

— По-моему, он просто сумасшедший, — сказала Корнелия.

Пуаро повернулся к доктору:

— Как ваш пациент?

— Ach, он замечательно держится. Я только что успокоил эту крошку, фройляйн де Бельфор. Поверите ли, она была в отчаянии только из-за того, что у человека подскочила днем температура! Но это же естественно! Поразительно, что у него нет жара. Он похож на наших крестьян. У него великолепный организм — воловье здоровье. Вол легко переносит глубокую рану — я сам видел. Таков же мистер Дойл. У него ровный пульс, температура чуть выше нормальной. Я сумел разве-

slightly above normal. I was able to pooh-pooh the little lady's fears. All the same, it is ridiculous, *nicht wahr*? One minute you shoot a man, the next you are in hysterics in case he may not be doing well.'

Cornelia said: 'She loves him terribly, you see.'

'Ach! but it is not sensible, that. If *you* loved a man, would you try and shoot him? No, you are sensible.'

'I don't like things that go off with bangs anyway,' said Cornelia.

'Naturally you do not. You are very feminine.'

Race interrupted this scene of heavy approval.

'Since Doyle is all right there's no reason I shouldn't come along and resume our talk of this afternoon. He was just telling me about a telegram.'

Dr Bessner's bulk moved up and down appreciatively.

'Ho, ho, ho, it was very funny that! Doyle, he tells me about it. It was a telegram all about vegetables — potatoes, artichokes, leeks — Ach! pardon?'

With a stifled exclamation, Race had sat up in his chair.

'My God,' he said. 'So that's it! Richetti!'

He looked round on three uncomprehending faces.

'A new code — it was used in the South African rebellion. Potatoes mean machine guns, artichokes are high explosives — and so on. Richetti is no more an archæologist than I am! He's a very dangerous agitator, a man who's killed more than once. And I'll

ять страхи этой малышки. Все-таки забавно, nicht wahr?[1] Сейчас она стреляет, а через минуту бьется в истерике оттого, что ему нездоровится.

— Она его страшно любит, — сказала Корнелия.
— Ach! Но где тут здравый смысл? Если бы вы любили человека, стали бы вы в него стрелять? Не стали бы, вы здравомыслящая девушка.
— Я вообще не люблю, когда стреляют, — сказала Корнелия.
— Естественно, не любите. В вас очень сильно женское начало.

Рейс прекратил это беззастенчивое славословие.
— Раз он в форме, я, пожалуй, пойду к нему и продолжу давешний разговор. Он начал рассказывать про телеграмму.

Доктор Бесснер заколыхался от смеха.

— Да, это очень смешно. Он рассказывал мне. Вся телеграмма была про овощи: картофель, артишоки, лук... Что с вами?

Поперхнувшись сдавленным криком, Рейс дернулся со стула.
— Боже мой! — сказал он. — Вот вам: Рикетти!
Все трое глядели на него непонимающими глазами.
— Это новый шифр. Его испробовали в Южной Африке, когда там были беспорядки. Картофель — это пулеметы, артишоки — взрывчатка и так далее. Рикетти такой же археолог, как я. Это очень опасный террорист. За ним тянется кро-

---

[1] Вы не находите? *(нем.)*

swear that he's killed once again. Mrs Doyle opened that telegram by mistake, you see. *If she were ever to repeat what was in it before me*, he knew his goose would be cooked!' He turned to Poirot. 'Am I right?' he asked. 'Is Richetti the man?'

'He is *your* man,' said Poirot. 'I always thought there was something wrong about him! He was almost too word-perfect in his role — he was all archæologist, not enough human being.' He paused and then said: 'But it was not Richetti who killed Linnet Doyle. For some time now I have known what I may express as the "first half" of the murderer. Now I know the "second half" also. The picture is complete. But you understand that, although I know what must have happened, *I have no proof that it happened*. Intellectually the case is satisfying. Actually it is profoundly unsatisfactory. There is only one hope — a confession from the murderer.'

Dr Bessner raised his shoulders sceptically. ' Ah! but that — it would be a miracle.'

'I think not. Not under the circumstances.'

Cornelia cried out:

'But who is it? Aren't you going to tell us?'

Poirot's eyes ranged quietly over the three of them. Race, smiling sardonically, Bessner, still looking sceptical, Cornelia, her mouth hanging a little open, gazing at him with eager eyes.

'*Mais oui*,' he said. 'I like an audience, I must confess. I am vain, you see. I am puffed up with conceit. I like to say, "See how clever is Hercule Poirot!" '

вавый след, и, разрази меня гром, у нас он тоже отметился. Миссис Дойл по ошибке распечатала его телеграмму. Скажи она при мне, что ей удалось там прочесть, его песенка была бы спета. И он это понимал. — Он повернулся к Пуаро. — Я прав? — спросил он. — Ведь это — Рикетти?

— Да, это *ваш* герой, — сказал Пуаро. — Что-то меня постоянно коробило в нем. Уж очень назубок барабанил он свою роль. С ног до головы археолог, а человека и не видно. — Помолчав, он продолжал: — Но Линит Дойл убил не Рикетти. Уже некоторое время я знаю, так сказать, «первую половину» убийцы. Теперь я знаю и «вторую». Все встало на свои места. Вы убедитесь, однако, что, зная, как должно было все случиться, я не имею никаких доказательств тому, что все случилось именно так. Логически дело не оставляет сомнений. Фактически же оно все сомнительно. Вся надежда на то, что убийца сознается.

Доктор Бесснер скептически пожал плечами:

— Ach! Это значит надеяться на чудо.

— Не думаю. Не те обстоятельства.

Корнелия не выдержала:

— Вы не скажете нам?

Пуаро обвел взглядом всех троих: язвительно улыбается Рейс, скептически хмурится Бесснер, приоткрыв рот, таращит глаза Корнелия.

— Mais oui, — сказал он, — признаться, я люблю публику. Тщеславный человек! Я лопаюсь от самомнения. Мне хочется сказать: «Смотрите, какой он умница, Эркюль Пуаро!»

Race shifted a little in his chair.

'Well,' he asked gently, ' just how clever *is* Hercule Poirot?'

Shaking his head sadly from side to side Poirot said:

'To begin with I was stupid — incredibly stupid. To me the stumbling block was the pistol — Jacqueline de Bellefort's pistol. Why had that pistol not been left on the scene of the crime? The idea of the murderer was quite plainly to incriminate her. Why then did the murderer take it away? I was so stupid that I thought of all sorts of fantastic reasons. The real one was very simple. The murderer took it away because he *had* to take it away — because *he had no choice in the matter.*'

Chapter 28

'You and I, my friend,' Poirot leaned towards Race, 'started our investigation with a preconceived idea. That idea was that the crime was committed on the spur of the moment, without any preliminary planning. Somebody wished to remove Linnet Doyle and had seized their opportunity to do so at a moment when the crime would almost certainly be attributed to Jacqueline de Bellefort. It therefore followed that the person in question had overheard the scene between Jacqueline and Simon Doyle and had obtained possession of the pistol after the others had left the saloon.

'But, my friends, *if that preconceived idea was wrong,* the whole aspect of the case altered. And it

Рейс ерзнул на стуле.

— Отлично, — молвил он, — чем же он умница, этот Эркюль Пуаро?

Сокрушенно покачивая головой, Пуаро сказал:

— Поначалу я был глуп — немыслимо глуп. Камнем преткновения для меня стал этот револьвер Жаклин де Бельфор. Почему его не оставили на месте преступления? Совершенно ясно, что убийца хотел свалить преступление на Жаклин де Бельфор. Зачем тогда он забрал пистолет? Чего я только не нафантазировал по глупости! А причина была очень простая. Он потому его забрал, что *не мог* не забрать. Ничего другого ему не оставалось.

Глава 28

— Мой друг! — обратился Пуаро к Рейсу. — Мы начали наше расследование с предвзятой мыслью, а именно: мы думали, что преступление было совершено внезапно, без предварительного плана. Кому-то надо было устранить Линит Дойл, и он воспользовался удобным случаем, когда преступление почти наверняка спишут на Жаклин де Бельфор. Отсюда следовало, что человек, о котором идет речь, подслушал ссору между Жаклин и Саймоном Дойлом и, когда все ушли из салона, завладел револьвером.

Но, друзья мои, если эта предвзятая идея неверна, тогда все случившееся предстанет в дру-

was wrong! This was no spontaneous crime committed on the spur of the moment. It was, on the contrary, very carefully planned and accurately timed, with all the details meticulously worked out beforehand, even to the drugging of Hercule Poirot's bottle of wine on the night in question!

'But yes, that is so! I was put to sleep so that there should be no possibility of my participating in the events of the night. It did just occur to me as a possibility. I drink wine; my two companions at table drink whisky and mineral water respectively. Nothing easier than to slip a dose of harmless narcotic into my bottle of wine — the bottles stand on the tables all day. But I dismissed the thought. It had been a hot day, I had been unusually tired — it was not really extraordinary that I should for once have slept heavily instead of lightly as I usually do.

'You see, I was still in the grip of the preconceived idea. If I had been drugged, that would have implied premeditation, it would mean that before 7.30, when dinner is served, *the crime had already been decided upon*; and that (always from the point of view of the preconceived idea) was absurd. 'The first blow to the preconceived idea was when the pistol was recovered from the Nile. To begin with, if we were right in our assumptions, *the pistol ought never to have been thrown overboard at all* ... And there was more to follow.' Poirot turned to Dr Bessner. 'You, Dr Bessner, examined Linnet Doyle's body. You will remember that the wound showed signs of scorching — that is to say, that the pistol had been placed close against the head before being fired.'

гом свете. И она неверна! Преступление не было совершено по наитию. Оно было тщательно спланировано и искусно приурочено к определенному времени, причем заранее были приняты все необходимые меры, вплоть до того, что в вино Эркюля Пуаро в злополучную ночь подсыпали снотворное.

Да-да, так оно и было! Чтобы наверняка устранить меня из событий той ночи, меня усыпили. Я допустил такую возможность. Я пью вино, мои соседи по столу — соответственно виски и минеральную воду. Проще простого подсыпать неопасное снотворное в мою бутылку — весь день бутылки стоят на столе. Но я отбросил эту мысль. День был жаркий, я невероятно устал — что странного, если вместо легкого сна я проваливаюсь в тяжелое забытье?

Видите? Я все еще был в плену предубеждения. Если мне дали снотворное, значит, убийство было преднамеренным и к половине восьмого, когда мы обедаем, оно было решенным делом, а это с точки зрения моей предубежденности — абсурд. Когда из Нила выудили револьвер, мое предвзятое отношение впервые поколебалось. Ведь если наши предположения были верны, то револьвер никоим образом нельзя было выбрасывать за борт. И если бы только это!.. — Он повернулся к доктору Бесснеру: — Вы обследовали тело Линит Дойл. Вспомните: кожа вокруг ранки обгорела — иными словами, стреляя, револьвер приставили почти вплотную к голове.

Bessner nodded.

'So. That is exact.'

'But when the pistol was found it was wrapped in a velvet stole, and that velvet showed definite signs that a pistol had been fired through its folds, presumably under the impression that that would deaden the sound of the shot. *But if the pistol had been fired through the velvet, there would have been no signs of burning on the victim's skin*. Therefore, the shot fired through the stole *could not have been the shot that killed Linnet Doyle*. Could it have been the other shot — the one fired by Jacqueline de Bellefort at Simon Doyle? Again no, for there had been two witnesses of that shooting, and we knew all about it. It appeared, therefore, as though a *third* shot had been fired — one we knew nothing about. But only two shots had been fired from the pistol, and there was no hint or suggestion of another shot.

'Here we were face to face with a very curious unexplained circumstance. The next interesting point was the fact that in Linnet Doyle's cabin I found two bottles of coloured nail polish. Now ladies very often vary the colour of their nails, but so far Linnet Doyle's nails had always been the shade called Cardinal — a deep dark red. The other bottle was labelled Rose, which is a shade of pale pink, but the few drops remaining in the bottle were not pale pink but a bright red. I was sufficiently curious to take out the stopper and sniff. Instead of the usual strong odour of pear drops, the bottle smelt of vinegar! That is to say, it suggested that the drop or two of fluid in it was *red ink*. Now there is no reason

Есснер кивнул:

— Да, совершенно точно.

— Но пистолет нашли обернутым в бархатную накидку, и следы на накидке свидетельствовали о том, что стреляли сквозь нее, видимо рассчитывая приглушить звук. Если стрелять сквозь бархатную ткань, на коже не должно оставаться никаких следов ожога. Следовательно, выстрел сквозь эту ткань не был тем выстрелом, который покончил с Линит Дойл. Так, может, это был первый выстрел, которым Жаклин де Бельфор ранила Саймона Дойла? Опять нет, поскольку имеются два свидетеля того выстрела, и мы знаем, как это произошло. Получается, что должен быть еще один выстрел, *третий*, о котором мы ничего не знаем. Но стреляли из этого пистолета только дважды, и никакому третьему выстрелу неоткуда взяться.

И тут мы столкнулись с очень любопытным, необъяснимым обстоятельством. В каюте Линит Дойл мне подвернулась интереснейшая деталь: два флакона с цветным лаком для ногтей. Вообще дамы часто меняют цвет лака, Линит же Дойл хранила верность «Кардиналу» — ярко-пунцовому лаку. На другом флакончике значилось: «Роза». Это бледно-розовый состав, однако остатки на дне флакона были ярко-красного цвета. Я заинтересовался и, вынув пробку, понюхал. Пахло не грушей, как полагается, а уксусом. Иными словами, на дне была капля-другая красной туши. Ничто не мешало мадам Дойл иметь пузырек красной туши, но тогда правильнее держать эту

why Madame Doyle should not have had a bottle of red ink, but it would have been more natural if she had had red ink in a red ink bottle and not in a nail polish bottle. It suggested a link with the faintly stained handkerchief which had been wrapped round the pistol. Red ink washes out quickly but always leaves a pale pink stain.

'I should perhaps have arrived at the truth with these slender indications, but an event occurred which rendered all doubt superfluous. Louise Bourget was killed in circumstances which pointed unmistakably to the fact that she had been blackmailing the murderer. Not only was a fragment of a *mille* franc note still clasped in her hand, but I remembered some very significant words she had used this morning.

'Listen carefully, for here is the crux of the whole matter. When I asked her if she had seen anything the previous night she gave this very curious answer: "Naturally, if I had been unable to sleep, if I had mounted the stairs, *then* perhaps I might have seen this assassin, this monster enter or leave Madame's cabin ..." Now what exactly did that tell us?'

Bessner, his nose wrinkling with intellectual interest, replied promptly:

'It told you that she *had* mounted the stairs.'

'No, no — you fail to see the point. Why should she have said that, to *us*?'

'To convey a hint.'

'But why *hint* to us? If she knows who the murderer is, there are two courses open to her — to tell us the truth, or to hold her tongue and demand mon-

тушь в своем пузырьке, а не в склянке от лака. Тут потянулась ниточка к запятнанному носовому платку, в который был обернут револьвер. Красная тушь легко смывается, но она обязательно оставит бледно-розовое пятно.

Даже с этой слабой подсказки я мог подойти к истине. Новое событие развеяло последние сомнения. В обстоятельствах, обличающих в ней шантажистку, была убита Луиза Бурже. В дополнение к зажатому в руке обрывку тысячефранковой банкноты я вспомнил очень красноречивые слова, сказанные ею нынче утром.

Слушайте внимательно, поскольку тут-то и зарыта собака. Когда я спросил, не видела ли она кого накануне ночью на палубе, она дала вот такой любопытный ответ: «Конечно, если бы мне не спалось, если бы я поднялась на палубу, *тогда*, возможно, я могла бы увидеть убийцу, который входил в каюту мадам или выходил из нее». Что говорят нам эти слова?

Морща нос от умственного напряжения, Бесснер сразу сказал:

— Они говорят, что она поднялась на палубу.

— Нет-нет, вы не поняли. Зачем она говорила это *нам*?

— Чтобы намекнуть.

— Но зачем *намекать* нам? Если она знает убийцу, у нее два варианта: либо сказать правду, либо потребовать денег с заинтересованного

ey for her silence from the person concerned! But she does neither. She neither says promptly: "I saw nobody. I was asleep." Nor does she say: "Yes, I saw someone, and it was so and so." Why use that significant indeterminate rigmarole of words? *Parbleu*, there can be only one reason! *She is hinting to the murderer*; therefore the murderer *must have been present at the time*. But, besides myself and Colonel Race, only two people were present — Simon Doyle and Dr Bessner.'

The doctor sprang up with a roar.

'Ach! what is that you say? You accuse me? Again? But it is ridiculous — beneath contempt.'

Poirot said sharply:

'Be quiet. I am telling you what I thought at the time. Let us remain impersonal.'

'He doesn't mean he thinks it's you now,' said Cornelia soothingly.

Poirot went on quickly.

'So it lay there — between Simon Doyle and Dr Bessner. But what reason has Bessner to kill Linnet Doyle? None, *so far as I know*. Simon Doyle, then? But that was impossible! There were plenty of witnesses who could swear that Doyle never left the saloon that evening until the quarrel broke out. After that he was wounded and it would then have been physically impossible for him to have done so. Had I good evidence on both those points? Yes, I had the evidence of Mademoiselle Robson, of Jim Fanthorp and of Jacqueline de Bellefort as to the first, and I had the skilled testimony of Dr Bessner and of Mademoiselle Bowers as to the other. No doubt was possible.

лица. Она не делает ни того ни другого. Она не объявляет: «Я никого не видела. Я спала». И она не говорит: «Я видела того-то. Это было таким-то образом». Зачем она со значением несет маловразумительный вздор? Parbleu, здесь могла быть только одна причина: ее намеки предназначались убийце. Следовательно, убийца находился среди нас. Но, кроме меня и полковника Рейса, там были еще только двое — Саймон Дойл и доктор Бесснер.

С диким ревом воспрянул доктор Бесснер:

— Ach! Что вы такое говорите! Вы обвиняете меня? Опять? Это смешно и не стоит даже презрения.

Пуаро одернул его:

— Помолчите! Я говорю, что думал в то время. Будем объективны.

— Он не говорит, что сейчас думает на вас, — примирительно сказала Корнелия.

Пуаро без паузы продолжал:

— Так что выбирать приходилось между Саймоном Дойлом и доктором Бесснером. Но какой смысл доктору Бесснеру убивать Линит Дойл? Никакого, насколько я знаю. Значит — Саймон Дойл? А это невозможно. Множество свидетелей клятвенно подтвердят, что до ссоры Саймон Дойл не покидал салона. Во время же ссоры он был ранен и просто физически не мог выйти. Располагал я убедительными свидетельствами на этот счет? Да, по первому пункту у меня были показания мадемуазель Робсон, Фанторпа и Жаклин де Бельфор, а по второму представили квалифицированные свидетельства доктор Бесснер и мадемуазель Бауэрз. Сомнениям просто не оставалось места.

'So Dr Bessner *must* be the guilty one. In favour of this theory there was the fact that the maid had been stabbed *with a surgical knife*. On the other hand Bessner had deliberately called attention to this fact.

'And then, my friends, a second perfectly indisputable fact became apparent to me. Louise Bourget's hint could not have been intended for Dr Bessner, *because she could perfectly well have spoken to him in private at any time she liked*. There was one person, *and one person only*, who corresponded to her necessity — *Simon Doyle!* Simon Doyle was wounded, was constantly attended by a doctor, was in that doctor's cabin. It was to him therefore that she risked saying those ambiguous words in case she might not get another chance. And I remember how she had gone on, turning to him: "Monsieur, I implore you — you see how it is? What can I say?" And this answer: "My good girl, don't be a fool. Nobody thinks you saw or heard anything. You'll be quite all right. I'll look after you. Nobody's accusing you of anything." That was the assurance she wanted, and she got it!'

Bessner uttered a colossal snort.

'Ach! it is foolish, that! Do you think a man with a fractured bone and a splint on his leg could go walking about the boat and stabbing people? I tell you, it was *impossible* for Simon Doyle to leave his cabin.'

Poirot said gently:

'I know. That is quite true. The thing was impossible. It was impossible — but it was also true! There could be *only one logical meaning* behind Louise Bourget's words.

Виноватым, таким образом, *должен быть* доктор Бесснер. В пользу этого говорит и то, что горничная была заколота скальпелем. Правда, внимание к этому обстоятельству привлек сам Бесснер.

Вот тут, друзья мои, мне вдруг уяснилась одна совершенно бесспорная вещь. Намеки Луизы Бурже не предназначались доктору Бесснеру, поскольку она превосходно могла переговорить с ним наедине в любое время. Ей нужно было, чтобы из всех нас ее понял *только один человек:* Саймон Дойл! Саймон Дойл ранен, его постоянно опекает доктор, он лежит в его каюте. Именно ему она спешила высказать свои темные намеки, поскольку другого случая могло и не представиться. Я вспомнил, как она к нему взывала: «Месье, умоляю, — вы видите, что происходит? Что мне сказать?» А он ответил: «Дорогая моя, не будьте дурой. Никто и не думает, что вы что-то там видели или слышали. Все будет хорошо, я прослежу. Никто вас ни в чем не обвиняет». Ей нужны были эти гарантии — и она их получила.

Оглушительно фыркнул Бесснер:

— Ach, это глупость! Неужели вы думаете, что с переломанной костью и в лубке можно расхаживать по пароходу и закалывать людей? Говорю вам: Саймон Дойл *не мог* покинуть каюту.

Пуаро негромко сказал:

— Вы правы: не мог. И тем не менее я тоже прав! Ни в какую другую сторону нельзя истолковать слова Луизы Бурже.

'So I returned to the beginning and reviewed the crime in the light of this new knowledge. Was it possible that in the period preceding the quarrel Simon Doyle had left the saloon and the others had forgotten or not noticed it? I could not see that that was possible. Could the skilled testimony of Dr Bessner and Mademoiselle Bowers be disregarded? Again I felt sure it could not. But, I remembered, *there was a gap between the two*. Simon Doyle had been alone in the saloon for a period of five minutes, and the skilled testimony of Dr Bessner only applied to the time *after that period*. For that period we had only the evidence of *visual appearance*, and, though apparently that was perfectly sound, it was no longer *certain*. What had actually been *seen* — leaving assumption out of the question?

'Mademoiselle Robson had seen Mademoiselle de Bellefort fire her pistol, had seen Simon Doyle collapse on to a chair, had seen him clasp a handkerchief to his leg and seen that handkerchief gradually soak through red. What had Monsieur Fanthorp heard and seen? He heard a shot, he found Doyle with a red-stained handkerchief clasped to his leg. What had happened then? Doyle had been very insistent that Mademoiselle de Bellefort should be got away, that she should not be left alone. After that, he suggested that Fanthorp should get hold of the doctor.

'Accordingly Mademoiselle Robson and Monsieur Fanthorp got out with Mademoiselle de Bellefort and for the next five minutes they are busy, *on the port side of the deck*. Mademoiselle Bowers', Dr Bessner's

И тогда я вернулся к началу и в новом свете рассмотрел преступление. Может быть, Саймон Дойл выходил из салона до ссоры, а другие не заметили этого или просто забыли потом? Нет, едва ли. Тогда, может быть, неосновательны свидетельства доктора Бесснера и мадемуазель Бауэрз? И этого я не смог допустить. И тут я вспомнил, что между этими двумя пунктами есть маленький интервал. В течение пяти минут Саймон Дойл оставался в салоне один, и лишь к последующему времени относится квалифицированное свидетельство доктора Бесснера. Что касается предыдущей сцены, мы располагали только зрительными впечатлениями, и хотя они казались вполне надежными, полагаться на них уже было нельзя. В самом деле, оставляя в стороне всяческие предположения, *что видели люди?*

Мадемуазель Робсон видела, как мадемуазель де Бельфор выстрелила из револьвера, видела, как Саймон Дойл упал на стул, видела, как он прижал платок к ноге и тот постепенно превратился в красный комок. Что видел месье Фанторп? Он услышал звук выстрела и застал Дойла с перепачканным платком, прижатым к ноге. Что происходит потом? Дойл настоятельно требует, чтобы мадемуазель де Бельфор увели из салона и не оставляли одну. В последнюю очередь он просит Фанторпа привести врача.

Соответственно, мадемуазель Робсон и месье Фанторп уводят мадемуазель де Бельфор на палубу по правому борту и в ближайшие пять минут им ни до чего. Каюты мадемуазель Бауэрз, доктора

and Mademoiselle de Bellefort's cabins are all on the port side. Two minutes are all that Simon Doyle needs. He picks up the pistol from under the sofa, slips out of his shoes, runs like a hare silently along the starboard deck, enters his wife's cabin, creeps up to her as she lies asleep, shoots her through the head, puts the bottle that has contained the red ink on her washstand (it mustn't be found on him), runs back, gets hold of Mademoiselle Van Schuyler's velvet stole, which he has quietly stuffed down the side of a chair in readiness, muffles it round the pistol and fires a bullet into his leg. His chair into which he falls (in genuine agony this time) is by a window. He lifts the window and throws the pistol (wrapped up with the tell-tale handkerchief in the velvet stole) into the Nile.'

'Impossible!' said Race.

'No, my friend, not *impossible*. Remember the evidence of Tim Allerton. He heard a pop — *followed* by a splash. And he heard something else — the footsteps of a man running — a man running past his door. *But nobody could have been running along the starboard side of the deck*. What he heard was the stockinged feet of Simon Doyle running past his cabin.'

Race said: 'I still say it's impossible. No man could work out the whole caboodle like that in a flash — especially a chap like Doyle who is slow in his mental processes.'

'But very quick and deft in his physical actions!'

'That, yes. But he wouldn't be capable of thinking the whole thing out.'

Бесснера и Жаклин де Бельфор — все по правому борту. Саймону Дойлу вполне достаточно двух минут. Он достает из-под диванчика револьвер, снимает туфли, бежит на левый борт, входит в каюту своей жены, прокрадывается к спящей, стреляет ей в голову, ставит на рукомойник пузырек из-под красной туши (чтобы его потом не нашли при нем), бежит обратно в салон, берет заблаговременно припрятанную накидку мадемуазель Ван Шуйлер, заворачивает в нее револьвер и стреляет себе в ногу. Стул, на который он теперь падает от настоящей боли, стоит у окна. Он поднимает раму и бросает револьвер, завернутый в уличающий его носовой платок и бархатную накидку.

— Невозможно, — сказал Рейс.
— Нет-нет, мой друг, не так уж невозможно. Помните свидетельство Тима Аллертона? Он услышал хлопок и *следом за ним* всплеск. Он еще кое-что слышал: пробегавшего мимо его двери человека. Бегать по правому борту было некому! Это он услышал, как мимо его каюты в одних носках пробежал Саймон Дойл.

— И все-таки я повторяю: это невозможно, — сказал Рейс. — Не в силах человек провернуть все это в один момент, особенно такой тугодум, как Дойл.
— Физически он очень ловок и подвижен.
— Это — да, но рассчитать все он не способен.

'But he did not think it out himself, my friend. That is where we were all wrong. It looked like a crime committed on the spur of the moment, but it was *not* a crime committed on the spur of the moment. As I say, it was a very cleverly planned and well thought out piece of work. It could not be *chance* that Simon Doyle had a bottle of red ink in his pocket. No, it must be *design*. It was not *chance* that he had a plain unmarked handkerchief with him. It was not *chance* that Jacqueline de Bellefort's foot kicked the pistol under the settee, where it would be out of sight and unremembered until later.'

'Jacqueline?'

'Certainly. The two halves of the murderer. What gave *Simon* his alibi? The shot fired by *Jacqueline*. What gave Jacqueline *her* alibi? The insistence of *Simon* which resulted in a hospital nurse remaining with her all night. There, between the two of them, you get all the qualities you require — the cool, resourceful, planning brain, Jacqueline de Bellefort's brain, and the man of action to carry it out with incredible swiftness and timing.'

'Look at it the right way, and it answers every question. Simon Doyle and Jacqueline had been lovers. Realize that they are still lovers, and it is all clear. Simon does away with his rich wife, inherits her money, *and in due course will marry his old love*. It was all very ingenious. The persecution of Madame Doyle by Jacqueline, all part of the plan. Simon's pretended rage. And yet — there were lapses. He held forth to me once about possessive

— А он сам и не рассчитывал, мой друг. Вот где мы все ошибались. Нам казалось, что преступление совершено под влиянием минуты, а оно не было совершено под влиянием минуты. Это, повторяю, была искусно спланированная и хорошо продуманная операция. Далеко *не случайность*, что у Саймона Дойла в кармане был пузырек с красной тушью. Так было *задумано*. Далеко не случайность, что у него был чистый, без метки, носовой платок. Далеко *не случайность*, что мадемуазель де Бельфор ногой зашвырнула револьвер под диванчик, где он никому не будет мозолить глаза и о нем вспомнят много позже.

— Жаклин, вы сказали?

— Ну конечно. Вот они, две половины убийцы. Чем докажет Саймон *свое* алиби? Тем, что в него стреляла Жаклин. Чем Жаклин докажет свое алиби? Тем, что, по настоянию Саймона, с ней всю ночь оставалась сиделка. Вдвоем они имеют все необходимые качества: холодный, все рассчитывающий наперед интеллект Жаклин де Бельфор — и человек действия с немыслимой быстротой и точностью реакции.

Взгляните на дело с правильной точки — и сами собой отпадут все вопросы. Саймон Дойл и Жаклин были любовниками. Допустите, что они по-прежнему любят друг друга, и все становится ясно. Саймон избавляется от богатой жены, наследует ее деньги и в положенный срок женится на старой подруге. И как все искусно разыграно! Жаклин преследует мадам Дойл, Саймон исходит притворным гневом — все было расписано как по нотам...

women — held forth with real bitterness. It ought to have been clear to me *that it was his wife he was thinking about* — not Jacqueline. Then his manner to his wife in public. An ordinary, inarticulate Englishman, such as Simon Doyle, is very embarrassed at showing any affection. Simon was not a really good actor. He overdid the devoted manner. That conversation I had with Mademoiselle Jacqueline, too, when she pretended that somebody had overheard, *I* saw no one. And there *was* no one! But it was to be a useful red herring later. Then one night on this boat I thought I heard Simon and Linnet outside my cabin. He was saying, "We've got to go through with it now." It was Doyle all right, but it was to Jacqueline he was speaking.

'The final drama was perfectly planned and timed. There was a sleeping draught for me, in case I might put an inconvenient finger in the pie. There was the selection of Mademoiselle Robson as a witness — the working up of the scene, Mademoiselle de Bellefort's exaggerated remorse and hysterics. She made a good deal of noise, in case the shot should be heard. *En vérité*, it was an extraordinarily clever idea. Jacqueline says she has shot Doyle, Mademoiselle Robson says so, Fanthorp says so — and when Simon's leg is examined he *has* been shot. It looks unanswerable! For both of them there is a perfect alibi — at the cost, it is true, of a certain amount of pain and risk to Simon Doyle, but it is necessary that his wound should definitely disable him.

Но были и промахи. Саймон как-то разглагольствовал передо мной о женщинах с собственническим инстинктом — и говорил с такой горечью! Конечно, я должен был догадаться, что он имеет в виду не Жаклин, а свою жену. Или его обращение с женой на людях. Средний английский мямля, каковым является Саймон Дойл, всегда очень сдержан в проявлении чувств. Он переигрывал с обожанием. Нет, хорошим актером Саймон не был. Или взять мой разговор с Жаклин, когда она притворилась, что кто-то нас подслушивал. Я никого не видел. Да никого там и не было! Зато после это мне путало карты. Как-то ночью из своей каюты я услышал Саймона и Линит. Он говорил: «Мы должны пройти через это». Говорил-то Дойл, но была с ним Жаклин.

Заключительный акт драмы был превосходно задуман и рассчитан по минутам. Мне подсыпали снотворное, чтобы я ненароком не вмешался; выбрали свидетельницу — мадемуазель Робсон; разыграли сцену; мадемуазель де Бельфор ударилась в раскаяние и закатила истерику. Она изрядно пошумела, привлекая внимание к выстрелу. En vérité[1], все было умнейшим образом продумано. Жаклин признается, что стреляла в Дойла; это же говорит мадемуазель Робсон; это же говорит Фанторп; и когда Саймон предъявляет ногу — она таки прострелена! Какие тут могут быть вопросы?! У обоих несокрушимое алиби. Для этого, правда, Саймону Дойлу пришлось рискнуть здоровьем и помучиться, зато ранение надежно уложило его в постель.

---

[1] В самом деле, действительно *(фр.)*.

'And then the plan goes wrong. Louise Bourget has been wakeful. She has come up the stairway and she has seen Simon Doyle run along to his wife's cabin and come back. Easy enough to piece together what has happened the following day. And so she makes her greedy bid for hush money, and in so doing signs her death warrant.'

'But Mr Doyle couldn't have killed *her*?' Cornelia objected.

'No, the other partner did that murder. As soon as he can, Simon Doyle asks to see Jacqueline. He even asks me to leave them alone together. He tells her then of the new danger. They must act at once. He knows where Bessner's scalpels are kept. After the crime the scalpel is wiped and returned, and then, very late and rather out of breath, Jacqueline de Bellefort hurries in to lunch.

'And still all is not well. *For Madame Otterbourne has seen Jacqueline go into Louise Bourget's cabin*. And she comes hot-foot to tell Simon about it. Jacqueline is the murderess. Do you remember how Simon shouted at the poor woman? Nerves, we thought. But the door was open and he was trying to convey the danger to his accomplice. She heard and she acted — acted like lightning. She remembered Pennington had talked about a revolver. She got hold of it, crept up outside the door, listened and, at the critical moment, fired. She boasted once that she was a good shot, and her boast was not an idle one.

И вдруг операция дает сбой. Луизе Бурже в ту ночь не спалось. Она поднялась на палубу и увидела, как Саймон Дойл забежал в каюту своей жены и выбежал потом. Наутро она без труда связала концы с концами и потребовала платы за свое молчание, чем и подписала себе смертный приговор.

— Ее-то как мог убить мистер Дойл? — возразила Корнелия.

— Убила напарница. Саймон Дойл при первой возможности попросил привести к нему Жаклин. Даже попросил меня оставить их наедине. Он сказал ей, откуда им грозит новая опасность. Надо было незамедлительно действовать. Он знает, где Бесснер держит свои скальпели. После преступления скальпель вымыли и положили на место. И, чуть опоздав и немного запыхавшись, Жаклин де Бельфор прибежала на ленч.

И опять неладно: теперь мадам Оттерборн видела, как Жаклин вошла в каюту Луизы Бурже. Она со всех ног спешит сказать Саймону: Жаклин — убийца. Вы помните, как Саймон стал кричать на несчастную. Мы думали: нервы. Нет, дверь на палубу была открыта, и он хотел докричаться до сообщницы о новой опасности. Она услышала и стала действовать — молниеносно. Она вспомнила, как Пеннингтон говорил о пистолете, достала его у него из стола, подкралась к двери, прислушалась и в решающий момент выстрелила. Она как-то хвасталась, что была неплохим стрелком. Ее похвальба не была пустой.

'I remarked after that third crime that there were three ways the murderer could have gone. I meant that he could have gone aft (in which case Tim Allerton was the criminal), he could have gone over the side (very improbable) or he could have gone into a cabin. Jacqueline's cabin was just two away from Dr Bessner's. She had only to throw down the revolver, bolt into the cabin, ruffle her hair and fling herself down on the bunk. It was risky, but it was the only possible chance.'

There was a silence, then Race asked:
'What happened to the first bullet fired at Doyle by the girl?'
'I think it went into the table. There is a recently made hole there. I think Doyle had time to dig it out with a penknife and fling it through the window. He had, of course, a spare cartridge, so that it would appear that only two shots had been fired.'
Cornelia sighed.
'They thought of everything,' she said. 'It's — horrible!'
Poirot was silent. But it was not a modest silence. His eyes seemed to be saying: 'You are wrong. They didn't allow for Hercule Poirot.'
Aloud he said,
'And now, Doctor, we will go and have a word with your patient ...'

После этого третьего убийства я сказал, что у преступника было три пути отхода. Что я имел в виду? Он мог уйти на корму (в этом случае преступником оказывается Тим Аллертон), мог через перила спрыгнуть на среднюю палубу (весьма маловероятно), и, наконец, он просто мог укрыться в каюте. Каюта Жаклин через одну от каюты Бесснера. Долго ли бросить пистолет, юркнуть к себе в каюту, взъерошить волосы и повалиться на койку! Она рисковала, но другого выхода у нее не было.

Последовало молчание, потом Рейс спросил:

— А куда девалась первая пуля, которой она стреляла в Дойла?

— Я думаю, она угодила в стол. Сейчас там свежая дырка. Думаю, Дойл выковырнул ее ножиком и выбросил в окно. У него, конечно, была запасная, он вложил ее в барабан, чтобы казалось, что сделано всего два выстрела.

Корнелия вздохнула.

— Они все учли, — сказала она. — Какой ужас!

Пуаро промолчал — не из скромности, конечно. Его глаза кричали: «Неправда! Они не учли Эркюля Пуаро».

Вслух же он сказал:

— А теперь, доктор, пойдемте и переговорим с вашим пациентом.

Chapter 29

It was very much later that evening that Hercule Poirot came and knocked on the door of a cabin. A voice said 'Come in' and he entered.

Jacqueline de Bellefort was sitting in a chair. In another chair, close against the wall, sat the big stewardess. Jacqueline's eyes surveyed Poirot thoughtfully. She made a gesture towards the stewardess.

'Can she go?'

Poirot nodded to the woman and she went out. Poirot drew up her chair and sat down near Jacqueline. Neither of them spoke. Poirot's face was unhappy.

In the end it was the girl who spoke first.

'Well,' she said, 'it is all over! You were too clever for us, Monsieur Poirot.'

Poirot sighed. He spread out his hands. He seemed strangely dumb.

'All the same,' said Jacqueline reflectively, 'I can't really see that you had much proof. You were quite right, of course, but if we'd bluffed you out—'

'In no other way, Mademoiselle, could the thing have happened.'

'That's proof enough for a logical mind, but I don't believe it would have convinced a jury. Oh, well — it can't be helped. You sprang it all on Simon, and he went down like a ninepin. He just lost his head utterly, poor lamb, and admitted everything.' She shook her head. 'He's a bad loser.'

Глава 29

Уже поздно вечером Эркюль Пуаро постучал в дверь каюты. Оттуда сказали: «Войдите» — и он вошел.

Жаклин де Бельфор сидела на стуле, на другом стуле, у стены, расположилась крупная горничная. Задумчиво окинув Пуаро взглядом, Жаклин указала на горничную:

— Можно она уйдет?

Пуаро утвердительно кивнул, и женщина вышла. Пуаро подтянул к себе стул и сел поближе к Жаклин. Оба молчали. У Пуаро был убитый вид.

Первой заговорила девушка.

— Вот все и кончено, — сказала она. — Куда нам против вас, месье Пуаро.

Пуаро вздохнул. Он потерянно развел руками. Какая-то немота нашла на него.

— Вообще говоря, — задумчиво глядя на него, сказала Жаклин, — я не вижу, чтобы у вас было много доказательств. Вы, безусловно, правы, но если бы мы стали упираться...

— Только так и не иначе могло все это произойти, мадемуазель.

— Логически это все доказательно, но я не думаю, чтобы это убедило присяжных. Ну, что теперь говорить! Вы так навалились на Саймона, что он упал, как сноп. Бедняга совсем потерял голову и во всем признался. — Жаклин покачала головой. — Он не умеет проигрывать.

'But you, Mademoiselle, are a good loser.'

She laughed suddenly — a queer, gay, defiant little laugh.

'Oh, yes, I'm a good loser all right.' She looked at him. She said suddenly and impulsively: 'Don't mind so much, Monsieur Poirot! About me, I mean. You do mind, don't you?'

'Yes, Mademoiselle.'

'But it wouldn't have occurred to you to let me off?'

Hercule Poirot said quietly,

'No.'

She nodded her head in quiet agreement.

'No, it's no use being sentimental. I might do it again ... I'm not a safe person any longer. I can feel that myself ...' She went on broodingly: 'It's so dreadfully easy — killing people. And you begin to feel that it doesn't matter ... that it's only *you* that matters! It's dangerous — that.' She paused, then said with a little smile: 'You did your best for me, you know. That night at Aswan — you told me not to open my heart to evil ... Did you realize then what was in my mind?'

He shook his head.

'I only knew that what I said was true.'

'It was true ... I could have stopped, then, you know. I nearly did ... I could have told Simon that I wouldn't go on with it ... But then perhaps—' She broke off. She said: 'Would you like to hear about it? From the beginning?'

— Зато вы, мадемуазель, умеете.

Она вдруг залилась отчаянным, дерзким смехом.

— О да, я хорошо умею проигрывать. — Она подняла на него глаза и порывисто сказала: — Не расстраивайтесь из-за меня, месье Пуаро. Ведь вы расстроены?

— Да, мадемуазель.

— А вам не хотелось меня простить?

Эркюль Пуаро тихо сказал:
— Нет.
Она согласно кивнула головой:
— Да, нельзя поддаваться чувству. Я снова могу это сделать. Я теперь опасный человек и сама это чувствую. — Она продолжала: — Это страшно легко — убить. Перестаешь придавать этому значение... Думаешь только о *себе*. А это опасно. — Помолчав, она усмехнулась. — Вы так старались помочь мне. В тот вечер в Асуане вы сказали мне, чтобы я не располагала сердце ко злу. Вы догадывались, что было у меня на уме?

Он покачал головой:
— Я только сознавал, что говорю вам правильные вещи.
— Конечно, правильные. Ведь я могла остановиться тогда, вы знаете. И я почти остановилась... Я могла сказать Саймону, что не в силах это продолжать, но... тогда... — Она оборвала себя, потом сказала: — Хотите узнать все с самого начала?

'If you care to tell me, Mademoiselle.'

'I think I want to tell you. It was all very simple really. You see, Simon and I loved each other ...'
It was a matter-of-fact statement, yet, underneath the lightness of her tone, there were echoes ...

Poirot said simply: 'And for you love would have been enough, but not for him.'
'You might put it that way, perhaps. But you don't quite understand Simon. You see, he's always wanted money so dreadfully. He liked all the things you get with money — horses and yachts and sport — nice things all of them, things a man ought to be keen about. And he'd never been able to have any of them. He's awfully simple, Simon is. He wants things just as a child wants them — you know — terribly.

'All the same he never tried to marry anybody rich and horrid. He wasn't that sort. And then we met — and — and that sort of settled things. Only we didn't see when we'd be able to marry. He'd had rather a decent job, but he'd lost it. In a way it was his own fault. He tried to do something smart over money and got found out at once. I don't believe he really meant to be dishonest. He just thought it was the sort of thing people did in the City.'

A flicker passed over her listener's face, but he guarded his tongue.

— Если вам самой хочется рассказать, мадемуазель.

— По-моему, хочется. На самом деле все очень просто. Мы с Саймоном любили друг друга...

За обыденностью высказывания, за легкостью ее тона он услышал эхо далеких голосов и продолжил:

— Только вам хватало этой любви, а ему — нет.

— Можно и так сказать. Хотя вы не совсем понимаете Саймона. Знаете, ему всегда хотелось денег. Он любит все, что доступно за деньги, — лошадей, яхты, спорт. Все это превосходные вещи, мужчины сходят по ним с ума, и ничего этого у него никогда не было. Он страшно простой, Саймон. Если он чего-то хочет, ему вынь да положь, как маленькому.

При этом ему и в голову не приходило жениться на богатой уродине. Он не такой. И когда мы встретились, все вроде бы пришло в порядок. Единственно, мы не представляли, когда сможем пожениться. У него была вполне приличная работа, но он ее потерял. В общем-то, по собственной вине: как-то он там попробовал схитрить и сразу попался. Не думаю, что он сознательно пошел на преступление. Просто он считал, что в Сити[1] все так поступают.

У слушателя дрогнуло лицо, но прерывать ее он не стал.

---
[1] С и т и — исторический центр Лондона, один из крупнейших финансовых и коммерческих центров мира.

'There we were, up against it; and then I thought of Linnet and her new country house, and I rushed off to her. You know, Monsieur Poirot, I loved Linnet, really I did. She was my best friend, and I never dreamed that anything would ever come between us. I just thought how lucky it was she was rich. It might make all the difference to me and Simon if she'd give him a job. And she was awfully sweet about it and told me to bring Simon down to see her. It was about then you saw us that night at Chez Ma Tante. We were making whoopee, although we couldn't really afford it.'

She paused, sighed, then went on.

'What I'm going to say now is quite true, Monsieur Poirot. Even though Linnet is dead, it doesn't alter the truth. That's why I'm not really sorry about her, even now. She went all out to get Simon away from me. That's the absolute truth! I don't think she even hesitated for more than about a minute. I was her friend, but she didn't care. She just went bald-headed for Simon ...

'And Simon didn't care a damn about her! I talked a lot to you about glamour, but of course that wasn't true. He didn't want Linnet. He thought her good-looking but terribly bossy, and he hated bossy women! The whole thing embarrassed him frightfully. But he did like the thought of her money.

'Of course I saw that ... And at last I suggested to him that it might be a good thing if he — got rid of me and married Linnet. But he scouted the idea. He said, money or no money, it would be hell to be mar-

— Что-то надо было делать, и тут я вспомнила о Линит с ее новой усадьбой — и кинулась к ней. Я любила Линит, месье Пуаро. Правда любила. Она была моей лучшей подругой. У меня мысли такой не было, что мы можем не поделить чего-нибудь. Тогда я думала: «Как удачно, что она богатая». Наши дела с Саймоном могли сильно поправиться, если она даст ему работу. И она так хорошо отнеслась к этому, велела привезти и показать Саймона. Примерно тогда вы видели нас вечером в ресторане «У тетушки». Мы устроили гулянку, хотя нам было это не по карману.

Помолчав, она вздохнула и продолжала:

— Я сейчас хочу вам сказать чистую правду, месье Пуаро. То, что Линит умерла, ничего не меняет. Даже сейчас мне ее не жалко. Она чего только не делала, отрывая от меня Саймона. Правда-правда! Она ни минуты не задумывалась над тем, что она делает. Ведь она была моей подругой, и это ее не остановило. Ей нужен был Саймон, и она шла напролом...

А Саймону она была совсем не нужна! Я много толковала вам о чарах, но все это, конечно, неправда. Ему не нужна была Линит. Он признавал: красивая, а вообще — мужик в юбке. Он таких не переносит. Он чувствовал себя жутко неудобно в этой ситуации. Хотя ему нравилось думать о ее деньгах.

Я, конечно, все понимала... и в конце концов я сказала, что, может, будет правильнее оставить меня и жениться на Линит. Он забраковал эту идею. Он говорил: «Жениться на ней — это ника-

ried to her. He said his idea of having money was to have it himself — not to have a rich wife holding the purse strings. "I'd be a kind of damned Prince Consort," he said to me. He said, too, that he didn't want anyone but me ...

'I think I know when the idea came into his head. He said one day: "If I'd any luck, I'd marry her and she'd die in about a year and leave me all the boodle." And then a queer startled look came into his eyes. That was when he first thought of it ...

'He talked about it a good deal, one way and another — about how convenient it would be if Linnet died. I said it was an awful idea, and then he shut up about it. Then, one day, I found him reading up all about arsenic. I taxed him with it then, and he laughed and said: "Nothing venture, nothing have! It's about the only time in my life I shall be near to touching a far lot of money."

'After a bit I saw that he'd made up his mind. And I was terrified — simply terrified. Because, you see, *I realized that he'd never pull it off.* He's so childishly simple. He'd have no kind of subtlety about it — and he's got no imagination. He would probably have just bunged arsenic into her and assumed the doctor would say she'd died of gastritis. He always thought things would go right. 'So I had to come into it, too, to look after him ...'

ких денег не захочешь». Ему нужны были деньги в чистом виде, а не в виде богатой жены, дающей ему на расходы. Он так и сказал: «На черта мне роль принца-консорта![1] Кроме тебя, — сказал, — мне никто не нужен...»

Мне кажется, я знаю, когда к нему впервые пришла эта злосчастная мысль. Он сказал как-то: «Как бы так устроить, чтобы жениться на ней, а через год она умирает и оставляет мне всю кубышку». И глаза у него сделались такие странные, испуганные. Вот когда впервые пришла эта мысль...

Он на все лады склонял ее — и так и эдак: как было бы хорошо, если бы Линит умерла. Я сказала — ужасно так думать, и он замолчал. А еще раз застаю его — он читает о мышьяке. Я его пристыдила, он засмеялся: «Не рискуя, не добудешь. Раз в жизни подвернулся случай, когда в руки плывут большие деньги».

Спустя немного времени я поняла, что у него созрело решение. И меня охватил ужас! Я сознавала, что он не справится с этим делом. Соображение у него как у младенца. Ни хитрости у него, ни капли воображения. С него могло статься накормить ее мышьяком и понадеяться на то, что доктор установит смерть от гастрита. Он считал, что как-нибудь все обойдется. И чтобы контролировать его, я подключилась к его планам.

---

[1] Принц-консорт — в Великобритании муж царствующей королевы, сам не являющийся монархом.

She said it very simply but in complete good faith. Poirot had no doubt whatever that her motive had been exactly what she said it was. She herself had not coveted Linnet Ridgeway's money, but she had loved Simon Doyle, had loved him beyond reason and beyond rectitude and beyond pity.

'I thought and I thought — trying to work out a plan. It seemed to me that the basis of the idea ought to be a kind of two-handed alibi. You know — if Simon and I could somehow or other give evidence against each other, but actually that evidence would clear us of everything. It would be easy enough for me to pretend to hate Simon. It was quite a likely thing to happen under the circumstances. Then, if Linnet was killed, I should probably be suspected, so it would be better if I was suspected right away. We worked out details little by little. I wanted it to be so that if anything went wrong, they'd get me and not Simon. But Simon was worried about me.

'The only thing I was glad about was that I hadn't got to do it. I simply couldn't have! Not go along in cold blood and kill her when she was asleep! You see, I hadn't forgiven her — I think I could have killed her face to face, but not the other way ...

'We worked everything out carefully. Even then, Simon went and wrote a J in blood which was a silly melodramatic thing to do. It's just the sort of thing he *would* think of! But it went off all right.'

Poirot nodded.

Просто — и с какой верой сказано. Пуаро не сомневался, что именно по этой причине она решилась на соучастие. Ей не нужны были деньги Линит Риджуэй, но она любила Саймона Дойла. Любила, презрев рассудок, мораль и сострадание.

— Я извелась, обдумывая разные варианты. Я решила, что все должно быть построено на двойном алиби. То есть мы с Саймоном тем или иным способом свидетельствуем друг против друга, однако эти свидетельства полностью оправдывают нас. Нетрудно было притвориться, что я ненавижу Саймона. В наших обстоятельствах это было вполне правдоподобно. Поэтому, если Линит убьют, меня, скорее всего, заподозрят. И лучше всего, чтобы меня заподозрили сразу. Постепенно мы отработали все детали. Я старалась, чтобы в случае неудачи взяли меня, а не Саймона, а Саймон тревожился за меня.

Во всем этом хорошо было то, что не мне предстояло ее убить. Я бы не смогла это сделать. Хладнокровно войти и убить ее спящую? Нет. Понимаете, я ее не простила, и, случись нам сойтись лицом к лицу, я бы ее убила — открыто, не исподтишка.

Мы все продумали и предусмотрели, а Саймон взял и написал кровью букву Ж. Глупо и мелодраматично. Представляете, что у него в голове? Но все сошло удачно.

Пуаро кивнул:

'Yes. It was not your fault that Louise Bourget could not sleep that night ... And afterwards, Mademoiselle?'

She met his eyes squarely.

'Yes,' she said 'it's rather horrible isn't it? I can't believe that I — did that! I know now what you meant by opening your heart to evil ... You know pretty well how it happened. Louise made it clear to Simon that she knew. Simon got you to bring me to him. As soon as we were alone together he told me what had happened. He told me what I'd got to do. I wasn't even horrified. I was so afraid — so deadly afraid ... That's what murder does to you ... Simon and I were safe — quite safe — except for this miserable blackmailing French girl. I took her all the money we could get hold of. I pretended to grovel. And then, when she was counting the money, I — did it! It was quite easy. That's what's so horribly, horribly frightening about it ... It's so terribly easy...

'And even then we weren't safe. Mrs Otterbourne had seen me. She came triumphantly along the deck looking for you and Colonel Race. I'd no time to think. I just acted like a flash. It was almost exciting. I knew it was touch or go that time. That seemed to make it better ...'

She stopped again.

'Do you remember when you came into my cabin afterwards? You said you were not sure why you had come. I was so miserable — so terrified. I thought Simon was going to die ...'

— Не ваша вина, что Луизе Бурже в ту ночь не спалось... Потом, мадемуазель?..

Она выдержала его взгляд.

— Да, — сказала она, — это ужасно, правда? Не могу поверить, что сделала это я. Теперь мне понятно, что вы имели в виду, не велев допускать в сердце зла... Вы сами знаете, как все произошло. Луиза прозрачно намекнула Саймону, что ей все известно. Саймон попросил вас привести меня к нему. Как только мы остались одни, он мне все рассказал и объяснил, что нужно сделать. А я даже не ужаснулась — так я была напугана... смертельно напугана. Вот как убийство коверкает человека. Мы с Саймоном были в полной безопасности, если бы не эта жалкая шантажистка. Я отнесла ей все деньги, какие у нас были. Я делала вид, что подлизываюсь к ней, и, когда она стала пересчитывать деньги, я убила ее. Оказалось — так просто! В этом весь ужас. Это страшно просто.

И опять мы не были в безопасности. Меня видела миссис Оттерборн. Она победно неслась по палубе доложить вам и полковнику Рейсу. У меня не было времени раздумывать. Я действовала как заведенная. Даже интересно было: ведь все повисло на волоске! И вроде еще можно было поправить...

Снова она помолчала.

— Помните, как вы зашли тогда ко мне в каюту? Вы еще сказали, что не совсем понимаете, зачем пришли. Я была такая жалкая, насмерть перепуганная. Я думала, что Саймон умрет...

'And I — was hoping it,' said Poirot.
Jacqueline nodded.
'Yes, it would have been better for him that way.'
'That was not my thought.'

Jacqueline looked at the sternness of his face. She said gently:

'Don't mind so much for me, Monsieur Poirot. After all, I've lived hard always, you know. If we'd won out, I'd have been very happy and enjoyed things and probably should never have regretted anything. As it is — well, one goes through with it.' She added: 'I suppose the stewardess is in attendance to see I don't hang myself or swallow a miraculous capsule of prussic acid as people always do in books. You needn't be afraid! I shan't do that. It will be easier for Simon if I'm standing by.'

Poirot got up. Jacqueline rose also. She said with a sudden smile:

'Do you remember when I said I must follow my star? You said it might be a false star. And I said: "That very bad star, that star fall down."'

He went out to the deck with her laughter ringing in his ears.

Chapter 30

It was early dawn when they came into Shellal. The rocks came down grimly to the water's edge. Poirot murmured:

'Quel pays sauvage!'

— А я надеялся на это, — сказал Пуаро.

Жаклин кивнула:

— Да, так для него было бы лучше.

— Я не об этом тревожился.

Жаклин взглянула на его ставшее строгим лицо. Она тихо сказала:

— Не переживайте из-за меня так, месье Пуаро. В конце концов, мне всегда жилось трудно. Выгори у нас это дело, и я была бы совершенно счастлива, всему бы радовалась и, может, никогда ни о чем не пожалела. А так — ладно, пройдем и через это. Горничную мне, наверное, подсадили, чтобы я не повесилась и не глотнула синильной кислоты, как это делают в книгах. Не беспокойтесь, я не сделаю этого. Саймону будет легче, если я буду рядом.

Пуаро встал, встала и Жаклин. Она улыбнулась и сказала:

— Вы помните, я говорила, что последую за своей звездой? Вы сказали, что она может оказаться ложной, а я сказала: «Очень плохая звезда, вот она закатилась».

Под ее звонкий смех он вышел на палубу.

Глава 30

Рассветало, когда они вошли в Шелал. К самой кромке воды сумрачно подсунулись скалы. Пуаро пробормотал:

— Quel pays sauvage![1]

---

[1] Какая дикая страна! *(фр.)*

Race stood beside him.

'Well,' he said, 'we've done our job. I've arranged for Richetti to be taken ashore first. Glad we've got him. He's been a slippery customer, I can tell you. Given us the slip dozens of times.' He went on: 'We must get hold of a stretcher for Doyle. Remarkable how he went to pieces.'

'Not really,' said Poirot. 'That boyish type of criminal is usually intensely vain. Once prick the bubble of their self-esteem and it is finished! They go to pieces like children.'

'Deserves to be hanged,' said Race. 'He's a cold-blooded scoundrel. I'm sorry for the girl — but there's nothing to be done about it.'

Poirot shook his head.

'People say love justifies everything, but that is not true ... Women who care for men as Jacqueline cares for Simon Doyle are very dangerous. It is what I said when I saw her first. "She cares too much, that little one!" It is true.'

Cornelia Robson came up beside him.

'Oh,' she said, 'we're nearly in.' She paused a minute or two, then added, 'I've been with her.'

'With Mademoiselle de Bellefort?'

'Yes. I felt it was kind of awful for her boxed up with that stewardess. Cousin Marie's very angry, though, I'm afraid.'

Miss Van Schuyler was progressing slowly down the deck towards them. Her eyes were venomous.

'Cornelia,' she snapped, 'you've behaved outrageously. I shall send you straight home.'

Cornelia took a deep breath.

Рядом стоял Рейс.

— Ну что же, — сказал он, — мы свое дело сделали. Я распорядился, чтобы Рикетти первым свели на берег. Рад, что мы его взяли. Редкий негодяй! Сколько раз он уходил от нас. Надо приготовить носилки для Дойла, — продолжал он. — Поразительно, как быстро он распался на куски.

— Нисколько. Преступники с подростковой психологией слишком много мнят о себе. Ткните пальцем в мыльный пузырь их самомнения — и все, конец. Они распадаются на куски.

— Заслуживает веревки, — сказал Рейс. — Бесчувственный негодяй. Мне жалко девушку, но ей уже ничем не помочь.

Пуаро покачал головой:

— Говорят, любовь оправдывает все... Это враки! Женщины опасны, когда они любят так, как Жаклин любит Саймона Дойла. Я сказал это себе, когда впервые увидел ее: «Она слишком любит его, эта малышка». И это так.

К ним подошла Корнелия Робсон.

— Сейчас пристанем. — Минуту помолчав, она сказала: — Я была у нее.

— У мадемуазель де Бельфор?

— Да. Ужасно, что ей навязали эту горничную. Кузина Мари, боюсь, на меня очень рассердилась.

Мисс Ван Шуйлер как раз тащилась в их сторону. Глазки у нее были злые.

— Корнелия, — заскрипела она, — ты безобразно себя ведешь. Я немедленно отошлю тебя домой.

Корнелия глубоко вздохнула:

'I'm sorry, Cousin Marie, but I'm not going home. I'm going to get married.'

'So you've seen sense at last,' snapped the old lady.

Ferguson came striding round the corner of the deck.

He said: 'Cornelia, what's this I hear? It's not true!'

'It's quite true,' said Cornelia. 'I'm going to marry Dr Bessner. He asked me last night.'

'And why are you going to marry him?' said Ferguson furiously. 'Simply because he's rich?'

'No, I'm not,' said Cornelia indignantly. 'I like him. He's kind, and he knows a lot. And I've always been interested in sick folks and clinics, and I shall have just a wonderful life with him.'

'Do you mean to say,' said Mr Ferguson incredulously, 'that you'd rather marry that disgusting old man than me?'

'Yes, I would. You're not reliable! You wouldn't be at all a comfortable sort of person to live with. And he's *not* old. He's not fifty yet.'

'He's got a stomach,' said Mr Ferguson venomously.

'Well, I've got round shoulders,' retorted Cornelia. 'What one looks like doesn't matter. He says I really could help him in his work, and he's going to teach me all about neuroses.'

She moved away.

Ferguson said to Poirot: 'Do you think she really means that?'

— Простите, кузина Мари, но домой я не поеду. Я выхожу замуж.
— Поумнела наконец, — молвила старуха.

Из-за угла вывернулся Фергюсон.

— Что я слышу, Корнелия? — сказал он. — Это неправда.
— Это правда. Я выхожу замуж за доктора Беснера. Он просил моей руки вчера.
— Знаете, почему вы идете за него? — вскипел Фергюсон. — Потому что он богатый.
— Совсем не поэтому, — возмутилась Корнелия. — Он мне нравится, он добрый и все на свете знает. Меня всегда тянули к себе больные люди, клиники. У нас будет замечательная жизнь.
— Вы хотите сказать, — неверяще спросил Фергюсон, — что предпочтете этого противного старика *мне?*
— Конечно, предпочту. Вы неосновательный человек. Не представляю, как с вами можно было бы ужиться. И потом, он не старый, ему еще нет пятидесяти.
— У него большой живот, — вклеил Фергюсон.

— А у меня круглые плечи, — парировала Корнелия. — Внешность не имеет никакого значения. Он говорит, что я буду хорошей помощницей, обещает обучить меня лечить неврозы.

Она ушла.
— Вы думаете, она — серьезно? — спросил Фергюсон Пуаро.

'Certainly.'
'She prefers that pompous old bore to me?'

'Undoubtedly.'
'The girl's mad,' declared Ferguson.

Poirot's eyes twinkled.
'She is a woman of an original mind,' he said. 'It is probably the first time you have met one.'
The boat drew in to the landing stage. A cordon had been drawn round the passengers. They had been asked to wait before disembarking. Richetti, dark-faced and sullen, was marched ashore by two engineers. Then, after a certain amount of delay, a stretcher was brought. Simon Doyle was carried along the deck to the gangway. He looked a different man — cringing, frightened, all his boyish insouciance vanished. Jacqueline de Bellefort followed. A stewardess walked beside her. She was pale but otherwise looked much as usual. She came up to the stretcher.

'Hallo, Simon!' she said.

He looked up at her quickly. The old boyish look came back to his face for a moment.

'I messed it up,' he said. 'Lost my head and admitted everything! Sorry, Jackie. I've let you down.'

She smiled at him then. 'It's all right, Simon,' she said. 'A fool's game, and we've lost. That's all.'

— Конечно.

— Этого напыщенного зануду она предпочитает мне?

— Несомненно.

— Девушка не в своем уме, — заключил Фергюсон.

В глазах у Пуаро вспыхнул огонек.

— Оригинальная девушка, — сказал он. — Возможно, вы такую впервые встречаете.

Пароход швартовался к пристани. На борт поднялись полицейские, пассажиров попросили не спешить с высадкой. В сопровождении двух механиков к сходням угрюмо прошел Рикетти. После задержки не сразу появились носилки. Потом на них вынесли Саймона Дойла и направились к сходням. Это был уже другой человек — с заискивающим, перепуганным взглядом, без следа мальчишеского наплевательства. За носилками шла Жаклин де Бельфор, бок о бок с горничной. Если бы не бледность, она выглядела как обычно. Она подошла к носилкам.

— Привет, Саймон, — сказала она.

Он поднял на нее взгляд, и на мгновение на его лице появилось прежнее мальчишеское выражение.

— Я все напортил, — сказал он. — Потерял голову и во всем признался. Прости, Джеки, я тебя подвел.

— Не переживай, Саймон, — улыбнулась она. — Мы сваляли дурака и поплатились за это. Только и всего.

She stood aside. The bearers picked up the handles of the stretcher. Jacqueline bent down and tied the lace of her shoe. Then her hand went to her stocking top and she straightened up with something in her hand. There was a sharp explosive *pop*. Simon Doyle gave one convulsed shudder and then lay still. Jacqueline de Bellefort nodded. She stood for a minute, pistol in hand. She gave a fleeting smile at Poirot. Then, as Race jumped forward, she turned the little glittering toy against her heart and pressed the trigger. She sank down in a soft huddled heap.

Race shouted: 'Where the devil did she get that pistol?'

Poirot felt a hand on his arm. Mrs Allerton said softly,

'You — knew?'

He nodded.

'She had a pair of these pistols. I realized that when I heard that one had been found in Rosalie Otterbourne's handbag the day of the search. Jacqueline sat at the same table as they did. When she realized that there was going to be a search, she slipped it into the other girl's handbag. Later she went to Rosalie's cabin and got it back, after having distracted her attention with a comparison of lipsticks. As both she and her cabin had been searched yesterday, it wasn't thought necessary to do it again.'

Mrs Allerton said: 'You wanted her to take that way out?'

'Yes. But she would not take it alone. That is why Simon Doyle has died an easier death than he deserved.'

Mrs Allerton shivered.

Она отступила, санитары подняли носилки. Жаклин нагнулась подтянуть шнурок на ботинке, поправила резинку чулка и выпрямилась. Резко хлопнул выстрел. Саймон Дойл дернулся и затих. Жаклин де Бельфор кивнула, в руке у нее был револьвер. Она послала Пуаро мимолетную улыбку. К ней рванулся Рейс, но она уже наставила свою красивую игрушку против сердца и спустила курок. Она мягко осела и свернулась на палубе калачиком.

— Кто, к черту, дал ей этот револьвер?! — кричал Рейс.

Пуаро почувствовал, как его трогают за локоть. Миссис Аллертон тихо сказала:

— Вы — знали?

Он кивнул:

— У нее было два таких револьвера. Я это понял, когда узнал, что при обыске в сумочке Розали Оттерборн нашли револьвер. Жаклин сидела за одним столиком с ними. Поняв, что будет обыск, она подложила револьвер в сумочку Розали. Позже она отправилась к ней в каюту и забрала его, разыграв соревнование на лучшую помаду. Поскольку и сама она, и ее каюта вчера обыскивались, повторять эту процедуру не было необходимости.

— Вы хотели, чтобы она ушла таким образом? — спросила миссис Аллертон.

— Да. Но одна она не уйдет. Поэтому Саймон Дойл умер незаслуженно легкой смертью.

Миссис Аллертон передернула плечами:

'Love can be a very frightening thing.'

'That is why most great love stories are tragedies.'

Mrs Allerton's eyes rested upon Tim and Rosalie, standing side by side in the sunlight, and she said suddenly and passionately:

'But thank God, there is happiness in the world.'

'As you say, Madame, thank God for it.'

Presently the passengers went ashore.

Later the bodies of Louise Bourget and Mrs Otterbourne were carried off the *Karnak*.

Lastly the body of Linnet Doyle was brought ashore, and all over the world wires began to hum, telling the public that Linnet Doyle, who had been Linnet Ridgeway, the famous, the beautiful, the wealthy Linnet Doyle was dead.

Sir George Wode read about it in his London club, and Sterndale Rockford in New York, and Joanna Southwood in Switzerland, and it was discussed in the bar of the Three Crowns in Malton-under-Wode.

And Mr Burnaby's lean friend said:

'Well, it didn't seem fair, her having everything.'

And Mr Burnaby said acutely:

'Well, it doesn't seem to have done her much good, poor lass.'

But after a while they stopped talking about her and discussed instead who was going to win the Grand National. For, as Mr Ferguson was saying at that minute in Luxor, it is not the past that matters but the future.

— Какой страшной бывает любовь.
— Поэтому в большинстве своем великие любовные истории суть трагедии.

Миссис Аллертон перевела взгляд на облитых солнцем Тима и Розали и с неожиданным чувством сказала:

— Слава богу, что на свете еще бывает счастье!
— Ваша правда, мадам: слава богу.

Скоро пассажиры сошли на берег.

После них с борта «Карнака» вынесли тела Луизы Бурже и миссис Оттерборн.

Последним на берег доставили тело Линит Дойл, и по всему миру загудели провода, извещая о том, что Линит Дойл, некогда Линит Риджуэй, знаменитая, прекрасная богачка Линит Дойл умерла...

Об этом прочтут в своем лондонском клубе сэр Джордж Вуд, в Нью-Йорке — Стерндейл Рокфорд, в Швейцарии — Джоанна Саутвуд; об этом посудачат в «Трех коронах» в Молтон-андер-Вуде.

А тощий приятель мистера Барнэби скажет:
— Несправедливо, что у нее одной было все.

А мистер Барнэби одернет его:
— Не очень ей это пошло на пользу, сердечной.

Немного еще поговорив о ней, они заспорят о победителе уже близких национальных скачек. Ибо прав был мистер Фергюсон, в эту самую минуту говоривший в Луксоре, что важно не прошлое, а будущее.

УДК 821.111-312.4
ББК 84(4Вел)-44
К82

Agatha Christie
DEATH ON THE NILE

Copyright © 1937 Agatha Christie Limited. All rights reserved.
DEATH ON THE NILE, AGATHA CHRISTIE, POIROT and the Agatha Christie Signature are registered trademarks of Agatha Christie Limited in the UK and elsewhere.
All rights reserved.

http://www.agathachristie.com

Оформление серии *Натальи Ярусовой*

В коллаже на обложке использованы репродукции работ художника Кларенса Фредерика Ундервуда

Кристи, Агата.
К82 Смерть на Ниле = Death on the Nile / Агата Кристи ; [перевод с английского В. В. Харитонова]. — Москва : Эксмо, 2021. — 720 с.

ISBN 978-5-04-118535-0

На роскошном пароходе «Карнак», плывущем по Нилу, убита молодая миллионерша, недавно вышедшая замуж и, как выяснилось, имевшая множество врагов среди пассажиров. Любой мог убить самоуверенную и нагловатую девушку, укравшую жениха у лучшей подруги. Но ни один из вероятных подозреваемых не совершал этого преступления... К счастью, на пароходе находится великий сыщик Эркюль Пуаро, который знает всё общество, представленное в круизе, еще по Лондону и в курсе возможных мотивов каждого из присутствующих. И, конечно, первое, о чем задумывается бельгиец, — это о «любовном треугольнике», состоявшем из убитой, ее свежеиспеченного мужа и очень темпераментной женщины, которую тот бросил ради миллионерши...

УДК 821.111-312.4
ББК 84(4Вел)-44

© Издание на русском языке, оформление. ООО «Издательство «Эксмо», 2021

ISBN 978-5-04-118535-0

Все права защищены. Книга или любая ее часть не может быть скопирована, воспроизведена в электронной или механической форме, в виде фотокопии, записи в память ЭВМ, репродукции или каким-либо иным способом, а также использована в любой информационной системе без получения разрешения от издателя. Копирование, воспроизведение и иное использование книги или ее части без согласия издателя является незаконным и влечет уголовную, административную и гражданскую ответственность.

Литературно-художественное издание

Агата Кристи

СМЕРТЬ НА НИЛЕ
DEATH ON THE NILE

Ответственный редактор *М. Яновская*
Художественный редактор *Н. Ярусова*
Технический редактор *О. Лёвкин*
Компьютерная верстка *И. Ковалева*
Корректор *Н. Лизяева*

Страна происхождения: Российская Федерация
Шығарылған елі: Ресей Федерациясы

ООО «Издательство «Эксмо»
123308, Россия, город Москва, улица Зорге, дом 1, строение 1, этаж 20, каб. 2013.
Тел.: 8 (495) 411-68-86. Home page: www.eksmo.ru E-mail: info@eksmo.ru
Өндіруші: «ЭКСМО» АҚБ Баспасы,
123308, Ресей, қала Мәскеу, Зорге көшесі, 1 үй, 1 ғимарат, 20 қабат, офис 2013 ж.
Тел.: 8 (495) 411-68-86. Home page: www.eksmo.ru E-mail: info@eksmo.ru.
Тауар белгісі: «Эксмо»
Интернет-магазин : www.book24.ru

Интернет-магазин : www.book24.kz
Интернет-дүкен : www.book24.kz
Импортёр в Республику Казахстан ТОО «РДЦ-Алматы».
Қазақстан Республикасындағы импорттаушы «РДЦ-Алматы» ЖШС.
Дистрибьютор и представитель по приему претензий на продукцию,
в Республике Казахстан: ТОО «РДЦ-Алматы»
Қазақстан Республикасында дистрибьютор және өнім бойынша арыз-талаптарды
қабылдаушының өкілі «РДЦ-Алматы» ЖШС,
Алматы қ., Домбровский көш., 3«а», литер Б, офис 1.
Тел.: 8 (727) 251-59-90/91/92; E-mail: RDC-Almaty@eksmo.kz
Өнімнің жарамдылық мерзімі шектелмеген.

Сертификация туралы ақпарат сайтта: www.eksmo.ru/certification

Сведения о подтверждении соответствия издания согласно законодательству РФ
о техническом регулировании можно получить на сайте Издательства «Эксмо»
www.eksmo.ru/certification

Өндірген мемлекет: Ресей. Сертификация қарастырылмаған

Дата изготовления / Подписано в печать 23.03.2021. Формат 84x108 $^1/_{32}$.
Гарнитура «Школьная». Печать офсетная. Усл. печ. л. 37,8.
Тираж 3 000 экз. Заказ 2965/21.

Отпечатано в соответствии с предоставленными материалами
в ООО «ИПК Парето-Принт», 170546, Тверская область,
Промышленная зона Боровлево-1, комплекс №3А, www.pareto-print.ru

16+

ПРИСОЕДИНЯЙТЕСЬ К НАМ!

МЫ В СОЦСЕТЯХ:
- eksmolive
- eksmo
- eksmolive
- eksmo.ru
- eksmo_live
- eksmo_live

eksmo.ru

ЧИТАЙ ГОРОД

В электронном виде книги издательства вы можете купить на www.litres.ru

ЛитРес: один клик до книг

book 24.ru — Официальный интернет-магазин издательской группы "ЭКСМО-АСТ"

ISBN 978-5-04-118535-0